Liebe Leserin, lieber Leser

Es war der 22. November 1963, etwa 20 Uhr. Ich war sieben Jahre alt und lag bereits im Bett, als ein Freund meinen Vater anrief und ihn fragte, ob er es schon gehört habe: John F. Kennedy sei tot. Ich habe die Szene noch heute vor Augen.

„Wo warst du, als du von den Schüssen auf Kennedy gehört hast?" Dieser Satz war damals ebenso verbreitet wie knapp 38 Jahre später ein ähnlicher zu den Anschlägen am 11. September 2001.

Dass sich die Menschen ein Leben lang an jenen Moment erinnern werden, als sie von den al-Qaida-Attentaten erfuhren, ist verständlich: Nicht nur gab es an jenem Tag knapp 3000 Todesopfer – 9/11 markierte auch eine Zeitenwende. Vorbei war der kurze, trügerische Friede nach dem Ende des Kalten Krieges.

Aber Kennedy? Woher kam die Erschütterung bei seinem Tod?

Wie ist zu erklären, dass Millionen Menschen weltweit drei Tage später vor dem TV-Gerät verfolgten, wie er zu Grabe getragen wurde; dass sich ihnen an jenem Tag Bilder ins Gedächtnis prägten, die sie bis heute nicht vergessen haben (bei mir war es das Pferd mit den umgekehrt in den Steigbügeln steckenden Reitstiefeln, das im Gedenken an den Toten hinter dem Sarg geführt wurde)?

Woran liegt es, dass über keinen US-Präsidenten außer Abraham Lincoln mehr Bücher geschrieben wurden als über Kennedy (allein über seine Ermordung mehr als 2000) und keiner seiner Amtskollegen so präsent ist im kollektiven Gedächtnis der Amerikaner?

Was führt dazu, dass junge Menschen, die erst 20 Jahre nach Kennedys Tod geboren wurden, von „Faszination" reden, wenn sie auf ihn zu sprechen kommen, von „Mythos"?

Und kann es wirklich sein, dass ebendieser Mythos 45 Jahre nach Kennedys Tod eine US-Präsidentschaftswahl entschieden hat? (Denn hätte Barack Obama seinen knappen Sieg wirklich errungen, wenn er nicht viele Wähler an den berühmten Vorgänger erinnert hätte?)

Dass die drei Buchstaben JFK auch heute noch Emotionen auslösen, die man gemeinhin nur den Fans verblichener Popstars zuschreibt, ist vor allem auf vier Gründe zurückzuführen:

1. Die Umstände seines Todes. Was genau in jenen Minuten auf der Dealey Plaza von Dallas geschah, als der Attentäter Lee Harvey Oswald auf Kennedy anlegte, war so verwirrend, dass schnell Verschwörungstheorien entstanden. Und so glauben bis heute 70 Prozent der Amerikaner, dass Oswald nicht allein gehandelt hat, als er auf Kennedy schoss, sondern Teil eines Komplotts war. Immer noch umgibt ein Mysterium den Tod JFKs – und so etwas sorgt für Mythenbildung.

2. Der Camelot-Faktor. Schon als Kind begeisterte sich John F. Kennedy für König Artus, den legendären Ritter, und dessen Schloss Camelot. JFKs Frau Jacqueline gab dem Weißen Haus später diesen Namen, weil ihr Mann dort seine eigene Tafelrunde zusammengestellt hatte: Zum einen waren da die nach Einschätzung mancher Beobachter „besten und klügsten" Köpfe der USA versammelt; zum anderen rief Kennedy seine Hollywoodfreunde nach Washington, die dem etwas vermufften Regierungssitz eine Dosis Glamour verschafften. Und dass JFK lässigen Sex-Appeal verströmte und seine Frau sowie die beiden Kinder so ungemein fotogen waren, verstärkte nur das Gefühl der Amerikaner, dass sie es mit einer Art einheimischer Aristokratie zu tun hatten.

Anja Herold (r.) hat diese Ausgabe konzipiert, Art-Direktorin Tatjana Lorenz sie gestaltet

3. Das unerfüllte Versprechen. Kennedys früher Tod bewahrte ihn vermutlich davor, so der Historiker Andreas Etges in einem Essay für geo-epoche.de, „schon zu Lebzeiten entzaubert zu werden". Für die Amerikaner „blieb John F. Kennedy der ewig junge Präsident, der eine neue Politikergeneration repräsentierte und eine Aufbruchstimmung verbreitete". Mit anderen Worten: Er verkörperte die Hoffnung auf eine bessere Politik und konnte nicht mehr an Taten gemessen werden.

4. Der Clan der Kennedys. Schon vor der Wahl JFKs zum Präsidenten war seine Familie *larger than life*: der überehrgeizige, mafiöse Vater, der extrem effiziente Bruder Robert, all die Schwestern und Schwäger, die im Wahlkampf mithalfen. Und auch nach seinem Tod blieben die Kennedys im Rampenlicht: zunächst Robert, der kurz vor einer möglichen Nominierung als Präsidentschaftskandidat 1968 ermordet wurde; dann der jüngste Bruder Edward, der nach einem von ihm verschuldeten Autounfall (eine Assistentin kam ums Leben) alle Ambitionen aufs Weiße Haus begraben musste, aber ein hochgeehrter Senator wurde; schließlich John jr., dessen Aufwachsen die Amerikaner minutiös verfolgten, ehe er bei einem Flugzeugabsturz ums Leben kam. Fast immer, Jahr für Jahr, war irgendein Kennedy in den Schlagzeilen, und so blieb auch die Erinnerung an denjenigen unter ihnen lebendig, der es einst bis ins Weiße Haus geschafft hatte.

Und so stark war die Vorstellung von der angeblichen Lichtgestalt JFK, dass selbst die Enthüllungen späterer Jahre – über all die Wahlmanipulationen, Frauengeschichten, Mafiaverbindungen – seinen Mythos nicht zerstörten, sondern vermutlich sogar noch beförderten. Denn machten ihn all diese Makel nicht ein wenig menschlicher? Ist ein beschädigtes Vorbild nicht interessanter als ein langweiliger Politheld?

In seinem Essay für geo-epoche.de schlägt Andreas Etges den Bogen von Kennedy zu Barack Obama und schreibt abschließend: „Dass Obama bereits nach kurzer Amtszeit der Friedensnobelpreis verliehen wurde, ist weniger als Auszeichnung für seine bisherigen Leistungen zu sehen, sondern als Ausdruck auch der europäischen Sehnsucht nach einem Politiker wie John F. Kennedy, der das ‚gute' Amerika verkörperte. Und dass diese Sehnsucht 46 Jahre nach den Schüssen von Dallas nicht nachgelassen hat, zeigt vielleicht mehr als jede historisch-politische Bewertung, welche Wirkung Kennedys ‚tausend Tage' im Weißen Haus hatten."

Das „gute Amerika": Wie die Sehnsucht danach entstand – auch davon handelt dieses Heft.

Herzlich Ihr

Michael Schaper

Auf vielfachen Wunsch wieder im Handel: die ersten drei Ausgaben

Winter 2009

Pro·Idee

Neue Ideen aus aller Welt

100 Produkte aus den neuen Katalogen.

Bestellen leicht gemacht:
www.proidee.de
·T·· Tel. 01805-109 111
Festnetz: max. 0,14 €/Min. – Mobilfunk: max. 0,42 €/Min.

Willkommen bei Pro-Idee

Sehr geehrte Leserin,
sehr geehrter Leser,

auf diesen 36 Seiten finden Sie ausgesuchte Qualitätsprodukte, die Ihr Leben bequemer, sicherer – oder einfach angenehmer machen können.

Auf mehr als 50 Messen weltweit entdecken wir immer wieder erstaunliche Neuheiten und außergewöhnliche Klassiker. Und erstaunlicherweise sind viele in Deutschland kaum erhältlich – oder einfach unbekannt.

Sie haben jetzt einen direkten Draht zu neuen Ideen aus aller Welt. Sie bestellen ohne jedes Risiko, denn Sie haben immer 30 Tage Zeit für Ihre endgültige Entscheidung.

Nur Ihre Zufriedenheit entscheidet.

Dieter Junghans

Dieter Junghans

D 1641/879

Pro-Idee Bestellservice

- ***Lieferung auf Wunsch über Nacht* – garantiert zum günstigen Preis***
- ***30 Tage Zeit zum Prüfen***
- ***Mindestens 3 Jahre Qualitäts-Garantie auf alle Produkte***

** Liefer- und Zahlungsbedingungen siehe Seite 34.*

Endlich ein Fitnesstraining, das wirklich Spaß macht.

Gesund für Rücken und Gelenke. Steigert spielerisch Konzentration und Kreativität. Motivation durch laufendes Feedback. 5 Trainings-Level.

Während die meisten Fitnessgeräte lediglich die Muskulatur kräftigen, schult bereits eine übliche Trainingsscheibe gleichzeitig die Körper-Koordination, die Beweglichkeit und das Gleichgewichtsgefühl: Ein wirklich gutes Fitnessgerät, das aber dennoch schnell langweilig werden kann. Ganz anders die 42 cm ∅ große, mit einem Kugelgelenk ausgestattete Challenge Disc.

Einfach per USB-Kabel mit PC oder Laptop verbinden, aufsteigen und Software starten (Kabel und DVD mitgeliefert). Folgen Sie „live" den 6 spannenden Übungen. Ähnlich einem Joystick überträgt ein Mikrochip die Bewegungen simultan auf den Bildschirm.

Sie fahren Autorennen oder Slalom, spielen Tischtennis oder Fußball, ...

Wie beim echten Slalomlauf weichen Sie den Hindernissen durch Verlagerung des Gewichtes nach links oder rechts aus. Neigen Sie sich nach vorne: die Fahrt wird rasanter. Oder nach hinten – und Ihr Tempo verringert sich. Genauso steuern Sie den Rennwagen durch Rechts- und Linkskurven und beschleunigen in der Zielgeraden.

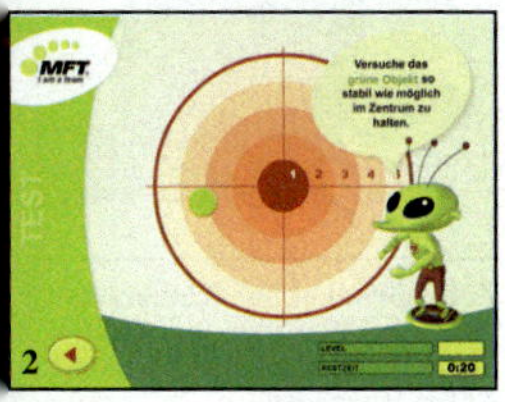

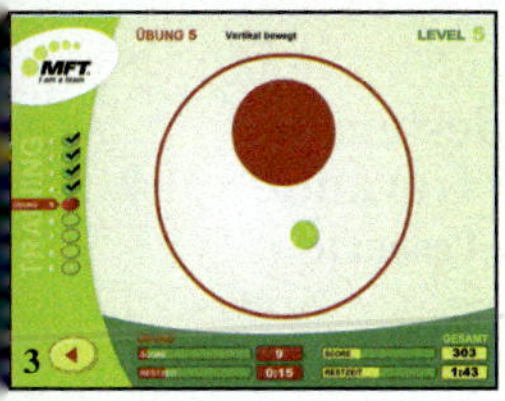

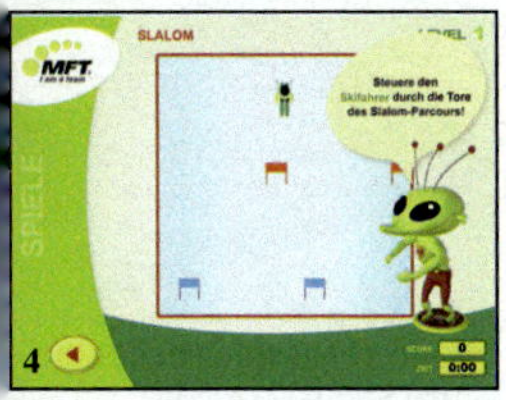

Nach einem kurzen Warm-up (1) und dem Selbsttest (2) steigern Sie spielend Schritt für Schritt Ihre Trainingsstufe (Level 1-5) (3). 6 spannende Spiele stehen zur Auswahl: Slalom, Ping-Pong, Cross, Butterfly, Fußball, Autorennen (4).

Oder überraschen Sie Freunde mit spannenden Wettkämpfen. Steigen Sie nacheinander auf die Plattform und kämpfen Sie um Punkte und Bestzeiten. Faszinierende Geschicklichkeitsspiele, von denen Ihre Freunde noch lange sprechen werden.

Schon 3 x 10 Minuten pro Woche genügen.

Auch ohne Computer ein vollwertiges Fitnessgerät – das alleine oft schon 120,– € kostet. Perfekt für Golfer, Jogger, Skifahrer, ... Denn anders als mit üblichen Steppern, Ergometern, ... trainieren Sie ungewohnte Bewegungsabläufe und stärken auch tiefer liegende Muskeln, die mit herkömmlichem Training nicht erreicht werden.

Mit 2,8 m langem USB-Kabel. Wiegt ca. 3,6 kg. Tragkraft bis 120 kg. Bodenplatte 44 cm ∅, Höhe 8 cm. Herstellergarantie 2 Jahre. **Bei Pro-Idee: erweiterte Garantie 3 Jahre.**

- Challenge Disc Nr. 501-379-74 € 249,95

Systemanforderungen: 1 USB-Anschluss Typ A. Windows Vista/-XP/2000 und MacOS X 10.4.11/10.5.4. Grafikauflösung 1024 x 768. 5 MB verfügbarer Festplattenspeicher. 512 MB Arbeitsspeicher. 1 GHz Prozessor. USB Plug & Play.

Empfohlen von Dr. Christian Raschner, Institut für Sportwissenschaft der Universität Innsbruck.

„Mit der Challenge Disc können Sie auch Zuhause oder im Job ganz einfach etwas für Ihren Körper tun. Selbsttest, Feedback-Funktion und Spiele motivieren zum regelmäßigen Üben. Das Training macht auch Kindern großen Spaß."

(Lieferung ohne Laptop.)

Einer der wenigen, preisgekrönten Designer-Chronographen.

In charakteristisch schlichter Form von Jacob Jensen. Ausgezeichnet mit dem „reddot Design Award“ 2006.

Chronographen sind zumeist ausgesprochen sportlich und nicht unbedingt passend zum klassischen Outfit. Ganz anders diese stilvolle Rarität des berühmten dänischen Designers Jacob Jensen: Er schuf einen Titanium-Chronographen, der zugleich Kultstatus und einen der höchsten Design-Preise erlangte. **Perfekt zum eleganten Anzug, zum korrekten Business-Sakko.**

Dezent umschließt der schlanke, mattierte Titanium-Rahmen das schwarze Zifferblatt. Das mattierte Edelmetall der filigranen Zeiger findet sich in den Stoppuhr-Zifferblättern wieder: Kupfer für die Stunden, Silber für die Minuten und Gold für die Sekunden. Das schwarze Kautschukband mit klassischer Stahl-Schließe greift harmonisch die Farbe des Zifferblatts auf.

Abb. in Originalgröße.

Halterung und Gehäuseboden mit „Jacob Jensen“-Prägung. Kratzfestes Saphir-Kristallglas schützt das Schweizer Ronda-Quarzwerk. Datumsfenster bei der „12“. Ganggenauigkeit +20/ -10 Sek./Mon. Wasserdicht bis 5 atm. Misst 37 mm ∅, 8 mm H. Wiegt nur 42 g.

- Jacob Jensen-Chronograph
  Nr. 582-064-74
  € 329,–

Der ultrakompakt

Die Vielzahl digitaler Camcorder ist enorm. Wir haben recherchiert, getestet und verglichen: Dieser digitale Camcorder von Rollei ist kaum größer als ein Kartenspiel und kann mehr als Sie von einem guten Camcorder erwarten. Durch einen hochwertigen CMOS-Chip werden auch große

Auf dem schwenkbaren 3"-Touchscreen sehen Sie alles im 16:9-Format mit 230.000 Pixel Bildauflösung.

Zubehörpaket per Katalog exklusiv bei Pro-Idee: mit 2 GB SD-Speicherkarte und original Rollei Hardcase.

Nie mehr Batterien wechseln, nie mehr verschlafen.

Ihr neuer solarbetriebener Funkwecker: funktioniert immer. Und überall. Nur 39,95 €.

Ihr neuer Funkwecker lässt Sie niemals im Stich. Sein 6,4 x 1,8 cm großes Solarmodul tankt Energie einfach aus dem Tageslicht. Er speichert sie im eingebauten langlebigen Alkali-Mangan-Akku und würde sogar im Dunkeln 1 Jahr weiterlaufen. Sie sparen teure Batterien, schonen die Umwelt – und werden nie mehr verschlafen, nur weil Ihrem Wecker in der Nacht der Strom ausgegangen ist.

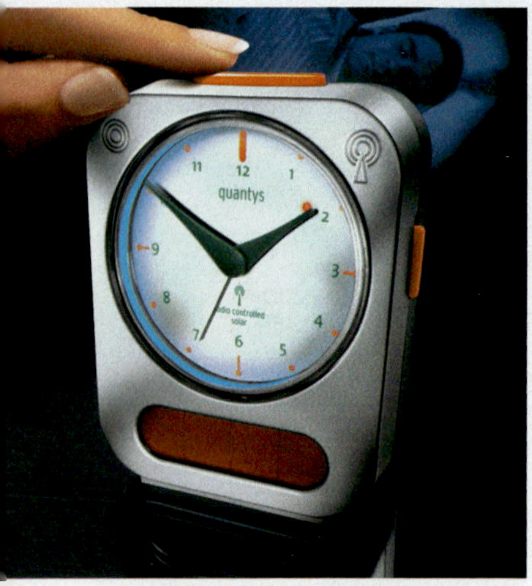

Gesteuert vom Normalzeitsender der Physikalisch-Technischen Bundesanstalt in Braunschweig (PTB).

In Europa stellt Ihr Solar-Funkwecker die exakte Zeit selbsttätig ein (Ganggenauigkeit ±1 Sek. in 1 Mio. Jahren). Auch von Sommer- auf Winterzeit stellt er sich automatisch um. Die Weckzeit bestimmen Sie ganz einfach per Stellrad – kein umständliches Hantieren mit Knöpfen und digitalen Anzeigen.

Kein lästiges Ticken stört Ihre Nachtruhe.

Das zuverlässige Quarz-Uhrwerk arbeitet nahezu völlig geräuschlos. Auf Knopfdruck sorgt die in den Rand des Zifferblatts eingelegte Leuchtfolie für eine besonders gleichmäßige Ausleuchtung. Mit Weckwiederholung. Misst 12 x 9,3 x 5 cm (H x B x T). Wiegt 197 g. 3 Jahre Garantie.

- Solar-Funkwecker
  Nr. 580-738-74
  € 39,95

Mindestens 3 Jahre Garantie auf alle Produkte

Das schwarze Nappaleder dieser Börse ist fein genarbt und handschuhweich.

;amcorder: Jetzt mit neuester Full-HD-Technologie. Nur 199,95 €. Von Rollei.

Filmen und fotografieren in bester Qualität.

)atenmengen effizient verarbeitet. So können Sie in der hoch auflösenden 'ull-HD-Qualität mit 2.073.600 Bildpunkten aufnehmen – mit bis zu 30 ;ildern pro Sekunde für flüssige Filmsequenzen. Auf einem Full-HD-fähi- ;en Flachbild-TV sehen Sie dann Ihre Videoclips in einer fantastischen ;ildqualität. Noch vor einem Jahr kosteten vergleichbare Geräte leicht das)reifache.

'fach optischer Zoom, bis zu 4fach digitaler Zoom.

Sie holen auch weit entfernte Motive ganz nah heran. Der digitale Bildstabilisator gleicht bei Film und Foto eine unruhige Kameraführung aus. Das Ergebnis: exzellente Videoaufnahmen und gestochen scharfe Fotos.

Einfach per Fingertipp auf dem berührungsempfindlichen Touchscreen zu bedienen. Für Rechts- und Linkshänder.

Klappen Sie den 3 Zoll großen Sucher-Monitor auf. Der großzügige Touchscreen im 16:9-Format mit 230.000 Pixel Bildauflösung zeigt alles in Farbe und lässt sich um 285 Grad schwenken. So filmen und fotografieren Sie bequem auch aus schwierigen Winkeln.

Videos (natürlich mit Stereoton) im hoch komprimierenden MPEG4 AVC/H264 Format.

5 Auflösungen stehen zur Auswahl: U. a. Full-HD (1.920 x 1.080), HD (1.280 x 720) und VGA (640 x 480 Pixel). Oder Sie fotografieren mit bis zu 5 MegaPixel Auflösung. Funktioniert mit SD- und SDHC-Karten bis 32 GB (auf Anfrage erhältlich). Auf die mitgelieferte 2 GB SD-Karte passen ca. 30 Minuten Video in höchster Auflösung oder 2 Std. in VGA-Qualität. Oder 654 Bilder mit 5 MegaPixel Auflösung. Auch ein interner 128-MB-Speicher ist eingebaut.

Makro – für perfekte Nahaufnahmen.

Durch das Autofokus-Objektiv mit 38 mm Weitwinkel und 190 mm Telebrennweite filmen und fotografieren Sie von 1 cm bis unendlich. 4 Motivarten sind bereits programmiert. Über den Touchscreen wählen Sie Porträt, Nacht, Gegenlicht oder Nahaufnahme – und die Kamera stellt sich automatisch ein.

Filme und Fotos sofort im TV anschauen. Ohne Umweg über den Computer.

Verbinden Sie die Kamera einfach per mitgeliefertem HDMI-Kabel mit Ihrem HD-TV – schon können Sie Filme und Fotos auf Ihrem TV betrachten. Natürlich können Sie auch per USB 2.0 High Speed direkt auf die Kamera zugreifen, Fotos und Videos auf den PC kopieren, bearbeiten oder löschen.

Lithium-Ionen-Hochleistungsakku.

Aufgeladen liefert der Akku genug Energie für 90 Minuten Video oder 340 Fotos. Ladezeit 4 Stunden. Ladekabel mitgeliefert. Weitere Akkus separat erhältlich.

Mit Netzgerät und Netzkabel, HDMI-, USB- und AV-Kabel, LiIon-Akku, Software, Kameratasche, Trageband und 2 GB SD-Speicherkarte.

Misst ca. 10,9 x 8 x 2,8 cm (B x H x T). Wiegt leichte 164 g (inkl. Akku und SD-Speicherkarte). Herstellergarantie 2 Jahre. **Bei Pro-Idee: erweiterte Garantie 3 Jahre.**

- Mini-Camcorder Rollei Movieline P5
  Nr. 601-591-74 € 199,95
- Ersatz-Akku
  Nr. 674-408-74 € 12,95

Weitere Informationen finden Sie unter www.proidee.de. Geben Sie einfach unter der Suche die Artikelnummer oder die Artikelbezeichnung ein.

Passende Speicherkarten auf Anfrage zum Tagespreis erhältlich:
Telefon: ☏··01805-109 111 € 0,14/Min. Festnetz T-Com - Mobilfunk ggf. höher.
Oder www.proidee.de

Ganz ohne Einlagen: superweich, ultraflach und extrem bequem.

Aus feinstem Rindleder. Von Samsonite®.

Diese Lederbörse kommt ganz ohne verstärkende Einlagen und steife Netz- oder Klarsicht-Schuber aus. Selbst auf ein Futter kann das feinhäutige Nappaleder verzichten. So ist diese Lederbörse flach, weich und anschmiegsam – und beult niemals Ihre Hosentaschen aus. Nicht mal bei knackig sitzenden Jeans.

Innen und außen aus handschuhweichem Rind-Nappaleder. Mit fein eingeschlagenen Rändern und haltbar versteppt.

Zwei Scheinfächer und ein Münzfach mit Druckknopfverschluss nehmen Ihre Barschaft auf. Drei Steckfächer halten Ihre Kreditkarten übersichtlich parat – und zwei Schuber ihren Führerschein und Personalausweis. Dezent geprägter Samsonite-Schriftzug.

Misst zusammengeklappt ca. 11,5 x 9,5 x 1,5 cm (L x B x T) und wiegt nur 80 g.

- Samsonite® Geldbörse „Pures Leder“
  Nr. 592-899-74
  € 49,95

Im Büro und zum Shopping – jetzt brauchen Sie nur noch diese Tasche.

Viel Stauraum in knautschweichem Leder. Nur 129,– €.

Sie kombiniert perfekt edles Aussehen mit großzügigem Fassungsvermögen: die Damen-Businesstasche, die Sie von der Konferenz am Morgen bis zum Shopping am Abend begleitet.

Steckt viel ein, bleibt aber schön schmal.

Mit dem 3-Seiten-Reißverschluss öffnen Sie die Tasche bequem weit. Übersichtlich entfaltet sich ein intelligent eingerichtetes Cargo-Dehnfach. Es fasst einen schmalen A4-Ordner sowie Ihr Laptop – sicher durch Polster geschützt. Drei A4-Dehnschuber für Dokumente und Papiere, Handy- und Kabelfach, vier Stifthülsen. Und ein großzügiger Innenraum für frisches Obst, Zeitschriften, Ihre Mitbringsel aus der Parfümerie, ... Ein Bändel mit Karabinerhaken, der Ihre Schlüssel aufnimmt. In zwei großen Reißverschlussfächern außen sind Ihre Privatsachen, Schlüssel, Parkticket, Stadtplan, ... schnell zur Hand.

Federleichtes Royal-Nappa, in jedem Detail wertvoll verarbeitet. Exklusiv bei Pro-Idee.

Das zarthäutige Vollrindleder ist komplett mit feinem Fill unterlegt, wodurch es softiges Volumen erhält, aber federleicht bleibt. Durch seine feinnarbige Struktur ist das edle Leder unempfindlicher als übliches Glattleder. Der Polsterboden hält die Tasche in Form, ohne durchzuhängen. Sorgfältig versteppte Kanten, bequeme lange Schulterriemen. Bordeauxrotes Nylonfutter. Misst 40 x 35 x 10 cm (B x H x T). Wiegt ca. 1.400 g. Farbe: Schwarz. Von OCONI.

- Damen-Businesstasche
  Nr. 592-220-74 € 129,–

Wir schicken kostenlos einen Katalog an Ihre Freunde.

www.proidee.de/kataloge

T·· Tel. 01805-109 111

Festnetz: max. 0,14 €/Min. – Mobilfunk: max. 0,42 €/Min.

Climbing Car: spannende Autorennen an Wand und Decke.

Verblüfft schauen Freunde und Besucher an die Zimmerdecke. Wie in einem Trickfilm saust ein handykleines Auto funkgesteuert an ihr entlang. Über die Fernbedienung in Ihrer Hand manövrieren Sie Ihr Mini Auto geschickt um die Deckenbeleuchtung. Das Geheimnis: ein kleiner eingebauter Ventilator (∅ 23 mm) erzeugt so viel Unterdruck, dass das ca. 50 g leichte Auto kopfüber am Untergrund haftet.

Fährt auf allen glatten Flächen: z. B. Fenster, Spiegel, Parkett, Fliesen, ...

Per Schieberegler am Heck schalten Sie Ihr Fahrzeug ein. Wählen Sie zwischen Fahren auf dem Boden (ohne Unterdruck) und Fahren an Wand und Decke (mit Unterdruck). Schieben Sie den linken Regler der Fernbedienung nach vorne – schon fährt Ihr Fahrzeug vorwärts. Ziehen Sie den Regler zurück fährt es rückwärts. Mit dem rechten Hebel ändern Sie die Richtung – nach rechts oder links.

Im 2er-Set ideal für spannende Rennen.

Die Autos verfügen über unterschiedliche Frequenzen. Einfach per Schieberegler an der Fernsteuerung wählen Sie eine freie Frequenz. Mit 3,7-V-Akku: in nur 30 Minuten aufgeladen – für bis zu 15 Minuten Fahrspaß. Fernbedienungen funktionieren mit je 6 Mignon Batterien (separat erhältlich). Autos aus robustem Kunststoff in Rot und Gelb. Messen ca. 12,5 x 6,5 x 3,7 cm. Fernsteuerung misst ca. 14,5 x 13 x 3 cm, wiegt ca. 140 g.

- Climbing Race Car, 2er-Set
  Nr. 531-251-74 € 48,95
- Batterie-Set, 12 Mignon
  Nr. 673-459-74 € 13,80

Schon nach kurzer Übung gelingt Ihnen jedes Manöver perfekt.

Climbing Race Car, 2er-Set € 48,95

Der Panasonic Nasen- und Ohrhaarschneider: wasserfest und hygienisch.

Exklusiv bei Pro-Idee.

Ohne Verletzungsgefahr und blitzschnell beseitigt dieser Nasen- und Ohrhaarschneider restlos den störenden Wuchs. Einfach die Spitze mit weich gerundeter Krone einführen, Gerät anstellen – schon sind die lästigen, unschönen Haare verschwunden.

Immer hygienisch sauber.

Nach dem Gebrauch das Gerät einfach unter fließendem Wasser abspülen und trocknen lassen. So ist Ihr Gerät immer hygienisch sauber und jederzeit einsatzbereit. Misst nur 9,5 x 4 x 2,5 cm (H x B x T). Wiegt 40 g – passt also bequem in jede Kulturtasche. Läuft mit 1 Mignon-Batterie (separat erhältlich). Pro-Idee Garantie 3 Jahre.

Hässliche Nasen- und Ohrhaare mindern selbst das gepflegteste Erscheinungsbild. Nutzen Sie deshalb die einfache und saubere Lösung von Panasonic.

- Nasen-/Ohrhaarschneider
  Nr. 620-302-74 € 27,50
- Mignon-Batterie
  Nr. 676-205-74 € 1,15

Kinderleicht zu bedienen. Perfekt für Notrufe.

Kein Vergleich zu den trendigen Miniaturhandys mit winzigen Tasten und unüberschaubar vielen Funktionen. Dieses praktische Handy mit 15 x 8 mm großen Tasten macht das Telefonieren und Versenden von Kurznachrichten (SMS) besonders einfach und komfortabel. Dennoch ist es mit 128 x 50 x 17 mm klein genug für die Westentasche.

Leicht ablesbares Display(33 x 22 mm).

Die großen hell durchleuchteten Tasten reagieren mit einem deutlichen Druckpunkt und akustischem Signal. Die Zifferndarstellung können Sie ganz einfach von 6 auf 18 mm vergrößern. Ein Druck auf eine der 3 Kurzwahltasten genügt – schon wird die vorher gespeicherte Nummer automatisch gewählt. Anschließend schaltet Ihr Handy auf Freisprechen. Genauso einfach versenden Sie eine vorbereitete Notruf-Nachricht (SMS).

Mit Freisprechfunktion, auf Wunsch extra laute Wiedergabe und Vibrationsalarm.

Der 4 cm ∅ große Lautsprecher auf der Rückseite sorgt für eine sehr gute Sprachwiedergabe. Mit optischer Rufanzeige: Tastatur und Display leuchten bei einem eingehenden Anruf auf.

Funktioniert mit jeder SIM-Karte aller Mobilfunk-Netzbetreiber.

Ein Hochleistungs-Li-Ion-Akku sorgt für eine lange Betriebsdauer: ca. 3 Stunden Sprechzeit und 7,5 Tage Bereitschaft. Aufladezeit bei ganz leerem Akku ca. 4 Stunden. Kein Memoryeffekt und keine Tiefentladung.

Besonders griffiges, robustes und gummiertes Gehäuse.

Misst 10,5 x 5,6 x 1,5 cm (B x H x T). Wiegt 95 g. Mit FM-Radio, Wecker, Ladestation und Ohrhörer.

Auf der mitgelieferten Ladestation ist Ihr Handy immer betriebsbereit.

Leicht verständliche, gut lesbare Bedienungsanleitung. Deutsches Qualitätsprodukt. Herstellergarantie 2 Jahre.

Bei Pro-Idee: erweiterte Garantie 3 Jahre.

- Großtasten-Handy fono C 200
  Nr. 602-029-74
  € 129,95

Weltneuheit: Skibrille mit optimaler Sicht auf Knopfdruck.

Sie schalten um von Hell auf Dunkel – in nur 1/10 Sekunde. Ausgezeichnet mit dem US-Award „best of what's new".

Mit dieser genialen Skibrille von UVEX haben Sie die bessere Sicht. Denn sie verändert auf Knopfdruck die Lichtdurchlässigkeit. Und das in nur 1/10 Sekunde.

Sie werden diese Brille wirklich gerne tragen: bei schlechtester Sicht, bei besserer Sicht und sogar bei Sonnenschein. Nie mehr Gläser wechseln. Keine Wartezeiten wie bei selbsttönenden Brillen. Perfekt auch bei schnell wechselnder Sicht, z. B. bei der Einfahrt von der sonnigen Piste in ein Schatten- oder Waldstück.

Variotronic-Technologie für optimale Sicht bei jedem Wetter. Unabhängig von Sonneneinstrahlung und Temperatur.

Für die gewählte Brillentönung werden elektronisch farbige Flüssigkristalle aktiviert. Ein Blaufilter sorgt für kontrastreiche Sicht – wichtig bei schlechtem Wetter und diffusem Licht. Funktioniert mit 2 Knopfzellen (mitgeliefert) ca. 200 Stunden im Dauerbetrieb.

Blockt 100 % aller UV-Strahlen (UVA/B/C bis 400 Nanometer).

Die Polycarbon-Scheiben ihrer neuen Skibrille sind optisch absolut korrekt und verzerrungsfrei. Durch ihre Anti-Fog-Beschichtung und die optimale Rahmenbelüftung über eine wasserdichte, atmungsaktive Polyurethan-Membran bleibt die Brille dauerhaft beschlagfrei. Die Brillenscheibe ist extrem kratz- und bruchfest – und splitterfrei.

Perfekter Rundum-Schutz für Ihre Augen. Auch für Brillenträger geeignet.

Die ausgeklügelte Rahmenform und der tiefe Brilleninnenraum der UVEX bietet Platz für jedes optische Gestell. Mit anschmiegsamer Velours-Gesichtsauflage. Flexibles Kopfband in Carbon-Optik. Den seitlich an der Brille gut erreichbar angebrachten Knopf können Sie problemlos auch mit Handschuhen bedienen. Die Brille sitzt im Gegensatz zu vielen einfachen Skibrillen auch perfekt, wenn Sie einen Skihelm tragen. Wiegt nur 135 g. Herstellergarantie 2 Jahre. **Bei Pro-Idee: erweiterte Garantie 3 Jahre.**

- UVEX Skibrille mit Tönungswechsel
  Nr. 500-074-74
  € 399,95

Wählen Sie zwischen 25 % Lichtdurchlässigkeit bei hellem Sonnenlicht und 50 % bei bedecktem Himmel oder Schatten.

Besonders angenehm: die gute Sicht.

Ich war überrascht: Trotz der Verstellmöglichkeit, musste ich bei dieser Skibrille keinerlei Einschränkung hinnehmen. Die Sicht ist in der Gletschersonne, aber auch bei wenig Licht sehr gut – eher noch besser als bei meinen bisherigen Brillen.

Dieter Junghans

So gut und massiv wie damals – mit der Technik von heute.

Original schwedischer Waffelautomat von Åviken – renommierter Hersteller elektrischer Waffeleisen seit 1940.

Wie schon beim Åviken-Urmodell vor knapp 70 Jahren sind auch bei diesem modernen Waffelautomat die Backplatten aus massivem Aluminium-Vollguss. Viel stabiler und langlebiger als die Hohlgussplatten vieler einfacher Waffeleisen.

Heute ausgestattet mit präziser Thermostat-Technik. 1.000 W stark. Antihaftbeschichtet.

Den Bräunungsgrad stellen Sie stufenlos ein. Nach nur 3-4 Minuten ist der Automat aufgeheizt (rote Kontrollleuchte). Leuchtet das grüne Licht, ist Ihre Waffel fertig, und lässt sich ohne anzuhaften von der Backfläche lösen. Ein Thermostat überwacht jeden Backvorgang. So gelingt eine Waffel wie die nächste, genau nach Wunsch: von zartgold bis kräftig gebräunt. Und mit 17 cm ∅ schön groß – zum üppigen Belegen.

Gehäuse aus gebürstetem Edelstahl und robustem Kunststoff, Abdeckung aus lackiertem Stahl. Leicht zu reinigen. Misst 24,5 x 7 x 25,5 cm (B x H x T), wiegt solide 1,8 kg. 110-cm-Anschluss für 220-240 V/1.000 W. TÜV/GS-geprüfte Sicherheit.

- Åviken Waffelautomat   Nr. 133-033-74   € 89,95

Espresso, Cappuccino und klassischer Filterkaffee – mit nur einem genialen Coffee-Center.

Kann alles. Sieht gut aus. Und ist auch erfreulich bezahlbar.

Dieses elegante Coffee-Center bietet alles, was Sie von einer modernen Kaffeebar erwarten. Dabei ist es erstaunlich kompakt.

Voll aromatischer Espresso. Luftiger Milchschaum. Und duftend frischer Filterkaffee.

Geben Sie Kaffeepulver oder -pad in den Siebträger: In nur ca. 20 Sekunden ist Ihr Espresso gebrüht – wahlweise manuell oder automatisch mit ca. 60 ml Wasser/Tasse. Das klassische Siebträgersystem und optimale 15 bar Pumpendruck garantieren volles Aroma und eine samtige Crema. Mit schwenkbarer Dampfdüse für luftigen Milchschaum. Der Filterkaffee wird nach dem Durchlauf noch 1-5 Stunden heiß gehalten (programmierbar). Danach schaltet sich die Wärmeplatte automatisch ab.

Elegantes Schwarz-/Silber-Design aus schwarzem ABS-Kunststoff und rostfreiem Edelstahl (SUS 430). Misst 38 x 30 x 22 cm (B x H x T), wiegt 4,3 kg. 75-cm-Anschluss für 220-240 V/1.550 W. TÜV/GS-geprüfte Sicherheit. 3 Jahre Garantie.

- 3-in-1 Coffee Center
  Nr. 131-318-74 € 229,–

Komfort-Funktionen auf einen Blick:

Kaffee-Maschine
- 10 Tassen
- intelligenter 24-Stunden-Timer
- programmierbare Warmhaltefunktion (1-5 Stunden) mit Abschaltautomatik
- herausnehmbarer Filter (Gr. 4)
- Tropf-Stopp-Funktion

Espresso-/Cappuccino-Automat
- Siebträgersystem mit 15 bar Pumpendruck
- 2-Tassen-Funktion
- Wasserdosierung automatisch oder manuell wählbar
- geeignet für Kaffeepulver und Softpads
- schwenkbare Cappuccino-Düse mit Dampfmengenregler
- Tassenwärmer
- Abtropfgitter und -schale herausnehmbar
- Sicherheitsdrucksventil, Überdruck- und Überhitzungsschutz
- Abschaltautomatik nach 10 Minuten
- abnehmbarer 1-l-Tank für Kaffeemaschine und Espresso-Automat

Diese Anti-Rutsch-Wirkung kann kein Profil bieten.

Für jeden Schuh: Wirksamer Schutz vor üblen Verletzungen bei Eis, Schnee und Nässe.

Selbst rutschfeste Schuhe haben auf Glatteis, Neuschnee und nassglatten Böden oft kaum eine Chance. Doch jetzt gibt es diese genialen Microfaser-Überzieher: Mit einem Handgriff übergestreift, haften Ihre Straßen- und Wanderschuhe, Gummi- und Lederstiefel so griffig und rutschsicher, beinah als würden sie am Boden „kleben".

Keine Zauberei, sondern simple Physik.

Eis- und Schneeschichten sind so extrem glatt, weil sich auf ihnen ein hauchfeiner Wasserfilm bildet: Die Reibung zum Schuh ist stark verringert. Durch die besondere Kapillarstruktur saugt die Microfaser dieses Wasser sekundenschnell auf: Die Reibung zum Boden wird vervielfacht, die Rutschgefahr deutlich reduziert.

Benötigen nicht mehr Platz als ein Paar Handschuhe. Wiegen nur ca. 100 g.

Sie passen bequem in jeden Rucksack, ins Handschuhfach, in Ihre Hand- oder Aktentasche.

Nach Gebrauch ruck-zuck wieder trocken.

Aus hochwertiger Microfaser (100 % Polyester) mit Gummizug. Maschinenwäsche bis 30 °C.

Anti-Rutsch-Überzieher, 2 Paar € 29,90
- Gr. 33-42 Nr. 612-267-74
- Gr. 43-46 Nr. 612-283-74

Anti-Rutsch-Überzieher, 2 Paar € 29,90

Heizen mit keramischer Wärme. Nur 109,– €.

Behagliche Wärme – angenehm, sicher und sauber.

Der kleine, unauffällige Ceramic-Heater ist eine erstaunlich kräftige Heizquelle. Bei einem Stromverbrauch bis 1.500 Watt heizt er sogar große Räume innerhalb kurzer Zeit auf eine angenehme Wärme um 20 °C – selbst wenn die Außentemperaturen unter Null liegen.

Stufenlos regeln Sie die Geschwindigkeit des leise laufenden Ventilators und die Temperatur.

Anders als übliche elektrische Heizöfen arbeitet der Heater mit keramischer Hitze. Seine sicheren Barium-Titan-Keramik-Elemente liegen immer unter der Zündtemperatur dünnen Papiers. Das macht ihn sicher. Auch wenn der Ceramic-Heater Tag und Nacht läuft, er überhitzt sich nie. Selbst wenn er von spielenden Kindern umgestoßen werden sollte, kann nichts passieren – er schaltet sich automatisch ab.

Der tragbare Ceramic-Heater kann viel Energie sparen helfen, wenn Sie gezielt die Räume beheizen, die auch wirklich benutzt werden. Durch die Frostschutz-Funktion wird die Temperatur im Raum immer ein wenig über 0 °C gehalten. Mit Staubfilter. Misst 21 x 15 x 13 cm (H x B x T), wiegt 1.700 g. Anschluss an 230 V. TÜV/GS geprüft. 3 Jahre Garantie.

Genießen Sie gemütliche Wärme zu Hause, im Büro oder im Ferienhaus, zu einem erstaunlich günstigen Preis.

- Ceramic-Heater Nr. 540-211-74 € 109,–

Vom Arbeitsstiefel zum Kultstiefel: Lederfilzstiefel.

Für Damen und Herren. Haltbar zwiegenäht.

Noch im frühen 20. Jahrhundert dienten Lederfilzstiefel den Wiener Maronibratern, Bergbauern und Waldarbeitern als wärmende Arbeitsschuhe. Sie waren nie ganz verschwunden, dennoch findet man sie heute eher selten. Dabei sind die Stiefel in außergewöhnlicher Filz/Leder-Kombination im Winter ideal. Weil der Filzschaft aus gewalkter Wolle die Fessel- und Wadenpartie sogar bei klirrender Kälte optimal wärmt. Und weil das Fußteil aus 2 mm dickem Rindleder widerstandsfähig und Wasser abweisend ist.

Weiches Lammfellfutter bettet den Fuß rundum behaglich.

Das robuste Oberleder ist zwiegenäht – erkennbar an der markanten, aufwändigen Schusterzwirnnaht. Sie verbindet Rahmen und Zwischensohle. Das macht die Stiefel äußerst langlebig. Die feste, hochgezogene Vorderkappe schützt empfindliche Zehenpartien. Die Vibram-Sohle mit rutschfestem M+S-Profil hält Bodenkälte fern und sorgt für festen Tritt. Klassische Schlupfform. Modell „Vroni" für Damen: Schafthöhe in Gr. 38 ca. 30,5 cm; Schaftweite ca. 35 cm. Modell „Otto" für Herren: Schafthöhe in Gr. 41,5 ca. 29,5 cm; Schaftweite ca. 38 cm. Beide Modelle aus echtem Rindleder, 80 % Wolle, 20 % sonstige Fasern. Fußfutter aus Lammfell. Profil-Gummisohle. Farbe: Braun/Beige-Meliert. Per Katalog exklusiv bei Pro-Idee.

- Lederfilzstiefel „Vroni" für **Damen** € 279,–

Schuh-Größe	Hersteller-Größe	Nr.
36	3	775-593-74
37	3,5	775-601-74
37,5	4	775-619-74
38	4,5	775-627-74
39	5	775-635-74
39,5	5,5	775-643-74
40	6	775-650-74
40,5	6,5	775-668-74
41	7	775-676-74
41,5	7,5	775-684-74

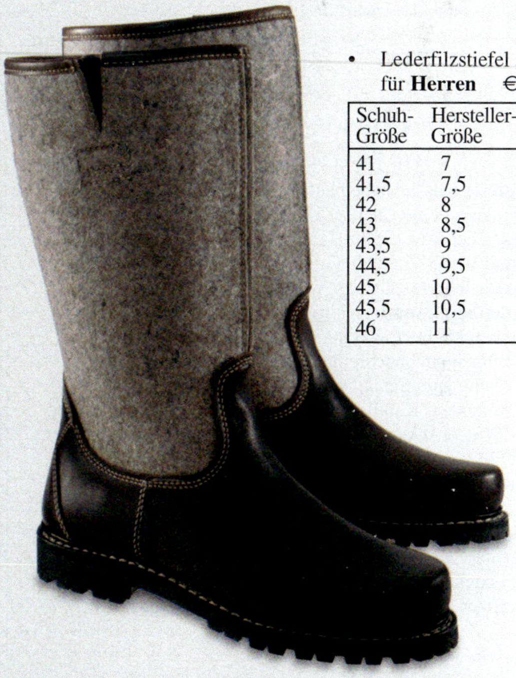

- Lederfilzstiefel „Otto" für **Herren** € 279,–

Schuh-Größe	Hersteller-Größe	Nr.
41	7	357-681-74
41,5	7,5	357-699-74
42	8	357-707-74
43	8,5	357-715-74
43,5	9	357-723-74
44,5	9,5	357-731-74
45	10	357-749-74
45,5	10,5	357-756-74
46	11	357-764-74

Ein gutes Fernglas so handlich wie ein Taschenmesser.

Qualität von Luger. 5-15fache Vergrößerung, auch im Nahbereich bis 30 cm.

Viele Ferngläser sind von guter Qualität. Doch viele von ihnen liegen in irgendeinem Schrank, wenn es etwas Interessantes zu sehen gibt. Dieses Qualitäts-Monokular haben Sie stets griffbereit, denn es misst nur 97 x 32 mm und wiegt nur 97 g. Damit ist es viel handlicher als ein Binokular, doch in vielen Situationen absolut gleichwertig.

Durch den Quick Close Focus ist alles blitzschnell scharf gestellt.

Bei 5facher Vergrößerung haben Sie auf 1.000 Meter Entfernung ein weites, präzises Sichtfeld von 96 m. Bei 15facher Vergrößerung immerhin noch 56 m. Und anders als bei herkömmlichen Monokularen wird auch der Nahbereich bis 30 cm um das 8fache vergrößert. So beobachten Sie das Reh am Waldrand und mit einem kurzen Dreh (weniger als 360°) am Fokussierring den Schmetterling auf der Blüte.

Beste Bildqualität durch Dachkant-Prismen auch bei schwierigen Lichtverhältnissen.

Zusätzlich sorgt der große Objektivdurchmesser von 17 Millimetern und die hochwertige LUGER Mehrschichtvergütung für eine sehr gute Bildqualität. So sehen Sie alles kontrastreicher und plastischer als mit einfachen Monokularen.

Stabiles Gehäuse mit rutschsicherer Gummiarmierung.

Spritzwasser geschützt. Selbstverständlich staubdicht versiegelt. Mit umstülpbarer Augenmuschel für Brillenträger. Robuster Tragebeutel mitgeliefert.

Die Optiken des Traditionsunternehmens Luger bewähren sich seit Jahren bei Jägern, Outdoorspezialisten und Sicherheitskräften.

Wenn der nächste Ballon am Himmel erscheint oder ein fernes Ortsschild zu entziffern ist: Greifen Sie zu diesem wertvollen Begleiter. Ideal auch im Theater, auf Open-Air-Konzerten oder bei Sportveranstaltungen. Herstellergarantie 2 Jahre. **Bei Pro-Idee: erweiterte Garantie 3 Jahre.**

- Luger Mini-Okular
  Nr. 570-663-74
  € 79,95

Mit dem Ionen-Trockner halbieren Sie die nutzlose Zeit beim Haare trocknen.

Jetzt bis 1.400 Watt. Und 30 % leichter. Und mit 10 % mehr Luftleistung.

Eigentlich sieht er aus wie ein herkömmlicher, einfacher Haartrockner. Doch sein Ionen-System wird auch Sie begeistern: Während Sie Ihre Haare trocknen, pflegen Millionen winziger elektrisch geladener Teilchen Ihr Haar – es wird nicht spröde, sondern fällt schön volumig, mit geschmeidiger Spannkraft – bis in die Spitzen.

Weniger Hitze – dennoch schneller trocken.

Die Ionen spalten die Wassertropfen in winzige Tröpfchen. So trocknet Ihr Haar bis zu 50 % schneller und schonender als mit der herkömmlichen Methode. Die Temperatur stellen Sie bequem in 4 Stufen ein – 200-1.400 W sorgen für bis zu 23,5 l Luftdurchsatz pro Sekunde.

Misst 8 x 23 x 21 cm (∅ x L x H), wiegt nur 460 g. Extralanges 270-cm-Kabel für 230 V. 2 Gebläsestufen. Überhitzungsschutz. Schweizer Qualitätsprodukt. Pro-Idee Garantie 3 Jahre. Per Katalog exklusiv bei Pro-Idee.

- Ionen-Haartrockner
  Nr. 561-944-74 € 89,95

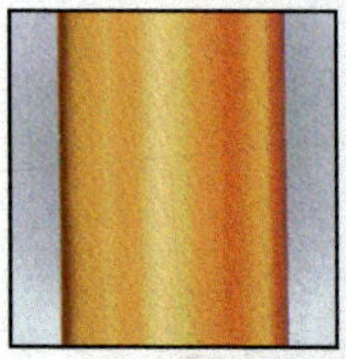

Trocknen mit Ionen: Eine glatte Oberfläche sorgt für Glanz und Geschmeidigkeit.

Herkömmliches Trocknen: Die Haaroberfläche ist trocken und rau.

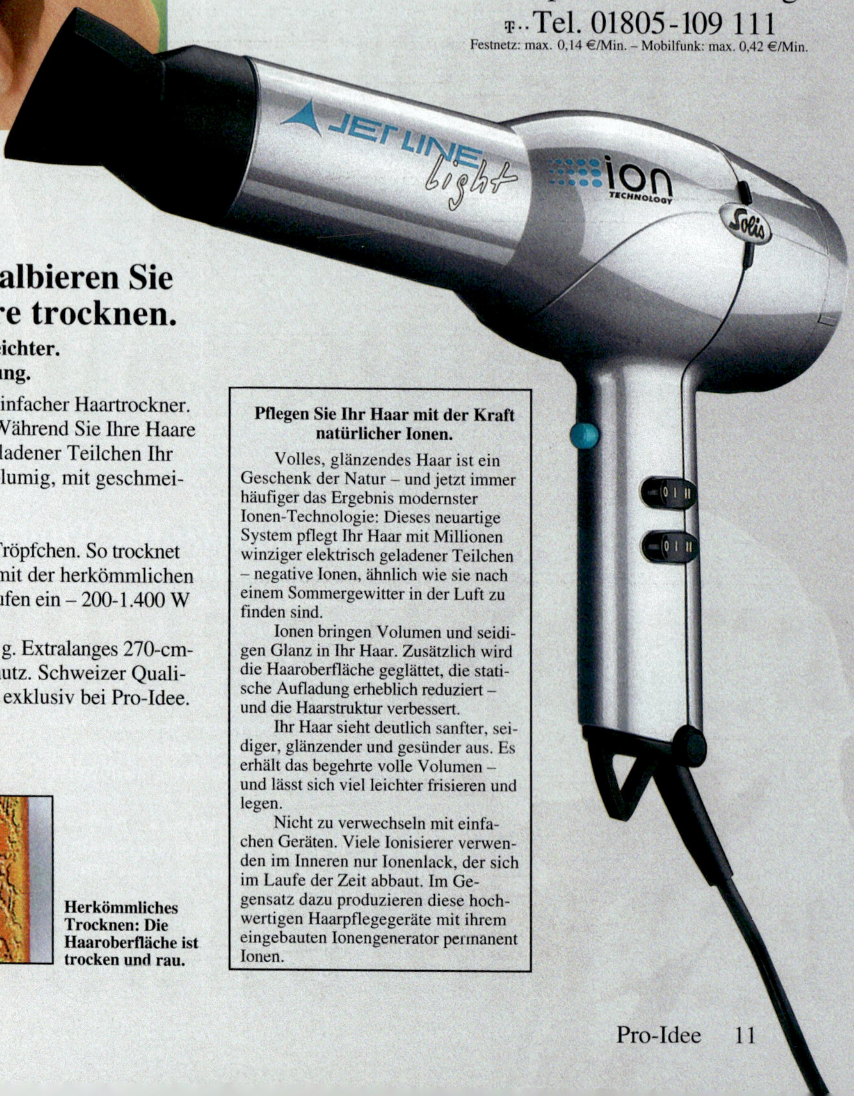

Pflegen Sie Ihr Haar mit der Kraft natürlicher Ionen.

Volles, glänzendes Haar ist ein Geschenk der Natur – und jetzt immer häufiger das Ergebnis modernster Ionen-Technologie: Dieses neuartige System pflegt Ihr Haar mit Millionen winziger elektrisch geladener Teilchen – negative Ionen, ähnlich wie sie nach einem Sommergewitter in der Luft zu finden sind.

Ionen bringen Volumen und seidigen Glanz in Ihr Haar. Zusätzlich wird die Haaroberfläche geglättet, die statische Aufladung erheblich reduziert – und die Haarstruktur verbessert.

Ihr Haar sieht deutlich sanfter, seidiger, glänzender und gesünder aus. Es erhält das begehrte volle Volumen – und lässt sich viel leichter frisieren und legen.

Nicht zu verwechseln mit einfachen Geräten. Viele Ionisierer verwenden im Inneren nur Ionenlack, der sich im Laufe der Zeit abbaut. Im Gegensatz dazu produzieren diese hochwertigen Haarpflegegeräte mit ihrem eingebauten Ionengenerator permanent Ionen.

Unser Testsieger: Alles, was Sie von einer guten Digitalkamera erwarten. Nur 149,95 €. Von Rollei.

30 mm Weitwinkelobjektiv. 4fach optischer Zoom.

Die Vielzahl digitaler Kameras ist kaum noch zu überblicken. Funktionen und Ausstattungen sind mehr oder weniger reichhaltig, oft kompliziert und manchmal überflüssig. Und es kostet viel Zeit das optimale Angebot zu finden. Im Pro-Idee Qualitätstest lieferte diese kompakte Rollei exzellente Bilder: Der 1/2,33 Zoll CCD-Sensor arbeitet mit 10 MegaPixel – für gestochen scharfe Abzüge selbst in Plakatgröße. Dabei wiegt sie nur 126 g und passt mit 94 x 57 x 19 mm (B x H x T) in jede Jackentasche.

Zubehörpaket per Katalog exklusiv bei Pro-Idee: mit 2 GB SD-Karte und original Rollei Kameratasche aus robustem Leder.

Riesiges 7,62 cm Farbdisplay.

Extrem hohe Auflösung (230.000 Bildpunkte): So beurteilen Sie die Qualität Ihrer Bilder viel leichter. Einfach per Tastendruck wählen Sie aus 21 vorprogrammierten Fotosituationen: Porträt- oder Landschaftsfoto, Panorama- oder Actionaufnahme, Sonne oder Schatten, … Sogar die Kombination von zwei Aufnahmen zu einem Foto ist möglich.

Die „ruhige Hand" ist schon eingebaut.

Anders als bei vielen digitalen Kompaktkameras garantiert ein Bildstabilisator (Anti-Shake-Funktion) verwacklungsfreie Bilder. Auch bei längerer Verschlusszeit.

Mit Videofunktion.

Bei 30 Bildern pro Sekunde entstehen absolut flüssige Filmsequenzen (natürlich mit Ton). Schon auf die mitgelieferte 2 GB Karte (weitere Karten separat erhältlich) passen ca. 30 Minuten Videofilm in bester Qualität oder ca. 450 Bilder in höchster Auflösung und bester Qualität. Robustes Aluminium-Gehäuse. Der ausdauernde Lithium-Ionen-Akku reicht für 300 Bilder – mit eingeschaltetem Display (Akku und Ladegerät mitgeliefert). Mit Ersatzakku, USB-Kabel und Bildbearbeitungssoftware. Herstellergarantie 2 Jahre.

Die Helligkeit des 3" Farb-LC-Displays ist in 10 Stufen einstellbar. So können Sie Ihre Bilder auch bei grellem Licht gut erkennen.

Bei Pro-Idee: erweiterte Garantie 3 Jahre.

- Rollei Kompaktkamera Flexline 140
  Nr. 602-185-74 € 149,95

Passende Speicherkarten auf Anfrage zum Tagespreis erhältlich:
Telefon: T··01805-109 111 € 0,14/Min. Festnetz T-Com - Mobilfunk ggf. höher.
Oder www.proidee.de

Rollei, der traditionsreiche deutsche Fotopionier mit Weltruf.

Rollei wurde 1920 in Braunschweig gegründet. Der Heidoskop von 1923 wurde ein unerwarteter Erfolg. In den 50er-Jahren setzte praktisch jeder Pressefotograf die populäre Rolleiflex ein. Ende 1966 brachte Rollei die kleinste Kleinbildkamera der Welt heraus und 1976 die erste mikroprozessorgesteuerte Mittelformatkamera. Heute produziert Rollei hochmoderne Digitalkameramodelle, Projektoren, fototechnisches Zubehör sowie Objektive.

Technische Daten:

Auflösung:	Film: 640x480 (VGA)
Foto:	3648x2736, 2816x2112, 2272x1704, 1600x1200, 640x480
Objektiv:	Autofokus Rollei Apogon Objektiv
Blende:	F = 2,5 (W) ~ 5,6 (T)
Fokuslänge:	5,4 mm ~ 21,6 mm, entspricht 30 ~ 128 mm im Kleinbildformat
Zoom:	4 x Apogon Zoom 4 x Digital Zoom
LC-Display:	3" Farb-LCD (230.000 Pixel)
Speicher:	intern 32 MB, Slot für SD-Speicherkarten bis zu SDHC 8 GB
Selbstauslöser:	2, 10, 10+2 Sek.
Datenformat:	Foto: JPEG, Film: AVI
Datentransfer:	MS Windows 2000/ME/XP/Vista, Mac OS 9.0 oder höher
Anschlüsse:	USB Port 2.0 High Speed + DC-in 5V, AV-Anschluss
Stromversorgung:	wiederaufladbarer Lithium-Ionen-Akku, AC/DC-Netzadapter
Blitz:	5 Blitzfunktionen inklusive Rote-Augen-Reduzierung

Abb. ca. 10 % verkleinert.

Ausgabe 13/2009

Wiederentdeckt: Die Wintermütze der US-Airforce-Elite.

Mit herabklappbaren Ohrenschützern aus wärmendem Lammfell.

Dieser Mützentyp erschien erstmals bei den Besatzungen der Superfortress-Bomber und ergänzte wirkungsvoll die legendären Lammfelljacken. Später wurde sie zum stolzen Besitz der Buschpiloten in Alaska. Heute ist sie ein wichtiges Accessoire für jeden, der keine kalten Ohren mag.

Warm und Wasser abweisend.

Das feine Wasser abweisend beschichtete Nappaleder und der exakt kopfgerecht gerundete Schnitt unterscheiden diese Mütze ganz wesentlich von den üblichen simplen Fellkappen. Der hoch angesetzte, druckfreie Schirm schützt Ihre Augen zuverlässig vor Schnee, Regen und UV-Strahlen. Die durch schmale Lederstreifen verdeckten Nähte sind besonders dicht. Klappen Sie die Ohrenschützer aus weichem, gewachsenem Lammfell einfach herunter – sie liegen fest, doch komfortabel an und halten eisigen Wind von Ihren Ohren ab. Weiches Steppfutter. Feines Lammnappaleder und Lammfell. Farbe: Schwarz. Exklusiv bei Pro-Idee.

- **Lammfellmütze € 119,–**

Kopf-Umfang in cm	Hersteller-Größe	Nr.
55	S	370-718-74
57	M	370-726-74
59	L	370-734-74
61	XL	370-742-74

Saugen Sie Asche bequem aus Ihrem Kamin.

Der Aschesauger mit integriertem Motor. Ideal auch zum Beseitigen von Scherben, Spänen und gröberem Schmutz.

Vergessen Sie Handfeger und Schaufel. Und auch einfache Aschesauger, die Sie umständlich mit Ihrem guten Staubsauger betreiben müssen. Bei diesem Aschesauger ist ein kraftvoller 600-W-Motor eingebaut. So reinigen Sie bequem Ihren Kamin, Ofen oder Holzkohlegrill. Ohne sich die Hände schmutzig zu machen.

Genial einfach: Schluckt auch große Mengen Asche.

Einfach einschalten – schon zieht ein kräftiger Sog die Asche in den 18 l fassenden Metallbehälter. Weder Staub noch Schmutz werden aufgewirbelt; Ihr Kamin oder Ihr Grill sind unverzüglich restlos sauber. Die Deckeltonne aus Kunststoff schließt fest und dicht. Nachdem sich die Asche am Boden abgesetzt hat, nehmen Sie einfach den Deckel ab und geben die Asche zum Müll. Den eingesetzten Spezial-Motorfilter reinigen Sie kinderleicht: einfach mehrfach den roten Knopf ziehen und loslassen. So wird der Filter ausgeschüttelt. Schmutz und Staub bleiben im Eimer.

Saugt mühelos auch Metallspäne, Sägespäne – und sogar Scherben.

So haben Sie ruck-zuck Ihren Werk- oder Hobbyraum, Keller oder Ihre Garage sauber.

Misst 36 x 31 cm (H x ∅). Wiegt ca. 3,6 kg. Mit praktischem Tragegriff. 125 cm langer Metallschlauch mit 20 cm Metalldüse, 3 cm ∅. 2,80-m-Anschlusskabel für 230 V/800 W. TÜV/GS-geprüfte Sicherheit. Inkl. 1 Ersatz-Motorfilter. Herstellergarantie 2 Jahre. **Bei Pro-Idee: erweiterte Garantie 3 Jahre.**

- Aschesauger mit Motor
  Nr. 560-326-74
  € 74,90
- Ersatz-Motorfilter
  Nr. 671-834-74
  € 9,95

Reinigen Sie Ihren Kamin oder Grill, ohne sich die Hände schmutzig zu machen. Saugen Sie die Asche nach dem Auskühlen einfach auf.

Edles Design transportiert und lagert Ihr Kaminholz – sauber und bequem.

Der Holzwagen aus Edelstahl lässt Sie nie mehr schwere Körbe schleppen.

Mühelos chauffieren Sie auf stabilen, leicht laufenden, 19,5 cm ∅ großen Kunststoff-Rollen auch große Mengen Kaminholz zur Feuerstelle – am kräftigen Rundstahlbügel stets sicher im Griff. Kein Schmutz, keine Splitter fallen wie bei Körben heraus; Böden, Wände und Möbel bleiben sauber.

Die schwarze Gummilackierung verleiht Ihrem Kaminholzwagen dauerhaften Schutz.

Ihr Kaminholz wird zum eleganten Blickfang.

Das klare, schnörkellose Design macht den Kaminholzwagen zum edlen Wohnaccessoire. Wahlweise erhalten Sie den Wagen in geschliffenem Edelstahl oder schwarz lackiertem Stahl.

Packt stabil und tragkräftig über 0,1 m³ Holz.

Stellen Sie den Wagen neben Ihrem Kamin ab. Die Scheite lagern kippfest und ordentlich geschichtet – so lassen sie sich bequem entnehmen. 2 mm starke Stahlwände und kräftige Füße halten ihn auch bei gewichtigem Inhalt (bis zu 40 kg) absolut standfest.

Beide Wagen messen 52 x 43 x 95 cm (L x B x H), wiegen 22 kg. Pro-Idee Garantie 3 Jahre.

- Kaminholzwagen Edelstahl
  Nr. 170-779-74 € 499,–
- Kaminholzwagen Schwarz
  Nr. 170-761-74 € 249,–

Elegantes Spiegel-Objekt wird zum geheimnisvollen Lichtermeer.

Ein Effekt von verwirrender Schönheit – durch nur eine Kerze entfacht.

Was wie Zauberei anmutet, entsteht durch innen verspiegeltes Glas. Sobald Sie die Kerze im Quader entzünden, werden die Spiegel plötzlich transparent. Und lassen ein Lichtermeer aufleuchten, das je nach Blickwinkel geometrisch geordnet erscheint – oder als Feld von Lichtreflexionen.

Kein Vergleich zu üblichen Kerzenhaltern: Dieses Windlicht ist genauso faszinierend, wenn keine Kerze im Innern brennt.

Wie eine edle Spiegelskulptur bereichert es Ihr Ambiente. Und nur Sie kennen sein Geheimnis.

Je dunkler das Umfeld, desto stärker die Wirkung der Kerze.

Bei Tageslicht ist inmitten des Quaders nur eine schwebende Flamme zu sehen. Doch abends auf Ihrer Terrasse, zur Dämmerstunde im Wohnraum und am Kamin kommt der Zauber dieses Spiegellichts vollendet zum Vorschein.

Betont schlichtes, elegantes Design. Hochwertig verarbeitet, mit Massivholz-Sockel aus heimischem Nussbaum.

Die vier Spiegelflächen sind an den Rändern ebenmäßig glatt geschliffen. Von außen unsichtbar eingearbeitete Aluminiumrahmen halten den Korpus stabil in Form. Der standfeste Sockel aus Nussbaumholz ist sorgfältig geölt – somit unempfindlich gegen Flecken. Herausnehmbarer Aluminium-Halter für klassische Kerzen mit 21,5 mm ∅ (1 weiße Kerze mitgeliefert, weitere separat erhältlich).

Misst 29 x 12,6 x 12,6 cm (H x B x T). Wiegt ca. 1.150 g. Einfach mit einem feuchten Tuch zu reinigen. Design: Jörg Gätjens.

- Geheimnisvolles Spiegellicht
  Nr. 570-614-74 € 155,–
- Weiße Kerzen, 17,5 cm hoch, 10er-Set
  Nr. 671-941-74 € 4,95

Auch ohne Kerze ist Ihr Spiegellicht ein attraktiver Blickfang.

Der elegante Massagesessel – geni
Auch für Ihre Schu

Massiert mit den anerkannten Methode

Dieser bequeme Ledersessel bietet alles, was Sie von einem deluxe Massagesessel erwarten können. Durch direkten Einkauf ist er dennoch erfreulich günstig – ähnliche Modelle kosten oft 3.000,– € und mehr.

Perfekt nach einem stressigen Tag, nach langen Reisen, ausgie bigem Sport, ...

Einfach per Tastendruck auf der Fernbedienung senken Sie die Rückenlehne stufenlos zur Liegeposition (Neigungswinkel 105°-168°). Je größer der Winkel, desto intensiver die Massage. Lehnen Sie sich entspann zurück – und

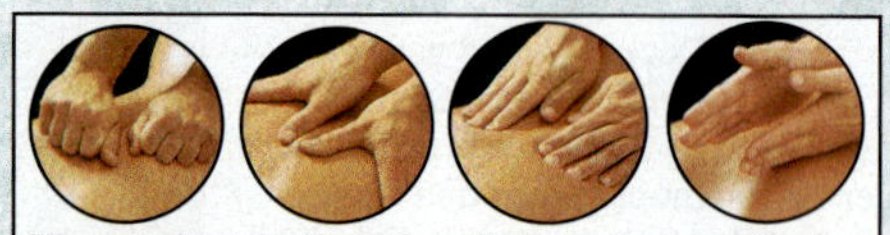

Vier verschiedene Techniken, ähnlich wie sie von Profis angewandt werden. Wählen Sie Ihre Lieblingsbehandlung aus, oder wechseln Sie beliebig zwischen den Massageprogrammen.

Lieferung per Spedition zzgl. 10 € je Lieferung. (Sorry, kein Eilservice.)

ßen Sie täglich entspannende Massagen.
:ern, Beine und Füße.

ler Profis. Passt perfekt zu jedem Einrichtungsstil.

chon nach wenigen Massage-Minuten sind Sie erholt wie nach einem Kurzırlaub.

'er Tastendruck steuern Sie Ihr Wohlbefinden.

Während Sie komfortabel auf weichem Lederpolster ruhen, starten Sie nit Ihrer Fernbedienung bequem die gewünschte Massage. Basierend auf hrer Körpergröße ermitteln eingebaute Tastsensoren automatisch das zu massierende Areal.

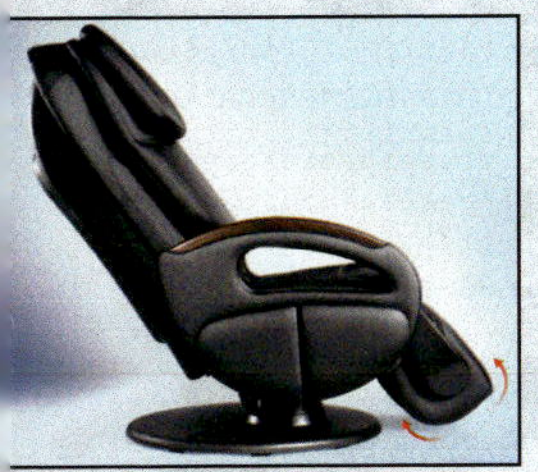

)as Fußteil Ihres Massagesessels tellen Sie individuell ein: als Ruheolster für Ihre müden Beine oder lassagepolster für die Waden oder Füße.

Der Pendel-Mechanismus ersetzt Arme und Handkanten eines Profis.

Zwei Spezialrollen aus hochwertigem Kunststoff rollen unter dem Polster sanft an Ihrem Rücken entlang. Schon jetzt haben Sie das Gefühl, in guten Händen zu sein.

Vier anerkannte Massagetechniken.

Die einmalige Mechanik arbeitet mit den Techniken eines versierten Praktikers. Im Rollmodus fühlen Sie sanften Druck entlang der Wirbelsäule, Ihr Rücken wird aufgewärmt, Ihre Muskeln entspannen sich. Die eigentliche „Entspannung" erfolgt im Knetmodus: Muskelknoten werden gelöst, Ihre Durchblutung wird angeregt. Taufrisch fühlen Sie sich nach dem Klopfen im Percussionmodus. Oder erleben Sie im Knet-/Klopfmodus die einmalige Kombination von kraftvollem Kneten und anregendem Klopfen.

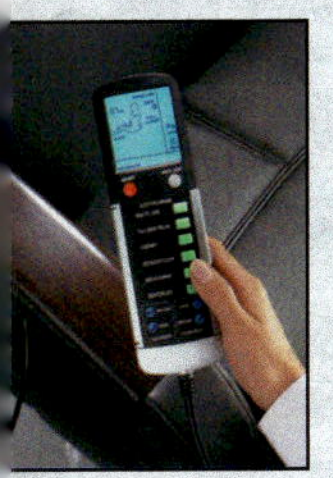

Steuern Sie mit der übersichtlichen Fernbedienung Ihr Massageprogramm oder die punktuelle Kurzmassage.

Wählen Sie Ihr persönliches 15-Minuten-Programm mit dreidimensionaler Stimulation.

Rollen, kneten, pressen oder klopfen, das Programm durchläuft alle Techniken in der Abfolge einer professionellen Massage. Lehnen Sie sich zurück, legen Sie Ihre müden Beine auf das Fußteil und überlassen Sie sich den kundigen „Händen" in der Rückenlehne. Vom ersten Moment an lösen Sie sich von Ihrer Anspannung, im Büro – zwischen zwei wichtigen Terminen – und abends zu Hause. Für die ausschließliche Massage des Nacken-Schulter-Bereichs steht ein gesondertes Programm zur Verfügung.

Auch Ihre Beine und Füße werden nicht vergessen.

Fühlen Sie, wie sich auf Knopfdruck die 8 Luftpolster für die Beinmassage aufpumpen – wahlweise in 3 Stufen. Schon werden Ihre Oberschenkel sanft massiert. Das Fußteil können Sie vierstufig verstellen: senkrecht oder waagerecht für eine sanfte Kompressionsmassage Ihrer Waden oder Füße. Nach hinten, wenn Sie auf eine Massage verzichten möchten. Oder nach unten – für eine bequeme Ablage Ihrer Beine.

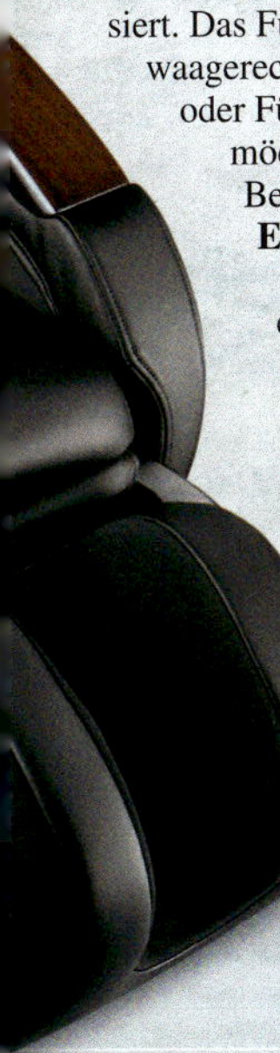

Ein Blickfang in jedem gepflegten Ambiente.

Sein edles Design passt zu jedem Einrichtungsstil: mit eleganter Rindnappaleder-Sitzfläche in Schwarz und bequemer, dicker Polsterung. Hochwertig Walnuss furnierte Armlehnen, mit transparenter PU-Schutzlackierung – so kann der edle Holzton auch auf Dauer nicht ausbleichen.

Standfest auf farblich abgestimmtem, ovalen 80 x 60 cm ∅ Fuß aus ABS-Kunststoff.

Misst aufgestellt ca. 130 x 76 x 110 cm (H x B x T), zurückgelehnt 180 cm lang. Wiegt ca. 75 kg. Strom sparend durch automatische Abschaltfunktion nach 15 Minuten.

Sichern Sie sich diese Insel der Ruhe und Entspannung.

- Eleganter Massagesessel
  Nr. 513-101-74
  € 1.750,–

An Ihrer Zimmerdecke erkunden Sie den *jetzt aktuellen* Sternenhimmel.

Und im Freien beeindrucken Sie mit Ihrem Wissen über mehr als 440 Sterne und 27 Konstellationen.

Einfach durch Drehen am Einstellring justieren Sie das aktuelle Datum und die Uhrzeit. Knopfdruck genügt: Und „StarLight®" projiziert exakt das Sternenbild an Zimmerdecke oder Wand, das sich gerade jetzt am Abendhimmel über Ihnen befindet. Im direkten Vergleich orten Sie mühelos bis zu 440 Sterne bis Größenklasse 5, lesen die Namen von 27 Sternbildern und der 23 wichtigsten Sterne. Ohne mühsames Suchen auf Sternenkarten oder Globen erkennen Sie Castor und Pollux, Orion, Löwe, Jungfrau und viele, viele mehr.

Handlich wie eine Taschenlampe. Auch auf Reisen Ihr faszinierender Sternenfinder.

Von Shanghai bis St. Petersburg, von Nordafrika bis Oslo, von Texas bis Alaska: Jeder Standort zwischen dem 30. und 60. Grad nördlicher Breite ist möglich. Projektionsreichweite 1-10 m, Fokussierring zur Schärfeeinstellung. Gehäuse aus robustem Aluminium. Misst ca. 14 x 2,8 cm (L x ∅). Wiegt ca. 120 g. Funktioniert mit 3 Mikro-Batterien (separat erhältlich).

Mitgeliefert: der 80-seitige, 4-farbige „Kosmos Sternführer für unterwegs".

Das bekannteste Sternbild, der Große Wagen, weist den Weg zu den Attraktionen des Himmels. Sie erfahren für jeden Monat im Voraus, was es am Abendhimmel zu sehen gibt – und die Highlights der kommenden Jahre. Mit 24 Sternkarten, 21 Illustrationen und 7 Farbfotos. Misst 11 x 18 cm (B x H).

- Sternenfinder „StarLight®"
  Nr. 620-070-74 € 39,90
- Batterie-Set, 3 Mikro
  Nr. 672-717-74 € 3,75

Einfach Datum und Uhrzeit einstellen – schon können Sie das aktuelle Sternenbild betrachten.

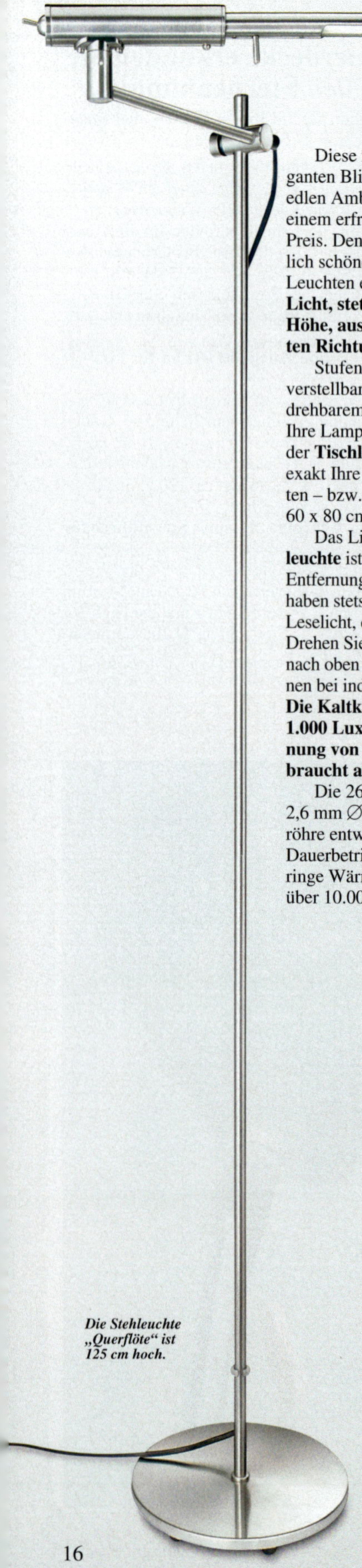

Die Stehleuchte „Querflöte" ist 125 cm hoch.

Tageslicht. Klassisch, edles Design.

Die idealen Leuchten zum Lesen und Arbeiten.

Diese filigranen Leuchten werden schnell zum eleganten Blickfang auf Ihrem Schreibtisch, in Ihrem edlen Ambiente. Und das zu einem erfreulich günstigen Preis. Denn oft kosten ähnlich schöne Design-Leuchten ein Vielfaches.

Licht, stets in der richtigen Höhe, aus der gewünschten Richtung.

Stufenlos in der Höhe verstellbar und mit 360° drehbarem Leuchtenkopf ist Ihre Lampe nie im Weg. Mit der **Tischleuchte** können Sie exakt Ihre Tastatur ausleuchten – bzw. eine Fläche von 60 x 80 cm.

Das Licht der **Stehleuchte** ist auch in 1 Meter Entfernung noch präsent. Sie haben stets klares, gerichtetes Leselicht, das nie blendet. Drehen Sie den Lampenkopf nach oben – und Sie entspannen bei indirektem Licht.

Die Kaltkathode erzeugt 1.000 Lux bei einer Entfernung von 30 cm, verbraucht aber nur 8 Watt.

Die 26,6 cm lange und 2,6 mm ∅ CCFL-Leuchtröhre entwickelt selbst im Dauerbetrieb eine sehr geringe Wärme – und hat so die enorme Lebensdauer von über 10.000 Stunden. Durch ihre Tageslichtqualität (5.300 Kelvin) sehen Sie alles farbtreu, deutlich und kontrastreich – Ihre Augen ermüden nicht so schnell. Ideal für lange Stunden am Schreibtisch.

(Lieferung ohne Dekoration.)

Ideales Arbeitslicht: Mit der Tischleuchte „Querflöte" können Sie eine Fläche von 60 x 80 cm ausleuchten.

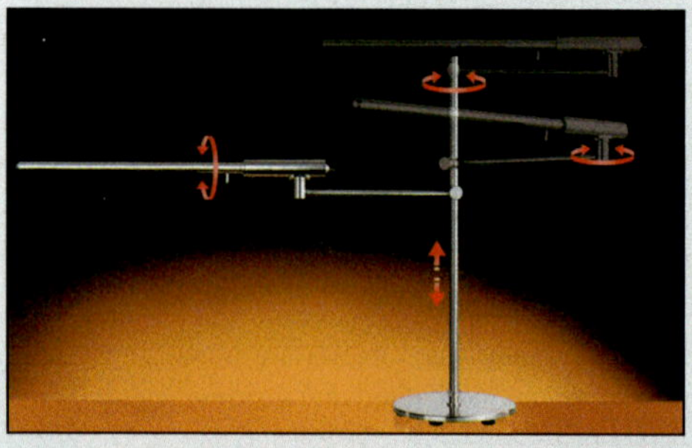

Immer das richtige Licht: Beide Leuchten sind stufenlos verstellbar und schwenkbar.

Die Tischleuchte ist 55 cm hoch. Leuchtenkopf 48 cm, ausgestreckt 59 cm. Fuß 18,5 cm ∅. Wiegt ca. 2 kg. Die Stehleuchte ist 125 cm hoch. Leuchtenkopf 48 cm, ausgestreckt 66 cm. Fuß 22 cm ∅. Wiegt ca. 3,4 kg.

Aus mattiertem Nickel. Anschlüsse ca. 300 cm (Tischleuchte) bzw. 280 cm (Stehleuchte) für 230 V. Inkl. Leuchtmittel.

- Tischleuchte „Querflöte"
  Nr. 562-397-74
  € 98,–
- Stehleuchte „Querflöte"
  Nr. 562-801-74
  € 149,–
- Leuchten-Set „Querflöte" (1 Tisch-, 1 Stehleuchte)
  Nr. 562-090-74
  € 229,–
  (Sie sparen 18,– €.)

Sanft landen Ihre Wertsachen auf gepolstertem Leder.

Von Cerruti 1881: stilvolle und sichere Ablage aus feinstem Leder. Ideal auch auf Reisen.

In diesem Gentleman's Tray legen Sie abends schonend all Ihre wichtigen Kleinigkeiten ab – und haben sie morgens sogleich bequem (und vollständig!) zur Hand.

Wertvoll aus edlem Leder gedoppelt.

Außen butterweiches, dickes Vollkalbnappa verhindert Schrammen auf wertvollen Möbeln. Innen curryfarbenes Kalbs-Veloursleder nimmt samtig Ihre Uhr, Ihre Manschettenknöpfe und Brille auf – behutsam vor Kratzern geschützt.

Der gepolsterte Boden lässt kein Kleingeld, keine Schlüssel lautstark klirren.

Öffnen Sie die vier Druckknöpfe an den Seiten: Schon ist die Ablage reisefreundlich flach – und passt noch in jeden vollen Koffer. Mit dezent geprägtem Label „Cerruti 1881".

Misst aufgestellt 23 x 23 x 5,5 cm (L x B x H), flach auseinandergeklappt nur 25 x 25 cm. Wiegt ca. 160 g. Farbe: Schwarz/Hellgelb.

- Tray, Cerruti 1881 Nr. 590-562-74 € 69,95

(Lieferung ohne Dekoration.)

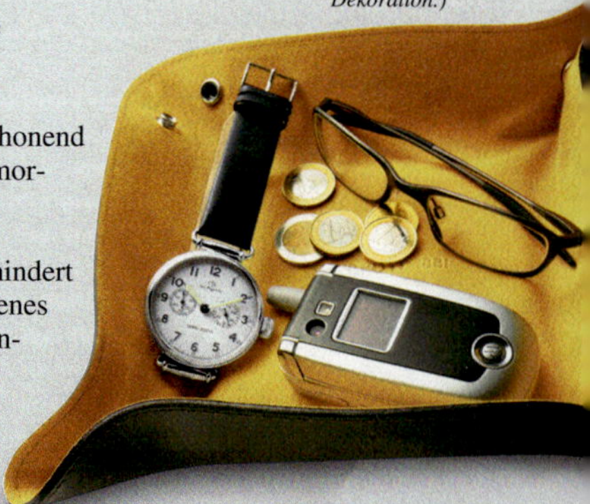

CERRUTI 1881

Irland-Pullover in den Tönen von Torf, Beeren, Laub und Moos.

Edler Jacquard, aus robuster, reiner Schurwolle handwerklich gefertigt.

Ruhige, gedämpfte Farben, kraftvolle, reine Shetland-Wolle und ein maskulines Jacquardmuster kennzeichnen diesen handwerklich hochwertig gearbeiteten Pullover. Eine schöne Abwechslung zu allen Stricksachen, die Sie bisher im Schrank hatten.

Von geschickten, irischen Strickern wird in Kleinarbeit das interessante Streifenspiel mit Tupfenreihen in Jacquardtechnik aus reiner Schurwolle gestrickt. Dem irischen Herbst entlehnt sind die milden Nuancen der Farben: Das Blau-Grün von Flechten und Moos, die Beerentöne und das Gelb-Braun von Torf und Laub.

Ungewöhnlicher Blickfang: Die gedoppelten Bündchen, die das Muster wieder aufgreifen – viel interessanter als übliche unifarbene Abschlüsse. Klassische, bequem-weite Form. Länge in Gr. 50: 69 cm. 100 % Schurwolle. Handwäsche. Farbe: Multicolor.

Ergänzen Sie Ihre Garderobe mit diesem aufwändigen, doch nicht aufdringlichen Pullover. Man wird Sie oft darauf ansprechen. Exklusiv bei Pro-Idee.

- **Pullover „Irischer Herbst“ € 139,–**

FC Größe	Hersteller-Größe	Nr.
48	S	281-147-74
50	M	280-768-74
52	L	280-776-74
54/56	XL	280-784-74
56/58	XXL	280-792-74
60	3XL	281-154-74

Topaktuell: der Chronograph von Davosa/Swiss.

Ein besonders markanter Blickfang – der kein Vermögen kostet.

Ein mächtiges 46,5 mm ∅ und 14,6 mm hohes, schwarzes Gehäuse birgt diesen markanten Bicompax-Chronographen. Eine besonders kraftvolle Uhr, die Präzision mit maskuliner Eleganz verbindet – perfekt zum Anzug, in der Freizeit und beim Sport. Und das zu einem erfreulich günstigen Preis.

Schweizer Uhrmachertradition seit 1861.

Statt auf teure Werbung und Image-Kampagnen setzt Davosa mehr auf innere Werte. So werden Davosa-Uhren auch heute noch ausschließlich in der Schweiz gefertigt. Sicher ein Grund, warum ihnen z. B. im „Uhren-Magazin“ und in „Chronos“ wiederholt „gutes Preis-/Leistungs-Verhältnis“ bescheinigt wird. Inzwischen ist die Marke Davosa weltweit vertreten.

Dank der Beschichtung mit Super-Luminova®-Leuchtmasse lesen Sie die Uhrzeit auch in tiefschwarzer Nacht leicht ab.

Nur beste Verfahren kommen zum Einsatz.

Die schwarze PVD-Beschichtung (Physical Vapour Deposition) des 316L-Edelstahl-Gehäuses ist extrem hart und dadurch besonders haltbar. Die rotgoldene Ionen-Plattierung (IPG) lässt die Stunden-Markierungen, Lünetten- und Zeiger-Konturen dauerhaft warm leuchten. Ein schöner Kontrast zum schwarzen Bicompax-Zifferblatt: mit Hilfszifferblättern für 24 Stunden und 60 Minuten (die Stoppfunktion aktiviert auch den zentralen Sekundenzeiger). Moderne Super-Luminova®-Leuchtmasse lässt die Zeiger und Stunden-Markierungen bei Dunkelheit erstrahlen.

Abb. ca. 25 % vergrößert.

Die handlich kräftige Krone, die Drücker und der Gehäuseboden sind sorgfältig verschraubt.

So ist die Uhr wasserdicht bis 10 atm (100 m) – problemlos beim Duschen, Schwimmen und Schnorcheln.

Hergestellt in der Schweiz mit einem Werk Citizen Miyota OS21 aus Japan. Ganggenauigkeit ± 20 Sek./Mon. Datumsfenster bei 6 Uhr. Lünette mit Tachymeterskala – perfekt um Geschwindigkeiten zu messen. Gehärtetes Mineralglas. Markantes, schwarzes Rindlederband mit Stiftschließe und weißer Ziernaht. Wiegt 114 g. In edler Aufbewahrungsbox. Herstellergarantie 2 Jahre. **Bei Pro-Idee: erweiterte Garantie 3 Jahre.**

- Davosa Bicompax-Chronograph Nr. 580-753-74 € 248,–

Lambswool vom Kaschmirspzialisten.

Modischer 268 cm-Schal, der zu allem passt.

Johnstons 1798 gehört zu den traditionsreichsten Kaschmir-Strickern Schottlands. Wenn sich ein so renommierter Kaschmir-Spezialist mit Lambswool beschäftigt darf man zu Recht etwas Besonderes erwarten. Diese weiche, ausgesuchte Lambswool wird direkt aus Australien geliefert (englische Lambswool wäre nicht weich genug). In schottischem Wasser wird sie zunächst noch weicher gewaschen und erst dann gesponnen und verwebt.

Modisch längs gestreift.

Sanftes, wie überpudert wirkendes Oliv, Eisblau, Anthrazit, Bleu, Orange, Bordeaux und Gelb machen diesen Schal zum universellen Partner aller Winterfarben – zum Mantel, zur Lederjacke, zum Blazer, Pullover, zur Jeans und Cargopants. Modisch überlang, lässt sich der Schal auf die verschiedensten Arten binden. Modisch aktuell wird er 2 x um den Hals geschlungen und vorne länger als hinten getragen. Mit haltbar gedrehten 12 cm langen Fransen. Misst 268 x 24,5 cm. Wiegt 180 g. 100 % Wolle (Lambswool). Reinigung. Per Katalog exklusiv bei Pro-Idee.

- 268 cm-Streifenschal
  Nr. 460-824-74 € 49,–

Di

Besserer Schutz

Aus schlagzähem ABS-Kuns

Schleppen Sie sich nicht länger mit schweren, starren Hartschalenkoffern ab, die zudem brechen oder aufplatzen können. Oder mit Nylon-Trolleys, die oft selbst in „leichter" Ausführung noch etwa 1 kg schwerer sind als dieses „New Generation"-Gepäck. **Besonders hart und schlagfest. Gleichzeitig aber flexibel – so gibt der ABS-Kunststoff bei großen Belastungen und Stößen sanft nach.**

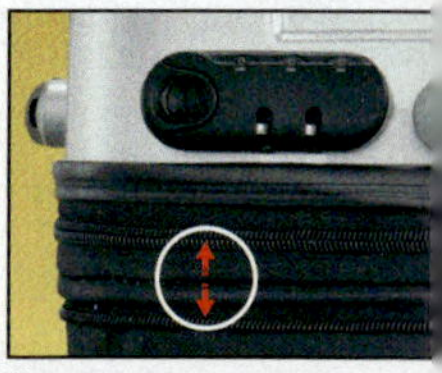

Öffnen Sie den Rundum-Reißverschluss – Ihr Trolley erhält 17 % mehr Packvolumen.

Die einwirkenden Kräfte werden dadurch abgefangen, und die Trolleys können nicht zerbeulen oder reißen. Stabile Protektoren geben den Ecken verstärkten Schutz. Die kräftigen Kunststoff-Reißverschlüsse mit großen, leicht gleitenden Schiebern schließen auch bei fülligem Volumen mühelos. Mit 3-stelligem Zahlenschloss.

4 (statt nur 2) Gelenkrollen: erheblich flinker und rundum wendig.

Hartgummi macht die 4 cm großen Rollen robust gegen Abrieb. Durch die 360° drehbaren Kunststoffgelenke folgt Ihnen Ihr Trolley leicht und wendig, fast wie von selbst. Wie viel entspannter wird jetzt das Vorrücken in der Schlange am Airline-Counter.

Mit dem Rundum-Reißverschluss entfalten Sie auf Wunsch 17 % mehr Packvolumen.

Bei allen Trolleys vergrößert eine 5 cm breite, umlaufende Lasche den Packraum enorm. Beim großen Trolley z. B. wächst das Volumen von 105 l auf volle 122,5 l – mehr, als mancher XXL-Koffer zu bieten hat. Sie gewinnen Zusatzplatz für Einkäufe und Reise-Souvenirs.

neue Trolley-Generation: mehr Volumen – doch weniger Gewicht.

stoff. Viel leichter als Hartschalenkoffer. Und um 17 % erweiterbar.

Der Aluminium-Teleskopgriff mit gummiertem Handstück ist 2fach verstellbar – für jede Körpergröße passend.

Durch den breiten Rollenabstand halten die Trolleys kippsicher die Spur und bleiben Ihnen bequem hochkant zur Seite.

Das Doppelgestänge widersteht großer Belastung und lässt sich besser führen als nur eine Stange. Auf Knopfdruck geschützt im Koffer zu versenken. Mit Griffen an Längs- und Querseite heben Sie die Trolleys bequem vom Gepäckband.

Ihre Kleidung reist schonend gelegt.

Eine festclippbare Packplatte mit Ganzseiten-Netzfach hält Ihre Kleidung rutschfest. Zwei Reißverschluss-Netzfächer nehmen Necessaire und Schuhe/Socken auf. Die Innenausstattung ist bei allen Modellen identisch.

Auch als günstiges 3er-Set.

Nach der Reise passen die Trolleys Platz sparend ineinander. Messen ca. 73 x 52 x 30 cm, 63 x 45 x 27 cm und 53 x 35 x 25 cm (H x B x T), je 5 cm erweiterbar. Wiegen 4,9 kg, 4 kg und 3,2 kg.

„New Generation“-Trolley

- Groß Nr. 590-893-74 € 119,–
- Mittel Nr. 590-885-74 € 89,95
- Klein Nr. 590-877-74 € 69,95
- 3er-Set Nr. 590-869-74 € 259,–
  (Sie sparen 19,90 €.)

Elegante Garderobe zum sehr vernünftigen Preis.

Neun Haken halten Platz sparend Mäntel, Jacken und mehr.
Aus stabilem, rostfreiem Edelstahl.

Schlank und dezent steht dieser Edelstahl-Ständer stets zu Diensten, um mit einem Griff Ihre Garderobe wegzuhängen. Rundum mit je 4 ca. 7 und 10,5 cm langen, tragkräftigen Edelstahl-Haken in verschiedenen Höhen ausgestattet, nimmt er bis zu 10 Mäntel und Jacken sowie Ihre Schirme auf. Glänzende Kugel-Enden stoppen das Herabrutschen Ihrer Kleidung und verhindern unschöne Beulen.

Passt bequem in die kleinste Ecke.

Ideal auch als Zusatz-Garderobe, wenn viele Gäste kommen. Praktisch für Kinder: Schon die Kleinsten können ihre Jacken selbst an die unteren Haken hängen. Mit wenigen Handgriffen zu montieren. Standfeste Konstruktion aus satiniertem Edelstahl, mit 31 cm ∅ großer Bodenplatte, weich unterlegt. Ihre wertvollen Bodenbeläge sind so vor Kratzern geschützt. Misst 172 cm H. Wiegt ca. 9 kg. Qualitätsprodukt von Reisenthel.

- Garderobe
  Nr. 542-845-74
  € 89,–
  (Sorry, kein Eilservice.)

Flauschweiche Wäsche ohne Weichspüler. Viel weniger Knitter. Und bis zu 25 % Trocknerzeit und Energie gespart.

Die Trocknerbälle der 2. Generation – jetzt noch effektiver.

Jetzt gibt es die genialen Trocknerbälle in verbesserter pyramidenförmiger Form und mit stärkeren Noppen. So ist die Kontaktfläche zur Wäsche um ca. 50 % größer. Alles wird noch lockerer getumbelt, die heiße Luft kann optimal zirkulieren. Ihre Wäsche ist bis zu 25 % schneller trocken. Sie sparen Zeit und Energie.

Weichspüler und Trocknertücher überflüssig. Ideal auch für Allergiker.

Bitte geben Sie immer beide „Dryanles“ in den Trockner. Die kräftigen PVC-Noppen „massieren“ die Fasern und verhindern so die sonst übliche Steife, die beim Verdunsten des Wassers entsteht. Frottiertücher, Bettwäsche, Shirts, … werden flauschweich. Hemden und Blusen sind viel weniger geknittert und müssen kaum noch gebügelt werden.

Trocknerbälle Dryangles, 2er-Set € 12,95

Aus anti-allergenem PVC; ungiftig, frei von Chemikalien und immer wieder verwendbar. Ca. 7 cm ∅, wiegen je 59 g.

- Trocknerbälle Dryangles, 2er-Set
  Nr. 570-960-74
  € 12,95

Ihr elektronischer Zaun

Ultraschall und blendende LED-Blitze vertr

Tiere, die sich Ihrem Grundstück nähern, wissen jetzt sofort: „Wir müssen leider draußen bleiben“. Abgeschreckt werden sie von diesem Gerät.

Mehr als eine elektronische Vogelscheuche.

Die Hochfrequenztöne sind fürs menschliche Ohr nicht wahrnehmbar – für die meisten Tiere jedoch unangenehmer Lärm. Zusätzlich verstärkt ein überraschendes Gewitter von ultrahellen LED-Lichtblitzen diese wirkungsvolle Barriere: Gerade bei Dunkelheit oder in den schattigen Bereichen unter Bäumen, Hecken und Sträuchern wird das lichtscheue Getier plötzlich aufgeschreckt und nimmt schleunigst Reißaus.

Verschiedene Funktionen kombiniert.

Die Ultraschall-

Schön wie Schmiedeeisen – in einem Bett aus Kokos.

Das dicke, echte Kokosrelief auf rutschfest schwerem Gummi reinigt schmutzige Sohlen tadellos.

Dicht gewebt und hydraulisch gepresst: Tausende feinster Kokos-Borstenbüschel sind stabil im Fond aus schwerem Kautschuk-Gummi verankert. Dieses ca. 12 mm hohe Relief greift tief in das Sohlenprofil der Schuhe – und entfernt mühelos sogar festgetretene Gartenerde. Der Schmutz sammelt sich in den Zwischenräumen des Reliefs – und kann so leicht abgesaugt oder ausgeklopft werden. Ihr Haus bleibt sauber.

Äußerst robust, trittfest und lichtecht.

Anders als Veloursmatten, deren Flor schnell leidet, bewahrt diese Kokosmatte dauerhaft ihr ausdrucksvolles Relief. Kokos wird aus der dichten Faserhülle der Kokosnuss gewonnen. Auch bei starker Sonneneinstrahlung bewahrt diese Matte ihr schönes Karamellbraun, ohne wie weniger wertvolle Matten auszubleichen.

Rutschfest durch besonders schwere Qualität.

Die kräftige Unterseite aus schwerem Kautschuk-Gummi macht die Matte stattliche ca. 1,6 cm dick. Die kräftige Gummi-Schicht schützt zudem Ihren Eingang vor Kratzern. Die ca. 1,8 cm breite, umlaufende Gummilippe schirmt den Boden vor Feuchtigkeit ab; modrige Staunässe wird verhindert. Sie werden auch nach jahrelanger Benutzung an diesen dekorativen Matten Ihre Freude haben. In 2 Modellen erhältlich.

Die beliebte Kokosfächer-Matte erhalten Sie exklusiv bei Pro-Idee.

- **Kokosfächer-Matte**

	(L x B)	Gewicht	Nr.	€
Extragroß	120 x 75 cm	6 kg	170-704-74	49,95
Groß	98 x 60 cm	4 kg	170-670-74	32,50
Standard	74,5 x 45 cm	2 kg	170-662-74	16,50

- **Ornament-Matte**

	(L x B)	Gewicht	Nr.	€
Extragroß	120 x 75 cm	6 kg	540-732-74	59,95
Groß	98 x 60 cm	4 kg	540-724-74	34,50
Standard	75 x 45 cm	2 kg	540-716-74	19,95

Ornament-Matte

...hält unliebsame Tiere fern.

...eiben Wild, Hunde, Nager und mehr. Nur 49,95 €.

...Frequenz variiert zwischen 18 kHz und 24 kHz mit gleichzeitigen Lichtblitzen: Im 24-kHz-Betrieb verjagt das Gerät unter anderem Vögel, Ratten, Mäuse, Füchse und sogar Insekten. Bei 18 kHz ergreifen auch Hunde und Katzen die Flucht. Der ideale Schutz für Hof, Garten und Gemüsebeet oder auch Wohnräume, die für Haustiere tabu sein sollen.

Eingebauter Bewegungsmelder. Ein Infrarot-Sensor schaltet Ultraschall und LED-Stroboskoplicht automatisch ein – allerdings nur, wenn er eine Bewegung bemerkt – das spart Strom (funktioniert auf einer Entfernung bis zu 12 m). Läuft mit zwei 9-V-E-Blocks (separat erhältlich) mind. 3.000 Stunden. Einfache Montage an der Wand, auf einem Stab oder am Zaun (Wandhalterung inkl. Schrauben und Dübel mitgeliefert).

Profitieren Sie von der sanften Methode. Sie müssen nicht ständig selbst auf der Lauer liegen. Ultraschall und LED-Blitze nehmen Ihnen das Vertreiben ab – ohne den Tieren zu schaden. Misst 11 x 10 x 9,5 cm (L x B x H). Wiegt ca. 255 g.

- Virtueller Zaun „Animal Away"
  Nr. 570-143-74 € 49,95
- Batterie-Set, zwei 9-V-E-Blocks
  Nr. 673-392-74 € 9,40

Im Umkreis von 12 Metern erfasst der Sensor alle Bewegungen.

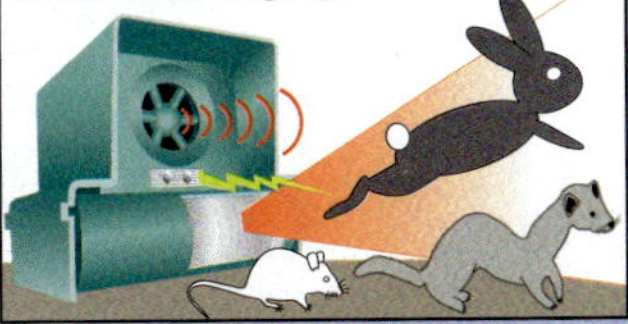

Die Taschenlampe fürs Leben – ganz ohne Batterie.

Jetzt mit 3 LEDs: 29 % höhere Beleuchtungsstärke.
10 Sekunden Drehen für 7 Minuten Licht.

Drehen Sie einfach das hintere Ende der Taschenlampe: Schon 10 Sekunden genügen dem eingebauten Dynamo für 7 Minuten LED-Licht. Den Strom dafür produziert die Lampe selbst. Sie müssen nie wieder Batterien kaufen und vermeiden giftigen Sondermüll.

Ohne Tiefenentladung. Ohne Überladung. Ganz wichtig für den Notfall: Anders als die meisten Dynamo-Taschenlampen funktioniert die Everlight Twist selbst dann noch, wenn sie mehrere Monate nicht benutzt wurde. Auch eine versehentliche Überladung durch zu häufiges oder zu langes Drehen gibt es nicht.

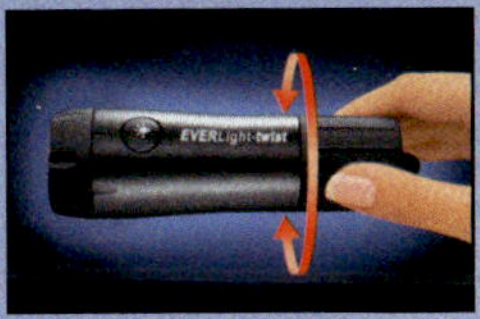

Einfach durch Drehen laden Sie den leistungsfähigen Nichia-Kondensator auf – in 10 Sekunden für 7 Minuten Licht.

Everlight lässt Sie nie im Stich. Im Innern sitzen drei völlig wartungsfreie Qualitäts-Leuchtdioden von Nichia (Japan) – mit 9.000 statt üblicher 7.000 Lux. Das typische „weiße Licht" ist noch in 1 km sichtbar. Bis zu 100.000-mal können Sie den 1,5F-Marken-Kondensator von Nichia aufladen (bei 2 x täglich entspricht das einer Lebensdauer von 137 Jahren).

Spritzwassergeschützt. Betriebsbereit zwischen -20 °C und +50 °C. Der Griff aus robustem Polycarbonat liegt bei jedem Wetter gut in der Hand (wiegt nur ca. 150 g). Misst ca. 14,3 x 4 cm (L x B). Pro-Idee Garantie 3 Jahre.

- Everlight Twist 3 LEDs
  Nr. 621-169-74 € 29,95

Mit „Ofen-Clean" reinigen Sie ihren Backofen bis zu 85 % schneller.

Endlich auch für zu Hause: der Backofenreiniger der Profis.

Schluss mit mühsamem Scheuern oder gar Kratzen. Schluss auch mit aggressiven Backofensprays: Dieser Profi-Reiniger enthält keine Lösungsmittel, keine ätzenden Substanzen. Dennoch entfernt „Ofen-Clean" selbst stark verkrustete Fett- und Speisereste – schnell, sicher und rückstandsfrei.

Im Backgewerbe tausendfach bewährt. Reinigt und versiegelt in einem. Anders als herkömmliche Methoden reinigt „Ofen-Clean" schnell auch hartnäckige Rückstände. Seine Substanzen lösen Verkrustungen nicht nur oberflächlich an. Sie gelangen unter die Verkrustungen – und lösen sie so vollständig von den Backofenflächen ab. Nur einsprühen und einwirken lassen (oft genügen schon wenige Minuten). Dann kurz mit einem feuchten Schwamm nachwischen – und Ihr Backofen ist sauber. Gleichzeitig legt sich eine mikrofeine Versiegelung auf die gereinigten Flächen und hemmt so die Entstehung neuer Verkrustungen.

Lösungsmittelfrei. Ausgezeichnet hautverträglich. Lebensmittelkonform. Biologisch abbaubar. „Ofen-Clean" greift die Oberflächen nicht an. Selbst für empfindliches Aluminium können Sie den Sprühreiniger bedenkenlos verwenden.

Ideal auch zum Säubern von Grillrosten, Grillgeräten, Backblechen, Dunstabzugshauben und für die Mikrowelle.

500 ml-Sprühflasche für 6-8 Anwendungen.

- „Ofen-Clean"
  Nr. 573-329-74 € 14,95
  (Literpreis: 29,90 €.)
- „Ofen-Clean", 2er-Set
  Nr. 573-337-74 € 27,50
  (Literpreis: 27,50 €.)
  (Sie sparen 2,40 €.)

Günstige Preise garantiert.
(siehe Pro-Idee Bestellservice)

Feine Gemüse-Spiralen: so einfach wie Bleistift spitzen.

Blitzscharfe Spezialklingen liefern perfekte Endlosspiralen. In 2 Stärken. Entwickelt mit TV-Koch und „Grand Maître de Cuisine“ Armin Roßmeier.

Möhren, Gurke, Zucchini, Rettich, … Wie ein Profi schneiden Sie festes Gemüse im Nu in feine Spiralen. Für Gemüsepfannen und Rohkostsalate, Pasta-Gerichte, knusprige Kartoffelnester, … Und als raffinierte Dekorationen auf Ihrem kalten Büffet.

Schneidet 2 x 3 mm und 3,5 x 5 mm starke Spiralen – ohne lästigen Klingenwechsel.

Je nach gewünschter Spiralstärke nutzen Sie einfach die obere oder die untere Trichteröffnung. Nur Gemüsestücke einstecken und drehen. Die fest integrierten Klingen aus rostfreiem Spezialstahl (AISI 304CSP) gleiten fast ohne Kraftaufwand auch durch harte Gemüse. An zwei starken Edelstahlgriffen sicher und rutschfest zu halten. Aus robustem ABS-Kunststoff, Spülmaschinen geeignet. Misst 7 cm ∅, 12 cm hoch. Wiegt nur ca. 100 g.

- Schneider „Spirelli“
  Nr. 121-152-74
  € 19,95

Grillen und backen Sie japanisch leicht.

Jetzt mit ca. 25 % größerer Grillfläche als herkömmliche

In Japan werden Speisen traditionell am Tisch zubereitet: Sie garen sauber, ohne Fett, auf einer antihaftbeschichteten Heizplatte. Butter oder Öl dienen nur zum Verfeinern – so sparen Sie Kalorien – und Arbeit. Die schlanke Form der 70 x 23 cm extra großen Grillplatte passt perfekt auf jede Tafel – und lässt rundum genügend Platz für köstliche Saucen und Grillbeilagen.

Vielseitig, leicht und gesund.

Schmoren Sie Gemüsestreifen, Algen und Fisch – köstlich fernöstlich. Grillen Sie Rippchen, Steaks und Tomaten – ein zünftiges Barbecue. Backen Sie Crêpes, süß oder herzhaft, alles ist im Nu fertig.

Bis 300 °C stufenlos regulierbare Temperatur.

Genau richtig für scharfes Anbraten oder sanftes Schmoren. Die Grillplatte aus schwerem, antihaftbeschichtetem Aluminium hält und verteilt die

Kuschelig wie Ihre Lieblingsdecke. Bequem wie ein Poncho.

Im Lounge-Plaid mit Ärmeln sind Sie ganz eingehüllt. Und doch frei beweglich.

Ob Sie gerade entspannen, lesen, telefonieren, am Laptop arbeiten oder ein Glas Wein genießen – bisher mussten Sie mindestens einen Arm aus Ihrer Kuscheldecke herausstrecken. Damit ist jetzt Schluss. Denn dieses Lounge-Plaid ist geschnitten wie ein bodenlanger Poncho.

Komfortabel umhüllt es Sie von Kopf bis Fuß (145 x 245 cm).

Wie einen Schal können Sie sich den oberen Rand um den Hals legen. Gleichzeitig schlagen Sie auch Ihre Füße in das lange, luxuriöse Plaid ein – so kann nirgends Zugluft eindringen. Ideal auch auf Langstreckenflügen, auf dem Beifahrersitz im Auto, an Deck eines Kreuzfahrtschiffs oder auch auf Ihrer Terrasse.

In der mitgelieferten Reisetasche transportieren Sie Ihr Plaid ganz bequem.

Dicht gewebte Micro-Polar-Fleece 310 g/m². Flauschig weich und resistent gegen Pilling. Alle Kanten sind gedoppelt und mit sorgfältigen Kettstichen umsäumt. Öko-Tex Standard 100. Maschinenwaschbar bei 30 °C. Schnell trocknend. Decke wiegt ca. 1.100 g. Tasche misst ca. 65 x 35 x 2 cm, wiegt ca. 140 g.

- Cremefarbene Decke mit Ärmeln
  Nr. 550-673-74 € 69,95

Wir schicken kostenlos einen Katalog an Ihre Freunde.

www.proidee.de/kataloge

T·· Tel. 01805-109 111

Festnetz: max. 0,14 €/Min. – Mobilfunk: max. 0,42 €/Min.

Ohne Fett – direkt am Tisch.

Geräte – ideal für bis zu 6 Personen. Nur 49,95 €.

Hitze optimal: Es gibt kein Anbacken, und die Platte ist einfach zu reinigen. Austretendes Fett oder Fleischsaft schütten Sie über die Wannennase ab. Griffe aus hitzeisoliertem Edelstahl. Schutzblech aus Metall.

Misst ca. 70 x 23 x 7 cm (L x B x H). Wiegt ca. 3,2 kg. 90-cm-Anschlusskabel für 230 V/1.800 W. TÜV/GS-geprüfte Sicherheit. Herstellergarantie 2 Jahre. **Bei Pro-Idee: erweiterte Garantie 3 Jahre.**

- XL-Grillplatte
  Nr. 132-704-74
  € 49,95

Pro·Idee
www.proidee.de
Tel. 01805-109 111
Festnetz: max. 0,14 €/Min. – Mobilfunk: max. 0,42 €/Min.
24 Stunden täglich – 7 Tage in der Woche persönlich für Sie da.

Die singende Vogeluhr verbreitet jede Stunde gute Laune.

Mit 12 unterschiedlichen Original-Vogelstimmen.

Morgens um 8 Uhr trällert der Gartenrotschwanz, mittags um 12 Uhr flötet der Pirol, um 14 Uhr zwitschert die Drossel und um 18 Uhr singt die Nachtigall. Mit dieser liebevoll gestalteten Wanduhr genießen Sie den wundervollen Originalgesang von 12 heimischen Singvögeln – funkgesteuert, pünktlich zu jeder vollen Stunde für ca. 10 Sekunden.

Digitalisierte Originalaufnahmen statt piepsige Computerstimmen.

Mit Einbruch der Dunkelheit schaltet der eingebaute Lichtsensor die Vogelstimmen automatisch aus – und sorgt so für ungestörte Nachtruhe.

Mit detailreichen, handgemalten Illustrationen von Dan Zetterström, Schweden.

Funkquarzuhrwerk. Funktioniert mit 3 Mignon-Batterien (separat erhältlich). Misst 34 cm ∅. Wiegt ca. 1.000 g. Mit 3 cm breitem Rahmen aus naturfarbenem Kautschukholz oder grünem Kunststoff.

Vogelstimmen-Funkwanduhr

- Kautschukholz
  Nr. 580-506-74 € 64,90
- Kunststoff grün
  Nr. 580-514-74 € 54,90
- Batterie-Set, 3 Mignon
  Nr. 670-224-74 € 3,45

Jede Uhr wird mit einer ausführlichen, farbigen Begleitbroschüre über die besonderen Merkmale, den Lebensraum und den Gesang der 12 Vögel geliefert.

Ihr Außenthermometer aus gebürstetem Edelstahl wird zum Blickfang.

Zur Befestigung direkt an der Scheibe. Mit Vergleichsanzeige.

Kein Vergleich zu den vielen unschönen Billigangeboten. Ein selbstklebender Edelstahlclip hält das Thermometer an der Fensterscheibe. Die Temperaturskala mit 4 mm großen schwarzen Ziffern auf einer 12,5 cm ∅ großen transparenten, beschlagfreien Polycarbonat-Scheibe können Sie von außen und innen bequem ablesen. Der Blick aus dem Fenster wird nicht gestört.

Präzise Bi-Metall-Technik mit Vergleichsanzeige.

Funktioniert ohne Quecksilber und ohne Batterien von -40 bis +50 °C auf ±1,5 °C genau. Ein Schleppzeiger markiert die höchste oder niedrigste gemessene Temperatur. Der Zeiger kann per Einstellrad zurückgesetzt werden.

Mit Edelstahlumrandung; 4 cm tief. Wiegt ca. 115 g. Zum Reinigen der Fensterscheibe Thermometer einfach vom Clip abnehmen und wieder andrücken.

- Clip-Fensterthermometer
  Nr. 650-721-74
  € 29,95

Lösen Sie das wohl schwierigste Puzzle der Welt.

Anspruchsvoller Denksport auf den Spuren des berühmten Mathematikers Leonhard Euler.

Wahre Denksportexperten tüfteln an „36 Cube™". In den USA ist das knifflige 3D-Puzzle bereits ein Riesenerfolg. Jetzt wird auch Deutschland vom Rätselfieber gepackt.

Die Aufgabe ist schnell erklärt. Die Lösung zu finden jedoch, ...

Ziel ist es, 36 Türme in 6 Farben und 6 unterschiedlichen Höhen so auf die Spielbasis zu stecken, dass jede Farbe pro Reihe und Spalte nur 1 x vorkommt. Und dass das Quadrat am Ende eine einheitliche Höhe hat. Zugegeben: Auf den ersten Blick gleicht die Aufgabe den bekannten Sudoku-Rätseln und scheint gar nicht so schwierig zu lösen. Doch dieser Eindruck täuscht gewaltig: Es gibt 1 Billiarde (= 10^{15}) verschiedener Steckmöglichkeiten. Und:

Vor gut 200 Jahren stand der berühmte Mathematiker Euler vor dem gleichen Rätsel. Und fand keine Lösung. (siehe Box)

Was bedeuten mag: Mit Mathematik allein lässt sich das Geheimnis des „magischen" Quadrats wohl nicht so leicht ergründen. Oder vielleicht doch?

Alle 37 Teile aus robustem Kunststoff. Misst 16 x 12 x 16 cm (B x H x T), wiegt 550 g.

- 3D-Puzzle „36 Cube"
  Nr. 531-293-74
  € 22,95

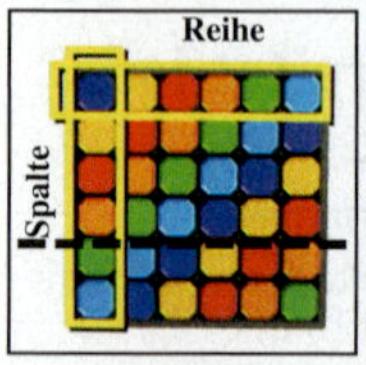

Das anspruchsvolle Ziel: In jeder Reihe alle 6 Farben – und alle Türme in gleicher Höhe.

Leonhard Euler und das „Problem der 36 Offiziere".

St. Petersburg 1766: Anlässlich eines Divisionsballs wünscht Katharina die Große eine besonders ausgefallene Tanzformation. 36 Offiziere mit 6 verschiedenen Dienstgraden aus 6 verschiedenen Regimentern sollen sich im Quadrat aufstellen. Und zwar so, dass in jeder horizontalen und jeder vertikalen Reihe jeweils nur *ein* Offizier *eines* Regiments und *eines* Dienstgrads steht. Mit der Lösung des „Tanzproblems" beauftragt die Zarin den in St. Petersburg lebenden Schweizer Mathematiker Leonhard Euler (1707-1783). Der rechnet und grübelt und weist ihr schließlich nach: Zwar können sich 25 oder 49 Offiziere in der gewünschten Weise formieren, doch mit 36 ist der Tanz unmöglich.

Der flachste Taschenschirm der Welt – dennoch mit 82 cm ∅ großem Regendach.

Passt klein in jede Tasche – und schirmt Sie großzügig vor Schauern ab. Von Samsonite.

160 g leicht, 22 cm kurz und nur 2,5 cm hoch: Dieser Mini-Schirm ist schlanker als manches Brillenetui – und passt so in die flachste Unterarmtasche. Zwei Handgriffe genügen: Schon ist Ihr Schirm aufgespannt – und bietet Ihnen mit 82 cm ∅ großem Regendach sicheren Schutz vor Nässe und Schnee.

Teflon® beschichtete Bespannung.

Die hochwertige Beschichtung schüttelt Schmutz und Wasser ab: Das elegant seidige Gewebe ist im Nu wieder trocken. Aluminium macht das Gestänge ultraleicht und dennoch stabil. Mit klassischem Schnapp-Verschluss, Klett-Riegel, glänzend verchromtem Metall-Knauf und Handschlaufe. Inkl. Futteral. In universell kombinierbarem Schwarz, für Damen und Herren.

- Samsonite-Taschenschirm
  Nr. 571-901-74
  € 24,95

Nur 2,5 cm hoch: Dieser Regenschirm passt selbst in die schmalste Aktentasche.

Die Luxusweste wahrer Globetrotter.

Jetzt aus geschmeidigem Lammnubuk. Wiegt nur ca. 600 g.

Früher oder später hat jeder wahre Weltreisende seine Lieblingsweste gefunden – und gibt sie ein Leben lang nicht mehr her. Oft sind es handgefertigte Einzelstücke, die in keinem Shop der Welt zu haben sind. Selten aber sind sie so attraktiv und ausgeklügelt wie diese. Und bieten zudem so viel Tragekomfort.

In der Globetrotter-Weste steckt alles, was wirklich wichtig ist. Ohne dass man es von außen sieht.

Wahre Globetrotter wissen, warum sie ihre Weste nie zu Hause lassen. Sie tragen sie im Dschungel von Guatemala genauso wie in der Lobby des Mandarin Oriental: Gerade das edle Lammnubuk dieser Weste ist (jedenfalls am Tage) fein genug für praktisch jeden Ort auf dieser Welt. Man trägt ein Sakko oder eine wärmende Jacke darüber – oder nur ein luftiges Hemd darunter.

In ihr steckt alles, was wirklich wichtig ist. Ohne dass man es von außen sieht.

Viele Weltreisende haben so schlechte Erfahrungen gemacht, dass sie ihre Weste nicht mal dem Hotelportier für 30 Sekunden in die Hand geben. Sie schätzen das gute Gefühl, alles Wertvolle am Körper zu haben, ohne unbequeme Kleidung tragen zu müssen – gerade auch bei Flugreisen.

Mit praktischem Reißverschluss.

Öffnen Sie den Reißverschluss. Sie entdecken eine große Handy-Tasche, zwei Fächer für Stifte und drei Reißverschlussfächer. Ein Fach ist tief genug für Airline-Tickets und Reisepass, ein anderes hält Portmonee und Papiere bereit. Zwei schräge Reißverschlusstaschen außen.

Water repellent ausgerüstet.

Auch im tropischen Regen in Hongkong bleiben Ihre Travellerschecks und Ihr Handy trocken. Turbulenzen beim Rückflug? Champagner auf der Weste? – Kein Problem: Leder und Mischgewebe sind water repellent ausgerüstet – Wassertropfen perlen einfach ab.

Sie können Ihre Weste als Einzelstück irgendwo anfertigen lassen. Oder exklusiv bei Pro-Idee bestellen.

Wir haben diese Weste (mit Mühe!) einem wahren Weltreisenden abgekauft und exklusiv für Pro-Idee-Kunden in 6 Größen arbeiten lassen. Nur kleine Änderungen waren nötig, und quasi über Nacht entstand so die ideale Reiseweste überhaupt.

Von den Schafen des Himalaya stammt dieses unvergleichliche Leder.

Als Schutz vor den eisigen Temperaturen bilden sie ein extrem feines, zartes Unterhaar. Das feine Haar der tibetischen Schafe entsprießt Häuten, die besonders feinporig und dicht sind, mit besonders geschliffener Oberfläche. So fühlen sie sich unvergleichlich zart und geschmeidig an, widerstehen aber zäh und robust auch starker Beanspruchung, und sind weniger empfindlich als andere feinhäutige Leder. Kein Vergleich zu faserigem Velours.

Mit superweichem Mischgewebe gedoppelt.

Die Vorderpartie und die Patten der Innentaschen sind aus Lammnubuk. Die Rückenpartie besteht aus 40 % Nylon und 60 % Polyester: Ihre Weste wird dadurch besonders weich und leicht (nur 585 g in Größe 50). Farbe: Braun. Tragen Sie diese Weste auf Ihrer nächsten Reise. Oder an vielen Tagen zu Hause. Ziehen Sie ein Sakko darüber – und Sie sind einwandfrei gekleidet für Geschäftstermine. Bitte bestellen Sie diese außergewöhnliche Weste bald, denn die Mengen sind begrenzt.

- **Globetrotter Weste**
  € 199,–

Gr.	Nr.
48	612-309-74
50	612-317-74
52	612-325-74
54	612-333-74
56	612-341-74
58	612-358-74

In diesen bequemen Rindnappa-Hausschuhen wirken Sie immer gut angezogen.

Für Damen und Herren – im praktischen Reise-Etui.

Das Frottee-Fußbett mit Fersenteil aus Leder ist herrlich bequem. Ihre Füße haben guten Halt, die rutschfeste Velours-Sohle gibt Ihnen Sicherheit beim Laufen. Das angenehm weiche Leder- und Satinfutter umhüllt Ihre Füße wie eine zweite Haut.

Nehmen Sie diese komfortablen Hausschuhe aus schwarzem, durchgefärbtem Rindnappa-Feinleder mit auf die Reise. Klein und handlich im passenden Lederetui mit Reißverschluss. Gewicht komplett nur ca. 300 g.

Für Damen mit schmalem und langem Schaft. Für Herren mit breitem und kurzem Schaft. Exklusiv bei Pro-Idee.

- **Leder-Hausschuhe**
  € 84,50

Im Etui zusammengelegt passen diese Hausschuhe in jedes Reisegepäck.

Schuh-Größe	Hersteller-Größe	Damen
36-37	S	Nr. 612-432-74
38-39	M	Nr. 612-440-74
40-41	L	Nr. 612-457-74

Schuh-Größe	Hersteller-Größe	Herren
40-41	S	Nr. 612-465-74
42-43	M	Nr. 612-473-74
44-45	L	Nr. 612-481-74

Der Taschenspiegel, der 10fach vergrößert – verzerrungsfrei. Nur 29,95 €.

Mit Beleuchtung. Für stets perfektes Make-up.

Das Geheimnis dieses konvex geformten Spiegels ist ein geniales DFP-Glas (Distortion Free Picture): Es bewirkt den gleichen Brechungsfaktor über die ganze Fläche – und gibt so bis zum Rand ein 10fach vergrößertes, scharfes Spiegelbild wider. Ideal, um Ihre Haut porentief zu reinigen, feinste Härchen zu entfernen oder einen Lidstrich zu ziehen. Auf Wunsch auch im Dunkeln. 2 Knopfzellen CR1130 (mitgeliefert) sorgen für 100 Stunden Licht. Gehäuse aus robustem ABS-Kunststoff. Misst 8,7 x 10,5 x 2,3 cm. Wiegt inkl. Batterien 60 g.

- Vergrößerungsspiegel
  Nr. 573-857-74
  € 29,95

Edel und knautschweich wie Leder. Aber viel unempfindlicher, leichter und preiswerter.

Aus echtem Leder kosten ähnliche Reisetaschen oft 250,– €. Oder noch viel mehr. Dieses Kunstleder ist geschmeidig und weich wie teuerstes Leder, zugleich aber pflegeleicht. Das faszinierende Material macht sie unempfindlich gegen Kratzer und Schikanen langer Reisen. Keine Nässe kann Kränze bilden. Sie wischen die Tasche einfach mit einem feuchten Tuch ab, schon ist sie wie neu.

Viel Packraum – leicht und schnell bestückt.

Durch den tiefreichenden Reißverschluss lässt sich das abschließbare Hauptfach weit öffnen (Schloss mitgeliefert). Der feste Boden hält den Inhalt ordentlich gefaltet. Eine Reißverschlusstasche (30 x 18 cm) im Hauptfach für Kleinigkeiten. Je ein verdecktes Reißverschlussfach außen nimmt Persönliches auf, je ein Steckfach alles, was schnell zur Hand sein soll. Zwei mit Klettverschlüssen gesicherte Außenfächer bergen Tickets, Schlüssel und Ihre Papiere. Abwaschbares Nylon-Futter. Misst 60 x 28 x 36 cm (L x B x H). Wiegt 2 kg. Bei vielen Fluggesellschaften als Handgepäck zugelassen. Genießen Sie den Look und das Feeling teuren Leders. Und zugleich das gute Gefühl, eine günstige und pflegeleichte Tasche erworben zu haben. Exklusiv bei Pro-Idee.

- OCONI-Reisetasche
  Nr. 590-836-74
  € 129,–

Pro·Idee
www.proidee.de
Tel. 01805-109 111
Festnetz: max. 0,14 €/Min. – Mobilfunk: max. 0,42 €/Min.
24 Stunden täglich – 7 Tage in der Woche persönlich für Sie da.

Feinste Damast-Bettwäsche – durch Microfaser endlich bügelfrei.

Umhüllt Sie seidenzart, mit optimalem Schlafklima. Nur 39,95 €.

Edler Damast mit aufwändig mattschimmernd eingewebtem Gitterkaro ist *der* Bettwäsche-Klassiker überhaupt: elegant in jedem Ambiente und nie aus der Mode. Die meisten Damaste jedoch sind aus Baumwolle und nach der Wäsche aufwändig zu bügeln. Dieser Damast dagegen ist aus feinster Microfaser – seidenweich und anschmiegsam, ohne unangenehm am Körper zu kleben. Dabei absolut pflegeleicht, farbtreu und bügelfrei, mit dauerhafter Brillanz. Und das erfreulich günstig: Herkömmliche Damast-Bettwäsche kostet oft 80,– € und mehr.

Transportiert bis zu 5-mal mehr Feuchtigkeit nach außen als Baumwolle.

Zehn Mal feiner als Seide (10 km Garn wiegen nur 1 g!) ergeben die Microfasern ein extrem feinporiges Gewebe, das äußerst leicht und strapazierfähig ist. Als feinster Damast gewebt, umgibt Sie das Material mit wunderbar weich fließender Glätte – ein fantastisches Hautgefühl. Durch das extrem dichte, doch atmende Gewebe bleibt Ihre Körpertemperatur behaglich bewahrt. Nässe jedoch kann nach außen verdampfen, ohne wie bei Baumwolle gespeichert zu werden. Auch in heißen Nächten fühlen Sie sich frisch und gepflegt.

Bei 60 °C maschinenwaschbar und schnell trocknend.

Auch nach x-Wäschen wird der Micro-Damast nicht lappig. Die Farben und die Brillanz des Gewebes bleiben unverändert. Mit praktischem Reißverschluss. Bettbezug misst 135 x 200 cm, Kissenhülle 80 x 80 cm. 100 % Polyester (Microfaser). Per Katalog exklusiv bei Pro-Idee.

Microfaser-Damastbettwäsche € 39,95

- Aubergine Nr. 552-109-74
- Braun Nr. 552-117-74
- Terra Nr. 552-133-74
- Natur Nr. 552-125-74
- Pfirsich Nr. 552-141-74

Microfaser-Damastspannbetttuch für Matratzen von 100 x 200 cm € 22,50

- Aubergine Nr. 552-158-74
- Braun Nr. 552-166-74
- Terra Nr. 552-182-74
- Natur Nr. 552-174-74
- Pfirsich Nr. 552-190-74

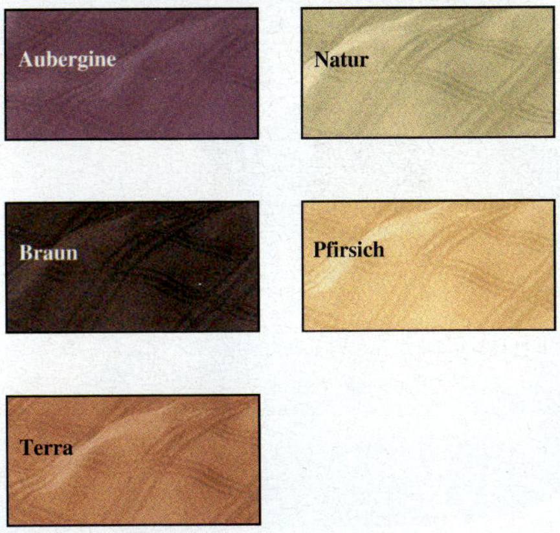

Knitterfrei in 60 Sekunden.

Viel schneller und professioneller als aufwändiges Bügeln.

In amerikanischen Nobel-Boutiquen werden teuerste Couture-Modelle mit diesem Deluxe Steamer bedampft, damit sie stets tadellos ihre volle Schönheit entfalten. Jetzt können auch Sie diesen Kleiderdampfer der Mode-Profis nutzen – und viel Zeit und Aufwand sparen.

98 °C trocken-heißer Volldampf.

Von dem 3,7-l-Tank wird Frischwasser über ein Heizelement geführt. Nach nur 60 Sek. ist der Steamer bereit – für über 2 Stunden Volldampf.

Ihr Bügeleisen bleibt immer öfter kalt. Und Ihre Kleidung muss seltener in die Reinigung.

Hängen Sie Ihre Kleidung an die Stange des Steamers und fahren Sie mit der Düse über den Stoff. Kraftvoller Dampf dringt sogleich tief in das Gewebe. Sogar hartnäckige Sitzfalten, geknautschte Schultern und Ärmel werden wieder glatt.

Die Dampf-Dusche entfernt zudem fasertief Gerüche und frischt die Farben auf.

Flachgesessener Velours richtet sich samtweich auf. Wolle, Baumwolle, Seide, Leinen und Synthetik sehen wieder perfekt gepflegt aus.

Ideal auch für Polstermöbel.

Der Profi-Steamer folgt Ihnen kippsicher auf Rollen. Heizkessel aus Kupfer, mit stabilem Kunststoff ummantelt. Kunststofftank. Teleskopstange verchromt. 1,70-m-Kabel für 230 V/1.400 W. Anschlüsse, Ventile und Technik aus besten Komponenten. TÜV/GS-geprüfte Sicherheit. Misst 18,5 x 33,5 x164,5 cm (B x T x H). Wiegt ca. 7,5 kg. Pro-Idee Garantie 3 Jahre.

- Profi-Steamer Nr. 562-355-74 € 149,–

Viel schneller und schonender als Bügeln: Glätten Sie Ihre Kleidung einfach mit trockenheißem Wasserdampf.

Original B. D. Baggies®: Entdecken Sie einen guten alten Freund. Und vergessen Sie, dass ein Hemd gebügelt werden muss.

Original B. D. Baggies® haben das klassisch ungekünstelte Aussehen von Baumwolle. Rein und einfach geben sie das wohlvertraute Gefühl, einen guten alten Freund um sich zu haben.

Baggies sind großzügig gefertigt – nichts engt Sie ein, wie bei Hemden ohne diesen nostalgischen Luxus. Das kräftige, doch weiche Gewebe ist unübertroffen pflegeleicht. Traditionell wird das Hemd ungebügelt und frisch von der Wäscheleine getragen. Lieben Sie es eher akkurat geglättet, genügt ein leichtes Streichen mit dem Bügeleisen. B. D. Baggies® sind außerdem stark genug für Waschmaschine und Trockner.

Beste Verarbeitung.

Bis in jede Kleinigkeit besitzen Baggies untrügliche Zeichen der Qualität, die man nicht bei allen – auch teureren – Hemden findet. Die Nähte sind besonders dicht und fein gesteppt – dadurch extrem haltbar. Die sauberen Kappnähte innen können sich auch auf Dauer nicht lösen oder ausfransen. Mit großzügigem Button-Down-Kragen, Rückenfalte und aufgesetzter Brusttasche. Die extrem lange und weite Form bleibt stets im Bund. Die Manschetten sind besonders sorgfältig geschneidert; mit knöpfbaren Ärmelpatten. Länge in Gr. 41/42: 81 cm. 100 % Baumwolle (150 g/qm). Maschinenwaschbar bei 40 °C.

Das gestreifte und das karierte B. D. Baggies®.

Der vielseitige mehrfarbige Stoff ist aufwändig buntgewebt – das dauert viel länger als ein normaler unifarbener Oxford oder gedruckte Muster und ist deshalb seltener und teurer. Ob als dreifarbiger Streifen in Dunkelblau, Hellblau oder Weiß oder als dunkelblau/weißes Vichy-Karo – alle passen zu lässigen Anzügen, genauso wie zu Jeans und Cargopants und machen das Hemd vielseitiger als ein Jeanshemd. Durch die reine, schwere Baumwolle ist es zudem hautfreundlich, dabei luftig, weich und atmungsaktiv. Maschinenwaschbar bei 40 °C.

Der Clou bei allen Hemden: Die Verpackung im Textilbag, der sich auch als Schuh- oder Kleiderbeutel nützlich macht. Per Katalog exklusiv bei Pro-Idee. *Großzügiger Schnitt.*

- B. D. Baggies®, **Gestreift**
  € 89,–

Kragenweite in cm	Hersteller-Größe	 Blau 3-farbig
38	S	258-707-74
39/40	M	258-715-74
41/42	L	258-723-74
43/44	XL	258-731-74

- B. D. Baggies®, **Kariert** € 89,–

Kragenweite in cm	Hersteller-Größe	 Vichy-Karo
38	S	250-159-74
39/40	M	250-167-74
41/42	L	250-175-74
43/44	XL	250-183-74

Jetzt bestellen – in 24 Stunden auspacken.

Pro-Idee Eilservice für fast alle Produkte. Nur € 7,95.

Wissen Sie, wie sauber ein Hotelbett ist?

Jetzt liegen Sie in Ihrer eigenen, sauberen Bettwäsche.

Mit Ihrem neuen Schlafsack, der in jedes Handgepäck passt, haben Sie immer das gute Gefühl, in Ihrer eigenen, hygienischen Bettwäsche zu schlafen. Sie vergessen Bakterien und andere unerwünschte Bettgenossen. Sie schlafen tief und ruhig.

Feinste Seide umhüllt Sie weich und leicht.

Die hauchzarte Seide sorgt für stets optimales Schlafklima, lässt Ihre Haut atmen und hält sie in tropischen Nächten erfrischend kühl. Das Gewebe ist zudem federleicht: eine kaum spürbare Hülle, die Sie nie belastet. Laken, Zudecke und Kissenhülle sind aus einer durchgehenden Seidenbahn gefertigt. So kann nichts verrutschen; auch wenn Sie sich im Schlaf umdrehen, bleiben Sie die ganze Nacht behaglich bedeckt. Alle Nähte sind sorgfältig gesteppt und gesäumt; ein seitlicher Einstieg mit Klettverschluss macht das Hineinschlüpfen besonders bequem. Einfach im Handwaschbecken zu reinigen und in Windeseile getrocknet. Seidenschlafsack misst 232 x 87 cm; Seidenkissenbezug misst 80 x 80 cm. Wiegt 190 g. Benötigt zusammengerollt in der Seiden-Packtasche nur 20 x 10 x 6 cm (H x B x T) Platz. 100 % Seide. Farbe: Blau.

- Seidenschlafsack Nr. 123-976-74 € 99,–
- Seidenkissenbezug Nr. 123-919-74 € 32,50

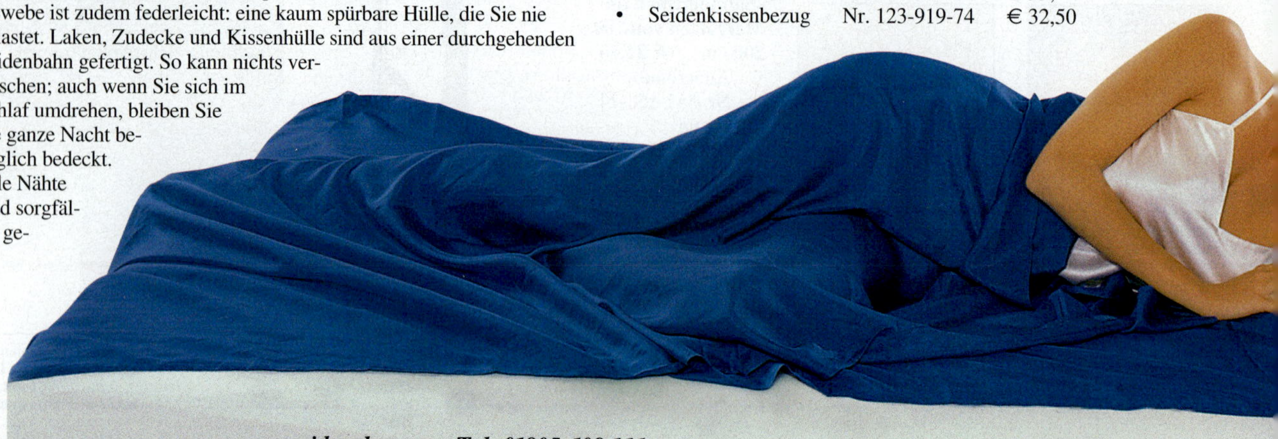

Hand-made in England.

Hosenträger aus echtem Leder.

Diese Hosenträger mit echten Ledergurten passen sowohl zu Jeans als auch zu Ihrem Business-Anzug. Mit den silberfarbenen Schließen vorne und dem Schiebeclip hinten können Sie die Träger bequem verstellen. Das Elastikband im Rücken sorgt für viel Bewegungsfreiheit.

Traditionell zum Knöpfen. Oder praktisch mit Clips.

Ganz stilecht knöpfen Sie die Hosenträger an die Ur-Jeans. Traditionell werden die Lederschlaufen nach *innen,* modisch aktuell aber *außen* getragen. (Sie müssen nur die beiliegenden Knöpfe an die gewünschte Hose nähen.) Oder Sie tragen die Hosenträger ganz bequem mit den abnehmbaren, mitgelieferten Clips direkt am Hosenbund.

Aus kräftigem Rindleder gefertigt von Regent Belt – einer der traditionsreichsten Sattlereien Englands. In nostalgisch-schöner Geschenk-Box.

Hosenträger sind viel bequemer als Gürtel und auch viel außergewöhnlicher – besonders zu Jeans und Lederhosen. Per Katalog exklusiv bei Pro-Idee.

- Leder-Hosenträger
  Nr. 363-705-74 € 69,–

(Lieferung ohne Kopfkissen.)

Klein, leicht und hygienisch sauber – Ihre Mini-Bettwäsche für unterwegs.

Faszinierender Schmuck: Die Himmelsscheibe von Nebra.

Das weltälteste Abbild des Kosmos.
Detailgetreu wie das 3.600 Jahre alte Original – aus patinierter Bronze, vergoldet.

Seit Juli 1999 muss germanische Geschichte neu geschrieben werden – durch den Fund einer Himmelsscheibe, die zwei Schatzsucher auf dem Mittelberg nahe Nebra entdeckten. Es ist die älteste bekannte Darstellung des Kosmos, in frappierender Präzision. Ein verblüffender Beweis für die Hochkultur der vermeintlich primitiven Ur-Germanen.

Ein Schlüsselfund der Archäoastronomie.

Dieses detailgetreue Schmuckstück ist im Durchmesser 4,2 cm groß und 1 mm dick (die Original-Scheibe misst 32 cm im Durchmesser). 32 vergoldete Plättchen stellen die Sterne dar; die eng beieinander stehende Gruppe das Siebengestirn, den Sternenhaufen der Plejaden. Über die großen „Gestirne" sind sich die Forscher nicht einig. So kann die „Sonne" auch als Vollmond gedeutet werden. Und die „Mondsichel" als partielle Finsternis oder, nach neuesten Erkenntnissen, als Schiff. Die „Sonnenbarke" am Rand interpretieren manche Experten als Milchstraße. Unstrittig jedoch ist, dass die Goldbögen am Rand, die von den Astronomen Horizontbögen genannt werden, den Sonnenauf- und -untergang im Sommer und Winter markieren.

Abb. ca. 1:1.

Originalgetreu von Hand gefertigt.

Die Himmelsscheibe wird in aufwändiger Handarbeit aus Bronze gegossen, bearbeitet und feuerpatiniert. Gestirne und Barken werden mit 2 Mikron vergoldet, wodurch sie leuchtend hervortreten. Die Rückseite ist komplett vergoldet.

Variabel als Kette und Brosche.

Durch je zwei Aufhänger an der Rückseite wahlweise mit der Sonnenbarke nach unten oder der Milchstraße nach oben zu tragen. Misst 4,2 cm ∅. Wiegt ca. 18 - 23 g. 45 cm-Lederband mit Öse, 925er-Silber, vergoldet. Inkl. Broschennadel. Lieferung in Schmuckschatulle.

- Nebra Scheibe
  Nr. 382-317-74
  € 139,–

Nie mehr kalte Füße.

Knöchelhoch, wie ein federleichtes, kuscheliges Futteral, umschließt weiches *naturgewachsenes Lammfell* den ganzen Fuß. Nichts ist angenehmer, molliger, bequemer.

In einem über 200 Jahre alten englischen Familienbetrieb werden die Hausschuhe aus nur drei Teilen haltbar und druckfrei genäht. Hoher Umlegekragen, geräumiger Schnitt. Die Veloursiederseite ist strapazierfähig und schont teure Böden. Lammfell. Honigbraun. Von Tim Nursey/England. Exklusiv bei Pro-Idee.

- Lammfell-Hausschuhe
  € 89,–

Schuh-Größe	Nr.
37	343-418-06
38	343-426-06
39	343-434-06
40	343-442-06
41/42	343-459-06
43	343-467-06
44	343-475-06
45	343-483-06

Sterling-Silber-Ringe mit echten – dennoch

8 modische Ringe: Einzeln

Verschiedenfarbige Ringe zum Kombinieren sind stark im Trend. Doch häufig werden sie nur mit einfachen Glassteinen angeboten. Ganz anders diese 925er-Silberring-Serie mit echten Edelsteinen und Süßwasser-Zuchtperlen: tiefroter Granat, lila Amethyst, gelber Citrin, grüner Peridot, blauer und weißer Topas sowie weiße und blaue Perle. Dabei sind die Ringe so günstig, dass Sie sich gleich mehrere zulegen sollten. Passend zu Ihrer gesamten Garderobe.

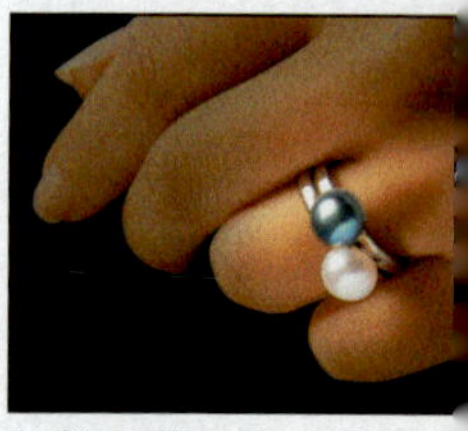

Die Perlen-Kombination in Blau/Weiß passt hervorragend zu jedem klassischen Outfit – und zu Blue Jeans.

Gr.	Weißer Topas	Blauer Topas	Amethyst
16 mm ∅	521-120-74	521-724-74	521-088-74
17 mm ∅	521-138-74	521-732-74	521-096-74
18 mm ∅	521-146-74	521-740-74	521-104-74
19 mm ∅	521-153-74	521-757-74	521-112-74

Herrlich mondän: die großforma

Die elegante Französin, die modebewusste Italienerin tragen Börsen dieser Art wie eine Mini-Handtasche. Im Café oder Bistro legen sie das Portmonee lässig auf den Tisch – statt es in einer dunklen Tasche zu verstecken. Doch was dort bereits zum modischen Outfit dazugehört, ist bei uns noch ein echter Insider-Tipp. Und wird ganz sicher bald Gefallen finden – denn das schmale Großformat ist zudem überaus praktisch.

Das charakteristische Perlmosaik: So individuell wie ein Fingerabdruck.

Das bei der Stingray-Tasche beschriebene, besonders wertvolle „Single Pearl" Stingray-Leder wird auch für diese vielseitige Börse verwendet.

22 Fächer für die perfekte Organisation.

Zwei große Ganzseitenfächer nehmen Ihre Scheine auf, ein Reißverschlussfach Ihr Münzgeld. 12 mit einem separaten Druckknopf zu verschließende Steckfächer halten Kredit- und Visitenkarten übersichtlich geordnet. Flugscheine, Tickets, Papiere finden ausreichend

Edelsteinen und Süßwasser-Zuchtperlen erfreulich günstig.

klassisch elegant, kombiniert topaktuell.

Als einzelner Blickfang klassisch elegant. Trendy als Multicolor-Ensemble.

Zu klassischer Kleidung wirkt ein einzelner Ring in harmonisch abgestimmtem Farbton perfekt – wie auch die weiße oder dunkelblaue Zuchtperle. Stecken Sie mehrere Farbsteinringe hintereinander: edel und hochmodisch, auch zu Jeans. Lassen Sie eine Perle von Farbsteinen flankieren: eine prachtvolle Komposition, genau richtig für elegante und festliche Anlässe.

Da die Ringe an den Seiten abgeflacht sind, passen sie perfekt aneinander. So tragen Sie auch mehrere Ringe ganz bequem.

Jeder Stein ist fein facettiert, ca. 6 mm ∅ groß und mit einem schmalen Silberrahmen gefasst. Die Zuchtperlen messen ca. 8 mm ∅ und sind haltbar aufgesetzt. Glatte, ca. 2 mm breite Ringschiene. 925er-Sterling-Silber.

- **Farbsteinring € 89,–**
- **Perlenring € 59,–**

Peridot	Citrin	Granat	Zuchtperle, weiß	Zuchtperle, blau
521-765-74	521-807-74	521-047-74	520-205-74	520-247-74
521-773-74	521-815-74	521-054-74	520-213-74	520-254-74
521-781-74	521-823-74	521-062-74	520-221-74	520-262-74
521-799-74	521-831-74	521-070-74	520-239-74	520-270-74

tige Geldbörse aus echtem Single Pearl Stingray.

Platz in 3 Dokumentenfächern. Das Sichtfensterfach bietet sich für ein Foto Ihrer Lieben an. Im Außenfach haben Sie Parkschein, Belege oder die Bordkarte parat. So wird selbst das Reisen bequemer.

Misst 19 x 10 x 2,5 cm (B x H x T). Wiegt 237 g. Farbe: Schwarz. Nur durch direkten Einkauf so erfreulich günstig. Exklusiv bei Pro-Idee.

- Stingray-Börse
  Nr. 592-451-74
  € 189,–

Innen größer als außen: 12 mit einem separaten Druckknopf zu verschließende Steckfächer.

Der wahre Espresso-Kult – bequem an jeder Steckdose.

Jetzt in modernem Edelstahl-Design.
Für 2 *und* 4 Tassen.

In Italien ist er nahezu in jedem Haushalt zu finden: Mit dem klassischen Espressokocher werden täglich 120 Millionen Tassen Espresso, Cappuccino, Latte macchiato, Caffè con panna, ... zubereitet. Doch viel schöner und haltbarer als die üblichen Aluminiumkannen ist der neue Design-Espressokocher aus gebürstetem 18/10-Edelstahl. Für wahlweise 4 oder – mit Siebeinsatz – 2 perfekte Caffè.

Eine geniale Erfindung von 1933 – funktioniert heute ohne Herdplatte.

Am Esstisch, im Büro oder auf der Terrasse – überall können Sie Ihren Espresso zubereiten. Wo immer eine Steckdose in der Nähe ist. Geben Sie einfach Wasser in den Bodentank, Kaffeemehl auf das Sieb und schalten Sie ein. In nur 5 Minuten kocht das Wasser. Ist der Espresso fertig, schaltet sich der Kocher automatisch aus.

Selbst beste italienische Restaurants bevorzugen diese Espresso-Methode.

Auch im Gambero Rosso (San Vincenzo, Toscana) und in vielen anderen Gourmet Tempeln Italiens findet man keine übliche Espresso-Maschine. Wie viele Italiener bevorzugt man dort die gute alte Aufbrühmethode mit einfachen Geräten wie diesem.

Die Heizspirale ist mit einer Edelstahlplatte vor Kalkablagerungen geschützt.

Größtmögliche Sicherheit durch Überhitzungs- und Trockengehschutz. Ergonomisch geformter Edelstahlgriff mit wärmeisolierender Kunststoffinnenseite. Basisstation mit einrollbarem 60-cm-Anschlusskabel für 230 V/365 W. GS-Kennzeichen. Misst 19 cm H, wiegt ca. 800 g. Fasst 250 ml.

- Design-Espressokocher
  Nr. 132-167-74 € 59,95

Durch den Dampfdruck steigt das kochende Wasser nach oben und wird durch das Espressomehl gepresst – die Aromastoffe können sich optimal entfalten.

Jetzt genießen Ihre Gäste – und Sie – ihre Feuerzangenbowle ganz nach individuellem Geschmack.

Einzeln im Keramikbecher zubereitet.

Für den heißgeliebten Winterdrink benötigen Sie jetzt keine Platz raubende Bowle mehr. Genauso stilvoll, aber viel praktischer sind diese neuen, patentierten Feuerzangen-Becher, in denen Sie den aromatischen Trank Tasse für Tasse frisch zubereiten. Ganz ohne Aufwand – und mit exakt so viel Rum, wie Sie mögen.

Die Intensität bestimmen Sie selbst.

Geben Sie 200 ml erhitzten Glühwein in die Tasse, klappen Sie die integrierte Feuerzange hoch und legen Sie einen Zucker/Zimt-Kegel (separat erhältlich) hinein. Nur noch mit Rum (mind. 54 %) beträufeln und anzünden: Schon lässt das Feuer den Zuckerhut schmelzen – und duftend in den Glühwein tropfen. So wird er köstlich süßwürzig angereichert – und je nach Rum-Menge mehr oder weniger intensiv.

Feuerzangen-Becher, 6er-Set € 39,95

Verbreitet wundervollen Duft und romantische Atmosphäre.

Der Schein des Feuers und das verführerische Aroma wirken wohltuend entspannend. Genau richtig für Ihre Lesestunde auf der Couch und für gemütliche Runden mit Freunden – drinnen am Kamin oder draußen an Ihrer Schneebar im Garten.

Komplett als Set: 6 Becher aus hochfest gebrannter, terrakottafarbener Keramik; mit klappbaren Feuerzangen aus rostfreiem Edelstahl. Einfach in der Spülmaschine zu reinigen. Jeder Becher fasst 200 ml, misst ca. 8,5 cm H, wiegt ca. 230 g.

- Feuerzangen-Becher, 6er-Set
  Nr. 150-557-74 € 39,95
- Zucker/Zimt-Kegel, 60er-Set
  Nr. 190-124-74 € 16,95

Hinter dem klaren, ruh Hightech-

Schweizer Präzisionstechnik vo

Auf den ersten Blick einfach eine sportlich-markante Uhr mit grafisch klarem, leicht ablesbarem Zifferblatt. Diese Neuheit des Schweizer Uhrenmachers Wenger ist jedoch ein analog-digitales Meisterstück: mit integriertem 360°-Digitalkompass und einzigartig zuschaltbaren LED-Anzeigen für Datum, Wochentag, Sekunden und die Uhrzeit für eine zweite Zeitzone.

Abb. ca. 15 % vergrößert.

Kein Vergleich zu der überladenen Anzeigen der meisten üblichen Analog-/Digitaluhren.

Keine zusätzlichen Displays, keine verwirrenden Hilfszifferblätter. Erst wenn Sie einen der 4 seitlichen Drücker aktivieren, erscheint die gewünschte Digitalanzeige leuchtend rot inmitten des schwarzen Ziffernblatts. Zudem sind Ziffern, Stunden- und Minutenzeiger mit Superluminova® beschichtet – selbst bei

Omeletts und Pfannkuchen backen – leicht, sicher und sauber wie nie.

Nichts bricht auseinander. Nichts fällt daneben. Ideal auch für empfindliche Fischfilets, Bratkartoffeln, French Toast, ...

Kein kniffliges Umdrehen mit dem Wender. Kein verschmutzter Herd. Einfach Omelett- oder Pfannkuchenteig, Rösti, Fischfilets, ... von einer Seite backen lassen, die zweite Pfannenhälfte einhaken, schließen und alles mit einem Schwung drehen. Die Ränder greifen absolut dicht ineinander: Kein Fetttropfen, kein Bratkrümel kann entweichen.

Auch einzeln als separate Pfannen zu nutzen.

Aus robustem Aluminium, antihaftbeschichtet. Griffe hitzeisoliert. Misst komplett 8 cm H x 24 cm ∅. Wiegt 820 g. Für alle Herdarten (außer Induktion).

- Doppelpfanne
  Nr. 110-205-74
  € 27,90

Den ganzen

Von Panasonic, dem Erfinder der Nass-

Genießen Sie jetzt die Vorteile der Nassrasur – aber sanf und komfortabel wie ein Elektrorasierer. Zusammen mit Wasser und/oder Schaum rasiert er verblüffend gründlich. Und Ihre Haut fühlt sich glatt und geschmeidig an.

Der neue, bewegliche Scherkopf rasiert noch gründlicher.

Er folgt exakt den Konturen der Haut und hinterlässt keine Stoppeln. Auch die in alle Richtungen nachwachsender Haare am Hals und Kinn werden sauber abrasiert. Die gegeneinander laufenden Schermesser erreichen 13.000 Schwingungen pro Minute – bis zum Ende der Akkukapazität und auch bei Widerstand (z. B. starkem Bartwuchs) bleiben diese konstant. Hauchdünne Edelstahl-Scherblätter trennen die Barthaare akkurat an der Hautoberfläche ab – ohne die bekannten, unangenehmen Hautrötungen. Durch die gummierte Oberfläche an den Seiten haben Sie Ihren Rasierer auch unter der Dusche rutschfest im Griff.

Besonders leicht und hygienisch zu reinigen – mit 17.000 Schwingungen/Min.

Halten Sie den Scherkopf einfach unter fließendes Wasser Jetzt den Einschaltknopf 2 Sekunden drücken – schon sorgt die enorme Schwingungsfrequenz für eine perfekte Reinigung des Scherblattes.

igen Zifferblatt steckt das Meisterwerk.

Wenger. Die Messeneuheit der „Baselworld" 2009.

völliger Dunkelheit klar ablesbar.

Robust und zuverlässig wie kaum eine andere.

Schweizer Quarzwerk RONDA 763 mit Multifunktionsmodul und 5 Rubinen. Ganggenauigkeit -10/+20 Sek./Mon. Gehäuse komplett aus rostfreiem 316L-Edelstahl mit verschraubtem Boden; wasserdicht bis 10 atm. PVD-beschichtete Lünette. Kratzfest gehärtetes Mineralglas. Misst 43 x 15 mm (∅ x H), wiegt ca. 102 g. Armband aus Silikon mit Edelstahl-Dornschließe. Funktioniert mit der mitgelieferten Uhrenbatterie 1-2 Jahre. Herstellergarantie 2 Jahre. **Bei Pro-Idee: erweiterte Garantie 3 Jahre.**

- Wenger LED Nomad Navigator
  Nr. 580-662-74
  € 369,–

Uhrzeit

Datum und Kompass

Wochentag

Zeitzone

Auf Knopfdruck zeigt Ihre Wenger viel mehr als die reine Uhrzeit.

Beim wohl härtesten Militärwettkampf der Welt unter Extrembedingungen getestet (statt – wie sonst oft üblich – nur im Labor).

Wie die berühmten Schweizer Offiziersmesser müssen auch die Uhren von Wenger unter Extrembedingungen zuverlässige Leistung erbringen: z. B. während des Swiss Raid Commandos, einem Militärwettkampf mit Teams aus 15 Ländern. Kälte, Feuchtigkeit, Stöße, Magnetismus, abrupte Höhenunterschiede, … können ihnen nichts anhaben. Selbstverständlich können Sie Ihre Präzisionsuhr bedenkenlos beim Sport und in der Freizeit nutzen.

Mindestens
3 Jahre Garantie
auf alle Produkte

Tag wie frisch rasiert.

Trocken-Rasierer. Jetzt mit flexiblem Scherkopf.

Ausklappbarer Langhaarschneider. Wasserdicht. Abnehmbares 3fach-Schersystem.

Misst 16 x 6,5 x 6 cm (L x B x T), wiegt nur ca. 170 g. Pro-Idee Garantie 3 Jahre. Per Katalog exklusiv bei Pro-Idee.

- Panasonic Rasierer
  ES8043
  Nr. 620-278-74
  € 139,–

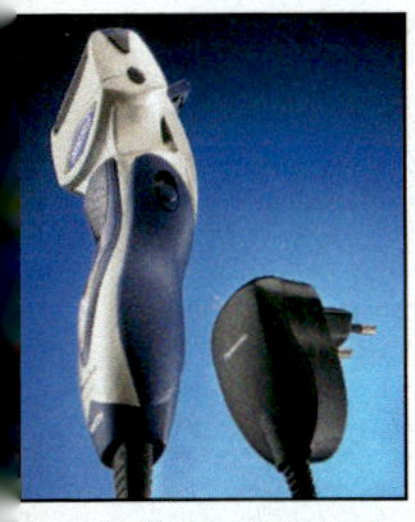

Zum Aufladen einfach den Rasierer an die Steckdose anschließen (100-240 V). 1 Stunde reicht für 14 Tage kabellosen Einsatz.

Der Kamera-Pen: Ohne Aufsehen filmen. Und immer beide Hände frei.

Videos, Fotos, Tonaufnahmen.
Zugleich USB-Stick und elegantes Schreibgerät.

Auf den ersten Blick ein elegantes Schreibgerät. Doch im Inneren dieses genialen Tools ist eine 3-MegaPixel-Kamera eingebaut. Klippen Sie den Pen einfach an Ihre Brusttasche und schalten Sie ein. So gelingen Ihnen unauffällig wahre Live-Mitschnitte, Sie verpassen nie mehr einmalige Momente – und haben dennoch beide Hände frei. Ideal auch zur Beweissicherung, als Gedächtnisstütze beim Meeting, bei Vorträgen, …

Nicht größer als ein Stecknadelkopf, versteckt sich das Fix-Focus-Objektiv oberhalb des Clips.

Aus bis zu 4 Metern Entfernung schießen Sie Fotos (mit einer Auflösung von 640 x 480 Pixel) und drehen Farbvideos im avi-Format (352 x 288 Pixel). Auch ein Mikrofon ist eingebaut. Auf den integrierten 2-GB-Speicher passen bis zu 5 Stunden Bild- und Tonaufnahmen.

Oder speichern Sie Textdokumente, Tabellen, Präsentationen, … ganz einfach über den USB-Port Ihres PCs oder Laptops.

Bis zu 400.000 Seiten Text passen auf den großzügigen Speicher. Ebenfalls über den USB-Stecker laden Sie den eingebauten Lithium-Polymer-Akku auf (Ladekabel mitgeliefert; Ladezeit 2 Stunden). Schreibt mit handelsüblicher Mine. Aus lackiertem Metall. Misst 14 x 1,2 cm (L x ∅). Wiegt nur 37 g. Herstellergarantie 2 Jahre. **Bei Pro-Idee: erweiterte Garantie 3 Jahre.**

- Kamera-Pen
  Nr. 600-254-74
  € 59,90

Systemanforderungen: Windows 98/98SE/ME/2000/XP, MAC OS, Linux. USB 2.0.

Alle Daten überspielen Sie ganz einfach über den USB-Port Ihres PCs oder Laptops.

Nur Ihre Zufriedenheit entscheidet.

30 Tage Zeit für Ihre endgültige Entscheidung.

Kauf auf Probe.
Bei Pro-Idee kaufen Sie auf Probe, d.h. der Kaufvertrag wird erst nach Ablauf von 15 Tagen nach Erhalt der Ware wirksam.

Widerrufsrecht.
Sie können Ihre Vertragserklärung innerhalb von zwei Wochen ohne Angabe von Gründen in Textform (z. B. Brief, Fax, E-Mail) oder durch Rücksendung der Sache widerrufen. Die Frist beginnt nach Erhalt dieser Belehrung in Textform, jedoch nicht vor Eingang der Ware beim Empfänger und nicht bevor der Kaufvertrag durch Ihre Billigung des gekauften Gegenstandes für Sie bindend geworden ist und auch nicht vor Erfüllung unserer Informationspflichten gemäß § 312c Abs. 2 BGB in Verbindung mit § 1 Abs. 1, 2 und 4 BGB-InfoV.

Bei Pro-Idee werden wir jede Rücksendung und jeden Widerruf innerhalb von 30 Tagen nach Erhalt der Ware als rechtzeitig akzeptieren. Zur Wahrung der Widerrufsfrist genügt die rechtzeitige Absendung des Widerrufs oder der Sache. Der Widerruf ist zu richten an:

Pro-Idee GmbH & Co. KG
Dieter Junghans
Auf der Hüls 205
52053 Aachen
Telefon: 02 41-109 119
Telefax: 02 41-109 121
www.proidee.de

Widerrufsfolgen.
Im Falle eines wirksamen Widerrufs sind die beiderseits empfangenen Leistungen zurückzugewähren und ggf. gezogene Nutzungen (z. B. Gebrauchsvorteile) herauszugeben. Können Sie uns die empfangene Leistung ganz oder teilweise nicht oder nur in verschlechtertem Zustand zurückgewähren, müssen Sie uns insoweit ggf. Wertersatz leisten. Dies gilt nicht, wenn die Verschlechterung der Sache ausschließlich auf deren Prüfung – wie sie Ihnen etwa im Ladengeschäft möglich gewesen wäre – zurückzuführen ist. Im Übrigen können Sie die Pflicht zum Wertersatz für eine durch die bestimmungsgemäße Ingebrauchnahme der Sache entstandene Verschlechterung vermeiden, indem Sie die Sache nicht wie Ihr Eigentum in Gebrauch nehmen und alles unterlassen, was deren Wert beeinträchtigt. Paketversandfähige Sachen sind auf unsere Gefahr zurückzusenden.

Kosten der Rücksendung.
Sie haben die Kosten der Rücksendung zu tragen, wenn die gelieferte Ware der bestellten entspricht und wenn der Preis der zurückzusendenden Sache einen Betrag von 40 Euro nicht übersteigt oder wenn Sie bei einem höheren Preis die Sache zum Zeitpunkt des Widerrufs noch nicht bezahlt haben. Anderenfalls ist die Rücksendung für Sie kostenfrei. Nicht paketversandfähige Sachen werden bei Ihnen abgeholt. Verpflichtungen zur Erstattung von Zahlungen müssen innerhalb von 30 Tagen erfüllt werden. Die Frist beginnt für Sie mit der Absendung Ihrer Widerrufserklärung oder der Sache, für uns mit deren Empfang.

Günstige Preise garantiert.

Viele Pro-Idee Produkte werden Sie nicht woanders finden. Wenn doch, dann profitieren Sie von der Pro-Idee-Preisgarantie:

Sollten Sie innerhalb von 3 Monaten nach Erhalt der Ware für das gleiche Produkt bei einem anderen Einzelhändler in Deutschland ein günstigeres Angebot finden, so wenden Sie sich bitte an den Pro-Idee-Kundendienst: Wir finden in jedem Fall eine faire Lösung. Sie haben dann auch das Recht, die Ware kostenlos zurückzuschicken und die Erstattung des vollen Kaufpreises zu verlangen.

„Finderlohn":
Auch ganz unabhängig von einer Bestellung möchten wir davon erfahren, falls ein Pro-Idee-Produkt irgendwo günstiger angeboten werden sollte. Ein entsprechender Hinweis ist uns einen besonderen Dank und eine kleine Prämie wert. Und er ist uns eine wertvolle Hilfe bei der nächsten Verhandlung mit dem Hersteller des Produktes.

Bei Pro-Idee hat jedes Produkt Garantie. Mindestens 3 Jahre, oft länger.

Alle Angebote dieses Kataloges sind **sorgfältig ausgewählt**. Ein Produkt ist für uns nur dann gut genug, wenn es
1. unsere kritischen Kunden zufrieden stellt
2. und wenn wir auf den Weltmärkten kein besseres kaufen können.

Über die gesetzliche Gewährleistung von 24 Monaten hinaus haben Sie bei Pro-Idee **mindestens 3 Jahre Garantie**. Bitte lesen Sie im Einzelnen die Produktbeschreibungen in diesem Katalog. Ihre gesetzlichen Gewährleistungsrechte bei Mängeln an der Ware bleiben durch die verlängerte Garantie unangetastet.

Diese über die gesetzlichen Gewährleistungspflichten hinausgehende Garantie gibt Ihnen – nach Wahl von Pro-Idee – das Recht auf Reparatur, Ersatzlieferung oder Erstattung des Kaufpreises. Die Garantie gilt natürlich nicht für die Folgen normaler Abnutzung oder unsachgemäßen Gebrauchs. Bitte bewahren Sie die Rechnung auf. Das Rechnungsdatum gilt als Beginn der Garantiezeit.

Und immer gilt: Auch nach der Garantiezeit sind wir für Sie da.
Der Pro-Idee-Kundendienst sorgt für schnelle Reparaturen zu fairen Preisen.
Was immer auch geschieht, rufen Sie einfach Pro-Idee an: Telefon 0241-109 119.

Nur Ihre Zufriedenheit entscheidet.

Dieter Junghans

Dieter Junghans

Gültigkeit des Angebotes:
Die Angebote dieses Kataloges sind gültig bis zum Erscheinen eines neuen Kataloges.

Gebrauchte Batterien:
Gebrauchte Batterien können Sie bei Pro-Idee und allen öffentlichen Entsorgungsstellen in Ihrer Nähe zurückgeben.

Datenschutz:
Wenn Sie bei Pro-Idee bestellen, speichern wir Ihre Adresse und auftragsbezogenen Daten zur Geschäftsabwicklung und zur Pflege der Kundenbeziehung. Sie erhalten dann automatisch alle neuen Kataloge.

Sie erklären sich damit einverstanden, dass auftragsbezogener und sonstiger Schriftverkehr durch Pro-Idee auch auf elektronischem Weg erfolgt. Wir weisen Sie darauf hin, dass bei der Datenübertragung via E-Mail außerhalb des Einflussbereiches von Pro-Idee Sicherheitsrisiken, wie z. B. durch Virenübertragung, Beschädigung der Daten, Datenverlust oder Zugriff Dritter bestehen können. Mit Ihrer Auftragserteilung gestatten Sie Pro-Idee, Dokumente und sonstige Daten auch mit unverschlüsselten E-Mails zu übersenden.

Wir geben die Anschriften unserer Kunden nur zur Bonitätsprüfung und an sorgfältig ausgewählte Unternehmen weiter, deren Produkte für Sie von Interesse sein könnten.

Selbstverständlich können Sie der Nutzung der Daten für Werbezwecke jederzeit widersprechen.
Schreiben Sie hierzu an: Pro-Idee GmbH & Co.KG, Datenschutzbeauftragter, 52053 Aachen.

Bestellen leicht gemacht:

Per Internet: www.proidee.de

Per Telefon: T··01805-109 111
(Festnetz: max. € 0,14/Min. - Mobilfunk: max. € 0,42/Min.)

24 Stunden täglich, 7 Tage in der Woche persönlich für Sie da.

Per Telefax: 02 41-109 121

Per Brief oder Postkarte

Lieferung nach Wunsch:*

Innerhalb von 3 Werktagen,
wenn Sie telefonisch oder per Internet bestellen.

Innerhalb 1 Woche,
wenn Sie schriftlich bestellen.

Im 24-Stunden-Service (+ 7,95 €)
Werktags bis 15.00 Uhr (samstags bis 12.00 Uhr) bestellt – am nächsten Werktag geliefert.

Im Über-Nacht-Kurierdienst (+ 12,75 €)
Werktags bis 17.00 Uhr (samstags bis 12.00 Uhr) bestellt – über Nacht, bis 10.00 Uhr am nächsten Werktag, geliefert.

Lieferung außerhalb Deutschlands:
Ihr Versandkostenanteil beträgt € 18,- bei Lieferung in EU- und EFTA-Staaten (gilt für Artikel, die nicht mit „LKW-Symbol" gekennzeichnet sind). Informationen zu allen anderen Auslandslieferungen erhalten sie unter www.proidee.de/versandkosten

* Kann ein Artikel ausnahmsweise nicht oder nicht sofort geliefert werden, erhalten Sie Nachricht. Selbstverständlich können Sie dann Ihre Bestellung ändern oder widerrufen. Falls wir Ihnen ausnahmsweise einen in Qualität und Preis vergleichbaren Artikel schicken, sind Sie selbst verständlich zur Annahme nicht verpflichtet und können diesen kostenlos zurückschicken.

Geschenk-Service:

Geschenkverpackung:
Auf Wunsch verpacken wir fast alle Artikel mit exklusivem Pro-Idee-Geschenkpapier. Nur 4,– €.

Geschenksendung – ohne Aufpreis:
Sie wählen aus. Wir liefern wann und wohin Sie wollen innerhalb Deutschlands. (Weltweiter Versand auf Anfrage.)

Geschenkgutscheine:
Mit einem Pro-Idee-Geschenkgutschein erfüllen Sie immer einen besonderen Wunsch. Sie erhalten einen aufwändigen Gutschein in Geschenkverpackung zusammen mit dem aktuellen Katalogen. Wählen Sie einen beliebigen Betrag.

Bezahlen, wie es für *Sie* am bequemsten ist:

Per Bankeinzug:
Die Abbuchung erfolgt 10 Tage nach Erhalt der Ware. Sie können die Abbuchung innerhalb von 6 Wochen bei Ihrer Bank oder Postbank widerrufen.

Gegen Rechnung:
Zusammen mit der Warensendung erhalten Sie eine Rechnung, die nach 10 Tagen fällig wird (Bonität vorausgesetzt). Bitte überweisen Sie den Rechnungsbetrag innerhalb von 10 Tagen auf das dort angegebene Konto.

Per Kreditkarte:
Bitte nennen Sie uns die Kreditkarten-Nummer und die Gültigkeitsdauer. Wir verrechnen bei Versand der Ware mit Visa, Mastercard oder American Express.

Versandkosten:
Ihr Versandkostenanteil beträgt 5,95 €.

Für so gekennzeichnete Sperrgüter berechnen wir zusätzlich einen einmaligen Speditionsaufschlag von 10 € je Lieferung (unabhängig von der Anzahl der bestellten Artikel mit diesem Kennzeichen).

Alle Preise enthalten die gesetzliche Mehrwertsteuer.

Abhol-Service für Rücksendungen:

Waren, die Sie an Pro-Idee zurückschicken möchten, holen wir auf Wunsch bei Ihnen zu Hause ab. Dieser Abholservice kostet 4,– €, die von Ihrem Kreditkarten- oder Bankkonto abgebucht werden.

Hier das Urteil der Queen of Clean:

„Dieses wundervolle Produkt pflegt und reinigt alle Lederarten, ausgenommen Velours- und Nubukleder. CPR kann bedenkenlos für alle Ledermöbel verwendet werden, genauso wie für Autopolster, Portmonees, Schuhe und Reitausrüstung sowie für alle Lederfarben. Es ist zweifellos der beste Lederreiniger, den ich jemals gefunden habe."

Linda Cobb, Talking Dirty with the Queen of Clean, Seite 214.

Leather CPR aus den USA: „zweifellos der beste Lederreiniger, den ich jemals gefunden habe"*.

***Linda Cobb, Talking Dirty with the Queen of Clean.**

Ob Schmutz an Straßenschuhen, Grasflecken an Sportschuhen, ermattetes Stiefelleder – oder einfach Ihre Lieblingslederjacke, Ihre edle Ledercouch, die Sie gründlich reinigen und auffrischen möchten: Jedes glatte Leder wird einwandfrei sauber. So tadellos, dass selbst Amerikas „Queen of Clean" dieses Produkt lobt – als den besten Lederreiniger, den Sie jemals gefunden hat.

In den USA gilt Linda Cobb als die Kapazität für Haushalt und Reinigung.

Ihr Buch „Talking Dirty with the Queen of Clean" war die Nr. 1 der New York Times-Bestsellerliste 2001.

Die Rezeptur bleibt – verständlicherweise – ein streng gehütetes Geheimnis.

„Leather CPR" (Clean Protect Rejuvenate) ist Pflege und Schutz zugleich: Einfach hauchfein mit einem weichen Tuch oder Schwamm sanft in das Leder massieren. Der Schmutz löst sich sofort. Kurz weich nachpoliert: Das Leder ist wie neu. Lanolin macht es wieder seidenweich und schimmernd; Kratzer und Schrammen schwinden. Bei jeder Behandlung legt sich ein unsichtbar feiner, jedoch fettfreier Schutzfilm auf das Leder: So weist es Schmutz ab und bleibt länger sauber.

Die Lederfarben leuchten in neuer Frische.

„Leather CPR" weckt den ursprünglichen Farbton; sogar matte, verblasste Farben gewinnen tiefe Leuchtkraft. Für alle Glattleder und alle Farben geeignet (nicht für Velours- oder Nubukleder). In tropffreier 510-g-Tube.

(Kilopreis: 58,73 €.)

- „Leather CPR"
  Nr. 570-770-74
  € 29,95

Pro·idee
Bestellservice

- ***Lieferung auf Wunsch über Nacht* – garantiert zum günstigen Preis***
- ***30 Tage Zeit zum Prüfen***
- ***Mindestens 3 Jahre Qualitäts-Garantie auf alle Produkte***

Bestellkarte

–   879 217 8

Kunden-Nummer (falls bekannt)

Artikel-Bezeichnung	Bestell-Nummer	Anzahl	Einzelpreis
	– –		
	– –		
	– –		
	– –		
	– –		
	– –		

Versandkosten nur € 5,95.

☐ **Ich bezahle per Bankeinzug.**
(Die Abbuchung erfolgt 10 Tage nach Erhalt der Ware. Ich kann die Abbuchung innerhalb von 6 Wochen widerrufen.)

☐ **Zu Lasten des Ihnen bekannten Kontos.**

☐ **Zu Lasten des Kontos:**

Nr.   BLZ

bei Bank/Sparkasse

☐ **Ich bezahle gegen Rechnung** und überweise den Rechnungsbetrag innerhalb von 10 Tagen nach Erhalt der Ware.

Bezahlung per Kreditkarte: Wenn Sie per Kreditkarte bezahlen möchten, bitten wir Sie, zum Schutz Ihrer persönlichen Daten, telefonisch (**01805-109 111**) oder per Internet (**www.proidee.de**) zu bestellen.

Unterschrift

DIE KÖNIGIN VON CAMELOT
Kennedys Frau Jackie verwandelt das biedere Weiße Haus in ein modernes Märchenschloss. Und kaschiert mit Konzerten und Bällen, dass dort gar keine Traumfamilie wohnt.
Seite 126

1962
DER SCHÖNE SCHEIN
Kunst hat abstrakt und ausdrucksvoll zu sein, sagen Amerikas Kunstkritiker. Bis junge Maler die Welt der Supermärkte und Comics kopieren – und die Pop Art erfinden.
Seite 116

1963
DER TRAUM DES PREDIGERS
Im August 1963 hält Martin Luther King jr. seine berühmte Rede „I Have a Dream" – eine Vision vom gleichberechtigten Miteinander aller Menschen.
Seite 136

1963
TOD IN DALLAS
Mehr als 2000 Bücher sind über das Attentat auf John F. Kennedy am 22. November 1963 geschrieben worden. Doch immer noch sind nicht alle Fragen geklärt.
Seite 146

INHALT

TITELBILD: John F. Kennedy im Weißen Haus, Douglas Jones/Look Magazine/Library of Congress.

Alle **FAKTEN**, Daten und Karten in dieser Ausgabe sind vom GEO*EPOCHE*-Verifikationsteam auf ihre Richtigkeit überprüft worden. Kürzungen in Zitaten sind nicht kenntlich gemacht.

Redaktionsschluss: 13. November 2009

Der UNVOL

Er ist ein glänzender Redner, ein charismatischer Politiker, ein kühner Stratege: 1959 schickt sich John F. Kennedy an, der 35. Präsident der USA zu werden und sein Land in Zeiten von Kommunistenangst und Rassenunruhen wieder mit Zuversicht zu erfüllen. Doch im Verborgenen treibt den Politiker ganz anderes an: seine Sucht nach Erfolg – und die Angst vor dem Tod. Einmal im Amt, bleiben ihm nur 1036 Tage Zeit

LENDETE

FOTOS: JACQUES LOWE, TEXTE: ANJA HEROLD

Kein Reporter ist John F. Kennedy so nah gekommen: Ab 1958 ist Jacques Lowe der bevorzugte Fotograf der Familie. Auch an diesem kalten Tag Ende 1959, als Senator John F. Kennedy und seine Frau Jackie auf einem Flugfeld in Portland, Oregon, von Anhängern begrüßt werden

Kennedys Wille zur Macht ist unbegrenzt. Von seinem Vater brutal zum SIEGER erzogen, kämpft er (hier in Wisconsin) mit allen Mitteln um den Einzug in das Weiße Haus. Die Amerikaner verehren seine Vitalität. Nur wenige Vertraute wissen, dass Kennedy an zahllosen Krankheiten leidet und permanent schwere Medikamente nehmen muss

OR
WORLD
DEATH
KENNEDY
FOR PRESIDENT
KENNEDY
FOR PRESIDENT

GO

Ein Sonntagmorgen in Oregon. Nach dem Kirchgang frühstücken John und Jackie Kennedy in einem Diner. Vor seiner Kür zum Präsidentschaftskandidaten der Demokraten im Juli 1960 bereist der SENATOR aus Massachusetts alle 50 US-Bundesstaaten, um die Mehrheit in seiner Partei zu gewinnen. Denn vielen Amerikanern ist Kennedy noch unbekannt

Lyndon B. Johnson (links) ist einer der schärfsten innerparteilichen KRITIKER von John F. Kennedy und dessen Bruder Robert (Mitte). Doch JFK braucht den konservativen Senator aus Texas, um bei der Präsidentschaftswahl in den Südstaaten eine Chance zu haben. Deshalb bietet er seinem Gegenspieler den Posten des Vizepräsidenten an. Johnson sagt ohne langes Zögern zu

Am 15. Juli 1960 nimmt John F. Kennedy vor 80 000 Menschen in einem Sportstadion in Los Angeles die Nominierung als PRÄSIDENTSCHAFTSKANDIDAT der Demokratischen Partei an. Nach der Wahl ins Weiße Haus aber werden ihm seine Parteifreunde nicht immer die Treue halten und etliche Reformvorhaben stoppen, etwa in der Bürgerrechtsfrage

KODAK TRI X PAN FILM
→19
→20
→21
KODAK TRI X PAN FIL
FETY FILM
→25
→26
→27
KODAK SAFETY FILM
→13
→14
→15
KODAK TRI X PAN FILM
→1
→2
→3

Kein US-Präsident nutzt die Wirkung der MEDIEN so geschickt für seine Zwecke wie John F. Kennedy. Selbst diese Sequenz, die ihn an seinem Schreibtisch im Weißen Haus müde zeigt und erschöpft, fördert seinen Mythos

Kurz nach seinem Amtsantritt empfängt Kennedy führende GENERÄLE der Armee. Zu deren Missfallen schlägt er sicherheitspolitisch oft einen eigenen Weg ein: Die USA müssten ihre Feinde eher durch militärische Stärke und technologische Überlegenheit kontrollieren als durch Kampfeinsätze. Dennoch wird seine Regierungszeit von militärischen Krisen geprägt sein: von zwei Konflikten mit Kuba – und einem schwelenden Krieg im fernen Vietnam.

Jacques Lowe (1930–2001) arbeitete in aller Welt. Berühmt jedoch machten ihn seine Fotos von den Kennedys: 40000 Negative, die beim Terroranschlag auf das World Trade Center am 11. September 2001 verlorengegangen sind.

Am 22. November 1963 wird John F. Kennedy bei einer Fahrt durch Dallas, Texas, erschossen. Drei Tage später führen Jackie sowie Johns Brüder Robert und Edward die Begräbnisprozession in Washington an. Mehr als 100 Staatsoberhäupter und Regierungschefs geben dem Präsidenten das letzte Geleit. Amerika ehrt einen Helden. So stark ist Kennedys STRAHLKRAFT, dass sich Journalisten und Historiker erst Jahre später mit seinen Affären und Mafiaverbindungen, seiner Frauenverachtung und Geltungssucht beschäftigen werden □

Der Clan der

Die Kennedys mit ihren neun Kindern auf dem Anwesen der Familie in Massachusetts, um 1935. Stehend (v. l. n. r.): Joseph P. jr., der älteste Sohn, für den der Vater eine politische Karriere plant; daneben der Zweitgeborene **John F.**, ihre Mutter Rose sowie die Töchter Jean und Patricia Kennedy. Sitzend: Robert, Edward, Joseph P. sr., Eunice, Rosemary und Kathleen Kennedy

SIEGER

Mit maßlosem Ehrgeiz kämpft der Millionär Joseph P. Kennedy, aufgewachsen in den irischen Einwandervierteln von Boston, um die gesellschaftliche Anerkennung seiner Familie. 1944, nach dem Scheitern der eigenen politischen Karriere und dem Tod des ältesten Sohnes, steigt der Zweitgeborene zum Hoffnungsträger der Familie auf: John Fitzgerald Kennedy, ein 27-jähriger Luftikus, der binnen weniger Jahre US-Senator wird – und sich zu Höherem berufen fühlt

VON MATHIAS MESENHÖLLER

Der 13. August 1944 ist ein warmer Sonntag in Hyannis Port. Also beschließen die Kennedys, das Mittagessen auf der Veranda einzunehmen, mit Blick auf den Nantucket Sound, an dessen Strand die Sommerresidenz der Familie liegt. Für den Nachmittag planen die Kinder, an einer Regatta teilzunehmen. Joseph P. Kennedy, der Patriarch, legt großen Wert auf Sport und Wettkampf: Siegeswille, Ehrgeiz, Härte, das sind die Tugenden, die der Selfmade-Millionär fordert. „Wir wollen hier keine Verlierer. In dieser Familie wollen wir Gewinner“, stachelt er seine Söhne und Töchter an. Auch gegeneinander.

Sechs der neun Kinder von Rose Fitzgerald und Joseph P. Kennedy sind an diesem Tag in Hyannis Port. Sogar John F., den sie Jack nennen. Der Zweitälteste, der Charmeur mit dem breiten Grinsen und der lässigen Art.

Über das Wochenende darf er das Krankenhaus verlassen, in dem Ärzte die Folgen einer misslungenen Rückenoperation zu kurieren versuchen – und wo er sich kurz zuvor den Wagen des Vaters hat stehlen lassen (dessen Wut sich zu Jacks Glück gegen den Dieb richtet, nicht auf die Frage, was ein Patient nachts außerhalb des Hospitals zu suchen hat; eine Krankenschwester verführen, hätte Jack antworten müssen).

Doch Joseph P. Kennedy hat andere Sorgen. Noch immer fehlt am Mittagstisch einer, der längst zurück sein sollte: Joe jr., der älteste Sohn. Die Sonne, wie ein Bekannter der Familie einmal gesagt hat, zu der Jack nur der Mond sei.

Joes Dienstzeit als Marineflieger im Krieg gegen die Deutschen ist längst abgelaufen; die Familie rechnet täglich mit der Nachricht, dass er heimkehrt. Und die politische Karriere fortsetzt, die der Vater ihm bestimmt hat.

Denn ihm, und nur ihm, traut der Patriarch das zu, woran er selbst gescheitert ist: Joseph P. Kennedy will seinen ältesten Sohn im Weißen Haus sehen. Als ersten irischstämmigen und katholischen Präsidenten der USA. Das ist sein Traum. Der Sinn all der Millionen, die er verdient hat.

Nach dem Essen zieht sich der Vater zum Mittagsschlaf in sein Zimmer zurück. Rose liest in der Zeitung, die Kinder unterhalten sich mit gedämpften Stimmen im Wohnzimmer.

Es klopft.

Rose öffnet. Vor der Tür stehen ein Marinekaplan und ein weiterer Priester. Sie wechseln ein paar Worte, Rose dreht sich herum und hastet die Treppe hinauf. Augenblicke später eilt ihr Mann herab und geht mit seiner Frau und den Geistlichen in ein Nebenzimmer.

Als er wieder heraustritt, ist sein Gesicht grau.

Mühsam beherrscht gibt er die Nachricht an seine Kinder weiter: Joe Junior ist über England abgestürzt – da bricht seine Stimme, und Tränen schießen ihm in die Augen. Er besteht darauf, dass die Geschwister wie geplant segeln gehen. Dann wankt er auf sein Zimmer und schließt sich ein.

Eines der Kinder kommt der Aufforderung des Vaters nicht nach. Lange und nachdenklich wandert Jack am Strand unterhalb der Veranda auf und ab.

Etwas später beobachtet er seinen trauernden Vater aus der Ferne. „Gott! Da geht der Alte“, sagt er zu einem Freund. „Da geht er und sinnt über den nächsten Zug nach. Jetzt bin ich es, musst du wissen. Jetzt bin ich an der Reihe. Es ist mein Auftritt.“

Zu diesem Zeitpunkt ist John Fitzgerald Kennedy ein 27-jähriger Invalide, der unter schweren Rückenschmerzen und geheimnisvollen Infektionskrankheiten leidet. Der sich als politischer Autor einen Namen gemacht hat, als sprachbegabt gilt – aber auch als hemmungsloser Schürzenjäger. Als Luftikus, schwächlich und vergnügungssüchtig.

Jack, dessen Ehrgeiz nicht einmal sein Vater recht einzuschätzen weiß. In dessen Namen das unvollendete Erbe zweier irisch-amerikanischer Clans anklingt: der Kennedys und der Fitzgeralds. Und auf den sich nun nach dem Tod seines Bruders die Ambitionen des Patriarchen konzentrieren werden.

Ein Ehrgeiz, ja eine Wut, deren Wurzeln ins Boston des 19. Jahrhunderts reichen. In die Nöte und Erniedrigungen, den zähen Kampf der irischen Einwanderer um Auskommen und Anerkennung in Amerika.

Am Anfang steht ein eingeschleppter Pilz. 1845/46 verbreitet er sich über die Kartoffelfelder Irlands und verwandelt sie in endlose Flächen schwarzer, stinkender Fäulnis. Drei weitere Missernten folgen, jeder sechste Landbewohner verhungert oder stirbt an Krankheiten. Rund zwei Millionen Menschen fliehen aus der Heimat, davon etwa drei Viertel in Richtung USA.

Eine der Hafenstädte, in denen sie von Bord gehen, ist Boston im neuenglischen Massachusetts.

Die Metropole, in der einst die amerikanische Revolution ihren Ausgang nahm, wird zu jener Zeit von einer Anzahl alteingesessener Familien dominiert, deren enormer Reichtum aus Handel, Reederei und Textilindustrie stammt. Unter denen es aber ebenso

Die Ahnherren des Clans: Um 1900 sind **Patrick Joseph Kennedy** (o. l.) und **John Francis Fitzgerald** erbitterte Gegner im Kampf um die Macht in Boston. Erst eine Heirat ihrer Kinder führt die beiden zusammen

zum guten Ton gehört, eine führende Rolle im Gemeinwesen anzustreben, in der Politik, als Gelehrter, in den Künsten – eine Art republikanische Aristokratie.

Drei Präsidenten haben die „Boston Brahmins“ hervorgebracht sowie eine in den USA bis dahin einmalige kulturelle Blüte und die älteste und renommierteste Hochschule des Landes, Harvard.

Doch auch der Dünkel dieser Kaste ist legendär: „Die Lowells reden nur mit den Cabots“, heißt es, „und die Cabots reden nur mit Gott.“ Als englischstämmige, entschiedene Protestanten blicken die Alteingessenen mit wachsender Abscheu auf die katholischen Hungerleider, die nun in ihr Gemeinwesen strömen.

Im Jahr 1855 machen die Neuankömmlinge bereits mehr als ein Drittel der Bevölkerung aus. Sie wohnen in Slums, kinderreiche Familien drängen sich in lichtlosen Zimmern zusammen, mit Strohsäcken als Betten. Die Miete verdienen sie als Hausierer oder Hafenarbeiter – sofern sie Arbeit bekommen.

Denn oft hängen in den Straßen Schilder mit der Aufschrift „Iren brauchen sich nicht zu bewerben“. Die Einwanderer von der Insel rangieren am untersten Ende der Bostoner sozialen Hierarchie. Dass etwa jedes Zweite ihrer Kinder vor dem sechsten Lebensjahr stirbt, erklärt ein Ausschuss der Gesundheitsbehörde noch 1875 mit angeborener Schwäche und ungesunden Sitten.

Doch Amerika ist eine Demokratie. Öffentliche Ämter werden in Wahlen vergeben; jeder männliche Bürger hat eine Stimme – gleichgültig, wer er ist und was er besitzt.

1914 heiratet **Joseph P. Kennedy,** mit 25 Jahren bereits Präsident einer Bostoner Bank, John Fitzgeralds Tochter **Rose**. Als cleverer und verschwiegener Unternehmer sammelt er schon bald ein Vermögen an – wohl auch durch Alkoholschmuggel und Insidergeschäfte an der Börse

Innerhalb kurzer Zeit etablieren die Neueinwanderer in ihren Vierteln effiziente Klientelnetze. Ein „Boss“ sammelt die Stimmen seines Wahlkreises und vermittelt im Gegenzug Jobs, erwirkt Gewerbescheine, verteilt Geld an Kranke oder für ein ordentliches Begräbnis, holt einen Sohn aus dem Gefängnis. Bald übernehmen irische Seilschaften auf lokaler Ebene die traditionell einwandererfreundliche Demokratische Partei und errichten eine Art Schattenstaat.

Das System basiert auf Loyalität, aber auch auf Manipulation: Einschüchterung, Stimmenkauf, präparierte Stimmzettel und Kartellabsprachen sichern die Macht der Bosse und machen sie zu einer politischen Kraft.

1885 stellen die Iren zum ersten Mal den Bürgermeister, und acht Jahre später begegnen sich im Senat des Staates Massachusetts zwei irisch-katholische Vertreter Bostons: Patrick Joseph „PJ“ Kennedy und John Francis „Fitzie“ Fitzgerald.

„PJ“ Kennedy, der es vom Kneipier zum wohlhabenden Spirituosenhändler gebracht hat, ist groß gewachsen, hart und verschlossen. Ein Mann, der öffentliche Auftritte hasst, Reden sowieso. Lieber wirkt er im „Strategieausschuss“, einer Art geheimem Zentralkomitee der Demokratischen Partei Bostons. Fitzgerald dagegen ist klein, schmal, extrovertiert; ein guter Redner, händeschüttelnder Volkstribun, Frauenschwarm.

Diese beiden so unterschiedlichen Männer werden zu erbitterten Gegnern; über ein Jahrzehnt lang kämpfen sie mit wechselndem Erfolg um die Macht.

Schließlich bewirbt sich Fitzgerald 1905 gegen den Kandidaten des Strategieausschusses um die Nominierung der Demokratischen Partei für die Bürgermeisterwahlen.

„Fitzie“ inszeniert einen in Boston nie gesehenen Wahlkampf. Auf den Kundgebungen versorgen seine Leute das Publikum mit kleinen Sternenbannern; Blaskapellen und Fackelzüge marschieren, ganze Straßenzüge werden mit Fahnen ausstaffiert. Und mittendrin ein überschäumender Kandidat, der jeden

Wer von den Kindern weint, wird vom Vater ignoriert

zu kennen scheint, stets ein persönliches Wort hat, einen Gefallen verspricht. Später werden sie ihn „Honey Fitz" nennen, den „honigsüßen Fitz".

Er gewinnt sowohl die Nominierung als auch die anschließenden Wahlen.

Das Publikum liebt ihn. Verzeiht ihm Wahlbetrug und Amtsmissbrauch, auch Gerüchte über Frauengeschichten. Zu viele profitieren von seinen Wohltaten: der Ämterpatronage, dem gewaltigen Ausbau des öffentlichen Dienstes.

Doch 1913 tritt ein Herausforderer noch gröberen Schlags auf. James Michael Curley droht damit, eine Affäre des Bürgermeisters mit einem blonden „Zigarettenmädchen" (in Wahrheit wohl eine New Yorker Edelprostituierte) publik zu machen und so den Ruf der gesamten Familie in den Schmutz zu ziehen. Fitzgerald verzichtet auf eine erneute Kandidatur – auch um seine drei Töchter zu schützen und deren Aussicht auf standesgemäße Ehen.

Ausgerechnet seine Lieblingstochter Rose jedoch beharrt seit Jahren auf einer indiskutablen Partie – einem Beau mit Sommersprossen und rotblondem Haar, mächtigem Selbstbewusstsein und breitem Grinsen: Joseph P. Kennedy, dem Sohn seines langjährigen Gegenspielers, des zähen, bedächtigen „PJ".

Nicht gut genug, finden Roses Eltern, und schicken ihre Tochter nach Europa ins Internat. Doch während Fitzgeralds Karriere ausklingt, steigt Joseph P. Kennedy 1914 mit 25 Jahren zum jüngsten Präsidenten einer Bank in Boston auf.

Der Ex-Bürgermeister kapituliert und willigt in die Verbindung ein.

Als das Paar einen Sohn bekommt, wird er auf den Namen des Vaters getauft: Joseph Patrick Kennedy – Joe Junior. Beim zweiten jedoch, 1917, beharrt Rose auf dem Andenken ihrer Sippe und setzt die Vornamen John Fitzgerald durch.

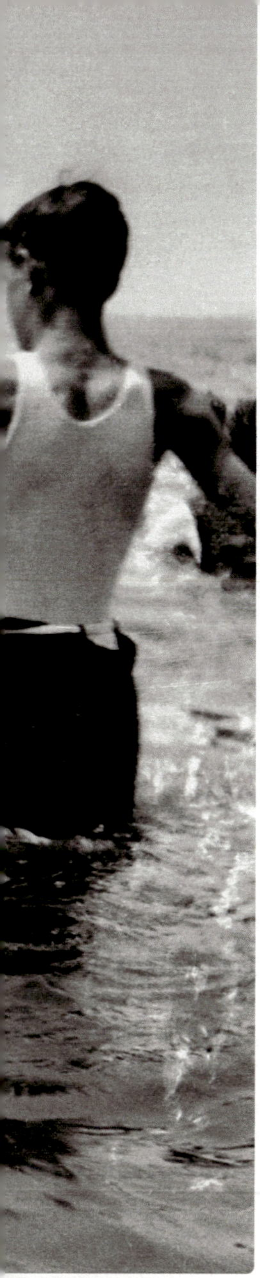

Ein Fotograf nimmt um 1925 die Kennedy-Kinder **Rosemary, »Jack«, Eunice, Joe und Kathleen** (v. l. n. r.) beim Baden in Hyannis Port auf. Selten ist die Stimmung in der Familie so harmonisch: Der Vater versteht Erziehung als Ausbildungslager für den gesellschaftlichen Erfolg – und stachelt die Kinder zu brutalen Wettkämpfen an, um ihren Siegeswillen zu schulen

Unterdessen versucht „Honey Fitz“ ein Comeback. 1916 kandidiert er für den Senat in Washington – gegen einen der angesehensten und mächtigsten Bostoner „Aristokraten“: Henry Cabot Lodge. Fitzgerald verliert.

Damit setzt sich die Reihe seiner politischen Niederlagen fort. Es ist ein Abstieg, den viele Jahre später ein anderer rächen wird.

TROTZ ALL SEINES CHARMS: Joseph P. Kennedy ist ein Getriebener. Als Sohn eines Boston-irischen Strippenziehers, der sich mit Macht, aber erfolglos um Aufnahme in die vornehme Gesellschaft bemüht hat, folgt er dem Zwang, diese Anerkennung zu erringen.

Die erste Stufe war Harvard, die Kaderschmiede der alten Elite. Doch auch dort hat er erfahren, dass sich der Sohn eines katholischen Spirituosengroßhändlers noch so sehr bemühen kann – für die Yankee-Elite bleibt er, ein irischer Kneipierssprosss, von den wirklich guten Kreisen ausgeschlossen.

Die Konsequenz, die er daraus zieht, lautet: „Das Einzige, was diese Leute verstehen, ist Geld.“ Also setzt er sich zum Ziel, mit 35 Millionär zu sein.

Joseph beginnt als Bankier, wird Industriemanager, dann Aktienhändler. Sein Geschäftssinn ist enorm, seine Rücksichtslosigkeit groß. Er ist clever und verschwiegen und verdient dank seiner exzellenten Verbindungen an Insider-Informationen, an manipulierten Kursen, vermutlich auch am Alkoholschmuggel der Mafia. Sein Wille zum Erfolg ist absolut.

Und: An seinem 35. Geburtstag ist er nicht nur einfacher, sondern gleich mehrfacher Millionär. Doch als er sich um die Aufnahme in den elitären „Cohasset Country Club“ bewirbt, holt er sich erneut eine Abfuhr.

Denn Josephs Vermutung, in diesen Kreisen zähle nur das Geld, ist falsch: Die Snobs der alten Kaste setzen ein Vermögen einfach voraus – aber sie lehnen ab, wie er seines verdient hat, ebenso Josephs rüde Umgangsformen, seinen Glauben, sich überall einkaufen zu können (oder herauszumogeln, etwa aus der Wehrpflicht im Ersten Weltkrieg). Für die „Boston Brahmins“ ist Joseph nur ein irischer Emporkömmling.

Aus Wut über die Demütigung – und um seinen Kindern ähnliche Erfahrungen zu ersparen – zieht er 1927 mit der Familie nach New York, erst in den exklusiven Stadtteil Riverdale, später in den nicht minder noblen Vorort Bronxville. Um die Verbindung mit Massachusetts nicht ganz zu kappen, erwirbt er die strahlend weiße Seevilla in Hyannis Port, etwas abseits der Sommersiedlungen der Aristokraten.

Neben den Geschäften bleibt die Familie, der Clan, der Mittelpunkt seines Lebens. Ist er auf Reisen, stellt Rose die Kinder jeden Sonntag in einer Reihe am Telefon auf, damit ihr Vater mit jedem sprechen kann. Zudem geht ein Strom von Briefen ein, in denen er den Nachwuchs lobt, tadelt, Ratschläge erteilt. Ist er zu Hause, widmet er sich ihnen mit der gleichen Intensität wie dem Geldmachen.

Joseph versteht Erziehung als Ausbildungslager für den gesellschaftlichen Erfolg; für ein Leben, in dem es darum geht, das zu bekommen, was man haben will – egal mit welchen Mitteln. Also fordert er eine Mentalität des Sieges um jeden Preis. Fordert Wagemut, Disziplin und Verzicht auf Selbstmitleid.

In Hyannis Port lässt er einen Tennisplatz anlegen, die Rasenfläche funktioniert er in ein Football- und Softballfeld um. Wer sich den betont rau geführten Wettkämpfen verweigert, wer aufgibt oder vor Schmerz weint, wird angeherrscht oder links liegen gelassen.

Bei den meist förmlichen Essen hat jedes Kind Rechenschaft über Erfolge und Misserfolge abzulegen. Der Patriarch fragt seinen Nachwuchs nach wichtigen Personen des öffentlichen und geschäftlichen Lebens ab, doziert anhand von Landkarten über Politik.

Und immer wieder Disziplin: Wer nur Sekunden zu spät bei Tisch ist, auch als Gast, kann eine wütende Zurechtweisung erwarten. Zwar wird ein gewisses Maß an Unsinn toleriert – Ungehorsam aber in keinem Fall. Meist reicht dem Vater ein Blick, um den Betreffenden zittern zu lassen; doch er kann auch explodieren oder ein Kind sarkastisch bloßstellen.

Nicht minder extrem ist seine vorbehaltlose Unterstützung jedes Familienangehörigen gegenüber Außenstehenden. Die Kennedys sind die Besten, und wer sie kritisiert, ihnen die Show stiehlt, gar dem Patriarchen widerspricht, wird abgekanzelt oder geschnitten. Als Joe Junior eine Regatta verliert, bekommt er von seinem wutbleichen Vater ein neues, größeres Segel geschenkt – was zwar regelwidrig ist, aber ein Kennedy soll nicht nach den Regeln verlieren. Sondern: gewinnen.

Zu denen, die dabei auf der Strecke bleiben, gehört Rose.

„Meine Mutter ist ein Nichts“, wird John F. Kennedy später sagen: Während seiner Kindheit und Jugend sei sie entweder in Paris einkaufen gewesen

Der Kampf um die väterliche Gunst macht **Joe** und **Jack** früh zu Rivalen. Körperlich ist der Jüngere unterlegen: Allergien und Infektionen zwingen ihn immer wieder aufs Krankenbett

oder habe in irgendeiner Kirche auf den Knien gelegen; sei sie doch einmal zu Hause gewesen, habe er sie nie zärtlich erlebt. Sie ist eine offenbar kalte, bigotte, verschwendungssüchtige Person, obsessiv auf soziale Reputation bedacht. Dabei selbst schrullig genug, sich Notizzettel mit anstehenden Erledigungen an die Kleider zu heften.

Das ist es, was Joseph P. Kennedy aus Rose Fitzgerald gemacht hat.

DENN SCHON BALD nach der Hochzeit kommt er immer später heim, arbeitet abends und an den Wochenenden. Derweil findet Rose sich in ein stilles Vorstadthaus gesperrt, fernab der vertrauten irischen Umgebung. Die vordem von der Öffentlichkeit hofierte Tochter des Bürgermeisters ist einsam. Und gedemütigt: Die tief religiöse, keusche, ja prüde Rose sieht Sex allein als Mittel zur Fortpflanzung – wofür ihr Mann nur Spott übrig hat, sie vor gemeinsamen Freunden als verklemmt darstellt. Und anderweitig Befriedigung sucht.

Denn während Rose fast ununterbrochen schwanger ist, jagt Joseph den Frauen hinterher. Mitte der 1920er Jahre steigt er ins Filmgeschäft ein und hat eine halböffentliche Liaison mit dem Star jener Zeit, Gloria Swanson – ein Lustobjekt ebenso wie Statussymbol für den erfolgshungrigen Aufsteiger.

Revuemädchen, Prostituierte, die Frauen von Geschäftspartnern: Sex, lebt Joseph seinen Söhnen vor, sollten sie haben, so oft es nur geht. Rose lässt die Filme, die daheim im Privatkino gezeigt werden, auf schlüpfrige Stellen prüfen – ihr Mann befingert während mancher Vorführung die Freundinnen seiner Töchter. Und dem halbwüchsigen Jack legt er eine Sammlung aufgeblätterter Pornohefte aufs Bett.

Joseph P. Kennedys Söhne lernen, Frauen als Leistungsbeweise in einer steten Jagd nach Bestätigung zu sehen.

Dieser Hang nach Anerkennung macht vor allem Joe Junior und Jack zu Rivalen. Vom dritten Bruder Robert durch vier Schwestern getrennt, fechten sie den Kampf um die Position des Ersten unter den Söhnen als Duell aus.

Joe Junior ist robust, streitlustig, mit einem explosiven Temperament und scharfer Zunge begabt: der Liebling des Vaters und sein Statthalter unter den Geschwistern. Der natürliche Erbe, beseelt von dem Ehrgeiz, die elterlichen Forderungen zu erfüllen und die Nummer eins zu bleiben.

Jack dagegen ist häufig krank. Wochen verbringt er im Bett, mit Scharlach, Keuchhusten, Masern, Röteln, mit Bronchitis, schweren Allergien, nach der Entfernung von Blinddarm, Polypen und Mandeln. So wird er als Einziges der Kinder ein passionierter Leser, erst von Ritter- und Abenteuergeschichten, dann noch vor der Pubertät von politischer und historischer Literatur.

Ein magerer, ja schwächlicher Junge. Dennoch bekämpft er Joe Juniors Dominanz, wann immer er kann: stiehlt dessen Nachtisch, nimmt Joes Badezeug, lässt sich auf ein Fahrrad-Karambolagerennen ein (an dessen Ende er mit 28 Stichen genäht werden muss).

Zu den Geschwistern kann Joe liebevoll und fürsorglich sein – seinem unmittelbaren Konkurrenten Jack rammt er dagegen ein ums andere Mal den Football in den Magen und lacht über den schmerzverkrümmt am Boden Liegenden. Ihre Prügeleien werden derartig brutal, dass der jüngere Bruder Bobby entsetzt schreiend daneben steht, die Hände auf den Ohren.

Jack verliert praktisch jeden dieser Kämpfe. Mit der Zeit beginnt er sich in Joe Juniors Schatten einzurichten: als witziger Unterhalter, das Kind mit der eigenwilligen Ausdrucksweise, früh ironisch, auch gegen sich selbst – unpünktlich, nachlässig, ein Träumer.

Im Internat, auf das er 1931 dem gefeierten Athleten und Musterschüler Joe folgt, macht Jack aus seinem Kleiderschrank eine Müllhalde, erhält mittelmäßige bis schlechte Noten, rebelliert gegen Lehrer, wird fast relegiert.

Eines Abends setzt er sich mit einem Klassenkameraden in ein Taxi nach New York und lässt sich in einem Harlemer Bordell für drei Dollar entjungfern (den Rest der Nacht verbringt er mit der panischen Suche nach Salben gegen Geschlechtskrankheiten).

Dieser ersten Erfahrung mit Frauen folgen weitere. Jack lernt seinen Charme zu gebrauchen, den Anschein von Einfühlung und Zuwendung, eingebettet in ein strahlendes, offenes Lachen.

Er bleibt im Wettbewerb, mit seinen Mitteln. Als die Abgängerklasse des Internats traditionsgemäß den „besten Tänzer", „den Bestaussehenden", „den Geistreichsten" wählt, legt er es auf den Titel „Größte Aussicht auf Erfolg" an – ein Witz angesichts seiner Leistungen.

Doch sein Esprit hat ihm Freunde gewonnen, die nun für ihn werben. Mit Geschick und liebenswürdiger Beredsamkeit begeistert er weitere Unterstützer, tauscht Stimmzusagen; andere kauft er. Und geht so 1935, im Jahr seines Schulabschlusses, als Sieger aus der ersten Wahlkampagne seines Lebens hervor.

Dennoch, Joe bleibt akademisch und sportlich uneinholbar – zumal Jack fortwährend von Krankheiten zurückgeworfen wird, von Verdauungsproblemen, Erbrechen und Untergewicht, Schwächeanfällen, Infektionsschüben.

Neben die eigentlichen Beschwerden treten die Quälereien langer Krankenhausaufenthalte: Die Ärzte legen ihm Klistiere, „bis es wie Trinkwasser herauskommt", traktieren ihn mit dicken Rektalsonden, führen einen Gummischlauch durch seine Nase in den Magen und gießen Alkohol hinein.

Und immer wieder Untersuchungen und peinliche Entblößungen vor Fremden, einmal auch, als er gerade eine Erektion hat – und das bei einem jungen Mann, der Berührungen nicht ertragen kann, keine freundschaftliche Umarmung, kaum einmal Zärtlichkeit beim Sex: eine Blockade (so werden Biografen es später erklären), die aus der emotionalen Kargheit des Elternhauses rührt, einer Kindheit ohne körperliche Nähe.

Er verarbeitet all das mit drastischen Briefen an die Freunde, voller obszöner Bemerkungen über die Schwestern, sarkastisch überspielter Todesfurcht und rotziger Absagen an jedes Selbstmitleid.

Trotzdem ruhen alle Hoffnungen auf dem robusten und geradlinigen Joe Junior, für den der Vater eine politische Karriere plant – und der selbst längst freimütig bekennt, er wolle der erste katholische Präsident der USA werden.

Das freilich ist ein Ziel, dass sich Joes Vater auch gesteckt hat.

Seit Anfang der 1930er Jahre hat Joseph P. Kennedy begonnen, seinen finanziellen Erfolg in politischen Einfluss umzusetzen. Dazu hat er Franklin D. Roosevelt, den Präsidentschaftskandidaten der Demokratischen Partei, in den Wahlkämpfen von 1932 und 1936 mit Geld und öffentlichen Auftritten unterstützt.

Roosevelt gewinnt beide Male, und schließlich erhält Kennedy als Lohn den prestigeträchtigsten Botschafterposten in Europa: London.

An einem Sommerabend des Jahres 1938 schreiten er und Rose in Schloss Windsor an livrierten Dienern vorüber, zum ersten Dinner beim König und der Königin, und in einem ruhigen Moment entfährt es Kennedy: „Zum Teufel, Rose, das war ein weiter Weg von Ost-Boston bis hierher."

Der erste irischstämmige US-Botschafter in Großbritannien, nun Mitglied der exklusivsten Gesellschaften: ein Triumph ohnegleichen – und eine katastrophale Fehlbesetzung.

Denn Kennedy betrachtet die Politik wie ein Geschäftsmann, und der heraufziehende europäische Krieg erscheint ihm als denkbar schlechtes Geschäft. Er plädiert vehement dafür, sich mit Nazideutschland zu arrangieren. Und behält diese Position auch nach Kriegsausbruch bei: England sei bereits verloren, Die USA hätten in dem Konflikt nichts zu gewinnen, wohl aber Milliarden Dollar und das Leben Tausender junger Männer zu verlieren. Sie sollten Europa seinem Schicksal überlassen.

Zugleich spinnt der selbstbewusste Botschafter Intrigen, um Roosevelt im Präsidentenamt zu beerben. Dessen Ärger wird zu kalter Wut, als Kennedy droht, ihn als Kriegstreiber anzuprangern. Ende 1940 muss der Botschafter zurücktreten und wird kaltgestellt.

Kennedys politische Laufbahn ist beendet. Einmal mehr, so sieht er es, haben die Aristokraten ihn abblitzen lassen.

Also konzentriert er seine Energie, seinen maßlosen, enttäuschten Ehrgeiz

1938 wird **Joseph P. Kennedy**, hier mit seinen Söhnen am Londoner Bahnhof Waterloo, Botschafter in Großbritannien. Drei Jahre später endet seine politische Karriere: Er hat gegen US-Präsident Roosevelt intrigiert

auf die Karrieren seiner älteren Söhne. Beide haben inzwischen ihren Harvard-Abschluss, beide haben auf ausgedehnten Besuchen in Europa Zugang zu den intellektuellen und politischen Eliten vor allem Englands gewonnen – Eindrücke und Gespräche, von denen besonders Jack profitiert.

Zum ersten Mal genießt er im Wettstreit der Brüder eine eigene Rolle. Während Joe als Parteitagsdelegierter bereits politisch aktiv ist, hat Jacks Diplomarbeit über die britische Beschwichtigungspolitik gegenüber Hitler die Anerkennung des Patriarchen gefunden: Noch als Botschafter hat er die Veröffentlichung eingefädelt, eine Publicity-Kampagne organisiert – und unter der Hand mehrere Tausend Exemplare aufgekauft, um den Absatz hochzutreiben.

Mit gerade einmal 23 Jahren ist Jack ein Bestsellerautor.

Unterdessen bewegt sich Amerika auf den Kriegseintritt zu, den Vater Kennedy um jeden Preis verhindern wollte.

Mit anderen Elitezöglingen meldet Joe Junior sich zur Offiziersausbildung bei den Marinefliegern. Jack will nachziehen, gehört aufgrund seiner Konstitution aber eigentlich ausgemustert. Der Vater nutzt seine Beziehungen und bewirkt, dass die Marine ihn dennoch nimmt – es kann der Reputation nicht schaden. Zugleich aber gebraucht der Patriarch die gleichen Verbindungen, um seine Jungs von den gefährlichsten Kriegsschauplätzen fernzuhalten.

Doch Kennedy unterschätzt, wie tief er seinen Söhnen den Willen eingepflanzt hat, sich auszuzeichnen: Beide verschaffen sich ihre Fronteinsätze.

Vor der südpazifischen Inselgruppe der Salomonen patrouilliert in der Nacht auf den 2. August 1943 Leutnant Jack Kennedys Torpedoschnellboot „PT-109". Ohne Radar sind die Männer in dieser mondlosen Nacht halb blind, vermutlich auch ein wenig unaufmerksam, und so bemerken sie zu spät den mächtigen Schatten, der gegen 2.00 Uhr mit hoher Geschwindigkeit auf sie zukommt.

Plötzlich kracht der Bug des japanischen Zerstörers „Amagiri" in die Beplankung, zerreißt „PT-109", die Treibstoffvorräte explodieren. Nur weil der Fahrtwind des Zerstörers die Flammen niederdrückt, überleben elf der 13 Besatzungsmitglieder.

Auf das treibende Wrack gekauert, überstehen sie die Nacht. Am nächsten Tag schwimmen die Männer zu einer Insel in der Nähe. Kennedy schleppt einen Verletzten durch das Wasser.

Später schwimmt er wieder hinaus, um Hilfe zu suchen, und ertrinkt fast. Aber sein Kampfgeist hält die Moral aufrecht. Endlich treffen sie auf Eingeborene mit einem Kanu. Kennedy ritzt einen Hilferuf in eine Kokosnuss und schickt die Insulaner damit los. Nach einer Woche werden alle geborgen.

Die Presse berichtet ausführlich über das Abenteuer des Seeoffiziers aus prominenter Familie, von der Rettung der Crew – weniger vom Verlust des Bootes.

Als Jack Kennedy Anfang 1944 heimkehrt, ist er ein Kriegsheld.

Aber einer, dessen Rückenbeschwerden ihn hinken lassen und einen weiteren Dienst unmöglich machen. Ein Mann, den der Verlust zweier Kameraden hat reifen lassen und der den eigenen Ruhm mit ironischer Distanz betrachtet.

Dennoch: Als befreundete Journalisten anbieten, die Geschichte noch einmal groß herauszubringen, willigt er ein, spricht auf öffentlichen Veranstaltungen. Sein Vater besorgt ihm eine Auszeichnung – der Patriarch ist stolz und glücklich. Und entschlossen, aus der Heldengeschichte Prestige zu schlagen.

Doch einer erträgt all das nicht: Joe Junior. Ein Freund der Familie beobachtet, wie er vor Wut und Eifersucht schluchzt, nachdem bei einem Kurzurlaub auf Joseph P. Kennedy getrunken wurde, „den Vater unseres Helden" – und damit Jack gemeint war. Für den Moment ist er nur Zweiter. Ein Verlierer.

Kurz darauf wird Joe nach England verlegt. Er fliegt ereignislose Patrouillen, bringt es auf die für eine Ablösung notwendige Zahl von Einsätzen – startet aber weiterhin. Ignoriert die Mahnung des Vaters, sein Glück nicht zu erzwingen. Meldet sich heimlich zu einem Kommando, für das ein weit höherer Orden ausgesetzt ist als Jacks Medaille.

Am Abend des 12. August 1944 hebt Joe Junior vom Flugplatz Fersfield in Ostengland ab.

Knapp eine halbe Stunde später zündet vermutlich ein Fehler in der Elektrik seines Liberator-Bombers den Sprengstoff an Bord. Eine gewaltige Explosion zerreißt die Maschine, verwandelt sie in einen riesigen Feuerball.

Von Joe Kennedys Leiche wie auch von der seines Kopiloten wird nie ein Überrest gefunden.

Hyannis Port, 13. August 1944. Die Nachricht vom Tod seines Lieblingssohns und Hoffnungsträgers nimmt dem eisernen Patriarchen die Fassung. „All meine Pläne für meine eigene Zukunft waren mit Joe eng verbunden", schreibt er einem Freund, „und das ist kaputt."

Abendelang sitzt Joseph allein in seinem Zimmer und hört Wagner-Ouvertüren. Er weint. Schnauzt Gäste an, die seine Trauer stören. Schimpft auf den Kriegspräsidenten Roosevelt, „diesen Scheißkerl, der meinen Sohn umgebracht hat". Fällt in stummes Elend. Und kommt nur allmählich wieder zu sich.

Währenddessen steht Jack zwei Rückenoperationen durch, um einer bleibenden Verkrüppelung zu entgehen. Und bittet Freunde, Lehrer, Vorgesetze sowie die letzte Geliebte des gefallenen Bruders um Beiträge zu einem Gedenkband, Titel: „Erinnerungen an Joe".

Seine Art, mit dem Verlust umzugehen, bei aller Rivalität.

Ende 1944 reist er mit einer Rohfassung des Buches zum Wintersitz der Familie nach Palm Beach, Florida. Was dort geschieht, wird er später mit einem Einberufungsbefehl vergleichen: Vater Kennedy will keine Rückschau – er will seinen ältesten Sohn im Weißen Haus sehen. Und der Älteste ist nun Jack.

Doch haben beide ihre Zweifel. Jack fehlt die robuste Gesundheit des Bruders, jene Mischung aus Brutalität und Jovialität, die Joe Junior als geborenen Politiker erscheinen ließ.

Die Rolle im Schatten hatte ihre bequemen Seiten, hat Jack an eine gewisse Narrenfreiheit gewöhnt. Und jetzt mit diesem alles erdrückenden, kontrollsüchtigen Mann zusammenarbeiten, seinem Vater, der noch aus jedem in seiner Umgebung einen Lakaien oder einen Feind gemacht hat?

Andererseits ist da das Vermächtnis. Und der Reiz der Macht, des Status. Joe Juniors Tod hat auch einen Weg frei

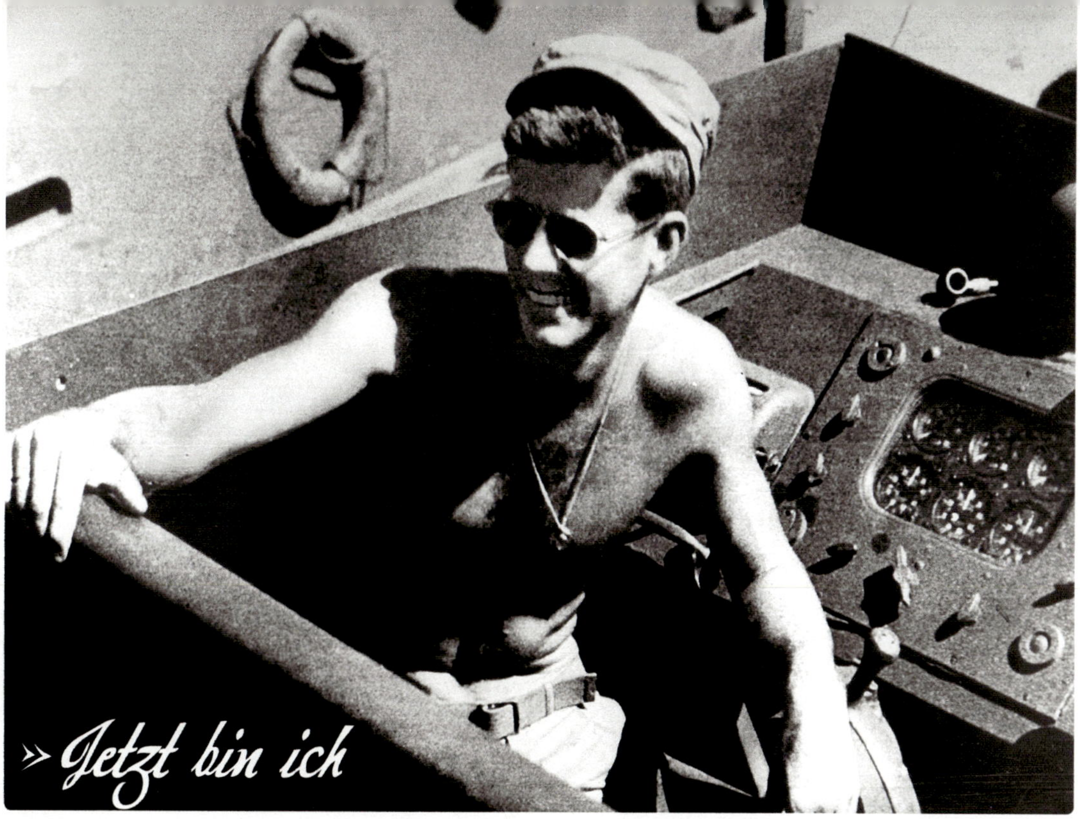

Der älteste Kennedy-Sohn Joe stürzt 1944 als Marineflieger über England ab. Sein Bruder **Jack** kehrt dagegen als Kriegsheld heim: Als Kommandant eines Torpedoschnellbootes bewahrt er nach einer Kollision Mitglieder seiner Crew vor dem Ertrinken

» Jetzt bin ich an der Reihe. Es ist mein Auftritt «

gemacht: für Jacks eigenen, lange unterdrückten Ehrgeiz.

Zunächst nimmt er seine Arbeit als Autor wieder auf und berichtet 1945 von einer Konferenz in San Francisco, auf der die UN-Charta beschlossen wird und von den Wahlen in Großbritannien. Dann begleitet er die US-Delegation zur Nachkriegskonferenz der Alliierten in Potsdam. Betrachtet große Politik aus der Nähe und wird sich zunehmend sicherer: Er will es. Es ist seine Berufung.

Da sondiert sein Vater bereits in Boston, wo die Namen Kennedy und Fitzgerald einen besonderen Klang haben, das politische Terrain – und räumt einen Startplatz frei.

Denn jener Abgeordnete, der Bostons Einwandererviertel – eine Hochburg der Demokratischen Partei – im Washingtoner Repräsentantenhaus vertritt, ist in Geldnot. Kennedy hilft ihm aus und verspricht, auch seinen nächsten Wahlkampf zu unterstützen – wenn der Abgeordnete auf das Mandat in Washington verzichtet und stattdessen für das Amt des Bürgermeisters kandidiert.

Der Mann schlägt ein.

Es ist ebenjener James Michael Curley, der 1913 „Honey Fitz“ aus dem Amt des Bürgermeisters vertrieben hat. Und es geht um ebenjenes Abgeordnetenmandat, das Jacks Großvater einst wahrgenommen hat.

Allein, der 11. Wahlbezirk gilt als einer der ärmsten und heterogensten des Landes. Hier wohnen Iren und Italiener, Chinesen, Abkömmlinge von insgesamt 37 Nationalitäten in überwiegend engen, dunklen Häusern zwischen rauchenden Fabriken, Öltanks, lärmenden Hochbahnen und Güterbahnhöfen. Anfangs lachen die örtlichen Parteigrößen den Millionärssohn Jack einfach aus.

Selbst wohlwollende Beobachter erinnert der Neue an einen grünen Jungen: Er ist extrem dünn – Hemd und Jacke wirken etliche Nummern zu groß – und seltsam scheu, unbegabt, sich unter die Leute zu mischen.

Hinzu kommen die Schmerzen, die Krankheiten – und Jacks Unordnung. Die ersten Wahlhelfer finden seine Schreibtischschubladen angefüllt mit unbezahlten Rechnungen, unbeantworteter oder nicht einmal geöffneter Post.

Im April 1946 verkündet er, sich um die Nominierung der Demokratischen Partei im 11. Wahlkreis zu bewerben.

Zehn weitere Kandidaten treten an, als Aussichtsreichster Mike Neville: beliebt, erfahren, in Boston verwurzelt. Doch während Neville das Haus seiner Familie mit einer Hypothek belasten muss, um 25 000 Dollar für seinen Wahlkampf zusammenzubringen, kann Vater Kennedy mühelos das Zehnfache oder mehr in Jacks Kampagne stecken.

Flugblätter, Plakate, TV-Werbung, Inserate werden so massiv wie nie zuvor bei einer Vorwahl der Demokraten eingesetzt. Kennedys Stab heuert eine teure Werbeagentur an, gibt demoskopische Studien in Auftrag, kauft den Konkurrenten die Wahlhelfer weg und besticht Wähler wie Gegner.

Mit seinen Beziehungen zu Verlegern sorgt Joseph P. Kennedy dafür, dass die Redaktion des „Boston American“ Mike Nevilles Bemühungen schlicht totschweigt, während teils reich bebilderte, freundliche Porträts seines Sohnes in „Look“, „Life“ und anderen Magazinen erscheinen. Die Strategie der Kennedys, so der frustrierte Neville, sei: „Kauft sie oder macht sie platt!“

Antreiber, strategischer Kopf, unbestrittener Chef der Kampagne ist der Patriarch. Er entscheidet, John F. Kennedy vor allem als Veteran und Kriegshelden vorzustellen; er lässt auf einen Schlag sämtliche Plakatflächen Bostons mieten, als einem Berater der zündende

Slogan einfällt: „Die neue Generation stellt einen Führer."

Einen Führer freilich, den seine Helfer anfangs in die Kneipen, Spielsalons und Versammlungssäle hineinschubsen müssen. Der seine schwache Rhetorik mithilfe von Tonbändern verbessern muss und mit dem Vater jede Rede Absatz für Absatz durchgeht, Tempo und Vortragsstil analysiert.

Doch Jack lernt schnell. Bald entwickelt er ein Gespür für das Publikum, stellt weniger über Inhalte oder Parolen eine Verbindung her, sondern mit emotionalen Gesten – etwa, wenn er scheu den Müttern gefallener Soldaten sagt, er kenne ihre Gefühle: Auch er habe eine Mutter, die um einen Sohn trauere.

Anderswo bringt er mit lässiger Gewandtheit und Selbstironie die Neider seiner Millionen dazu, in ihm nicht den Schnösel zu sehen, sondern den lebenden Beweis, dass eine Einwandererfamilie zu den alteingesessenen Aristokraten aufschließen kann.

Und wie ein Denkmal dieses unglaublichen Aufstiegs begleitet Jacks Großvater „Honey Fitz" seinen Enkel mit stolzem Enthusiasmus durch die Stadt, führt ihn ein, wirbt für ihn. Bei „Fitzie" lernt Jack, wie wertvoll ein trainiertes Personengedächtnis sein kann und beginnt, systematisch Namen und Gesichter auswendig zu lernen.

Er übt, sich Hafenarbeitern vorzustellen und mit feindseligen Stadträten zu reden, geht in ärmliche Wohnungen, isst mit Italienern italienisch und mit Chinesen chinesisch. Vor allem aber: Er stellt fest, dass es ihm Spaß macht.

Am Ende bringt Jack etwas in die Kampagne ein, mit dem sein Vater nie gerechnet hatte: Charisma.

Mit seinem Auftreten gewinnt er Stimmen und Unterstützer, ohne dafür zu zahlen – zumal unter den Jüngeren. Jack findet so viele begeisterte Wahlhelfer, dass alte Parteiarbeiter es kaum glauben können. Die Jungen vor allem bringen die Botschaft in die unterschiedlichen Milieus: Wählt Kennedy!

Einen Tag vor der Abstimmung dann überschwemmt Vater Joseph den Bezirk noch einmal mit 100 000 Nachdrucken einer Reportage über Jacks Taten im Pazifik.

Am 18. Juni 1946 erringt John F. Kennedy in der Vorwahl um den demokratischen Bewerber im 11. Wahlbezirk seinen ersten triumphalen Sieg.

„Wie wollen Sie eine Million Dollar schlagen?", fragt der deklassierte Mike Neville.

Andere sehen längst klarer: Neben der Macht des Geldes ist während der Kampagne eine zweite Kraft sichtbar geworden: Jack ist ein junger, charismatischer und entschlossener Politiker, der die Hoffnungen einer Generation auf sich zu ziehen vermag.

Im Herbst gewinnt er erwartungsgemäß die Hauptwahl und wird mit 29 Jahren Abgeordneter im Repräsentantenhaus, einer der beiden Kammern des US-Kongresses.

1946 kandidiert John F. Kennedy für das Repräsentantenhaus. Um ihm den Weg zu ebnen, besticht der Vater dessen Gegner. Vor allem **Frauen** wählen den attraktiven Neuling, hier auf einer Teeparty während eines späteren Wahlkampfes

Der neue Abgeordnete ist jung – und sieht noch jünger aus, sommersprossig, mit vollem, meist ungekämmtem Haar. Entspannt ist er auch sonst. Steht in Pulli und Turnschuhen in der Cafeteria-Schlange, betritt den Parlamentssaal in Khaki-Hosen und zerknautschtem Leinenjackett, mit herausgerutschtem Hemdzipfel. Wenn er Anzüge trägt, sind sie oft billig und hängen an ihm wie an einem Konfirmanden. Im Aufzug wird er mit dem Liftboy verwechselt, ein Abgeordneter hält ihn für den Laufburschen.

Jacks Lässigkeit ist eine Art aristokratischer Instinkt, das Gefühl eines selbstverständlichen Anwesenheitsrechts im Abgeordnetenhaus. Und doch nimmt es ihm kaum jemand übel. Kennedys natürliche Offenheit, das strahlende Lachen zwischen den leichten Segelohren, gepaart mit einer gewissen Scheu, sind einfach zu gewinnend. Ein Kolumnist vergleicht seine Erscheinung mit der eines „exilierten Prinzen".

Nur arbeiten mag er nicht recht. Lieber wirft er im Büro mit einem Football.

Das dreistöckige Reihenhaus, das er mit einem Freund und seiner Schwester Eunice bewohnt, zudem mit einer Köchin der Familie und einem Diener, gleicht eher einer Studenten-WG. Die Teppiche sind abgewetzt, auf den Stühlen liegt achtlos hingeworfene Kleidung, in den Sofaritzen steckt Unterwäsche, hinter Büchern findet sich ein verschimmelter Hamburger.

Pausenlos gehen Freunde und Verwandte ein und aus. Und Frauen. Denn Jack sucht den Sex mit der Manie eines Abhängigen.

Sekretärinnen und Stewardessen, Models, Sportlerinnen, „Namen" aus dem Filmgeschäft: Im Grunde ist es ihm egal. Seine beinahe mechanische Eroberungsobsession übertrifft wohl noch die seines Vaters, auch in der Fixierung auf Selbstbestätigung statt Genuss. Jack gelangt nie über seine bevorzugte Pennäler-Redensart hinaus, „Slam, bam, thank you, Ma'am" – etwa: „Rums-bums, Danke, Lady".

Hinter dem Charisma ist nichts als Leere: John F. Kennedy vermag Menschen so routiniert zu verführen, weil sie ihn ihm Grunde nicht interessieren.

Verabredungen oder Zusagen hält er nur ein, wenn ihm der Sinn danach steht – sonst aber düpiert er selbst enge Freunde und loyale Helfer.

Da er praktisch nie Geld bei sich trägt, zahlen immer wieder andere für ihn. Und müssen oft mehrere Briefe schreiben, um Summen zurückzuerhalten, die für sie groß sind, für ihn aber zu unbedeutend, um sich daran zu erinnern.

Er ist ein guter Zuhörer und einnehmender Plauderer – aber manchmal grob unhöflich: Sich den Namen einer Eroberung bis zum Frühstück zu merken, gehört nicht zu seinen Tugenden.

Jacks Nachlässigkeit entspringt einer Egozentrik, die mit dem politischen Erfolg voll ausreift. Auch die Krankheiten tragen dazu bei: Das Gefühl, es könne jederzeit vorbei sein, treibt ihn stetig tiefer in eine rücksichtslose Unrast, die Hatz nach mehr, nach Tempo, nach immer Neuem.

1947 bricht er bei einem Besuch in London abermals zusammen. Und diesmal finden die Ärzte eine Erklärung für die dauernden Infektionen und Verdauungsbeschwerden, die Fieberschübe, seine chronische Schwäche. Jack leidet an der Addisonschen Krankheit, einem seltenen Defekt des Hormonsystems.

Das Leiden, unheilbar und noch wenige Jahre zuvor häufig mit tödlichem Ausgang, lässt sich mit hohen Steroidgaben etwas lindern – ein weiteres starkes Medikament in dem Cocktail, dem Jacks Körper seit Jahren ausgesetzt ist.

Mit teuren Werbekampagnen steuert Joseph P. Kennedy den Erfolg seines **Sohnes**. Der Wahlslogan »Die neue Generation stellt einen Führer« ist 1946 auf sämtlichen Plakatflächen Bostons zu lesen

DER ABGEORDNETE KENNEDY bemüht sich im Repräsentantenhaus (der zweiten Kammer im Parlament, neben dem Senat) gerade so sehr, dass es reicht, sich die Wiederwahl zu sichern. Er unterstützt den öffentlichen Wohnungsbau, zumal für Veteranen, die Ausweitung des Sozialstaats, höhere Mindestlöhne und eine liberalere Einwanderungspolitik.

Ein wirkliches Programm aber hat er nicht, denn eigentlich interessiert ihn das Klein-Klein der Innenpolitik kaum. Anders die großen Fragen der Nation, vor allem die Außen- und Weltpolitik.

Die aber ist die Domäne des kleineren, elitären Senats – zudem eines der klassischen Sprungbretter ins Weiße Haus.

Nach zwei mühelosen Wiederwahlen 1948 und 1950 ist es abermals der Patriarch Joseph P. Kennedy, der seinem Sohn das Ziel vorgibt: Henry Cabot Lodge jr., Senator für Massachusetts, muss sich 1952 zur Wahl stellen – ausgerechnet der Enkel jenes Bostoner Aristokraten, der 1916 „Honey Fitz" bei dessen Comeback-Versuch aus dem Feld geschlagen hat.

Lodge ist ein mustergültiger Spross der Yankee-Elite: reich, gut aussehend, wohlerzogen, ein Star der Republikanischen Partei.

„Wenn du ihn geschlagen hast, hast du den Besten geschlagen", erklärt Joseph seinem Sohn. „Warum sich an etwas Geringerem versuchen?"

Er will immer noch keine zweiten Sieger in seiner Familie. Und er will seine ganz persönliche Rache an einer Klasse, die er hasst und verachtet.

Im Frühjahr 1951 beginnt Jack Kennedy, Massachusetts zu bereisen und sich außerhalb seines Heimatwahlbezirks bekannt zu machen.

Lodge reagiert mit einer ähnlichen Arroganz wie die Bostoner Demokraten sechs Jahre zuvor: Er lässt Joseph P. Kennedy mitteilen, der möge doch sein Geld nicht verschwenden.

Aber auch ein Kongressabgeordneter der Demokraten fragt sich unter der

1953, nach seiner Wahl zum Senator von Massachusetts, heiratet Jack **Jacqueline Bouvier**: Gutaussehend und aus bestem Hause, verschafft sie ihm den ersehnten Zugang zu den besseren Kreisen

Hand nach Jacks Motiven: „Warum bleibt er nicht einfach dabei, ein Playboy zu sein?"

Und ein Vertrauter, der um die schlechte Gesundheit des jungen Kennedy weiß, mahnt Jack, zu warten, bis es ihm besser gehe.

„Ich kann nicht warten", lautet die Antwort. „Ich habe keine Zeit. Ich muss es jetzt tun." Jack Kennedy ist nun ein Getriebener, wie sein Vater. Am 6. April 1952 erklärt er seine Kandidatur.

Die beiden zentralen Elemente dieser Kampagne sind die gleichen wie sechs Jahre zuvor: Joseph P. Kennedys Geld und Jacks Persönlichkeit. Doch nun kommt ein Drittes dazu, das 1946 nur ansatzweise eingesetzt wurde: die Familie.

Robert, der dritte Sohn, übernimmt die Organisation – und zeigt sich bald als Einziger in der Lage, den Vater zur Räson zu bringen, wenn dessen sprunghafte, polternde Art das gesamte Unternehmen gefährdet. In einer Abfolge von 18-Stunden-Tagen bringt Bobby eine beispiellose, von 50 000 Freiwilligen bis in den letzten Winkel des Bundesstaats getragene Kampagne zustande.

Mit diesem Wahlkampf beginnt seine Zukunft als Jacks bester Mann.

Vor allem aber laden die Kennedys zum Tee – und der ganze Clan beteiligt sich daran: der Patriarch, Rose, der Kandidat, seine Brüder und Schwestern. („Honey Fitz" ist 1950 gestorben.)

Etwa 70 000 Wähler, in der großen Mehrheit Frauen, erhalten von Hand adressierte Einladungen und die Gelegenheit, die glamouröse Familie des Kandidaten bei einem solchen Empfang persönlich kennenzulernen. In den besten Räumen der schicksten Hotels am Platz, an Tischen mit Spitzendecken und Silberleuchtern.

Für viele ist es ein Ausflug in eine Aufstiegsfantasie zum Anfassen. Rose Kennedy ist mit ihren Pariser Kleidern und dem Flair von Weltläufigkeit eine Hauptattraktion. Nach Jahren der Erniedrigung bekommt ihr stoisches Kuschen einen Sinn, spielt sie eine Rolle im Kalkül der Männer. Und sie spielt sie gekonnt, spielt „Ich bin eine von euch" vor italienischen Matronen und vor Yankee-Hausfrauen die Grande Dame.

Und dann natürlich Jack: jung, attraktiv, heroisch und idealistisch, lässig, herzlich. Junggeselle dazu (seine spätere Frau Jackie kennt er schon, aber zeigt sich noch nicht mit ihr in der Öffentlichkeit). Vor einer Veranstaltung in dem Städtchen Lynn kann der örtliche Modist nur staunen über all die Mädchen, die den Kandidaten mit neuen Kleidern beeindrucken wollen.

70 000 Stimmen, das ist etwa der Vorsprung an Voten, der am Ende die Wahl entscheidet.

Es sind die Stimmen der Frauen und der seit dem späten 19. Jahrhundert neu hinzugekommenen Einwanderer, die Kennedy in den Senat bringen. Am 5. November 1952 um 7.34 Uhr kabelt Henry Cabot Lodge jr. seine Glückwünsche an Kennedys Hauptquartier.

Doch bereits ein paar Stunden zuvor, lange bevor die Stimmen ausgezählt waren, hat ein Studienfreund zu Jack gesagt, der Sieg sei sicher.

Warum?, fragt Jack. „Ich denke, du stehst für das Beste der neuen Generation. Nicht Generation im Sinne von Alter, sondern von Minderheiten. Die zuletzt angekommen sind. Und Lodge steht für das Beste der alten Yankees. Ich schätze, es gibt mehr von den neu Angekommenen als von den alten Yankees."

Rose drückt es persönlicher aus – und garstiger: „Endlich haben die Fitzgeralds ihre Rechnung mit den Lodges beglichen."

John Fitzgerald Kennedy steht für eine veränderte Nation. Und er hat einen Startplatz für das Rennen um die Spitze dieser Nation erobert. Er hat den Besten geschlagen.

Jack ist endlich Erster geworden. □

Der Historiker **Mathias Mesenhöller**, 40, schreibt regelmäßig für GEO*EPOCHE*.

Literaturtipps: *Nigel Hamilton, „John F. Kennedy. Wilde Jugend", Fischer: eingehend recherchiert, ausführlich dargestellt und gewürzt mit feiner Ironie. Doris Kearns Goodwin, „The Fitzgeralds and The Kennedys. An American Saga", St. Martin's Press: Die Doppel-Familiengeschichte, detailreich und lebendig, ist zugleich eine Geschichte des irischen Amerika.*

NEU: Jetzt auch mit DVD!
P.M. Perspektive
DAS MAGAZIN FÜR KOMPAKTES WISSEN
Perspektive
4/2009
Deutschland 5,00 €
JAGD NACH DER BUNDESLADE
Von Jerusalem nach Afrika: Wo ist der magische Schrein?
SAUL, DAVID UND SALOMO
Die mächtigen Könige Israels und ihr verschwundenes Reich
VERBOTENE BÜCHER
Wie Martin Luther & Co die Heilige Schrift zensierten
WUNDER UND WISSENSCHAFT
Tote erwecken, übers Wasser wandeln – geht das?
EVA, KAIN UND JUDAS
Warum der Teufel in der Bibel mitregiert
Von der Erschaffung Adams bis zur Auferstehung Christi – was wir heute über das Buch der Bücher wissen
RÄTSEL DER BIBEL
Heft 5,- €
Heft mit DVD 9,80 €
Ab sofort im Handel erhältlich oder zu bestellen unter Telefon 01805/8 61 80 00*
* 14 Cent/Min. aus dem deutschen Festnetz, Mobilfunkpreise können abweichen.
P.M. Perspektive
KÖNIG HERODES
Das Geheimnis um den mächtigen Gegner Jesu
INFO-Programm gemäß § 14 JuSchG
Für alle, die noch staunen können.
www.pm-perspektive.de

The Ameri

Nach dem Zweiten Weltkrieg erfasst – angetrieben durch den Rohstoff Erdöl – ein beispielloser Boom Millionen Menschen werden erstmals Hausbesitzer; Autos, Kühlschränke und Fernsehgeräte revo Beklemmendes: den Konsumwahn, den Zwang zur Gleichförmigkeit – und eine mitunter hysterische

Das Auto wird in den 1950er Jahren zum zentralen Objekt der Begierde. Die Chevrolets, Buicks und Pontiacs sind Statussymbole, aber auch in die Metropolen, fahren mit der Familie in Ferienhäuser auf dem Land. Dieses Foto von 1957 entstammt einer Serie der Firma Kodak, die

can Dream

die USA. Er macht das uramerikanische Versprechen von materiellem Glück für viele Bürger wahr. lutionieren den Alltag. Doch die neue, bunte Wohlstandswelt gebiert in den 1950er Jahren auch Angst vor Schwarzen, Kommunisten und der eigenen Verweichlichung

VON JÖRG-UWE ALBIG

Garanten einer nie zuvor gekannten Mobilität: Immer mehr Amerikaner pendeln aus den neu errichteten Vorstädten typische Szenen des American Way of Life zeigt – und dabei vor allem Amerikas Wunschbild seiner selbst spiegelt

Öl! Öl als Schmiermittel der Überflussgesellschaft. Öl als Kraftquelle für Millionen Autos, Flugzeuge und Fabriken. Öl in den Heizungen der Vorstadthäuser, Öl auf dem Siegergesicht James Deans in dem Film „Giganten". Öl in den Tollen der Rock 'n' Roller, im Vinyl der Schallplatten Chuck Berrys und Buddy Hollys, im Plastik der Frischhalteschüsseln, die Amerikas Hausfrauen ehrfurchtsvoll auf Tupperware-Partys herumreichen.

Öl ist Elixier und Metapher der 1950er Jahre: seine Schwärze und sein buntes Schillern, sein Sprudeln und seine Zähflüssigkeit, seine Homogenität und sein stumpfer Glanz.

Die *fifties* – als Jahrzehnt der glücklichen Familien und der fröhlichen Teenager werden sie sich in der kollektiven Nostalgie festsetzen, als Jahrzehnt der Petticoats und der Hula-Hoop-Reifen. Doch mehr als alles andere sind sie das Jahrzehnt des Öls.

Denn 1949 hat, wie es der Wirtschaftswissenschaftler Daniel Yergin formuliert, der „Kohlenwasserstoffmensch" die Bühne betreten – ein Geschöpf der Mobilität, des Überflusses und der Massenproduktion. Seither ist nichts mehr wie zuvor.

Zwischen 1949 und 1972 steigt der Ölverbrauch jedes Amerikaners von sechs auf mehr als 12,5 Liter pro Tag. Hat die Welt ihre Energie noch 1949 zu zwei Dritteln aus Kohle geschöpft, wird der gleiche Anteil zwei Jahrzehnte später dem Erdöl zukommen: Es ist leichter zu fördern, billiger und leichter nutzbar als das Bergbauprodukt.

Die Ölindustrie expandiert, beutet nicht mehr nur die Wüsten von Texas aus, sondern auch Offshore-Öllager im Pazifik und am Golf von Mexiko, Quellen in Venezuela und im Nahen Osten – und bestimmt mehr und mehr die US-Außenpolitik: 1953 etwa inszeniert die CIA einen Putsch im Iran, weil der dortige Premierminister die Ölindustrie verstaatlicht hat.

Die billige Energie hat den gesamten Wirtschaftsmotor auf Touren gebracht: Jetzt scheint Amerikas Sonne ohne Unterlass. Der neue Wohlstand lässt die Mittelschicht immer weiter anwachsen, sodass sie schon 1956 fast 40 Prozent aller Amerikaner umfasst.

Im Laufe der Fifties klettern die Lebenshaltungskosten um kumuliert 16 Prozent, das Bruttosozialprodukt aber steigt um 75 Prozent, lässt Eigenheime regnen, Geschirrspüler, Kredite – und Autos, Autos, Autos.

Nie ist Amerika so beweglich gewesen wie in dieser ölgebadeten Zeit. 49 Millionen Kraftfahrzeuge zählen die Statistiker zu Beginn des Jahrzehnts – an dessen Ende werden es 74 Millionen sein. Ein Fünftel des Bruttosozialprodukts geben die Amerikaner für Autos aus.

1954 bewilligt die Regierung Eisenhower 67 000 neue Kilometer Highways: Der Beton dafür, prahlt der Präsident, würde für „sechs Gehsteige zum Mond" reichen. Und mehr als jede andere Tat der Regierung werde sein Programm „das Antlitz Amerikas verändern".

Der Präsident hat nicht übertrieben: In seinem Reich wird der Highway zum *way of life*. Der Amerikaner findet nichts mehr dabei, für seine Einkäufe 40 Kilometer in die nächste Shopping Mall zu fahren. Kulturgenuss wird auf vier Räder verlegt: Allein 1950 steigt die Zahl der Autokinos von 1100 auf über 3000.

Auch der Schlaf wird autogerecht: Ein dichtes Netz von Motels säumt jetzt die Highways, ununterscheidbar mit TV-Geräten, Vibratorenbetten und Getränkeautomaten. Vom Autositz aus geben Hausfrauen ihre Wäsche bei der Reinigung ab, schreiben sich Studenten an der Universität ein, beten Gläubige bei Drive-in-Gottesdiensten, werden Liebende zu Verlobten: Eine Umfrage ergibt später, dass bis Ende der 1960er Jahre über ein Drittel aller Heiratsanträge im Wagen ausgesprochen werden.

Auch das Essen passt sich dem Takt des Erdölzeitalters an. Die Brüder Dick und Maurice McDonald haben das Fast Food erfunden. Aus ihrem Drive-in-Restaurant ist eine Kette unbeirrt stampfender, von Lizenznehmern geleiteter Essfabriken geworden – mit Papiertüten und Pappbechern statt Tellern und Gläsern, mit straff reduzierter Speisekarte und standardisierten Zutaten: Sieben Gramm Zwiebeln, ein Teelöffel Senf,

Bürger der Gemeinde Clarkson im Staat New York stellen für das Kodak-Werbebild einen Wahltag nach. Die Mehrheit der Amerikaner in den 1950er Jahren ist weiß, protestantisch, kleinstädtisch – Bewohner einer homogenen Welt, in der oft ein Haus dem anderen gleicht. Und gegen deren Tabus bald Rebellen wie James Dean, Elvis Presley und der Schriftsteller Jack Kerouac aufbegehren

ein Esslöffel Ketchup, eine zweieinhalb Zentimeter breite Gurkenscheibe, ein Brötchen und ein 45,4 Gramm schwerer Fleischfladen ergeben den Hamburger, dessen Preis ein Jahrzehnt lang konstant bei 15 Cent bleibt.

Selbst die Literatur geht auf die Straße. Die Gedichte und Romane der *beat generation*, der Vorstadt-Flüchtlinge wie Jack Kerouac, William S. Burroughs und Allen Ginsberg, nehmen die poetische Monotonie der Highways und den Rhythmus der Begrenzungspfähle auf.

„Go" ist der Titel des ersten Beat-Romans, und „On the Road" („Unterwegs") heißt das Buch, das 1957 erscheint und Kerouac weltberühmt macht – eine Amerikareise ohne Ziel, eine hysterische Abfolge von Gewalttouren in geliehenen oder gestohlenen Cadillacs, von billigen Hotels und Jazznächten in Niemandsländern aus Marihuana und Benzedrin.

Das mobile Leben sprengt selbst die Metropolen. Es macht die Stadtflächen, wie der Architekturkritiker Lewis Mumford klagt, zu einer „wirren Masse aus Highways, Autobahnkreuzen und Parkplätzen".

Während so die Zentren der Städte verwahrlosen und die Bahnhöfe brach liegen, wird die Vorstadt zum neuen Lebensmittelpunkt – allen voran die genormte Familien-Kolonie, die der Bauunternehmer William Levitt Ende der 1940er Jahre auf Kartoffelfelder rund 30 Kilometer vor Manhattan pflanzt: „Levittown". Hier stehen sie nun, die Höhlen des Kohlenwasserstoffmenschen, 7990 bis 9500 Dollar das Stück – „little boxes, all the same", wie Protestsänger bald spotten.

„Eine Vielzahl einförmiger, ununterscheidbarer Häuser, starr aufgereiht in gleichmäßigen Abständen an gleichförmigen Straßen", höhnt Mumford, „bewohnt von Menschen der gleichen Klasse, des gleichen Einkommens und der gleichen Altersgruppe, die die gleichen TV-Sendungen sehen und die gleiche geschmacklose Fertignahrung aus den gleichen Gefrierschränken essen."

Denn die Sehnsucht des Amerikaners kulminiert im *home*, im Eigenheim: 13 Millionen Häuser werden zwischen 1948 und 1958 gebaut, elf Millionen davon in den Vorstädten.

„Kein Mensch, der sein Haus und Grundstück besitzt, kann Kommunist sein", prahlt der Bauunternehmer Levitt – dabei ist mehr Gleichmacherei kaum zu bekommen: „A Russia with money", staunt ein Neuankömmling.

Wie in einer Erdöl-Raffinerie wird in der Vorstadt alles Störende entfernt – Schwarze etwa, denen die Aufnahme in Levitts neue Welten verwehrt bleibt.

Und wo die nivellierende Kraft der Selektion nicht ausreicht, hilft der Konsum nach: So lange drängeln Werbung und Gattin, bis in jedem Home die gleiche allerneueste Waschmaschine und der allerneueste Fernseher stehen.

Dann wienert die Hausfrau das Schaustück und führt es beim Eistee den Nachbarn vor, wägt die Meriten des

Philco-Shur-Kool-Kühlschranks gegen die des Amana Stor-Mor ab und diskutiert die Vorzüge des Easy-Glide-Gemüsefachs.

Für Kühlschränke geben die Amerikaner allein 1955 gut 1,3 Milliarden Dollar aus. Diese Geräte, gern nach dem Vorbild des neuesten Cadillac-Modells mit Stromlinienformen und Chrombeschlägen gestylt, werden immer größer, immer monströser, ihre Gefrierfächer immer geräumiger, um die üppige Vielfalt der Tiefkühlmahlzeiten aufzunehmen, die jetzt den Markt erobern.

Freigebig verteilte Kredite lassen auch Familien mit klammen Geldbörsen keine Ausrede mehr, sich vor dem Konsumwettlauf mit den Nachbarn zu drücken, mutwillig auf die Eiszerkleinerungsmaschine oder den elektrischen Dosenöffner zu verzichten.

Der Überbietungskrieg der Konsumenten nimmt solche Ausmaße an, dass Kritiker die Vorstadt bald als „Ulcerville", als „Magengeschwür-Stadt", beschreiben – und selbst der Ärzteverband mit strengen Worten vor dem Stress des Kaufwettlaufs warnt.

Beruhigungsmittel werden nun zu Massendrogen: 1957 schreiben Amerikas Ärzte fast 40 Millionen Rezepte für Tranquilizer aus.

Die wichtigste Trophäe im Kampf ums Prestige aber bleibt das Auto. General Motors, der Marktführer, der in manchen Jahren mehr Autos herstellt als alle Konkurrenten zusammen, ist nicht nur die größte und reichste Firma der Welt – General Motors ist, wie seine Chefs kaum verhüllt andeuten, Amerika selbst.

Ihre Interessen sind identisch mit denen des Landes, und ihre Führungsetage ist ein Abbild der Mehrheitsgesellschaft: weiß, kleinstädtisch und überwiegend protestantisch. So getreulich repräsentiert diese Gesellschaft die Nation, dass Präsident Eisenhower gleich nach seinem Amtsantritt den GM-Chef zum Verteidigungsminister macht.

Die Hierarchie des Konzerns ist starr und steil wie ein Bohrturm – ein Biotop jenes konformistischen „Organization Man", den ein Bestseller von 1956 als Prototyp des Jahrzehnts definiert.

Die GM-Angestellten sind gedrillt, jede Laune, Vorliebe oder Abneigung ihrer Vorgesetzten unverzüglich zu erkennen und zu teilen. Ihre Frauen eifern den Frauen der Bosse in Kleidung, Küche und Kartenspiel nach.

Und wenn der Präsident von General Motors eine Geschäftsreise antritt, eine Messe oder eine Cocktailparty besucht, halten seine Angestellten jederzeit ein Tablett mit seinen geliebten geräucherten Austern in Reichweite – und antworten notfalls auch für ihre Chefs, wenn jemand sie ungehörigerweise nach der Uhrzeit fragt.

Von Detroit aus überschwemmt die Firma das Land mit Autos und liefert der

Demokratie so die zuverlässigen Attribute für jede Stufe des Kastensystems.

Der Chevrolet etwa definiert das junge Paar oder den Arbeiter mit dem sicheren Job, der Pontiac den Aufsteiger mit dem frischen Jura-Abschluss, der gediegene Oldsmobile den altbackenen Bürokraten, der Buick den niedergelassenen Arzt, der Cadillac den Boss.

Wichtigstes Kastenzeichen aber sind die flamboyanten Heckflossen, die der GM-Chefdesigner Harley Earl einem Jagdflugzeug abgeschaut hat: Sie erfüllen keinerlei praktischen Zweck, sondern sollen einzig die Macht des Besitzers verkörpern – „sichtbares Prestige", wie es Earl definiert.

Jahr für Jahr werden die Autos größer. „Bigger is better", lautet der Trend der Fünfziger, und im Rausch des billigen Öls macht es nichts, dass ein Liter Benzin nur für drei Kilometer reicht.

Die Gefährte sind Saurier aus Chrom und Heckflossen – machtvoll, aber zum Aussterben verdammt. Bald sind die Autos so groß, dass sie in der Hauseinfahrt parken müssen, weil sie nicht mehr in die Garage passen. Es sind barocke, überladene Ungetüme, angefüllt mit allen Bequemlichkeiten: Während in Europa noch so gut wie kein Gebäude über Aircondition verfügt, haben die Amerikaner sogar ihre Autos klimatisiert.

Jahr für Jahr steigert sich das Imponiergehabe der rollenden Monster. Die Heckflosse der Cadillacs wächst auf mehr als einen Meter über Straßenniveau, bestückt mit blinkenden Lichtzungen, die an die Flammen eines Düsenjets erinnern sollen.

Vergebens verwahren sich andere Designer gegen diese „Musikboxen auf Rädern" – die Optiken der Autos werden immer lauter und schreiender, lösen einander ab wie die Frühjahrskollektionen der Modehäuser.

Sie folgen einem Prozess, den die Designer „dynamisches Veralten" nennen: „Wir gestalten ein Auto", bekennt einer freimütig, „damit ein Mann mit seinem 1957er Ford unglücklich wird, noch bevor das Jahr 1958 vorbei ist."

Es gibt Stimmen, die solche rollenden Psychodramen verdammen. Nur „Psychotiker und schwere Neurotiker", kommentiert ein Psychologe die Design-Exzesse, würden derart offen ihre „Fantasien" ausleben wollen.

Doch die Zurschaustellung der eigenen Träume und Albträume, wie sie sich in den Insignien des frischen Wohlstands verkörpert, ist kein abnormes

Die amerikanische Wirtschaftsleistung steigt in den 1950er Jahren um mehr als zwei Drittel. Bald schon gehört fast die Hälfte aller Familien der Mittelschicht an. Der TV-Entertainer Ed Sullivan (Mitte) posiert 1959 auf einem Golfplatz nördlich von New York City. Er ist das bekannteste Gesicht jenes noch jungen Mediums, das mit seinen Serien und Spots die Dekade prägt

Sportlich, gut gelaunt und optimistisch: So sieht Amerika sich selbst – und seine Jugend. An der Wende zu den 1960er Jahren wird das Wellenreiten in Kalifornien populär, vor allem bei Teenagern, die sich Surfbretter nun leisten können: Denn der Wirtschaftsboom hat auch sie so vermögend gemacht wie nie zuvor

Symptom – sie ist ein Zeichen der Zeit. Denn hinter dem Glücksversprechen, das der Vormarsch des Erdöls gibt, lauert der Wahn. Die üppigen 1950er Jahre sind auch das Jahrzehnt der großen Hysterien – des Rassismus, des Antikommunismus und des Ufo-Wahns, der seit einer vermeintlichen Sichtung 1947 die kollektive Fantasie heimsucht.

Es müssen Ängste beträchtlichen Ausmaßes sein, die sich in solch überspannten Gestaltungen kundtun. „Bei der Hysterie", befand einst Sigmund Freud, „erfolgt die Unschädlichmachung der unverträglichen Vorstellung dadurch, dass deren Erregungssumme ins Körperliche umgesetzt wird."

Das hat Ähnlichkeit mit dem Credo des *method acting* im „Actors Studio", der bedeutendsten Schauspielwerkstatt der USA. Es lautet: Du sollst nicht eine Rolle spielen, sondern dein Leben. Eine Figur entsteht weniger aus dem Text als aus dem eigenen Körper. Aus dieser Schule gehen Marlon Brando und Marilyn Monroe hervor – sowie ein Mann, der die Zerrissenheit der 1950er Jahre ausagiert wie kein Zweiter: James Dean.

„Ein Neurotiker hat das Bedürfnis, sich auszudrücken", bekennt er, „und meine Neurose manifestiert sich im Dramatischen." Schauspieler sei er geworden, „weil ich meine Mutter und meinen Vater hasse" – die Mutter, weil sie starb, als er neun war; den Vater, weil er James nach dem Tod der Mutter auf die Farm seiner Schwester verbannte.

Jetzt spielt er die Rolle des verlassenen Jungen mit vollem Körpereinsatz, streichelt ein Stoffäffchen, kauert sich in die Embryohaltung, weint, als würde er lachen. Gleichzeitig fürchtet er sich vor starken Gefühlen – hat etwa Angst vor dem Zorn, den er aufbringen muss, um den ungeliebten Sohn in „Jenseits von Eden" spielen zu können.

Der Rasende, der sich vor seiner Wut fürchtet; der Androgyn, der sich mit Messern, Motorrädern und schnellen Autos ausstattet, um sich männlicher zu fühlen – diese Zerrissenheit ist ein Signet der Zeit. „Jimmy spielte nicht nur sich selbst, er spielte auch uns", wird sein Biograf David Dalton resümieren.

Fairmount, Indiana, wo er aufwuchs, ist die prototypische Smalltown, USA – ein 2700-Einwohner-Städtchen im Mittleren Westen, wo Pick-up-Trucks vor den Backsteinfassaden der Main Street parken und Payne's Grocery Store Coca-Cola verkauft. Und 30 Kilometer entfernt liegt ein Ort namens Normal.

Am 30. September 1955, drei Tage vor der Premiere von „Denn sie wissen nicht, was sie tun", macht sich James Dean auf den Weg zu einem Autorennen in Salinas, Kalifornien. Er fährt einen silbernen Porsche 500 Spyder mit Rallyestreifen und der Aufschrift „Kleiner Bastard" auf dem Heck.

Bei Bakersfield hält ihn ein Polizist an, weil er mit 105 durch eine 70-km/h-Zone braust. Dean nimmt den Strafzettel, tritt auf das Gaspedal und fährt auf der Route 466 durch die Wüste, in die untergehende Sonne, beschleunigt auf über 160. An einer Kreuzung kommt ihm ein Ford entgegen, der links abbiegen will. Dean ist sofort tot.

Es ist ein Heldentod dieser Autojahre, und Millionen Amerikaner trauern um ihr ideales Selbstbild. Sie jagen nach seinen Reliquien, warten auf seine Wiedergeburt und versuchen in der Zwischenzeit, ihm möglichst ähnlich zu werden.

Einer seiner größten Fans ist der Sänger Elvis Presley. Mindestens ein Dutzend Mal sieht er im Kino „Denn sie wissen nicht, was sie tun". Von Dean hat er das Patentrezept übernommen, niemals zu lächeln – sowie eine Generation von Zuhörern, die einen neuartigen Menschentyp verkörpert: den Teenager.

Die Teenager sind die Generation, die im Amerika der Fifties auf bisher ungekannte Weise an Macht gewinnt. Nie zuvor hat es eine Jugend gegeben, die so mit ihrer Kaufkraft die Kultur einer ganzen Nation überrollte. Tragbare Plattenspieler und leichtere Schallplatten aus dem Erdölprodukt Vinyl machen sie frei vom heimischen Wohnzimmer – und vom Geschmack der Eltern.

Teenager kaufen mehr Platten als Erwachsene – und verdreifachen die Verkaufserlöse der Musikindustrie. 1956 können die 13 Millionen US-Teens sieben Milliarden Dollar im Jahr ausgeben, 26 Prozent mehr als drei Jahre zuvor.

Der durchschnittliche Jugendliche verfügt über ein Einkommen von 10,55 Dollar pro Woche – etwa so viel hatte 15 Jahre zuvor, nach Abzug der Lebenshaltungskosten, eine amerikanische Normalfamilie zur Verfügung.

Die Sensation an Elvis' Erscheinen sind aber weniger die Songs als seine Bewegungen. Es ist das Kreisen seiner Hüften, das die Zuschauer zu Schreien und Ohnmachtsanfällen treibt, die Sittenwächter zu Jeremiaden über „Sexhibitionismus", „Animalismus" und „bekleideten Striptease" – und TV-Regisseure zu der Anweisung, Elvis nur von der Gürtellinie aufwärts zu zeigen.

Es ist die Kraft, die das Schwenken seiner ölgestärkten Tolle ihm verleiht – und die prompt dahinschwindet, als ihm ein Friseur 1958 bei der Rekrutierung für die Army einen Soldatenschnitt verpasst: „Zappelnd ist Presley zum Militärdienst gegangen", schreibt ein Kolumnist nicht ohne Genugtuung, „aber im Marschtritt kommt er zurück."

Danach, klagen Fans, ist der wahre Rock 'n' Roll tot. Wie beim echten Hysteriker hat darüber, wovon man nicht reden darf, der Körper gesprochen.

Denn die verbalen Tabus der 1950er Jahre sind stark. In den Familienserien der CBS darf nicht einmal das Wort „Schwangerschaft" benutzt werden.

„Lolita", der große, eher verhalten erotische Roman des Russisch-Amerikaners Vladimir Nabokov, findet keinen Verleger in den USA und muss 1955 in Paris erscheinen. Und selbst der Biologe Alfred Kinsey, der mit seinen Bestsellern über „Das sexuelle Verhalten des Mannes" und „Das sexuelle Verhalten der Frau" todesmutig das erotische Selbstbild der Amerikaner aufrüttelt, hat Schwierigkeiten damit, das Wort „homosexuell" niederzuschreiben.

So ist es kein Wunder, dass es der Leib ist, der in den 1950ern die wahre Kommunikation besorgt. Und so ist es auch ein Kult des Außen, der Epidermis, der Oberfläche, der diese Jahre beherrscht.

„Nie zuvor hat der Durchschnittsamerikaner sich mehr dafür interessiert, wie etwas aussah", schreibt die Kunsthistorikerin Karal Ann Marling.

Nach der Khaki- und Marineblau-Tristesse der Kriegsjahre erstrahlt jetzt nicht nur die Mode in leuchtenden Farben – auch Küchengeräte und Einbauschränke werden gelb und grün.

Bunte Frühstücksflocken beleben die Morgenmahlzeit, „Coloramic"-Glühbirnen tauchen die Welt in ihr Bonbonlicht, und Plastikfolien, über das schwarzweiß flimmernde TV-Gerät geklebt, vermit-

Sittenwächter wettern gegen »Sexhibitionismus«

teln für 65 Cent plus Porto die Illusion eines Farbbilds.

Die Farbe des Jahrzehnts jedoch ist Pink, die Lieblingsfarbe der First Lady Mamie Eisenhower. Hüte, Handschuhe und Geschirr, Linoleum-Fußböden, Nylon-Vorhänge und Badezimmer-Ausstattungen erstrahlen im Kleinmädchenton. Geschäftsleute tragen Hemden und Krawatten in Pink.

Elvis, der King des Rock 'n' Roll, macht mit seinen pinkfarbenen Anzügen, dem pinkfarbenen Schlafzimmer und dem pinkfarbenen Ford, den er seinen Eltern schenkt, die Modefarbe zum neuen Purpur seiner Monarchie.

Der Körper wird wichtiger als das Wort: Seit der Einführung des Fernsehens haben leibhaftige Akteure die ätherischen Stimmen des Radios verdrängt. Schon 1952 thronen 19 Millionen TV-Geräte in den Wohnzimmern des Landes. Und umgehend beginnen die Amerikaner, ihre Gewohnheiten dem neuen Medium anzupassen, ihre Notdurft mit den Reklamepausen zu synchronisieren, eigens für den Fernsehkonsum entworfene Kleidung zu tragen und am Sonntagmorgen in ergriffener Runde vor dem Testbild zu warten, bis der fliegende Cowboy aus „Sky King" erscheint.

Ihre Mahlzeiten finden dann unter feierlichem Schweigen vor dem neuen Familienaltar statt: eine Andacht, die durch die Einführung der „TV Dinners" – tiefgekühlter Fertigkost auf einem unterteilten Aluminiumtablett – noch vertieft wird.

Die Fernsehwerbung ist es, die dem Konsumwahn Gesicht und Körper leiht – und so auch die Absolution: Reklame sei weniger dazu da, ein Produkt zu verkaufen, erläutert ein Motivationsforscher, als den puritanischen Seelen der Amerikaner „die moralische Erlaubnis zu erteilen, ohne Schuld Spaß zu haben". Tatsächlich scheint die Therapie anzuschlagen: Jedes Jahr, jubeln die Marketingleute, werde es leichter, Luxusprodukte zu verkaufen.

Für die Präsidentschaftswahlen 1952 hat der Werber Rosser Reeves den Wahlkampfspot erfunden: Anstelle der brillanten, aber langwierigen Live-Reden des demokratischen Kandidaten Adlai Stevenson, die oft erst enden, wenn die gemieteten 30 Minuten Sendezeit abgelaufen sind, schreibt Reeves seinem weniger eloquenten Klienten Dwight D. Eisenhower 20-Sekunden-Filmchen auf den Leib, in denen der Kurzsichtige schlichte, vorgefertigte Antworten von einer riesigen Tafel abliest – auf Fragen, die niemand gestellt hat.

Etwas unbehaglich sitzt Eisenhower bei den Aufnahmen im Studio. „Dass ein alter Soldat so etwas noch erleben muss", murrt er. Doch kurz darauf sind 40 Spots im Kasten.

Anschließend suchen die Werber Durchschnitts-Amerikaner, die die Fra-

gen zu den Antworten nachreichen: „Was ist mit den hohen Lebenshaltungskosten?", fragt in einem dieser Rollenspiele ein Bürger. Dann wird Eisenhowers Statement hineingeschnitten: „Meine Frau Mamie hat die gleiche Sorge. Ich sage ihr, dass es unser Job ist, das am 4. November zu ändern."

Sein Gegner Adlai Stevenson ist empört: „Das ist hier doch nicht Ivory-Seife gegen Palmolive." Doch Eisenhower gewinnt die Wahl – und politische Spots werden fortan zum unverzichtbaren Instrument amerikanischer Politik.

Das Fernsehen ist ein freundlicher Spiegel, in dem Amerika sein eigenes Leben beobachtet – bereinigt um störende Wirklichkeitsreste: In Familienserien wie „Father Knows Best" serviert die Hausfrau fröhlich das Frühstück in der Vorzeigeküche, schmunzelt über Keckheiten aus Kindermund, und am Ende behält Daddy recht.

Es gibt keine Schwarzen, also auch keinen Rassismus. Es gibt keine Scheidungen, also auch keine Ehekrisen. Es gibt keine Katastrophen, also ist Optimismus Pflicht.

Die einzige Verstörung, die diese Werbeclips für den American Way of Life erzeugen, ist das Schuldgefühl, das sich bei Millionen Amerikanern einstellt, wenn sie die eigene Wirklichkeit mit den geräumigen Häusern und nagelneuen Autos, mit den fürsorglichen Müttern und humorvollen Vätern auf dem Bildschirm vergleichen.

Denn wie der hysterische Charakter neigt das Fernsehen zur Hochstapelei. War im Radio der höchste Einsatz bei einer Quizsendung die „64-Dollar-Frage" gewesen, vertausendfacht der TV-Sender CBS im Juni 1955 den Thrill mit seiner „64 000-Dollar-Frage". Und es passt zum Exhibitionismus des Mediums, dass das Sponsorengeld von der Kosmetikfirma Revlon kommt – deren Lippenstifte kurz nach der Sendung prompt ausverkauft sind.

Bald überschwemmen Quiz-Shows die Kanäle. Und bald erkennen die Macher auch, dass es nicht ausreicht, das Publikum mit sportlichen Mitteln an den Bildschirmen zu halten: Die Zuschauer wollen Vertreter ihrer selbst als Sieger erleben, ihre Aufstiegsträume in den Kandidaten spiegeln.

Und so gehen die Sender dazu über, nur noch solche Teilnehmer gewinnen zu lassen, die den Idealbildern der Zuschauer schmeicheln – und den Forderungen der Sponsoren.

Zusammenhalt ist das Ideal der Zeit: in der Familie – hier ein Campingausflug am Lake Placid – wie innerhalb der gesamten Gesellschaft. Tatsächlich aber ist die soziale Harmonie brüchig: Ein Viertel der Amerikaner lebt in Armut. Und vermeintliche Kommunisten werden von staatlichen Ermittlern gnadenlos verfolgt

Als 1956 die Show „Twenty-One“ einen sympathischen, bescheidenen Sonnyboy aus guter Familie namens Charles Van Doren mit Herb Stempel, einem bitteren, in der Bronx aufgewachsenen Sonderling aus Queens konfrontiert, kommt es zum forcierten Showdown.

Die Macher stylen den unbeholfenen Stempel mittels eines schlecht sitzenden Anzugs, eines unvorteilhaften Haarschnitts und einer billigen, laut tickenden Armbanduhr zur Hassfigur – und helfen dem Sonnyboy mit richtigen Antworten auf die Sprünge.

Van Doren wird zum Fernsehstar, seine Gewinne summieren sich auf 129 000 Dollar. Stempel wird mit dem Versprechen abgespeist, dass man ihm einen Job besorgen werde.

Der Verlierer wehrt sich. Er drängt Reporter, die wahre Geschichte an die Öffentlichkeit zu bringen. Schließlich deckt ein Ausschuss des US-Kongresses die Manipulation auf – und stürzt die ganze Nation in eine Vertrauenskrise.

Die Inkarnation des *all american boy*: ein Betrüger! Kommentatoren verzeichnen das Ende von Amerikas Unschuld.

Der Schriftsteller John Steinbeck schreibt in einem offenen Brief: „Ich bin bestürzt über die zynische Unmoral meines Landes.“

Und stellt die rhetorische Frage: „Sind wir weich geworden?“

Das ist der Zweifel, der unter dem Boom der Nachkriegsjahre lauert. Denn die hysterische Show entstammt, wie Sigmund Freud gefunden hat, unmittelbar der Angst.

So passt es ins Krankheitsbild, dass ein CBS-Auslandskorrespondent schon 1951 bei der Rückkehr in die Heimat eine „unerklärliche Atmosphäre aus Intoleranz, Misstrauen und Angst“ vorgefunden hat – und als akute „Hysterie“ diagnostiziert: Jeder, so kommt es ihm vor, fürchte sich vor jedem.

Der Ausbruch dieser Krankheit lässt sich auf den 9. Februar 1950 datieren. Das ist der Tag, an dem Joseph R. McCarthy, republikanischer Senator aus Wisconsin, subventioniert mit texanischem Ölgeld, vor dem Ohio County Women's Republican Club in Wheeling, West Virginia, eine Rede hält. Das US-Außenministerium, behauptet er an diesem Tag aus heiterem Himmel, sei von Staatsfeinden durchsetzt. „Ich habe hier in meiner Hand“, prahlt er, „eine Liste von 205 Personen, die dem Außenminister als Mitglieder der Kommunistischen Partei bekannt sind und die trotzdem immer noch im State Department arbeiten und dessen Politik bestimmen.“

Niemand bekommt die Liste je zu Gesicht. McCarthy ist ein fanatischer Lügner und Pokerspieler, ein chronisch zitternder Alkoholiker, der den Stoff in seiner „Dokumentenmappe“ mit sich zu führen pflegt.

Der Senator, ein kleiner, stämmiger Irisch-Amerikaner mit Halbglatze, schlau, unsicher und stets auf der Hut, zeigt selbst deutliche Symptome des „hysterischen Charakters“, wie ihn die Psychoanalyse definiert – seine Gefallsucht, seine Unberechenbarkeit und sein Hang zur Dramatisierung.

Und längst sind die Zeiten vorbei, in denen linke Organisationen in den USA von erwähnenswerter Größe und Bedeutung waren. Doch dem Hysteriker McCarthy gelingt es, die versprengten Utopiker zur roten Gefahr aufzublasen.

Er trifft einen Nerv. Spätestens seit der Berlin-Blockade 1948 ist die UdSSR vom Verbündeten zum Feind geworden. 1949 haben Maos Kommunisten den Kampf um China gewonnen. Im Koreakrieg sind 37 000 GIs gefallen. Doch am tückischsten, warnt Senator McCarthy, ist der Feind im eigenen Land.

Dessen Schlupfwinkel, unterstellt McCarthys Jagdgesellschaft, ist die dekadente Welt von Hollywood. Schon kurz nach dem Weltkrieg hat das dem Repräsentantenhaus unterstellte „Komitee zu unamerikanischen Aktivitäten“ die Filmindustrie terrorisiert, hat Untersuchungen gegen Leinwandgrößen wie Clark Cable eingeleitet und

Unter der selbstsicheren Oberfläche: tiefe Zweifel

Weihnachtsfreuden. Die Rituale der 1950er Jahre zelebrieren nicht nur den Wohlstand – sie dienen auch der Selbstvergewisserung: Viele US-Bürger haben Angst, dass ihr gesamter Lebensstil durch den Kommunismus bedroht ist. Einige befürchten sogar, der erlangte Reichtum schwäche die Nation im Kampf gegen den Feind im Kalten Krieg

selbst den achtjährigen Kinderstar Shirley Temple nicht verschont.

Hunderte verloren ihre Jobs, und Filmemacher scheuten sich fortan, kontroverse Themen aufzugreifen: Eine Industrie versank in der Angst.

Jetzt geht die Jagd von Neuem los. Zeugen werden vor die Wahl gestellt, Verdächtige zu denunzieren – oder selbst eingesperrt zu werden und zudem den Job zu verlieren. Dashiell Hammett, Autor des „Malteser Falken", muss für sechs Monate ins Gefängnis, weil er sich weigert, Namen zu nennen.

Andere, darunter Elia Kazan, Regisseur von „Jenseits von Eden", halten dem Druck nicht stand und verpetzen zähneknirschend Kollegen – oder sind, wie der Westernstar John Wayne, hinterher sogar stolz darauf, missliebige Zunftgenossen mit Denunziationen aus dem Feld geschlagen zu haben.

McCarthy ist kein Einzelkämpfer. Starjournalisten schreiben seine Reden, versorgen ihn mit Gerüchten und Informationen. Eine Kaugummifirma organisiert mittels Sammelkärtchen einen „Kinderkreuzzug gegen den Kommunismus". Der TV-Sender NBC setzt eine Serie ab, weil eine der Schauspielerinnen auf einer schwarzen Liste als „Linke" bezeichnet wird. Und nicht nur der Verband der Filmregisseure fordert von jedem seiner Mitglieder den Schwur, kein Kommunist zu sein: Der Staat Indiana verlangt derartige Treueeide auch von Profiringern, der Staat New York für den Erwerb eines Angelscheins.

Der „Communist Control Act" von 1954 erklärt die Verbreitung kommunistischer Gedanken gar zur strafbaren Handlung – die etwa in Texas mit 20 Jahren Gefängnis geahndet werden kann.

Volkes Stimme ist auf McCarthys Seite. 1954 sprechen sich 58 Prozent aller Amerikaner für die Verfolgung und Bestrafung sämtlicher Kommunisten aus – „selbst wenn Unschuldige dabei zu Schaden kommen sollten". Und 78 Prozent befürworten die Denunziation von rot-verdächtigen Nachbarn oder Bekannten beim FBI.

Der Prediger Billy Graham, der bei seinen „Kreuzzügen" Stadien mit Zehntausenden von Zuhörern füllt, warnt, hinter dem Kommunismus stecke niemand anderes als Satan persönlich: „Ich denke, es gibt keine andere Erklärung für die enormen Zugewinne des Kommunismus als übernatürliche Kräfte, Kenntnisse und Intelligenz."

Der Krimi-Massenproduzent Mickey Spillane hetzt seinen hartgesottenen Gangsterjäger Mike Hammer nun nicht mehr auf Unterweltkönige und korrupte Polizisten, sondern schickt ihn hauptamtlich zur Jagd auf einheimische „Commies".

Und auf Anordnung des Kongresses beten die Amerikaner ab 1953 jedes Jahr eine ganze Woche lang für die Völker unter kommunistischer Tyrannei.

Bald weitet sich die Kommunistenjagd auf Homosexuelle aus. Das Außenministerium feuert 91 Mitarbeiter, die gleichgeschlechtlicher Neigungen verdächtigt werden. Der Chef der Washingtoner Sittenpolizei meldet, noch immer arbeiteten 3750 Schwule für die Regierung. Umgehend kündigen McCarthys Leute eine „gründliche Untersuchung sexuell Perverser in der Regierung" an.

Die Hysterie ebbt auch nicht ab, als 1954 McCarthy seine Posten verliert – in seinem Säuberungswahn war er so tollkühn, sich mit der Armee anzulegen – und 1957 an Leberzirrhose stirbt.

Die Bundespolizei FBI setzt seine Arbeit kongenial fort: Auch deren Direktor J. Edgar Hoover ist ein Hysteriker, der McCarthy an Wahnpotenzial nicht nachsteht. In seinem Bad hat er ultraviolettes Licht installiert, um subversive Keime zu töten, im Restaurant lässt er seinen Platz mit leeren Tischen und Servierwagen verbarrikadieren, und sein kugelsicherer Dienstwagen ist so schwer gepanzert, dass es einen Lkw-Motor braucht, um ihn zu bewegen.

Das FBI setzt Arbeitgeber von Roten unter Druck, um deren Entlassung zu erzwingen, drangsaliert Gewerkschafter und Immigranten. Ermittler durchforsten die Lebensläufe von Studenten: Jede kritische Äußerung kann akademische Karrieren zerstören.

Auch eine andere Parallelwelt, aus Fernsehen wie Vorstadt bislang erfolgreich ausgeblendet, wird zunehmend als Bedrohung empfunden – die Amerikaner schwarzer Hautfarbe stehen plötzlich beängstigend nah vor den Zitadellen der Mittelschicht. 1954 hat der Oberste Gerichtshof die Apartheid in den Schulen für illegal erklärt: Seither wird vor allem im Süden der Widerstand gegen die Integration immer gewalttätiger.

„Gott hat den Neger anders gemacht", verkündet der Gouverneur von Mississippi, „um ihn zu bestrafen." Schwarze, die den Gerichtsbeschluss in ihrem Wohnort umsetzen oder ihr Wahlrecht ausüben wollen, werden terrorisiert, drangsaliert oder auf offener Straße erschossen. Die Täter bleiben meist unbehelligt – oder werden in farceartigen Gerichtsverhandlungen freigesprochen.

Der „Ku-Klux-Klan", der mit Kapuzen durch die Städte marschiert, brennende Kreuze aufrichtet und Häuser schwarzer Nachbarn in Flammen setzt, verzeichnet einen Mitgliederboom.

Als sich 1957 neun schwarze Schüler an der Central High School von Little Rock, Arkansas, einschreiben, drohen weiße Mitbürger mit Gewalt. Gouverneur Orval Faubus lässt die Schule von Nationalgardisten umstellen, um die Schüler am Betreten des Grundstücks zu hindern.

Präsident Eisenhower gelingt es zwar, den Gouverneur zum Abzug der Garde zu bewegen – doch beim nächsten Versuch erwartet die neun Kinder ein wütender Mob. Schließlich bleibt Eisenhower nur noch die militärische Lösung: Er schickt die Soldaten der 101. Luftlandedivision nach Little Rock, die den mordlüsternen Weißen die Bajonette entgegenstrecken und die neun Kinder zur Schule eskortieren.

Erst allmählich beginnt die Buntheit und Viskosität des Erdöl-Zeitalters, auch die harten Kontraste zwischen Schwarz und Weiß zu glätten. Zwar stehen für schwarze Aufsteiger noch immer vorzugsweise Karrieren als Musiker oder Sportler offen – doch gerade im Schwung des boomenden Pop-Business gelingt es auch schwarzen Buchhaltern, Vertretern, Promotern, Radiomoderatoren oder Managern, in der Branche Fuß zu fassen.

Der Rock 'n' Roll hat schwarze Musik für ein weißes Publikum attraktiv gemacht – und auch die schwarze Jugend den Geschmack an weißen Stimmen gelehrt: Chuck Berry („Roll Over Beethoven") wird dereinst bekennen, weniger von den Bluesmännern gelernt zu haben als von Frank Sinatra.

Das Öl hat das soziale Gefüge geschmiert. Es hat die Dominanz der mächtigen Bergbau-Gewerkschaften, die die harte Arbeit unter Tage zu eiserner Militanz gestählt hat, beendet – und so auch die Zeit der jährlichen Streiks, die regelmäßig ganze Wirtschaftszweige lahmgelegt hatten. Vielerorts haben Dienstleistungen und Büroarbeit die Maloche in der Schwerindustrie ersetzt – und die Gewerkschaften weiter in die Bedeutungslosigkeit getrieben.

Zwar sind die Einkommensunterschiede keineswegs abgeschafft – mindestens ein Viertel der Amerikaner lebt unter der Armutsgrenze. Doch spätestens seit General Motors mit der Kopplung der Löhne an die Lebenshaltungskosten die Gewerkschaften ruhiggestellt hat, scheint die soziale Harmonie auf lange Zeit gesichert: „General Motors mag zwar eine Milliarde für den Frieden bezahlt haben", kommentiert das Wirtschaftsmagazin „Fortune", „aber das war letztlich ein Schnäppchen."

Denn der Slogan der Fünfziger heißt *togetherness* – Zusammenhalt der Familie als Modell für die Gesellschaft: Arbeitgeber und Arbeitnehmer, Alte und Junge, irgendwann vielleicht sogar Schwarze und Weiße sollen in jener selbstgenügsamen Vorstadt-Harmonie leben, welche die Fernsehserien ihnen vorführen.

Sogar die Halbstarken sind so brav wie nie eine Jugend zuvor: Die Mehrheit der jungen Amerikaner ist der Meinung, dass Frauen zu Hause bleiben sollten, Masturbation Sünde sei und der Evolutionstheorie nicht zu trauen.

Selbst der wilde Elvis, behaupten Verteidiger, sei ja im Grunde ein guter amerikanischer Junge, der seinen Eltern Häuser schenkt, betet, nicht raucht und nicht trinkt.

Bill Haley, der mit „Rock Around the Clock" den Aufstand im Jugendzimmer angeheizt hat, hält auf Tourneen seine Bandmitglieder mit Zapfenstreich-Kontrollen sowie mit Trink- und Flirtverboten an der Kandare.

Und es versteht sich, dass der verlorene Sohn Jim Stark, gespielt von James Dean in „Denn sie wissen nicht, was sie tun", am Ende reumütig in den Schoß der Familie zurückkehrt.

„Arbeitgeber", lobt der Präsident der University of California die Rock-'n'-

Roll-Teenager, „werden diese Generation lieben." Die Schmiegsamkeit des Öls hat über die Härte der Kohle gesiegt.

Auch die Politik des Präsidenten präsentiert sich in großväterlicher Milde – Eisenhowers Credo ist der *middle way*, der Mäßigung und Ausgleich verspricht.

So nachgiebig regiert der alte Weltkriegs-Haudegen bisweilen, dass er seinen Kritikern wie ein „Präsident in Abwesenheit" vorkommt, „eine Art politisches Vakuum im Weißen Haus".

Denn trotz allem Macho-Geknurrs, das noch immer aus den John-Wayne-Filmen über Amerikas Ebenen donnert, ist es das Weiche, das Flüssige, das jetzt den Alltag beherrscht.

Kurven definieren Filmstars wie Marilyn Monroe und Liz Taylor, bestimmen die Konturen von Nierentischen und Schmetterlingssesseln, von stromlinienförmigen Toastern, Gartenmöbeln und Flughafenterminals. Und die Damenkleider des „New Look", eingeführt von der Firma Dior und auch von der First Lady mit Begeisterung getragen, betonen nach Jahren der harten Kontur wieder die femininen Formen.

Da, plötzlich, am 4. Oktober 1957, trifft ein scharfer Stich die weiche Seite der USA. Die Waffe ist klein, etwa 80 kg schwer, so groß wie ein Ball. Mit 29 000 km/h kreist sie um die Erde und piept wie zum Hohn: Es ist der sowjetische „Sputnik", der erste künstliche Satellit der Geschichte.

Amerika steht unter Schock. Im November malt ein Bericht staatlicher Sicherheitsberater schon die unmittelbare Niederlage an die Wand: Der technische Fortschritt der Sowjets stelle „eine wachsende Bedrohung" dar, „die 1959 oder im Frühjahr 1960 einen kritischen Punkt erreichen dürfte". Sogar die Autoverkäufe rutschen in den Keller; die Wirtschaft gleitet in die Rezession.

Im selben Monat erleidet Präsident Eisenhower einen leichten Schlaganfall. Die Ärzte raten ihm, „Irritation, Frustration, Sorge, Furcht und vor allem Wut" zu vermeiden.

„Sind wir weich geworden?" Wie ein Echo hallt das Menetekel des Dichters Steinbeck in die letzten Jahre der Dekade hinein.

In der Sowjetunion ist mittlerweile ein Choleriker namens Nikita Chruschtschow an der Macht, der vor den Vereinten Nationen seinen Schuh auf das Rednerpult hämmert – ein wilder Bär, voll mit roher Kraft, verglichen mit dem überzüchteten Weidevieh, das Amerikas Politik bestimmt.

Während Amerika in Komfort und Wohlleben verdämmert, strotzt der Feind, so scheint es, vor animalischer Energie. Die Amerikaner, so mahnt ein republikanischer Senator, sollten sich weniger um „die Höhe der Heckflossen ihres neuen Autos" bekümmern, sondern lieber „bereit sein, Blut, Schweiß und Tränen zu vergießen".

Doch Eisenhower zieht es vor, den Feind mit Amerikas Wohlstand niederzuringen – eine Taktik, die der Soziologe David Riesman einmal halb im Scherz als „Nylon-Krieg" angeregt hat.

Im Juli 1959 schickt Eisenhower seinen Vizepräsidenten Richard Nixon nach Moskau, damit er auf einer US-Leistungsschau im Sokolniki-Park den Sowjets vorführt, was *freedom* praktisch bedeutet – die Wahl zwischen einer Unzahl von Haushaltsgeräten.

Es ist eine Feier des Luxus, des Frohsinns, der Dekadenz. Rund 800 Hersteller haben modernste Nähmaschinen, Hifi-Anlagen, Fertiggerichte und Ruhesessel aufgefahren.

Ein Werbefilm, gedreht von Billy Wilder, präsentiert amerikanische Wochenendfreuden; Mannequins spielen viermal am Tag amerikanische Rituale von der Rock-'n'-Roll-Party bis zum Grillnachmittag vor, kochen und backen, strahlen unter Trockenhauben hervor.

Mit jovialem Lächeln spaziert Chruschtschow mit dem Vizepräsidenten durch die Schau. Nixon zeigt dem Russen eine elektronisch gesteuerte Wunderküche, einen automatischen Geschirrspüler, der auf einer unsichtbaren Schiene zum Esstisch gleitet, einen Putzroboter, der das Linoleum poliert.

Doch der KP-Chef hat nur Spott für die Spielzeuge seines Widersachers übrig: „Haben Sie keine Maschine", fragte er in Anspielung auf Chaplins Film „Moderne Zeiten", „die Essen in den Mund stopft und es hinunterdrückt?"

In sieben Jahren, prophezeit Chruschtschow, werde die Sowjetunion die USA eingeholt haben – „und wenn wir Sie überholen, werden wir Ihnen zuwinken".

Ein verweichlichtes, weibisches Amerika voller Küchengeräte, überrundet von entschlossenen, bis an die Zähne bewaffneten Kommunisten – das ist die Angst, die viele Meinungsmacher jetzt schüren.

Und das ist die Kerbe, in die auch die Demokraten hauen, als sie im Herbst 1960 ihren Kandidaten ins Rennen gegen den Republikaner Nixon schicken – einen Mann voller Jugendkraft und maskuliner Coolness: John F. Kennedy.

„Wir sind weich geworden", sagt auch der. „Der Rost des Luxus kommt schon zum Vorschein."

Am 26. September treten die beiden Konkurrenten zum ersten Mal gemeinsam vor die Kameras. Und hier, mitten im Showdown des Fernsehduells, scheint Nixon seinen Widersachern recht zu geben: Er schmilzt. Er zerfließt wie Öl.

Und Amerika schaut zu.

Kennedy erscheint sonnengebräunt, energiegeladen und voll jugendlicher Kraft. Nixon hat wenig geschlafen, er wirkt erschöpft; sein Bartschatten, notdürftig überschminkt, lässt das graue Gesicht noch grauer erscheinen.

Und als die Scheinwerfer aufleuchten, beginnt er zu schwitzen. Ströme rinnen seine Stirn herab, seine Schläfen, seine Wangen.

Der Bart-Puder weicht auf, mischt sich mit dem Wasser aus Nixons Poren. Bald löst sich das ganze Gesicht auf in der Hitze des Lichts. Schließlich sieht es aus, als wäre der ganze Kandidat nur noch eine Öllache.

Damit ist nicht nur Nixons Niederlage besiegelt. Auch die öligen, zähflüssigen Fifties sind mit Kennedys Wahl vorbei.

Und ausgerechnet das Fernsehen, das Medium des Erdöl-Zeitalters, trägt Schuld daran. □

***Literaturtipps:** David Halberstam, „The Fifties", Ballantine Books: erzählt die Dekade anhand ihrer prägenden Gestalten. Karal Ann Marling, „As Seen On TV: The Visual Culture of Everyday Life in the 1950s", Harvard University Press: Kulturgeschichte voller wunderbarer Beobachtungen und Gedanken.*

Jörg-Uwe Albig, 49, ist Schriftsteller in Berlin. Sein neuer Roman „Berlin Palace" erscheint 2010 bei Tropen/Klett-Cotta.

DIE KENNEDY-SHOW

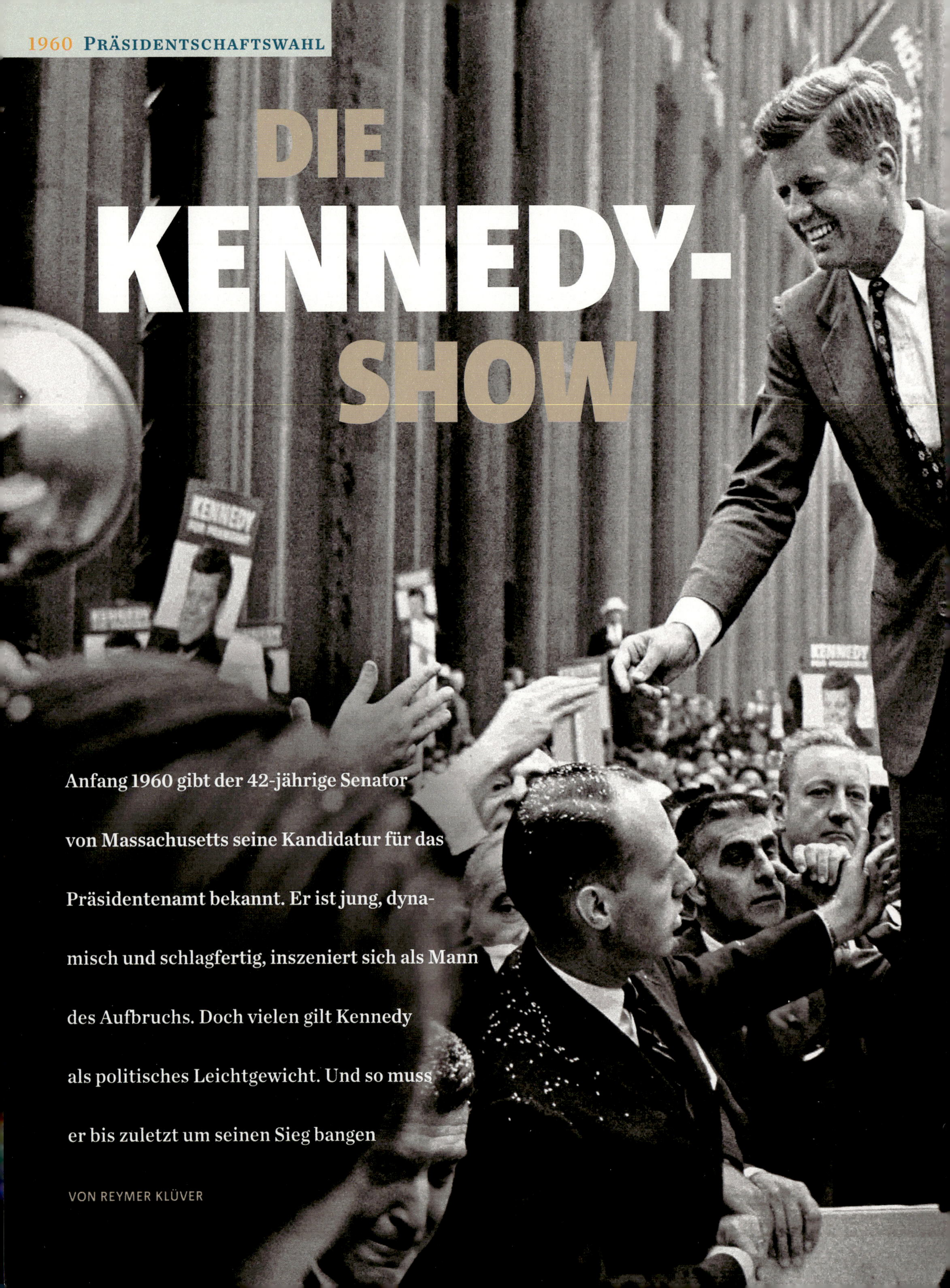

Anfang 1960 gibt der 42-jährige Senator von Massachusetts seine Kandidatur für das Präsidentenamt bekannt. Er ist jung, dynamisch und schlagfertig, inszeniert sich als Mann des Aufbruchs. Doch vielen gilt Kennedy als politisches Leichtgewicht. Und so muss er bis zuletzt um seinen Sieg bangen

VON REYMER KLÜVER

John F. Kennedy und seine glamouröse Frau Jacqueline bei einem Wahlkampfauftritt in New York. »Jackie zieht mehr Leute an als ich«, raunt der Kandidat Helfern zu

Richard Nixon trifft als Erster ein. Noch vor John F. Kennedy. Schwungvoll steigt er aus seiner Limousine – und schlägt sich das Knie an der Wagentür an. Ausgerechnet sein verletztes Knie, das ihn Ende August, mitten im heißen Wahlkampf, für zwölf Tage ins Krankenhaus gezwungen hat. Es schmerzt, ganz offensichtlich. Ohnehin sieht Nixon blass aus und abgemagert seit dem Klinikaufenthalt. Er hat Fieber. Nun weicht für einen Moment jede Farbe aus seinem Gesicht.

Was für ein Auftakt zu einer Premiere, einem Ereignis, wie es das Land noch nicht erlebt hat. Eine TV-Revolution steht bevor: das erste direkte Rededuell zweier Präsidentschaftskandidaten – live übertragen. Im Studio Eins des Fernsehsenders CBS in Chicago trifft Richard Nixon, der Vizepräsident der USA und Kandidat der Republikaner, am 26. September 1960 auf den jungen Senator John F. Kennedy. In sechs Wochen werden die Amerikaner ihren neuen Präsidenten wählen.

Nixon bewahrt Haltung. Sieht sich das Studio an, eine umgebaute Eislaufhalle. Setzt sich für eine Probeaufnahme auf die Bühne. Er plaudert ein wenig mit Don Hewitt, dem Produzenten der Sendung, und scherzt mit den Fotografen, die ihn umtänzeln. Small Talk eben. So vergeht eine Viertelstunde.

Dann kommt Kennedy. Groß und schlank ist er, sein Gesicht wie immer sonnengebräunt. Wenn er lacht, und das tut er gern, schimmern seine Zähne hell. Er trägt einen perfekt sitzenden dunklen Anzug. An den Ärmeln sind die Manschetten seines weißen Hemdes ein Stück weit zu sehen, genau so, wie es sein muss. Aus der Brusttasche blitzt ein weißes Ziertuch hervor. Don Hewitt wird später sagen: „Er sah aus wie ein junger Adonis."

Die Fotografen stürmen auf ihn zu, Nixon lassen sie einfach stehen. Den Vizepräsidenten. Das ist der Moment, so erinnert sich der genaue Beobachter Hewitt später, an dem der immer wieder von Launen geplagte Nixon vermutlich sein Selbstvertrauen verliert für diesen Abend.

Im Studio fragt Hewitt die Kontrahenten, ob sie Make-up brauchen. Kennedy winkt lässig ab. Nixon will sich offenbar keine Blöße geben und verneint ebenfalls, obwohl er es nach Einschätzung des Fernsehprofis Hewitt dringend nötig hätte; nicht nur wegen seiner ungesund fahlen Gesichtsfarbe.

Nixon hat einen starken Bartwuchs, stets liegt ein grauer Schatten auf Wangen und Kinn. Das sehen seine Mitarbeiter natürlich auch und tragen ihrem Chef hastig noch hellen Puder auf, „Lazy Shave", um die Bartstoppeln zumindest etwas abzudecken.

Kennedy aber lässt sich in seiner Garderobe hinter verschlossenen Türen professionell schminken – von eigenen Leuten und unbemerkt von seinem Rivalen. Rasch wechselt er auch noch das Hemd, streift ein hellblaues über. Eilends hatte er es aus seinem Hotel kommen lassen, weil sein weißes Hemd im Scheinwerferlicht zu sehr glänzt. Kein Fehler soll ihm unterlaufen. Nicht bei dieser ersten von vier Debatten, die er seinem Kontrahenten abgetrotzt hat.

Nixon hatte dem Duell nicht sofort zugestimmt, weil er Kennedys Kalkül durchschaute. Ihn kennen die Amerikaner schließlich. Fast acht Jahre hat er unter Dwight D. Eisenhower gedient.

Kennedy dagegen, den Junior-Senator aus Massachusetts, werden viele erst an diesem Abend bewusst erleben. Jeder gemeinsame TV-Auftritt macht nicht Nixon bekannter, den zweiten Mann im Staat, sondern Kennedy, den 43-jährigen Newcomer. Selbst Eisenhower rät seinem Stellvertreter: „Bau Kennedy nicht auf." Aber Nixon fürchtet, als Drückeberger dazustehen, sollte er das TV-Duell ablehnen.

Kennedy weiß, dass diese Debatte eine einmalige Gelegenheit ist. Denn noch ist für viele Amerikaner eine Frage unbeantwortet, die entscheidende: Hat der junge Mann das Zeug zum Präsidenten? An diesem Abend soll er es beweisen, 60 Minuten lang.

Kennedy sitzt links auf der Bühne, die Beine lässig übereinandergeschlagen. Sein dunkler Anzug hebt sich auf dem Fernsehbild deutlich vom grauen Hintergrund des Studios ab. In der Mitte hat der CBS-Moderator Howard Smith hinter einem schmalen Pult seinen Platz eingenommen. Nixon sitzt rechts.

Er trägt einen hellgrauen Anzug, eine unglückliche Wahl. Seine Mitarbeiter haben die ebenfalls graue Studiowand tagsüber mehrmals überpinseln lassen. Dennoch ist Nixons Anzug auf den Schwarz-Weiß-Bildschirmen vom Hintergrund kaum zu unterscheiden.

Aber nun gibt es kein Zurück mehr. Es ist 20.30 Uhr. Das Duell beginnt. Und 70 Millionen Menschen schauen zu.

Es ist der Höhepunkt des Präsidentschaftswahlkampfs 1960.

Gehofft auf einen solchen Moment hat John F. Kennedy spätestens seit 1956. Damals hatte er sich dem demokratischen Präsidentschaftsbewerber Adlai Stevenson als Kandidat für die Vizepräsidentschaft angedient. Stevenson war von dem Mann aus Massachusetts nicht überzeugt, und der Nominierungsparteitag entschied sich für Senator Estes Kefauver; in der Kampfabstimmung unterlag Kennedy aber nur knapp.

Im Nachhinein war der Misserfolg ein Gück: Denn so konnte er für Stevensons Niederlage nicht mitverantwortlich gemacht werden, als Dwight D. Eisenhower in einem Erdrutschsieg wiedergewählt wurde.

Vier Jahre später wird Eisenhower nicht wieder antreten können – der Kongress hat die

Johns Bruder Robert und dessen Schwägerin Jackie während des Vorwahlkampfes im April 1960

In der eigenen Partei hat der Newcomer Kennedy zunächst viele Widersacher. Ehe die Demokraten ihren Präsidentschaftskandidaten bestimmen, muss er die Delegierten bei 16 Vorwahlen überzeugen. Die erste entscheidende Abstimmung gewinnt er im April in Wisconsin gegen den populären Senator Hubert Humphrey (links neben Kennedy)

Amtszeit eines US-Präsidenten schon 1947 auf zwei Wahlperioden begrenzt.

Kennedy sieht seine Chance. Und er nutzt sie. Minutiös bereitet er den Wahlkampf vor. Er bereist alle 50 US-Bundesstaaten, kauft Mitte 1959 ein Flugzeug, eine 44-sitzige Convair, und tauft es „Caroline", seiner kleinen Tochter zu Ehren. Sein Vater Joseph spendet 385 000 Dollar dafür. Mit der Turboprop-Maschine ist Kennedy unabhängig und schnell. Nie mehr muss er in den Lounges der Fluggesellschaften warten.

In den Umfragen liegt er bald vor allen denkbaren Konkurrenten unter den Demokraten. Sein jugendlicher Charme und seine Schlagfertigkeit machen ihn zum gefragtesten Redner der Partei. Allein 1959 erhält er 10 000 Einladungen.

Rastlos ist er unterwegs. Im Herbst 1959 besucht er in knapp neun Wochen die US-Staaten Indiana, West Virginia, Nebraska, Louisiana, Oregon, Illinois, Kalifornien, Wisconsin, Oklahoma, Delaware, Kansas, Iowa und Colorado.

Am Ende hat er in seinem Register 29 000 Namen von einflussreichen Parteigängern. Im TV stellt er sich Fragen wie: „Glauben Sie, dass ein Katholik zum Präsidenten gewählt werden kann?"

Der Kandidat schart einen Kreis junger und alerter Berater um sich, mietet in Washington eine Bürosuite in der Nähe des Kapitols. Die Telefonistinnen melden sich mit den Worten: „Kennedy for President". Eine unglaubliche Wahlkampf-Maschinerie entsteht – modern, effizient, strukturiert.

Kennedy wird zum Polit-Star. Im Senat rückt er in den Auswärtigen Ausschuss auf, ein klarer Prestigegewinn. Für seinen Bestseller „Zivilcourage", in dem er den politischen Mut von acht Senatskollegen preist, erhält er den Pulitzer-Preis.

Er ist erst der zweite US-Senator, dem diese renommierte Buchauszeichnung verliehen wird. Sie trägt ihm die Aura eines intellektuellen Politikers ein – eines Mannes, der etwas anders ist als der Durchschnitt in Washington.

Er kommt auf den Titel des Nachrichtenmagazins „Time" – angeblich hat die Zeitschrift dafür von Vater Kennedy 75 000 Dollar erhalten. Auch beim Pulitzer-Preis soll der alte Joseph P. Kennedy die Finger im Spiel gehabt haben.

JFK ist jetzt eine Größe in der US-Politik: jugendlich frisch, dynamisch, erfolgreich.

Geliebt und verehrt, besonders von jungen Menschen. Verachtet, gehasst aber von vielen der alten Garde, gerade in seiner eigenen Partei, den Demokraten. Kennedy macht sich keine Illusionen: Etliche Parteiobere wollen ihn nicht, den Aufsteiger.

Der alte Sam Rayburn, mächtiger Vormann des Repräsentantenhauses,

»Wir werden gewinnen«, verspricht Kennedy am 15. Juli 1960 im Stadion von Los Angeles, nachdem ihn die Delegierten der Demokratischen Partei schon im ersten Wahlgang zum Präsidentschaftskandidaten bestimmt haben. 40 Helfer hatten sich zuvor um Abgesandte und eventuelle Zweifler gekümmert und sie in Restaurants oder zu Partys mit Hollywood-Stars eingeladen

lehnt ihn vehement ab, nennt ihn eine „Pisser-Ameise".

Und für Rayburns texanischen Landsmann Lyndon B. Johnson, den Fraktions-Chef der Demokraten im Senat, der selbst auf die Präsidentschaftskandidatur spekuliert, ist Kennedy ein „Leichtgewicht", das „Jungchen".

Einen starken Landesverband hat der Mann aus Massachusetts ebenfalls nicht im Rücken – eine Hausmacht also, die ihm ein Polster an Delegiertenstimmen verschaffen würde beim Parteitag im Sommer 1960 in Los Angeles, auf dem die Demokraten ihren Präsidentschaftskandidaten bestimmen. Massachusetts hat da nicht so viel Einfluss wie etwa New York oder Kalifornien.

Ihm und seinen Beratern ist klar: Er muss im Frühjahr 1960 bei den wichtigsten der 16 Vorwahlen antreten. Und wo immer er sich zur Wahl stellt, muss er gewinnen, um der Partei zu beweisen, dass es ohne ihn nicht geht. Am 2. Januar 1960 verkündet John F. Kennedy, dass er sich ums Weiße Haus bemüht.

Kurz darauf reist er nach Wisconsin, den Bundesstaat nordwestlich von Chicago. Dort findet die erste wirklich wichtige Vorwahl für ihn statt. In New Hampshire in Neuengland, dem Ort der ersten Vorwahl, hat er als Senator aus dem Nachbarstaat Massachusetts ohnehin eine sehr gute Chance.

Wisconsin also ist der erste wahre Test. Geld spielt für Kennedy keine Rolle. Er gibt vermutlich allein für Büromieten und Broschüren mehr aus als sein Konkurrent Hubert Humphrey, der populäre linke Senator, für den ganzen Wahlkampf dort.

Kennedys Meinungsforscher um Louis Harris messen mitunter täglich den Puls der Wähler. Überprüfen die Daten auf kleinste Stimmungsumschwünge. Kennedy gründet Büros in acht von zehn Wahlbezirken, alle mit bezahltem Personal besetzt. Sein Rivale dagegen hat gerade einmal zwei Büros, die meist Freiwillige mühsam offen halten.

KENNEDY IST allgegenwärtig. Noch ehe der Vorwahlkampf im Januar 1960 überhaupt beginnt, hat er Wisconsin bereits 16-mal besucht. Humphrey rumpelt mit einem klapprigen Bus durch die winterliche Landschaft. Zu allem Überfluss ist in dem Gefährt auch noch die Heizung defekt. Kennedy schwebt dagegen mit seiner Convair von Termin zu Termin.

Humphrey reiht sich in Streikposten ein und singt: „Auf ewig Solidarität".

Kennedy lässt singen. Sein Freund Frank Sinatra nimmt eigens für ihn eine swingende Wahlkampfhymne auf: „High Hopes" – „Große Hoffnungen".

Doch es ist nicht allein die Macht des Geldes und die kühle Präzision von Kennedys Organisation. Der Kandidat fordert sich selbst bis zum Äußersten. Stapft bei Eis und Schnee durch die Dörfer Wisconsins. Einmal stellt er sich einem Fremden mit den Worten vor: „Ich bin John Kennedy, und ich möchte Präsident werden." Der Mann antwortet nur barsch: „Präsident von was?"

Kennedy bleibt unverdrossen. Nichts kommt ihm zu unsinnig vor, für nichts ist er sich zu schade. Und seien es Schläge unter die Gürtellinie: In Wisconsin jedenfalls kommen Gerüchte auf, der dubiose Gewerkschaftsboss Jimmy Hoffa gewähre Humphreys finanzschwacher Kampagne Geldspritzen – Kennedys Truppe verbreitet das üble Gerede nach Kräften.

Alles ist Teil eines großes Plans, der zum Wahlsieg in Wisconsin führen soll, zum Gewinn der Kandidatur auf dem Parteitag in Los Angeles und schließlich zum Einzug ins Weiße Haus.

Wie in all seinen Wahlkämpfen seit 1946 hilft die ganze Familie – vor allem Robert, sein acht Jahre jüngerer Bruder.

Er ist der Wahlkampfmanager, ihm vertraut Jack blind. Bobby ist sein engster Berater und organisiert alles, damit der Bruder den Kopf frei hat für seine Auftritte. Vier Jahre zuvor hat er Adlai Stevenson im Wahlkampf begleitet. Sich Hefte voller Notizen gemacht – um zu lernen, wie man es *nicht* machen sollte.

Auch Kennedys Schwestern werben. Bitten Damen zum Tee und laden zu Hauspartys ein. Der jüngste Kennedy, Edward, ist in den Rocky-Mountains-Staaten unterwegs. Gewinnt Stimmen für seinen Bruder, weil er sich beim Rodeo fünf Sekunden auf einem Pferd hält. Einmal landet er mit seiner kleinen Maschine mitten auf einer Landstraße, weil der örtliche Flughafen im Nebel liegt. So etwas kommt gut an im Westen.

Selbst die Schwager sind fest eingeplant. Stephen Smith, der Mann von Jacks Schwester Jean, überwacht die Finanzen der Wahlkampagne. Auch Sargent Shriver, der Gatte von Eunice, hilft aus, ebenso der Hollywood-Schauspieler Peter Lawford, der Patricia Kennedy geheiratet hat und zu den Freunden Frank Sinatras gehört.

Vor allem aber ist Jacqueline in Wisconsin dabei, JFKs Frau. Immer lächelnd, begeistert sie die Menschen.

Gemeinsam mit ihrem Mann verschickt sie aufwendig gedruckte Einladungen zu Empfängen in den Ballsälen der örtlichen Hotels. Beeindruckt mit ihrer modischen, aber schlichten Garderobe. Spricht mit Eisenbahnern in der Mittagspause, plaudert mit Hausfrauen, verteilt Autoaufkleber.

Sie bezaubert selbst Hubert Humphrey. „Mit ihrer fragilen Schönheit", notiert JFKs Konkurrent, „betört und umgarnt sie Männer und Frauen und Kinder in einer fast mystischen Weise."

Oft machen Jack und Jackie gemeinsam Wahlkampf: Jeder geht eine Straßenseite entlang, um Hände zu schütteln. Und genauso oft raunt Kennedy seinen Helfern zu: „Jackie zieht mehr Leute an als ich – mal wieder."

Das alles wird der amerikanischen Öffentlichkeit nicht vorenthalten. Dafür sorgt Kennedy. Er weiß, wie man die Presse füttert. Die mitreisenden Reporter bekommen Drinks und heiße Mahlzeiten serviert – sowie zitierfähige Pressemitteilungen. Mehr braucht es gar nicht, um sicherzugehen, dass berichtet wird. Die Artikel über seine Kampagne sind zumeist überschwänglich. So wird es den gesamten Wahlkampf über bleiben. Der „New Yorker", das Blatt der intellektuellen Elite, schwärmt: „Er hat eine außerordentliche politische Intelligenz."

Im April 1960 siegt John F. Kennedy in Wisconsin. Einen Monat später gewinnt er haushoch die Vorwahl in West Virginia. Im Grunde ist ihm die Kandidatur nicht mehr zu nehmen. Nur hat seine Partei das noch nicht begriffen.

Bis dahin haben die obersten Führer der Demokraten während der Nominierungsparteitage oft in Hinterzimmern abgesprochen, wen sie in den Präsidentschaftswahlkampf schicken wollen.

Das wird sich nun ändern.

JFK beruft Lyndon B. Johnson (l.), einen seiner Kritiker, zum Kandidaten für das Vizepräsidentenamt

3000 Anhänger begrüßen Kennedy frenetisch, als er am 9. Juli 1960 am Flughafen von Los Angeles eintrifft. Da hat er aus den Vorwahlen bereits 600 Delegiertenstimmen sicher. 761 braucht er.

Tags darauf verkündet Chicagos Bürgermeister Richard Daley, dass 59,5 der 69 Delegiertenstimmen von Illinois an Kennedy gehen. Pennsylvania fällt als Nächstes an ihn – weitere 64 Stimmen.

Am Morgen der Abstimmung liegt John F. Kennedy nach Zählung seines Bruders Bobby bei 739,5 Stimmen – nur 21,5 fehlen noch zum Sieg.

Wieder überlassen die Brüder nichts dem Zufall. Damit ihre Delegierten auch alle bei der Stange bleiben, haben sie 40 Betreuer organisiert, „Delegierten-Hirten" genannt. Alle sind mit Karteikarten versorgt, auf denen der Beruf der Abgesandten, die sie im Auge behalten sollen, vermerkt ist, die Konfession, der Name der Ehefrau, die Zahl der Kinder, die Hobbys und – für alle Fälle – persönliche Vorlieben.

Stündlich geben die Stimmenhüter den letzten Stand in die Zentrale durch, manche per Walkie-Talkie. Sobald es Anzeichen gibt, dass ein Delegierter wankelmütig werden könnte, eilt Bobby in die Sportarena, wo die Abgesandten tagen. Es ist ein eingespieltes Ritual: Während er auf den Zweifler einredet, werden beide sofort von einem halben Dutzend seiner Leute umringt, damit niemand mithört.

Kennedys Leute fahren Delegierte nach Las Vegas oder chauffieren sie quer durch Los Angeles zu Bars und Restaurants. Schwager Peter Lawford und dessen Freund Frank Sinatra laden zu Partys, auf denen die Stimmberechtigten sich unter Hollywood-Stars mischen. Norman Mailer, der wilde, junge Romancier, merkt an, dass Kennedy selber auf die Delegierten wie einer „der ganz großen Filmstars" wirke.

Die entscheidende Abstimmung verläuft knapp. Mit den Stimmen der Delegation von Wyoming, dem letzten der in alphabetischer Reihenfolge aufgerufenen Bundesstaaten, erringt Kennedy am 13. Juli 1960 bereits im ersten Wahlgang die Mehrheit.

Er ist der Kandidat der Demokraten.

Die Präzision der Operation überrumpelt selbst die alten Strippenzieher in der Partei. So hatte etwa Lyndon B. Johnson gehofft, den Zuschlag zu bekommen, sollte sich ein Kandidat nicht im ersten Wahlgang durchsetzen.

Doch der kühlen Gründlichkeit der Kennedys hatte der Texaner nichts entgegenzusetzen. Ein Junior-Senator hat ihn, den Chef der Senatsfraktion, der alle Tricks im Washingtoner Geschäft beherrscht, die Schmeicheleien, die Drohungen, die Versprechungen, die Bluffs, schlicht ausgespielt.

Aber Johnson ist Realist. Und so rechnet er sich aus, dass Kennedy ihn, den Südstaatler, brauchen wird. Vielleicht schickt er dem gerade gewählten Kandidaten eben deshalb noch in der Nacht ein warmherziges Glückwunschtelegramm. Am Morgen nach der Abstimmung klingelt John F. Kennedy ihn tatsächlich aus dem Bett und bietet ihm die Vizepräsidentschaftskandidatur an.

Es ist ein weiterer, kühl kalkulierter Schachzug: Kennedy sichert sich so die Unterstützung konservativer Demokraten im Süden, die nicht viel mit ihren liberalen Parteifreunden aus dem Norden anfangen können – und schon gar nichts mit dem jungen Senator von der Ostküste.

Die Linken in der Partei heulen auf, als die Nachricht von dem Angebot durchsickert. Doch in Bobbys Hotelsuite gehen Helfer bereits die Bundesstaaten durch: Der Süden und die Ostküste addiert – wie viele Staaten muss man dann noch gewinnen für den Einzug ins Weiße Haus?

Vor 80 000 Menschen nimmt Kennedy am 15. Juli 1960 im Sportstadion von Los Angeles die Nominierung offiziell an. 35 Millionen Amerikaner verfolgen den Auftritt im Fernsehen.

Zum ersten Mal spricht er von der „New Frontier", von den „Hoffnungen und Bedrohungen", von den Herausforderungen der gerade anbrechenden 1960er Jahre. „Die Zeit für eine neue Führungsgeneration ist gekommen – für neue Männer, die sich neuen Problemen und neuen Chancen stellen."

Es ist nicht seine beste Rede. Seine Stimme, hoch und heiser, hallt im Oval der Arena wider. Die Scheinwerfer ziehen Insekten an, er verschluckt beim Sprechen ein oder zwei Tiere.

Aber seine Botschaft kommt an: Kennedy verkörpert den Beginn einer neuen Ära. Den Generationenwechsel.

Aufbruchstimmung umgibt nun den Wahlkampf. Kennedy spricht das optimistische Lebensgefühl seines Landes an. Er trifft den Zeitgeist. Die Eisenhower-Ära waren gute Jahre. Aber eine allgemeine Rastlosigkeit hat viele Amerikaner erfasst. Sie sind bereit, nach all den Vaterfiguren, die sie ins Weiße Haus gewählt haben – Roosevelt, Truman, Eisenhower –, nun ein Experiment zu wagen.

John F. Kennedy und seine jungen Berater begreifen dies und richten ihre Strategie entsprechend aus. „Es ist an der Zeit, dieses Land wieder in Bewegung zu bringen", wiederholt der Kandidat ohne Unterlass. Es wird das Grundmotiv seines Wahlkampfs.

Vizepräsident Richard Nixon, der für die Republikaner antritt, macht vor laufender Kamera keine gute Figur

Kennedy, der Mann des Wandels: Darum gruppiert er seine Themen.

Die Gesundheitsversorgung der Senioren im Land zum Beispiel. Immer mehr ältere Amerikaner verlieren zu jener Zeit ihr Haus und ihre Ersparnisse, weil sie Arzt- und Krankenhausrechnungen nicht bezahlen können. Warum also nicht eine staatliche Krankenversicherung für Rentner schaffen? Kennedys Vorschlag ist hochpopulär.

Oder seine Bildungsinitiative: Die Schulen ächzen unter dem Ansturm der Babyboom-Generation. Und viele junge Leute können sich die College-Gebühren nicht leisten. Kennedy schlägt Bundeshilfen für Schulen und staatliche Kredite für Studenten vor. Das kommt an, gerade in den Vororten der Städte, wo die Familien mit Kindern wohnen.

Und die Bürgerrechte. Kennedy macht Front gegen die Rassendiskriminierung, gegen die Eisenhower nur halbherzig vorgegangen ist. Damit will sich der Kandidat die Stimmen der Afroamerikaner und der liberalen Demokraten vor allem im Norden der USA sichern.

Überall sieht Kennedy Stagnation. Auch in der Wirtschaft: Zwei Rezessionen musste Amerika unter Eisenhower verkraften. Und nun, seit April 1960, befindet sich die Wirtschaft schon wieder auf Talfahrt.

Geradezu lebensgefährliche Untätigkeit macht er auch in der Außen- und Sicherheitspolitik aus: Laut beklagt Kennedy das Tempo der sowjetischen Nuklearaufrüstung bei gleichzeitigen Einschnitten im US-Verteidigungshaushalt. Hat auch eine griffige Formel für den angeblichen Rückstand: die „Raketen-Lücke".

Es ist die hohe Zeit des Kalten Krieges. Im Herbst wird der Sowjetführer Nikita Chruschtschow in der UN-Vollversammlung mit dem Schuh auf sein Pult schlagen und kurz darauf dem Westen zurufen: „Wir werden euch beerdigen."

Und so sind Kennedys Parolen wahltaktisch raffiniert, denn er präsentiert sich als Vertreter einer knallharten Sicherheitspolitik, stählerner noch als der Weltkriegsheld Eisenhower.

Es ist eine TV-Revolution: Am 26. September 1960 verfolgen 70 Millionen Zuschauer das erste Rededuell zwischen Kennedy und seinem Konkurrenten Richard Nixon. Ein Triumph für den Mann aus Massachusetts: Während Nixon bisweilen abgespannt und ängstlich wirkt, tritt Kennedy dynamisch und souverän auf, seine Umfragewerte steigen merklich an

Kennedy begeistert die Menschen. In Scharen pilgern sie zu seinen Kundgebungen. Doch in Umfragen liegen Richard Nixon und er abwechselnd vorn. Zu Beginn der heißen Phase des Wahlkampfs Anfang August 1960 fällt er sogar hinter den Republikaner zurück.

Die Umfragen offenbaren zwei Schwächen: Auf viele wirkt er zu jung, einfach unreif. Und er ist katholisch, was in den protestantisch geprägten USA noch immer ein Hindernis ist.

Die „verdammte Religionsfrage", wie Kennedy sie nennt, hat ihn schon den ganzen Wahlkampf über geplagt. Sie spaltet Amerika – und ist ein Trauma für seine Partei. Drei Jahrzehnte zuvor haben es die Demokraten schon einmal gewagt, einen Katholiken als Bewerber für das Weiße Haus zu nominieren. Das Experiment endete im Desaster: Al Smith ging bei der Wahl 1928 unter.

Und jetzt zieht Norman Peale, ein prominenter evangelischer Prediger, öffentlich Kennedys Befähigung für das höchste Amt in Zweifel: Er würde als Präsident „Amerikas Außenpolitik in Übereinstimmung mit den Interessen des Vatikans bringen", sagt der Pastor.

Kennedy schlägt zurück. Am 12. September 1960 stellt er sich in Houston einer Befragung von nicht weniger als 300 Geistlichen.

Geschickt appelliert er an den Sinn seiner Landsleute für Toleranz: „Wenn diese Wahl auf der Grundlage entschieden werden sollte, dass 40 Millionen Amerikaner ihre Chance, Präsident zu werden, an dem Tag verloren haben, an dem sie getauft wurden, dann wird die ganze Nation verlieren."

Selbst die skeptischen Baptisten-Prediger klatschen nach seiner Rede Beifall. Es ist ein Prestige-Erfolg erster Güte.

Das Murren aber nimmt kein Ende. 360 verschiedene antikatholische Traktate werden an mehr als 20 Millionen Haushalte quer durch die USA verteilt. Noch ist offen, ob Kennedys Glaube ihm am Ende nicht doch den Weg ins Weiße Haus versperrt.

Die andere Schwäche begleitet ihn schon, solange er Politik macht: Er gilt als Playboy, der lieber mit schönen Frauen ausgeht, statt Akten zu studieren. Und tatsächlich hat er sich in fast 14 Jahren im Kongress nicht als Initiator wichtiger Gesetze hervorgetan.

Sein Kontrahent Nixon wirkt ungleich reifer und erfahrener. Vielleicht hilft auch der Amtsbonus des Vizepräsidenten. Dabei trennen Kennedy von Nixon nur vier Jahre.

Wie auch immer: Der Neue muss beweisen, dass er für das Amt genauso tauglich ist wie der Republikaner. Das Fernsehen soll ihm helfen, die Zweifel aus der Welt zu schaffen – mit einem direkten Vergleich der Kontrahenten.

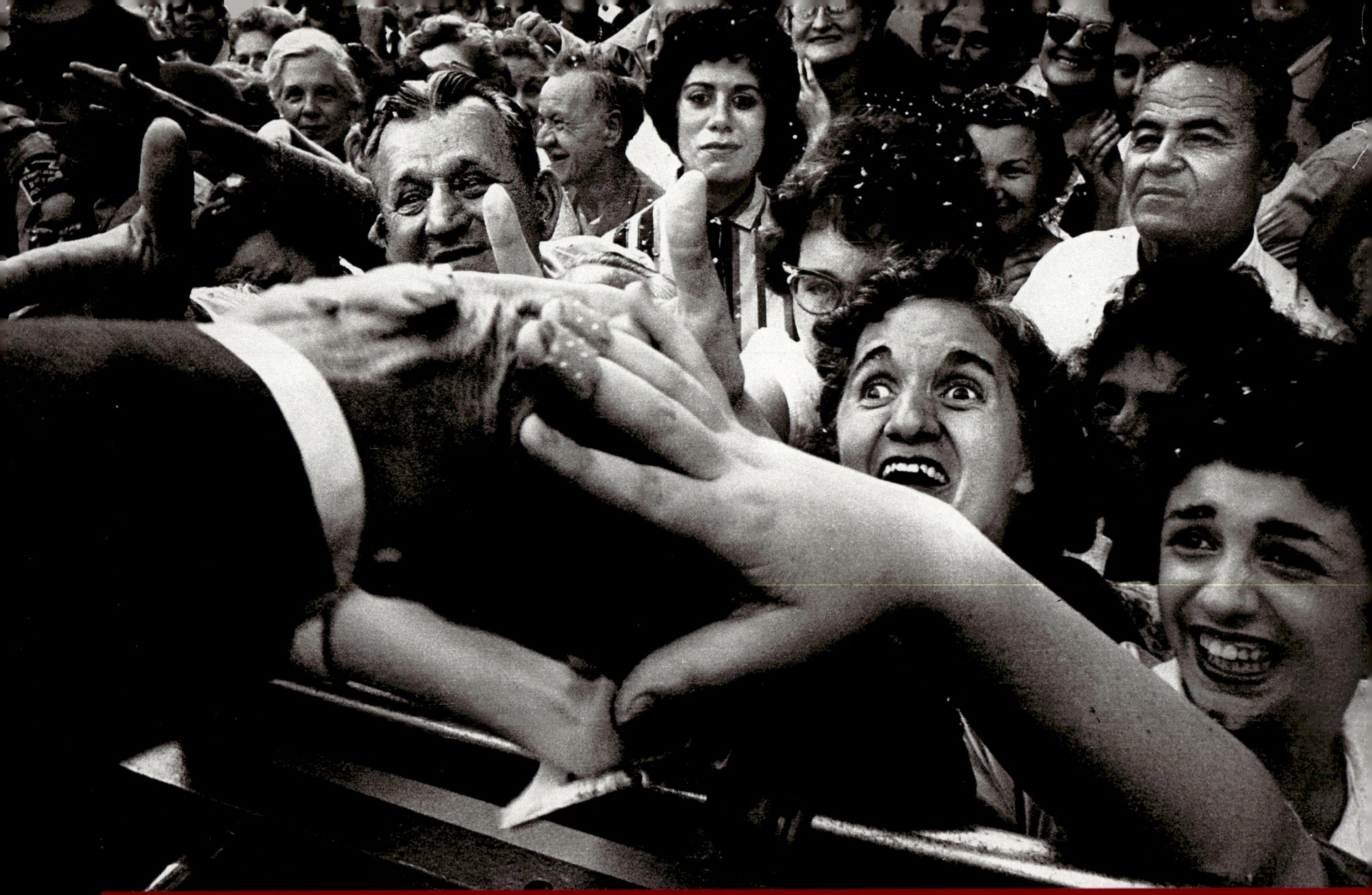

Kennedy prangert die Rassendiskriminierung an, kritisiert die schwache Sicherheitspolitik des noch amtierenden Präsidenten Eisenhower und fordert Kredite für Studenten: ein Programm, das vor allem junge Menschen begeistert. Doch sein katholischer Glaube und der Ruf als Playboy sind in den protestantisch geprägten USA eine schwere Hypothek

Als die großen TV-Sender eine Reihe live übertragener Debatten vorschlagen, nimmt Kennedy sofort an. Er weiß, dass er so ungleich mehr Menschen erreichen kann als mit jeder Wahlkampfveranstaltung. Denn inzwischen besitzen 88 Prozent aller Haushalte in den USA ein TV-Gerät. Vier Debatten vereinbaren die Kandidaten. Die erste findet bei CBS in Chicago am 26. September statt.

Es ist drückend in Studio Eins, als die Kameras auf Sendung gehen. Kennedy geht sofort in die Offensive. Statt in seinem Eingangsstatement wie vereinbart vor allem über die Innenpolitik zu reden, spricht er von der äußeren Bedrohung durch die Sowjetunion und davon, dass die USA darauf nicht richtig reagieren. Und endet mit dem Grundmotiv seines Wahlkampfs: „Es ist an der Zeit, dass Amerika wieder in Bewegung kommt."

Nixon reagiert irritiert. Ist sogleich in der Defensive. Er gibt seinem Kontrahenten sogar recht: „Ich stimme voll und ganz der Haltung zu, die Senator Kennedy heute Abend zum Ausdruck bringt, der Haltung, dass die Vereinigten Staaten vorankommen müssen." Besser kann es für Kennedy kaum beginnen.

Nixon verteidigt die Eisenhower-Jahre. Er kann Zahlen vorweisen, hat Statistiken parat. Unter dem republikanischen Präsidenten wurden mehr Schulen, Krankenhäuser und Wasserkraftwerke gebaut als zuvor in der Präsidentschaft des Demokraten Truman. Das Bruttosozialprodukt ist um 19 Prozent gestiegen, die Inflation aber gesunken.

Im Studio sitzen keine Zuschauer, nur vier TV-Reporter, die Fragen stellen. Und so wendet sich Nixon an die Männer im Fernsehstudio oder an seinen Kontrahenten. Redet, als müsse er sie – wie einst die Jury beim Debattierwettbewerb im College – mit seiner kunstvollen Argumentation beeindrucken.

Die eigentliche Jury aber sitzt in den Wohnzimmern Amerikas. Und dort haben die Zuschauer das Gefühl, dass Nixon über ihre Köpfe hinwegredet.

Auch Kennedy gibt sich keine Blöße bei den Fakten. Seine Leute haben umfangreiche Dossiers zusammengestellt (das über seinen Kontrahenten nennen sie „Nixopedia"). Drei Vertraute haben tagsüber im Hotel Karteikarten mit allen nur denkbaren Fragen und Antworten vorbereitet. Kennedy hat, in T-Shirt und Boxershorts auf dem Bett liegend, die Formulierungen in einem schnellen Schlagabtausch einstudiert. Jetzt redet er völlig frei – und entspannt.

Worte sind zweifellos wichtig in einer Debatte, doch im TV entscheiden letztlich die Bilder. Das hat John F. Kennedy längst begriffen: Es geht um die Wirkung auf dem TV-Schirm. Darum, wer von beiden wie ein Präsident auftritt.

Kennedy hat stets Gestik und Mimik unter Kontrolle, erscheint ruhig, locker, souverän. Selbst in den Momenten, in denen seine Reaktionen auf die Äußerungen des Gegners eingefangen werden, gibt er sich keine Blöße.

Ganz anders Nixon. Seine Körpersprache ist verheerend. Unruhig rutscht er in seinem Stuhl hin und her, weiß nicht, wo er seine Hände lassen soll. Aus jeder Pore atmet er Anspannung. Wirkt mitunter fast furchtsam. Während Kennedy ihn meist genau fixiert, schaut Nixon häufig ausweichend zur Seite. Seine buschigen Brauen werfen im Licht der Scheinwerfer Schatten auf die Augen. Ausgezehrt sieht er aus, abgespannt. Das ist kein Mann, der Herr der Lage ist.

Es kommt noch schlimmer: Nixon beginnt in der Hitze der Studiolichter heftig zu schwitzen. Das „Lazy Shave" hat den Bartschatten nicht beseitigen können. Nun ziehen Schweißtropfen Bahnen durch die helle Puderschicht. Nixon leckt sich nervös Schweiß von seiner Oberlippe. Er wischt sich die Stirn – ausgerechnet in dem Moment, als Kennedy mit Argumenten punktet.

Chicagos Bürgermeister Daley, der die Debatte verfolgt, höhnt: „Mein Gott, sie haben ihn schon einbalsamiert, noch ehe er tot ist." Selbst Nixons Mutter ruft nach der Show an und erkundigt sich voller Sorge, ob ihr Sohn krank sei.

Der Effekt der Bilder ist bemerkenswert. Während viele Radiozuhörer die Debatte für Nixon entscheiden, sehen die TV-Zuschauer eindeutig einen anderen Sieger: Kennedy. Er hat es geschafft. Er ist auf Augenhöhe mit seinem Konkurrenten. Immerhin.

In den Umfragen liegt er bald wieder vor Nixon, 49 zu 45 Prozent. Kennedys Lager verbreitet Optimismus. Doch der Kandidat weiß, dass eine so knappe Führung trügt. In den letzten Wochen vor der Wahl kann viel passieren. Alles ist möglich.

Am 19. Oktober 1960 dann geschieht etwas, was die Berechnungen der Wahlarithmetiker noch einmal durcheinanderbringt. Martin Luther King jr., der bekannte afroamerikanische Bürgerrechtler, wird in Atlanta bei einer friedlichen Demonstration für das Ende der Rassentrennung in einem Kaufhausrestaurant verhaftet. Ein weißer Richter macht kurzen Prozess, verurteilt den Bürgerrechtler am 25. Oktober zu vier Wochen Zwangsarbeit.

Die großen Zeitungen nehmen davon kaum Notiz. Zu sehr nimmt sie der Wahlkampf in Anspruch. Kings Frau Coretta aber befürchtet das Schlimmste – und ruft einen Helfer Kennedys an: „Sie werden ihn umbringen", schluchzt sie, „ich weiß, sie werden ihn umbringen."

Auch Kennedy hat den Vorfall nicht weiter beachtet. Im Gegensatz zu Nixon hat er King bisher nicht einmal persönlich kennengelernt. Doch nun drängt ihn sein Schwager Sargent Shriver, über den verzweifelten Hilferuf von Kings Frau informiert, sie in Atlanta anzurufen: „Du wirst ihre Herzen erobern."

Tatsächlich ist nicht klar, wie die Afroamerikaner – falls sie überhaupt wählen gehen – abstimmen werden. Umfragen ergeben immer wieder, dass sie durchaus für Nixon stimmen könnten. Schließlich ist er der Vize jenes Präsidenten, der vor drei Jahren Soldaten nach Little Rock geschickt und durchgesetzt hat, dass schwarze Kinder dort eine High School besuchen konnten, die zuvor Weißen vorbehalten war.

Kennedy erkennt die Gelegenheit und ruft Coretta King spontan an: „Ich werde tun, was ich kann", verspricht er. Das Gespräch dauert nur wenige Minuten. Richard Nixon meldet sich nicht.

Bobby Kennedy, Jacks Wahlkampfmanager, fürchtet indes, dass das Telefonat die Konservativen in den Südstaaten gegen seinen Bruder aufbringen könnte.

Mit seiner Familie und Freunden verfolgt Kennedy in Hyannis Port am Wahltag die ersten Hochrechnungen

Doch nun, da das Gespräch nicht mehr aus der Welt zu schaffen ist, telefoniert auch er und verlangt vom zuständigen Richter die sofortige Entlassung des Bürgerrechtlers – mit Erfolg: King kommt am nächsten Tag frei.

Dessen Vater, ebenfalls ein einflussreicher Prediger und bis dahin ein bekennender Nixon-Mann, sagt über John F. Kennedy: „Er hat den Mut, für das einzustehen, was richtig ist. Ich habe einen Koffer voller Stimmen. Und ich werde ihn zu Mr. Kennedy tragen."

Selbst die „Atlanta Daily World", eine republikanisch gesinnte Zeitung, die meist von Afroamerikanern gelesen wird, würdigt Kennedys Engagement.

Damit die Botschaft von der guten Tat auch überall ankommt, lässt Kennedys Stab zwei Millionen Flugblätter drucken. Vater Kennedy bezahlt die Rechnung. Am Sonntag vor der Wahl werden sie vor den Kirchen der Schwarzen verteilt.

Zugleich halten sich hartnäckig Gerüchte, dass der alte Kennedy auch seine Chicagoer Kontakte spielen lässt, um Stimmen für seinen Sohn zu kaufen.

Er habe den Mafia-Boss Sam Giancana getroffen. Der wiederum sei mitten im Wahlkampf bei einem Hotel-Casino geschäftlich eingestiegen, das kurz zuvor noch einem Strohmann Joseph P. Kennedys gehört habe. Auch Giancana habe jemanden vorgeschickt: JFKs guten Freund Frank Sinatra.

Der Kandidat versucht, das Gerede um die Mafia-Kontakte mit der üblichen Kombination von Charme und Chuzpe beiseitezuwischen. Er habe gerade ein Telegramm von seinem Vater bekommen, scherzt er auf Wahlveranstaltungen: „Kauf nicht eine Stimme mehr als nötig", laute es, „ich möchte nicht für einen Erdrutschsieg zahlen müssen."

Erst viel später werden konkrete Vorwürfe laut. So hat angeblich einer der Köpfe des Gangster-Syndikats korrupte Staatsmänner und Gewerkschaftsleute im ganzen Land unter Druck gesetzt, damit sie Wählerstimmen für Kennedy organisieren.

Und FBI-Unterlagen (die jedoch nie veröffentlicht wurden)

legen nach Auskunft zweier Informanten nahe, dass die Gangster als Gegenleistung für den Stimmenkauf in Chicago von Kennedy erwarteten, er werde als Präsident den Ermittlungseifer des FBI gegen die Chicagoer Mafia dämpfen. Aber bewiesen wird davon nichts.

AM WAHLTAG JEDENFALLS kann John F. Kennedy jede Stimme brauchen. Seine Familie und seine engsten Berater schart er an diesem 8. November 1960 im Sommerhaus seines Bruders Robert in Hyannis Port um sich.

30 Telefonleitungen sind dort gelegt worden. Im Erdgeschoss nehmen zehn Telefonistinnen die Ergebnisse entgegen, die Kennedy-Anhänger aus den Stimmbezirken im ganzen Land durchsagen. Im Kinderzimmer im ersten Stock sind die Betten abgebaut. Ein Demoskop sitzt hier, analysiert rastlos die einlaufenden Daten und rechnet Wähleranteile hoch – mit dem Rechenschieber. Nebenan im Schlafzimmer klappern vier Fernschreiber.

Drei von vier Meinungsforschern sehen Kennedy kurz vor der Wahl vorn, und tatsächlich fängt der Abend gut an. Bei CBS sagen Computer der modernsten Generation einen Sieg Kennedys mit einer Wahrscheinlichkeit von sieben zu eins voraus. Gegen 22.30 Uhr kommen TV-Reporter auf einen Vorsprung von vier, fünf Millionen Stimmen.

Jacks drei Schwestern hüpfen aufgeregt kichernd durchs Wohnzimmer. Seine Frau Jackie, schwanger im neunten Monat, flüstert ihm zu: „Oh, Bunny, du bist jetzt Präsident." Aber der wehrt leise ab: „Nein, nein, dafür ist es zu früh."

Dann geschieht, was Kennedy die ganze Zeit befürchtet hat. Ein Bundesstaat nach dem anderen fällt an seinen Konkurrenten. JFKs Vorsprung schmilzt. Nixon gewinnt Staaten im Mittleren Westen, dann Washington, Wyoming, Colorado.

Jetzt hängt alles an vier Bundesstaaten: Kalifornien, Michigan, Minnesota und Illinois.

Schließlich tritt Richard Nixon im „Ambassador Hotel" in Los Angeles vor die Kameras. Das Fernsehen überträgt live.

Nixon sieht zwar seine Siegchancen schwinden, gibt aber nichts verloren.

„Warum sollte er aufgeben? Würde ich auch nicht tun", kommentiert Kennedy vor dem Fernsehgerät im Wohnzimmer seines Bruders kühl Nixons Ausharren. Dann verkündet er, dass er jetzt ins Bett gehen werde.

Es ist 3.40 Uhr morgens in Hyannis Port. Noch immer ist nicht klar, ob John F. Kennedy als Verlierer erwachen wird oder als künftiger Präsident.

Erst um 5.35 Uhr melden TV-Reporter, dass Michigan definitiv an Kennedy geht. Nun ist ihm der Sieg nicht mehr zu nehmen, gleichgültig, wer in den anderen Bundesstaaten gewinnt.

John F. Kennedy verschläft den Moment seines Triumphs. Erst zehn Minuten nach der Meldung, um 5.45 Uhr, erhält ein Mitarbeiter des *Secret Service* Order, 16 Agenten loszuschicken, um die Kennedy-Residenz abzuriegeln. Ab sieben Uhr steht John F. Kennedy unter dem Schutz des Geheimdienstes – nunmehr als gewählter Präsident der Vereinigten Staaten von Amerika.

Kennedy hat im Osten bis auf Ohio alle wichtigen Staaten gewonnen, darunter New York und Pennsylvania. Im Mittleren Westen holte er die großen Staaten Michigan und Illinois. Er gewinnt die meisten großen Städte und ist in den Vororten stark. Er hat die katholischen Wähler zu 78 Prozent hinter sich, die Afroamerikaner zu 80 Prozent.

Ohne die Südstaaten aber – ohne Georgia, die Carolinas und Louisiana, vor allem ohne Texas – hätte er die Wahl nie gewonnen. Sie hat er sich mit der Berufung Lyndon B. Johnsons gesichert.

Kennedy, hier bei seiner Antrittsrede am 20. Januar 1961, erhält nur knapp 120 000 Stimmen mehr als Nixon

Doch noch ist das Drama nicht vorbei: Weniger als 120 000 Stimmen trennen Kennedy und Nixon – bei rund 70 Millionen Wählern. Das ist gerade mal ein Zehntelprozentpunkt: 49,7 für Kennedy, 49,6 für seinen Kontrahenten. In Illinois entscheiden ganze 8858 Stimmen.

Sofort werden Gerüchte über Wahlmanipulationen laut. Vor allem in Texas und in Illinois. Würden die Mehrheiten in diesen beiden Bundesstaaten kippen, wäre Nixon Präsident.

In Texas soll Kennedys Kompagnon Johnson die Wahl dadurch gesichert haben, dass in einigen Bezirken mehr Stimmen ausgezählt wurden, als es Wähler gibt – und stets mit großer Mehrheit für Kennedy und Johnson. 100 000 Voten sollen auf diese Weise registriert worden sein. Doch überprüfen lässt sich nichts: In Texas ist eine Nachzählung nicht vorgesehen.

Anders in Illinois. Da können die Stimmen geprüft werden, denn auch hier weiß jedermann, dass es bei Wahlen nie mit rechten Dingen zugeht.

Die Demokraten werfen den im Süden des Bundesstaates starken Republikanern vor, stets zu ihren Gunsten zu manipulieren. Umgekehrt richtet sich der Vorwurf des häufigen Wahlbetrugs auch gegen die Metropole Chicago, die seit Jahrzehnten den Demokraten gehört. Doch diese „Arbeitsteilung" wollen die Republikaner diesmal nicht durchgehen lassen.

Tatsächlich berichten Reporter der republikanisch eingestellten Tageszeitungen Chicagos von haarsträubenden Details. Unter anderem sollen auch Tote abgestimmt haben. In den Wählerlisten eines Bezirks tauchten mehr als 100 frei erfundene Namen auf. In einem anderen habe eine Wahlmaschine vormittags bereits 121 abgegebene Stimmen gezählt, doch seien bis dahin erst 43 Wähler erschienen. Und Nixon-Stimmen seien schlicht für ungültig erklärt worden.

Die Republikaner klagen Anfang Dezember vor Gericht in Chicago. Eine erste Nachzählung ausgewählter Bezirke hat bis dahin zwar Korrekturen, für das Gesamtergebnis aber keine

Am Abend der Amtseinführung lässt sich der neue Präsident mit seiner Frau und seinen engsten Vertrauten in einer Washingtoner Arena beim traditionellen Antrittsball feiern. Bis heute halten sich Gerüchte, dass Kennedys knapper Wahlsieg auf manipulierten Wählerlisten und gekauften Stimmen beruhte

Veränderung ergeben. Weitere Nachzählungen würden sich über Monate hinziehen und womöglich auch keine Klarheit bringen.

Und so pfeift Richard Nixon seine Parteifreunde zurück: Er weiß, dass er auch mit Illinois nicht mehr gewinnen kann. Diese Wahl jedenfalls nicht.

DER 20. JANUAR 1961 ist ein strahlender, sonnenerfüllter Tag. Am Nachmittag und Abend zuvor ist ein Blizzard über Washington hinweggezogen. Nun aber sind die Wolken fort, der Schnee flirrt im Licht. Auf den Stufen des Kapitols, gegenüber dem Säulenportal des Obersten Gerichtshofs, legt John F. Kennedy in Cut und grauer Nadelstreifenhose (darunter trägt er Thermounterwäsche gegen die Kälte) um kurz vor 13 Uhr seinen Amtseid ab.

105 geladene Gäste befinden sich auf dem Podium. Und kein anderes Bild veranschaulicht besser den Generationenwechsel, der sich nun in Washington vollzieht: Zwei Ex-Präsidenten haben in der ersten Reihe hinter der Marmorbalustrade des Kapitols Platz genommen, Dwight Eisenhower und Harry Truman, und hinter ihnen die Witwen von Woodrow Wilson und Franklin Delano Roosevelt.

Links vom Podium jedoch sitzt eine junge Frau, deren heller Designer-Mantel mit dem dazu passenden Pillbox-Hut hervorsticht und eine Modewelle auslösen wird: Jackie Kennedy, die neue First Lady. Sie bezaubert die Nation.

Der junge Präsident aber ergreift eine ganze Generation mit seinem wohl berühmtesten Satz: „Fragt nicht, was euer Land für euch tun kann – fragt, was ihr für euer Land tun könnt."

John Fitzgerald Kennedy, der 35. Präsident der USA, weiß, dass er nur knapp gewonnen hat. Wie zu einer Mahnung daran soll er fortan oft einen Zettel mit einer sechsstelligen Ziffernfolge bei sich getragen haben: 118 574. Die Zahl seines hauchdünnen Stimmen-Vorsprungs.

Und niemand wird jemals mit Sicherheit sagen können, ob ihn tatsächlich gekaufte Voten, die Stimmen von Toten oder das Geistervotum frei erfundener Wähler haben siegen lassen. Die ganze Wahrheit über John F. Kennedys Aufstieg ins höchste Amt wird wohl keiner je in Erfahrung bringen. □

__Literaturtipps:__ Theodore H. White, „The Making of the President 1960", Atheneum: ausführliche Darstellung eines Zeitzeugen mit vielen Details aus Kennedys Leben. William. J. Rorabaugh, „The Real Making of the President. Kennedy, Nixon, and the 1960 Election", University Press of Kansas: genaue Untersuchung der Kennedy-Kampagne und eine kritische Auseinandersetzung mit Whites Klassiker.

Als US-Korrespondent der „Süddeutschen Zeitung" hat **Reymer Klüver**, 49, zuletzt den Wahlkampf des amtierenden US-Präsidenten Barack Obama aus nächster Nähe beobachtet.

Um die Invasionstruppen zu unterstützen, bombardieren am 19. April sechs getarnte US-Flugzeuge Militärstandorte auf Kuba. Doch Fidel Castros überlegene Luftwaffe schießt zwei US-Flugzeuge ab

OPERATION SCHWEINE

Auf Drängen des Geheimdienstes CIA beschließt Präsident Kennedy im Frühjahr 1961, Revolutionsführer Fidel Castro auf Kuba zu stürzen. Um nicht selbst als Aggressor aufzutreten, soll eine Brigade von Exilkubanern den Kampf beginnen. Doch schon deren Landung auf der Insel scheitert

VON TILL HEIN

BUCHT

Es ist kurz vor Mitternacht am Sonntag, dem 16. April 1961. Ein Schlauchboot nähert sich in der Dunkelheit der Südküste Kubas.

Die sechs Männer an Bord tragen Taucheranzüge, ihre Gesichter sind geschwärzt. In ihren Gurten stecken Dolche, über den Schultern hängen Schnellfeuergewehre.

Sie gehören zur Vorhut einer etwa 1500 Kämpfer starken Brigade von Exilkubanern, die in den USA leben und nun das linksgerichtete Regime auf der Insel bekämpfen sollen. Alle haben in Ausbildungslagern des Geheimdienstes CIA für diese Mission trainiert.

Der CIA-Offizier Grayston Lynch, ein bulliger Texaner, führt auf dem Schlauchboot das Kommando. Die anderen fünf paddeln. In wenigen Augenblicken sollen die Männer in der Bahía de Cochinos, der „Schweinebucht", an Land gehen.

Ihre Aufgabe: Signallichter anbringen, um der Brigade den Weg zu weisen. Auf Schiffen vor der Küste warten die anderen Kämpfer mit Jeeps, Lastwagen, Panzern und Maschinengewehren auf das Signal zur Landung.

Lynch rechnet nicht mit Problemen, die Schweinebucht gilt bei den Agenten der CIA als nahezu unbewohnt.

Doch dann trägt der Wind Gelächter und Wortfetzen hinüber. Es müssen Menschen am Strand sein.

Der CIA-Offizier sucht durch sein Fernglas das Ufer ab, erkennt eine beleuchtete Bar, davor plaudernde Männer, etwas abseits eine Straße. Um nicht entdeckt zu werden, korrigieren die Invasoren vorsichtig ihren Kurs.

Nur wenige Hundert Meter trennen sie von der Küste. Da flackert auf ihrem Boot plötzlich eine Signallampe auf – wahrscheinlich ein Wackelkontakt. Hastig reißt Lynch das Batteriekabel aus der Fassung.

Hat das Licht die Männer verraten? Ist die Geheimoperation schon jetzt gescheitert – der Plan, auf Kuba einen Volksaufstand gegen den Führer des Revolutionsregimes, Fidel Castro, zu entfachen?

Castros Guerillakämpfer haben gut zwei Jahre zuvor, im Januar 1959, den Diktator Fulgencio Batista auf Kuba entmachtet – seither ist auch die wirtschaftliche Vorherrschaft der USA auf der Insel bedroht.

Denn unter Batista besaßen US-Konzerne 90 Prozent der Aktien an den kubanischen Elektrizitätswerken, zwei der drei Erdölraffinerien und einen Großteil der Zuckermühlen – damit kontrollierten sie Kubas wichtigstes Exportgut.

Zudem hatte die US-Mafia Hotels, Spielcasinos, den Drogenhandel und die Bordelle auf der Insel unter sich aufgeteilt. In den Casinos und Nachtclubs an der Uferpromenade Malecón von Havanna amüsierten sich die Paten der Gangsterorganisation.

Revolutionsführer Fidel Castro, ein studierter Jurist, galt anfangs, in der Zeit nach dem Umsturz, vielen Menschen im In- und Ausland als Hoffnungsträger. Als er kurz nach seinem Sieg in die USA reiste, um für sein Regime zu werben, feierten ihn die Studenten der Elite-Universitäten Princeton und Harvard.

„Wir sind gegen jede Art von Diktatur", verkündete er im April 1959 in Washington, „daher sind wir gegen den Kommunismus." Der US-Präsident Dwight D. Eisenhower aber empfing ihn nicht, sondern spielte lieber Golf.

Ob Castro lediglich bluffte auf seiner USA-Tour? CIA-Funktionäre informierten Eisenhower jedenfalls schon bald über den zunehmenden sowjetischen Einfluss auf die Politik Kubas. In der Tat bauten im Laufe des Jahres 1959 moskautreue Kampfgefährten Castros ihre Macht aus – während sich der Revolutionsführer noch um gute Beziehungen zu den USA bemühte.

Doch als bald nach Castros Rückkehr Kubas Großgrundbesitzer, darunter zahlreiche US-Agrarkonzerne, enteignet wurden, kam es zur ersten massiven diplomatischen Auseinandersetzung mit Washington. Wenig später erhöhte das Regime in Havanna auch den Druck auf die Opposition, verhaftete politische Gegner, schloss oder verstaatlichte kritische Verlage und Radiosender.

Tausende Kubaner flohen, vor allem in die USA; andere bekämpften als Guerilleros die Castro-Regierung.

Die US-Regierung fürchtete, dass die Revolution auf weitere Länder übergreifen und ganz Lateinamerika sozialistisch werden könnte.

Gleichwohl hatte Präsidentschaftskandidat John F. Kennedy während des Wahlkampfes im Herbst 1960 einen sanfteren Kurs der US-Außenpolitik angekündigt. Um Umstürze zu verhindern, wollte er in den Ländern südlich der USA, wo fast die Hälfte der Erwachsenen weder lesen noch schreiben können, künftig durch Entwicklungshilfe Vertrauen aufbauen: wollte durch eine „Allianz für den Fortschritt" Bildung, medizinische Versorgung und Demokratie fördern.

Kurz nach seinem Amtsantritt bewilligte ihm der Kongress dafür 600 Millionen US-Dollar. Auf diese Weise sollten die armen Länder des amerikanischen Kontinents enger an die USA gebunden werden.

Ein Pazifist aber ist der künftige Präsident nicht. Die Appeasement-Politik der Briten – die, um einen Krieg zu verhindern, Nazi-Deutschland bis ins Frühjahr 1939 große außenpolitische Zugeständnisse gemacht hatten – steht ihm als abschreckendes Beispiel vor Augen. Aggressoren müsse man frühzeitig militärisch Einhalt gebieten, lautet seine Überzeugung. Und den Kommunismus hält er für ebenso gefährlich wie einst den Nationalsozialismus.

Bereits zwei Wochen nach der Wahl vom November 1960 besuchen CIA-Chef Allen W. Dulles und sein Chefplaner Richard Bissell JFK auf dessen Familiensitz in Palm Beach. Sie wollen den künftigen Präsidenten in einen noch unter Eisenhower entwickelten Geheimplan einweihen. Es geht um Kuba.

CIA-Chef Allen Dulles – graues Haar, Schnurrbart, Tabakpfeife im Mundwinkel – hat die Ausstrahlung eines bedächtigen Mannes. Aber er ist ein Hardliner. Er ließ den kriegstechnischen Nutzen von Drogen wie LSD an Menschen erproben, hat für Präsident Eisenhower im Iran und in Guatemala Staatsstreiche organisiert. Und Bissell, sein jüngerer Chefplaner, ist wohl ebenso skrupellos.

Für die CIA hat die Beseitigung von Castro hohe Priorität. Dulles hat sogar einen Mordauftrag an Mafiakiller vergeben. Doch scheint dem CIA-Chef ein Putsch auf Kuba der effektivere Weg.

Das Konzept dafür haben sie längst ausgearbeitet: Nicht US-Soldaten sollen in der ersten Angriffswelle ihr Leben riskieren, sondern Exilkubaner, die im Verlauf der vergangenen Jahre vor Castro in die USA geflohen sind. Hunderte Freiwillige trainieren seit Monaten in einem geheimen Camp im Hochland Guatemalas, werden von US-Offizieren militärisch gedrillt.

Der Plan für eine Invasion der Insel unterscheidet sich noch deutlich von dem später verwirklichten. Das CIA-Szenario: Während exilkubanische Piloten Castros Luftwaffe am Boden vernichten, landen Rebellentruppen mit Schiffen an der Südküste und errichten einen Brückenkopf. Von dort aus greifen Flugzeuge der Exilkubaner die Revolutionstruppen an. Länger als drei Wochen, glauben die CIA-Agenten, könne das verhasste Regime dem Druck nicht standhalten. Und wenn doch, dann würde eine in den USA zuvor gebildete provisorische Regierung Washington offiziell um Militärhilfe bitten. So könnten die US-Streitkräfte einen „legitimen" Krieg gegen Kuba führen.

Am 11. März, zwei Monate nach der Amtsübernahme, präsentieren Dulles und Bissell dem neuen Präsidenten weitere Details ihres Plans. Die Schiffe mit den Anti-Castro-Kämpfern sollen unweit der Ortschaft Trinidad landen – 140 Kilometer östlich der später gewählten Schweinebucht.

Trinidad ist eine Stadt mit 18 000 Einwohnern, in der, so die Recherchen des Geheimdienstes, besonders viele Gegner des kubanischen Regimes leben. Ganz in der Nähe erhebt sich das Escambray-

Kuba wird zur ersten Bewährungsprobe für Kennedy, hier mit Außenminister Rusk (o. l.) und Pentagonchef McNamara

Gebirge, in dem sich etwa 1000 Anti-Castro-Guerilleros verschanzt haben. Im Westen versperren Berge den kubanischen Streitkräften den Weg, gegen Norden schirmt ein Fluss das Gebiet ab.

Alles in allem: ein günstiger Ort für eine Invasion bei Tageslicht, betonen die CIA-Männer.

Doch die Zeit dränge. Bald schon sollen sowjetische Kampfjets an Castro geliefert werden, so melden es Agenten, und in der Tschechoslowakei ausgebildete Piloten in Havanna eintreffen.

Was wird der neue Präsident dazu sagen?

Kennedy lässt sich nicht unter Druck setzen: Er lehnt den Geheimplan „Trinidad" ab. Das Szenario, argumentiert er, erinnere ihn zu sehr an die Landung der Alliierten in der Normandie, bei der im Juni 1944 Tausende US-Amerikaner und Briten getötet wurden, ehe den Überlebenden der Durchbruch gegen die Deutschen gelang.

Die Kuba-Invasion müsse diskreter erfolgen, im Schutz der Nacht, an einer menschenleeren Stelle, möglichst ohne direkte Unterstützung aus der Luft – auch deshalb, weil internationalen Beobachtern sonst leicht der Verdacht kommen könnte, dass Washington diese Aktion steuere.

Am 15. März – vier Tage nachdem die Operation „Trinidad" von Kennedy verworfen worden ist – präsentiert Bissell einen neuen Plan. Deckname: „Zapata".

Jetzt sollen die Exilkubaner nachts an Land gehen, in der Schweinebucht der einsamen Zapata-Halbinsel. Zur Unterstützung der Brigade könnten dort später weitere Exilkubaner sowie die bereits in Miami konstituierte provisorische Regierung landen. Allerdings werde der Sturz Castros ohne offene Hilfe der USA nur dann gelingen, wenn die Einheimischen gegen den Revolutionsführer rebellierten, erläutert der CIA-Mann. Doch daran, dass sich die katholischen Kubaner dem Kampf gegen das linke Regime anschließen würden, zweifelt wohl kaum jemand in der Umgebung Kennedys.

Die Experten des Pentagon sind dennoch skeptisch: Die Zapata-Halbinsel sei für eine Invasion ungeeignet – dort lebten keine Castro-Gegner, die sich mit der Brigade verbünden könnten.

Bissell entgegnet, dass sich die Angreifer zur Not zu den Guerilleros in die Berge durchkämpfen könnten.

Bereits Kennedys Vorgänger, Präsident Dwight D. Eisenhower, beschließt, Castro zu beseitigen. In Geheimcamps der CIA bereiten sich in die USA geflohene Kubaner unter anderem mit dem Studium von Karten auf die Invasion vor

Doch zwischen der Schweinebucht und den mehr als 120 Kilometer entfernten Höhen liegt ein gewaltiges Sumpfgebiet. Hat Bissell diese kaum passierbare Barriere auf den Landkarten übersehen? Oder verschweigt er Kennedy die Risiken, weil die Freiwilligen in den Camps langsam ungeduldig werden?

Die Jüngsten dort sind gerade 16 Jahre alt, die Ältesten schon über 60. Viele Mitglieder der „Brigade 2506" – benannt nach der Kennnummer eines jungen Exilkubaners, der bei Kampfübungen in Guatemala ums Leben gekommen ist – sind keine Soldaten, sondern Akademiker, Studenten, Arbeiter, Männer aus reichen und armen Verhältnissen, die meisten katholisch.

Ihr Kommandeur ist der 28-jährige José San Román, genannt Pepe. Ein draufgängerischer ehemaliger Offizier der kubanischen Armee.

Sie trainieren mit Raketenwerfer, Maschinengewehr, Mörser – und glauben an ihren Sieg. Denn falls es bei der Invasion zu Schwierigkeiten kommen sollte, werden ja die USA eingreifen.

Das jedenfalls haben CIA-Männer ihnen versprochen.

Von Kennedys Mitarbeitern kommen kaum Einwände gegen den neuen Plan. Nur sein Sonderberater, der renommierte Geschichtsprofessor Arthur M. Schlesinger, spricht sich offen dagegen aus. „Was denken Sie wirklich über diese verdammte Invasion, Mr. President?", fragt er Kennedy einige Tage darauf.

Der erwidert: „Ich denke so selten wie möglich darüber nach."

Als einziger Berater im Stab des Präsidenten warnt der Harvard-Professor vor einer Invasion

ARTHUR M. SCHLESINGER

ALLEN W. DULLES

Der CIA-Chef will den Umsturz in Kuba – und verheimlicht Kennedy wichtige Informationen

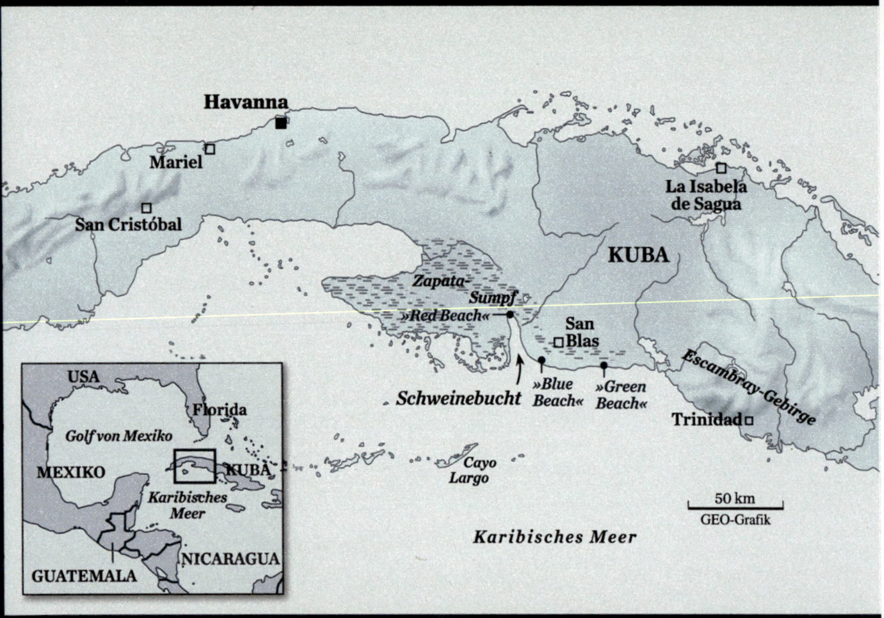

Auf unterschiedlichen Routen verlassen die Schiffe der Invasionsbrigade Guatemala und Nicaragua. Sie sammeln sich am Abend des 16. April 1961 bei der Insel Cayo Largo. Dort warten die Exilkubaner auf das Signal zur Landung in der Region von San Blas

Der Präsident will einer Entscheidung ausweichen. Denn Washington ringt mit Moskau um die globale Vorherrschaft. Und Kennedy befürchtet, die Sowjets könnten etwa mit einem Vergeltungsschlag auf Westberlin reagieren, wenn die USA auf Kuba intervenieren.

Zudem würden die Regierungen Lateinamerikas seinen Bekenntnissen zu einer neuen Außenpolitik kaum noch Glauben schenken. Unter keinen Umständen dürften die USA daher als Kriegspartei auftreten.

Am 16. März bearbeiten die Geheimdienst-Bosse Kennedy erneut. Richard Bissell betont den Vorteil des neuen Plans: das Überraschungsmoment durch die nächtliche Landung. Die Brigadisten werden alle Schiffe bis zum Morgengrauen entladen und den Küstenbereich verlassen haben, verspricht er.

Als er erneut anspricht, die Angreifer könnten sich zur Not zu den Anti-Castro-Kämpfern in den Bergen durchschlagen, lässt Kennedy sich so weit überzeugen, dass er die Invasion in der Schweinebucht genehmigt.

Er bedingt sich aber aus, die Aktion noch 24 Stunden vor dem Start absagen zu können – und bringt die CIA-Chefs damit wohl endgültig dazu, weitere Schwächen ihres Plans vor ihm zu verheimlichen. Etwa die ungeklärte Frage, wie auf der Karibikinsel ein Volksaufstand entfacht werden soll.

EIN GROSSTEIL der kubanischen Luftflotte besteht aus schwerfälligen B-26-Bombern: US-Propellermaschinen, wie sie im Zweiten Weltkrieg eingesetzt wurden. Die Amerikaner statten die Exilkubaner-Brigade deshalb ebenfalls mit diesem Flugzeugtyp aus. So wollen die CIA-Agenten den Eindruck erwecken, dass die eigenen Piloten gegen das Regime rebellieren.

Die Bomber sollen zwei Tage vor der Invasion Kubas Luftwaffe zerstören. Fidel Castro aber hat 20 000 Mann unter Waffen: Revolutionsmilizen und reguläre Truppen.

Und so spekulieren Dulles und Bissell wahrscheinlich darauf, dass Präsident Kennedy im Notfall, obwohl er ja das Gegenteil behauptet, einen US-Militärschlag absegnen wird – so wie es die CIA-Chefs von der alten Regierung gewohnt waren. (Als etwa im Sommer 1954 der von der CIA angezettelte Putsch in Guatemala zu scheitern drohte, befahl Präsident Dwight D. Eisenhower Piloten der US Air Force, Munitionsdepots und Öllager in dem mittelamerikanischen Land mit Brandbomben zu attackieren.)

Dulles und Bissell gehen davon aus, dass Kennedy eine Niederlage gegen Castro um keinen Preis in Kauf nehmen will – und in einer Ausnahmesituation genau wie sein Amtsvorgänger handeln wird.

Am 10. April 1961 fahren die Brigadisten in einem Lastwagenkonvoi aus dem Trainingscamp „Trax Base" in Guatemala zur Hafenstadt Puerto Cabezas an der Ostküste Nicaraguas, wo gecharterte Schiffe vor Anker liegen. Die als Flugzeuge der kubanischen Luftwaffe getarnten Bomber der Invasoren werden ganz in der Nähe abheben. Deckname der Startbahn: „Happy Valley", „glückliches Tal".

Drei Tage lang weisen CIA-Agenten die Offiziere der „Brigade 2506" in den Schlachtplan ein. Grayston Lynch wird sie als Führungsoffizier der CIA begleiten.

Die Freiwilligen sollen an mehreren Stränden an Land gehen, auf einem Gebiet, das sich über eine Länge von etwa 60 Kilometern erstreckt. Decknamen der Strände: „Red Beach", „Blue Beach" und „Green Beach".

In Washington jedoch quält Präsident Kennedy die Sorge über einen möglichen kriegerischen Konflikt mit der UdSSR und den Schaden für Washingtons Reputation, wenn die USA als Aggressor enttarnt würden. Er beschließt, die Operation „Zapata" noch diskreter ablaufen zu lassen.

Am 14. April 1961, wenige Stunden vor den geplanten Bombenabwürfen auf Castros Militärflugplätze, ruft Kennedy Richard Bissell an und befiehlt, die Zahl der B-26-Maschinen deutlich zu reduzieren.

Tags darauf, um 3.00 Uhr kubanischer Zeit, heben im Happy Valley nur acht statt der geplanten 16 Bomber ab.

Im Morgengrauen reißen Detonationen die Menschen in Havanna aus dem Schlaf. Ein Bomber trifft ein Munitionsdepot auf dem nahe gelegenen Militärflughafen „Campo Libertad". Zugleich attackieren Piloten die beiden anderen Militärflugplätze der Insel.

Mindestens sieben Menschen sterben, Dutzende werden verletzt, mehrere Flugzeuge der kubanischen Luftwaffe gehen in Flammen auf. Der Überraschungsangriff in den frühen Morgenstunden verläuft offenbar erfolgreich – ohne Widerstand der Kubaner.

Tatsächlich aber weiß der Revolutionsführer längst, dass eine Invasion kurz bevorsteht. Der sowjetische Geheimdienst hat ihn gewarnt. Mit einer Landung in der abgelegenen Schweinebucht rechnet Castro allerdings nicht.

Innerhalb von zwei Tagen nach den Luftschlägen lässt er 100 000 vermeintliche und echte Gegner seines Regimes verhaften (und verhindert so möglicherweise den von Washington erhofften Volksaufstand). Gleichzeitig versetzt er die Armee in Alarmbereitschaft und mobilisiert ein Heer von 200 000 Milizionären, das er in der Erntezeit aufgelöst hatte. Diese Streitmacht lässt er überall dort Stellung beziehen, wo die gut 5700 Kilometer lange Küste für eine Landung von US-Truppen geeignet erscheint. Auch in der Umgebung von Trinidad.

Die sieben Schiffe der Brigade steuern Kuba derweil auf mehreren Routen an. Erst am Abend des 16. April, mehr als 24 Stunden nach dem Luftschlag, treffen sie sich vor der Insel Cayo Largo, 70 Kilometer südlich der Schweinebucht.

Die Männer an Bord sind euphorisch, überzeugt, dass die Invasion nicht scheitern kann. Denn die CIA-Bosse und das Weiße Haus verheimlichen ihnen alles, was die Kampfmoral schwächen könnte.

Als per Funk Erfolgsmeldungen von den Luftangriffen eintreffen, brechen sie in Jubel aus. Und nun, kurz vor Mitternacht am 16. April, hoffen sie auf eine Funknachricht von der Vorhut aus der Schweinebucht: auf das Signal zur Landung von CIA-Offizier Lynch.

In der Nacht zum 17. April 1961 erreicht eine Vorhut der Brigade die Schweinebucht im Süden Kubas. Kurz darauf eröffnen Castros Milizen das Feuer (oben). Nach einer Warnung durch den KGB hat dieser seine Streitkräfte in Alarmbereitschaft versetzt

DOCH GRAYSTON LYNCH liegt nach dem Aufflackern der Signallampe, die das Schlauchboot für Sekunden erhellt hat, auf dem Bauch, stützt den Lauf seines Schnellfeuergewehrs auf den Rand des Bootes. Seine Männer lassen sich zur Sicherheit ins seichte Wasser gleiten.

Plötzlich erfasst Scheinwerferlicht das Boot. Grayston kneift die Augen zusammen, eröffnet sofort das Feuer. Seine Kugeln zerschmettern die Front eines Jeeps. Dann schießen auch seine Männer, zerstören das gesamte Fahrzeug – außer dessen Dachscheinwerfern, die das Boot der Invasoren erleuchtet hatten. Die Insassen des Geländewagens können dennoch fliehen.

Es sind Militärinspektoren, wie sich später herausstellen wird. Zudem wird am Blue Beach gerade eine Feriensiedlung errichtet – und in dieser Nacht haben Bauarbeiter Bekannte aus der Umgebung zu einem Strandfest eingeladen. Die CIA-Agenten ahnen von alldem nichts. Die Männer im Jeep hielten das Schlauchboot für einen Fischerkahn und wollten ihm den Weg ans Ufer weisen. Nun verständigen sie ihre Kameraden: „Die Nordamerikaner sind da!“

Lynch verbirgt sich mit seinen Leuten am Ufer, meldet den Schusswechsel per Funk an die „Blagar“. Das Führungsschiff der Brigade ist in Alarmbereitschaft, nähert sich der Küste.

Dann erreichen drei kubanische Militärlastwagen die Landestelle. Sofort nehmen die Männer auf der „Blagar“ mit Kanonen und Maschinengewehren den gesamten Strand unter Beschuss.

Die Soldaten feuern zurück, treffen einen Brigadisten auf dem Schiff. Er ist das erste Todesopfer der Invasoren.

Gegen ein Uhr früh bittet ein Funker Lynch, auf die „Blagar“ zu kommen: eine Nachricht aus Washington.

Den CIA-Agenten beschleicht ein ungutes Gefühl. Zu Recht, wie sich kurz danach herausstellt: „Castro hat noch einsatzfähige Kampfflugzeuge, in den Morgenstunden wird er losschlagen. So schnell wie möglich Truppen und Material an Land bringen“, erfährt er an Bord.

Die B-26 haben nur fünf der mehr als 15 kubanischen Kampfflugzeuge zerstört, weitere beschädigt. Die Gefahr aus der Luft ist nicht gebannt. Und an Bord der Schiffe sind die Brigadisten ein leichtes Ziel für Castros Maschinen.

Was die Invasoren nicht ahnen: Vor der Küste liegen gefährliche Riffe. Bei einer Analyse von Luftaufnahmen hatten CIA-Experten die dunklen Stellen im Wasser als Seetang gedeutet.

Als nun Boote an die von den Signallichtern nur schwach erhellte Küste gleiten, werden zwei von scharfen Korallen aufgeschlitzt. Eines sinkt. Die Männer retten sich an Land, ihre Funkgeräte werden nass, fallen aus.

Im *war room*, der Kommandozentrale in Washington, arbeiten Agenten und Militärexperten rund um die Uhr. Elektronische Landkarten blinken, zeigen die Positionen der Schiffe auf dem Meer,

Fidel Castro (mit Brille, am 17. April 1961 in einem Panzer) verfolgt in sicherer Entfernung den Kampfverlauf an der Küste

Binnen drei Tagen werden die Invasoren, die vergebens auf Hilfe durch die US Air Force warten, von Castros Panzern und Kampfflugzeugen zurückgedrängt. Castro und seine Kämpfer feiern den Rückzug als ersten Sieg gegen den »Yankee-Imperialismus«

es gibt eine Funkverbindung mit den CIA-Männern. Der Kontakt mit der Brigade selbst aber bricht immer wieder ab.

Bald erreicht Lynch die nächste schlechte Nachricht. Präsident Kennedy hat alle weiteren Luftschläge als viel zu riskant untersagt: Sie könnten die Illusion eines spontanen Volksaufstandes auf Kuba zerstören.

1.15 Uhr, Schweinebucht. Pepe San Román, Befehlshaber der Brigade, hat mit einigen Männern das Ufer erreicht. Am Blue Beach kniet er nieder, um die Erde seiner Heimat zu küssen. Da eröffnen kubanische Milizionäre das Feuer.

Doch weil Castro nicht mit einer Invasion in der entlegenen Bahía de Cochinos gerechnet hat, sind in der Gegend des Blue Beach nur wenige Kämpfer stationiert. Und so können die Angreifer die Kubaner zurückdrängen und einen Teil ihrer Ladung löschen – das allerdings wird Stunden dauern.

2.30 Uhr, Havanna. Fidel Castro wird alarmiert. Seine Kampfflugzeuge können bei Nacht nicht eingreifen, denn auf der Insel gibt es keine Radaranlagen. Doch im Morgengrauen sollen die Maschinen starten.

4.20 Uhr. Lynch vereinbart mit San Román per Funk, nun, da sie entdeckt worden sind, die Kräfte zu konzentrieren. Die Landung am Green Beach wird gestrichen, das dritte Bataillon der Invasoren soll am Blue Beach an Land gehen. Damit geben die Invasoren schon zu Beginn einen ihrer drei möglichen Brückenköpfe verloren.

4.30 Uhr, Washington. Außenminister Dean Rusk ruft den Präsidenten an und beschwört ihn, sein Verbot weiterer Luftschläge zurückzunehmen: Zusätzliche Angriffe seien für die Operation „Zapata“ von entscheidender Bedeutung. Doch er hat keinen Erfolg.

6.30 Uhr, Schweinebucht. Noch immer entladen die Brigadisten am Ufer ihre Landungsboote. Da taucht im dämmrigen Licht über Red Beach eine kubanische B-26 auf. Sie beschießt die „Barbara J“. Die Besatzung verteidigt sich mit Maschinengewehren und bringt den Bomber zum Absturz.

Drei weitere Propellermaschinen donnern heran, zerstören die Motoren der „Barbara J“. Dann feuert ein wendiger T-33-Jet Raketen ab, die das Heck des Transportschiffs „Houston“ zerschmettern. Die Crew springt über Bord, um das Ufer zu erreichen.

Unterdessen hieven die Invasoren am Blue Beach Waffen- und Munitionskisten an Land, obwohl immer wieder kubanische Flugzeuge am Himmel kreisen.

7.30 Uhr. Mehr als 100 Fallschirmjäger, das Elite-Bataillon der Brigade, springen – wie von der CIA geplant – 30 Kilometer südöstlich der Schweinebucht, in der Gegend der Ortschaft San Blas, aus getarnten US-Flugzeugen ab.

Kurz darauf blockieren sie die beiden wichtigsten Verbindungsstraßen zur Küste – aber mit nur wenig Munition und ohne Funkgeräte: Ihre Versorgungskisten sind falsch abgeworfen worden.

8.25 Uhr, Blue Beach. Die Angreifer haben nun alle Panzer, Lastwagen und Waffen angelandet. Einige Männer stoßen langsam in Richtung San Blas vor. Doch wo bleibt die von der CIA versprochene Luftunterstützung? Stattdessen attackieren Castros Kampfflugzeuge die marschierenden Brigadisten.

9.30 Uhr, Blue Beach. Ein Flugzeug der kubanischen Luftwaffe feuert Raketen auf das Transportschiff „Río Escondido“ ab. Eine schlägt in die Kommandobrücke ein, in deren Nähe mehr als 30 000 Liter Flugbenzin gebunkert sind. Das Schiff geht in Flammen auf.

Die „Blagar“ kann gerade noch alle Mann an Bord nehmen und abdrehen, bevor das Benzin auf der „Río Escondido“ explodiert und ein gigantischer Feuerball über dem Wasser aufflammt.

Er ist noch 25 Kilometer entfernt, am Red Beach, zu sehen. Dort fürchten die Brigadisten für einen Moment, Castro habe eine Atombombe gezündet.

Mit den Trümmern der „Río Escondido“ versinken Munition, Verpflegung für zehn Tage sowie Medizin und technische Ausrüstung im Karibischen Meer. Und die „Houston“ ist schwer beschädigt auf Grund gelaufen. Nun drehen die Landungsboote sowie die noch nicht ganz entladenen Frachtschiffe mit einem Teil der Brigade an Bord ab, verlassen die Bucht und gehen nach etwa vierstündiger Fahrt vor Anker. Insgesamt sind etwa 1300 Männer auf Kuba gelandet.

15.00 Uhr, bei San Blas. Castros Revolutionsmiliz bedrängt – unterstützt durch die Luftwaffe – die Fallschirmjäger. Und weil die ohne ihre Funkgeräte keine Hilfe herbeirufen können, bleibt ihnen nur die Flucht.

Damit steht Castros Panzern und Soldaten der Weg zum Blue Beach offen.

In Washington drängen hochrangige Offiziere Kennedy nun, US-Truppen zur Unterstützung zu schicken. Der Präsident weigert sich.

Doch die Hilferufe der Brigade, die über Funk in Washington eintreffen, lassen wohl auch ihm keine Ruhe. Als es schon fast zu spät ist, ringt er sich am späten Nachmittag zu einem halbherzigen Entschluss durch – und bewilligt einen weiteren Luftschlag der Brigade-Kampfflugzeuge.

18. APRIL 1961, 2.00 Uhr früh: Jetzt kreisen tatsächlich vier B-26 der Brigade über der Insel, doch Wolken und Nebel trüben die Sicht. Die Piloten können nicht erkennen, wo die Flugfelder mit den kubanischen Maschinen liegen.

Einer der Piloten schaltet in der Nähe eines Militärflugplatzes sogar die Landelichter seiner B-26 ein. Er will Flak-Kanoniere der kubanischen Armee zum Feuern animieren, damit im Lichtschein der Geschütze die Startbahn sichtbar wird. Doch die Provokation schlägt fehl.

Das Benzin wird knapp, ohne dass die Piloten die Flugfelder orten können. Und ein Luftschlag ins Blinde kommt nicht infrage, denn Präsident Kennedy hat befohlen, die Zivilbevölkerung zu schonen und auf keinen Fall Städte zu bombardieren. Schließlich kehren die B-26 nach Nicaragua zurück, ohne eine einzige Bombe abgeworfen zu haben.

4.00 UHR, Umland von San Blas. Kubas Luftwaffe attackiert die Invasoren, und Bodentruppen drängen die Fallschirmjäger der Brigade in die Enge.

Noch schlimmer: Von der Bevölkerung erhalten die Brigadisten keinerlei Unterstützung – nichts ist von einem Volksaufstand, wie ihn die CIA vorhergesagt hat, zu spüren.

9.00 UHR, Washington. Im Weißen Haus trifft eine Botschaft aus Moskau ein: KP-Generalsekretär Nikita Chruschtschow beschuldigt die USA, in Kuba einzumarschieren – und droht, Castro zu unterstützen, wenn sich die USA nicht zurückziehen.

Kennedy dementiert. Und fügt hinzu, die USA würden diese Weltregion gegen jede „fremde Aggression" verteidigen.

Tatsächlich aber agiert der Präsident zurückhaltender. Nachmittags lässt er CIA-Funker bei den Brigadisten nachfragen, ob sie die Aktion abbrechen wollen. „Wir werden hier bis zum Ende kämpfen", antwortet Pepe San Román.

Doch immer mehr Panzer und Truppen bedrängen seine Männer. Und immer bedrohlicher werden die Nachrichten, die das Weiße Haus erreichen. Dort fordern Geheimdienstagenten und Offiziere den Präsidenten auf, die Exilkubaner endlich militärisch zu unterstützen.

1180 Exilkubaner sitzen 20 Monate in Kerkern – bis Washington sich bereit erklärt, sie mit Lebensmitteln und Medikamenten im Wert von 53 Millionen Dollar freizukaufen. Trotz der missglückten Invasion steht die Mehrheit der US-Bürger hinter Kennedy

„Wir dürfen uns nicht einmischen", beschwichtigt Kennedy.

„Verdammt, Mr. President", fährt ihn ein Admiral an. „Wir sind bereits involviert, und es gibt keine Möglichkeit, das zu vertuschen!"

19. APRIL 1961, 1.00 Uhr, Washington. Nun genehmigt Kennedy doch noch den Einsatz der Air Force – wenn auch nur als Begleitschutz für eine weitere Angriffswelle der Brigade-Bomber. Die modernen US-Jets sollen verhindern, dass Castros T-33-Jets die schwerfälligen Maschinen der Exilkubaner abschießen.

Ein halbes Dutzend B-26 hebt wie geplant im Happy Valley ab. Ihre Bomben zerstören zahlreiche Panzer und töten etwa 800 Kämpfer. Doch dann nahen zwei T-33. Der versprochene Begleitschutz durch die Air Force ist hingegen nirgendwo zu sehen.

Die wendigen T-33 greifen an, schießen zwei Bomber ab. Einer zerschellt neben einer Zuckerraffinerie, der zweite stürzt ins Meer. Pilot und Kopilot können gerade noch mit Fallschirmen abspringen. Aber Castros Kämpfer ergreifen sie im Wasser und töten sie.

Kurz darauf jagen die Flugzeuge der Air Force heran – exakt eine Stunde zu spät: CIA-Mann Bissell hat vergessen, im Flugbefehl die Zeitdifferenz zwischen Nicaragua und Kuba zu berücksichtigen.

Nur ein massives Eingreifen der US Army könnte jetzt noch die Wende bringen. Allein der Befehlshaber der Exilkubaner San Román glaubt wohl noch an den Erfolg der Mission.

11.18 UHR. San Román funkt an den CIA-Agenten Lynch auf der „Blagar": „Wir haben keine Munition mehr, kämpfen am Strand. Bitte schickt Hilfe!"

Doch Lynch darf nicht eingreifen.

11.50 UHR. „Keine Munition mehr, Männer kämpfen im Wasser. Wenn keine Hilfe kommt, ist Blue Beach verloren", warnt San Román.

Kurz darauf erhält Lynch aus Washington die Erlaubnis, zu einer Befreiungsaktion mit der „Blagar" und der „Barbara J". Pepe San Román aber weigert sich zu kapitulieren.

14.17 UHR. Der Brigade-Chef setzt seinen letzten Funkspruch ab: „Zerstöre Ausrüstung. Panzer in Sicht. Gehe in die Wälder. Kann nicht warten auf euch."

San Román und seine Männer müssen Blue Beach aufgeben, ihre letzte Stellung (Red Beach haben Castros Kämpfer bereits am Vortag zurückerobert). Sie fliehen in das Sumpfgebiet. Kämpfen sich durch Mangrovenwälder voller Schlangen und Krokodile, ernähren sich von rohem Eidechsenfleisch, trinken vor Durst den eigenen Urin.

Über ihren Köpfen kreisen Helikopter. Fidel Castro will Gefangene machen. Dennoch donnern auch immer wieder Gewehrsalven – übermütige Milizionäre feuern willkürlich in das Dickicht. Die Kämpfe aber sind vorüber.

Am Ende werden alle Angreifer gefangen genommen. Die Kubaner haben mehr als 100 der 1300 Invasoren getötet und ein paar Dutzend verwundet; rund 1180 sind inhaftiert, darunter auch Pepe San Román.

Auf Castros Seite sind die Verluste höher: mehr als 1600 Mann sind tot, 2000 verwundet. Den Triumph in der Schweinebucht feiert das Regime trotzdem als seinen ersten Sieg gegen den „Yankee-Imperialismus".

Aber wie konnten Kennedy und sein Mitarbeiterstab sich auf Kuba so demütigen lassen? Die CIA-Chefs Dulles und Bissell haben zum Teil höchst unprofessionell geplant – und zudem wichtige Informationen zurückgehalten, um die Entscheidungen des Präsidenten zu manipulieren.

Doch Kennedy und seiner Mannschaft hätte all das auffallen müssen. Schon ein Blick auf eine Landkarte der Karibikinsel hätte ihnen beispielsweise gezeigt, dass hinter der Schweinebucht ein breiter, kaum passierbarer Sumpf liegt.

Historiker werden später zu dem Schluss kommen, dass neben mangelnder Erfahrung der jungen Regierung auch Überheblichkeit ein Grund für den Fehlschlag gewesen ist – eine Hybris, die die Kennedy-Administration taktische Fähigkeiten und Kampfkraft der kubanischen Streitkräfte unterschätzen ließ.

Am 21. April 1961, zwei Tage nach der Niederlage, übernimmt der Präsident auf einer Pressekonferenz die volle Verantwortung für das Desaster.

Hinter verschlossenen Türen aber schimpft er gegenüber Vertrauten über die „Hurensöhne" im Pentagon, „die einfach nur nickten und sagten, es würde funktionieren", und über die „CIA-Bastarde", deren Zentrale er am liebsten „in tausend Stücke sprengen" lassen würde.

Er entlässt die Chefagenten Dulles und Bissell und beauftragt seinen Bruder und Justizminister Robert, den US-Geheimdienst fortan strenger zu überwachen.

Doch kein Wort gegenüber den Freiwilligen der „Brigade 2506". Dabei steht für Männer wie den CIA-Offizier Grayston Lynch fest: John F. Kennedy hat die Kämpfer im Stich gelassen.

Dennoch nehmen die Sympathiewerte des Präsidenten nach der Niederlage erstaunlicherweise zu: Vor der gescheiterten Kuba-Invasion waren 72 Prozent der US-Bevölkerung mit seiner Politik zufrieden, hinterher sind es 83 Prozent.

Historiker führen dieses Phänomen auf den Kommunistenhass in der amerikanischen Gesellschaft zurück: Das Umfragehoch sei als Respektsbekundung an den Präsidenten zu deuten – dafür, dass er zumindest den Versuch unternommen habe, Fidel Castro zu stürzen.

„Je schlechter du arbeitest", scherzt Kennedy daraufhin, „desto mehr mögen dich die Leute."

Doch seine Gelöstheit ist nur gespielt. Seit der Niederlage in der Schweinebucht ist er wie besessen von der Idee, Fidel Castro auszuschalten.

Bereits am 29. April 1960 – zehn Tage nach dem Scheitern der Invasion – diskutiert Kennedy mit Verteidigungsminister Robert McNamara und Offizieren einen Militärschlag gegen Castro: 60 000 US-Soldaten sollen die Insel besetzen.

Szenarien werden entwickelt, doch am Ende entscheidet sich der Präsident gegen den offenen Angriffskrieg. Wahrscheinlich ist ihm das Risiko zu hoch, damit die Sowjetunion zu provozieren und möglicherweise den Dritten Weltkrieg auszulösen.

Stattdessen ruft Kennedy im Herbst 1961 die Geheimoperation „Mongoose" („Mungo") ins Leben. Sie soll das Castro-Regime durch Sabotageakte destabilisieren. Zum Leiter wird sein Bruder ernannt, Justizminister Robert Kennedy.

Beinahe täglich gehen von nun an auf Kuba Zuckerrohrplantagen in Flammen auf, versagen die Motoren von Landwirtschaftsmaschinen, die CIA-Agenten manipuliert haben.

Auch Attentate auf Fidel Castro werden geplant. Kuba habe „erste Priorität" für die Administration, sagt Robert Kennedy im Januar 1962. „Alles andere ist sekundär!"

Budgetgrenzen gibt es keine, denn man befinde sich mit Kuba ja „in einer Kampfsituation", so der Justizminister. Die Operation Mungo wird über die Raketen-Krise vom Oktober 1962 (siehe Seite 99) bis zum Ende desselben Jahres fortgesetzt.

UND DIE MÄNNER der „Brigade 2506"? Fidel Castro, der inzwischen Kuba zum sozialistischen Staat ausgerufen hat, zwängt die Gefangenen in unterirdische Kerker. Mitunter müssen sich 100 Mann ein Loch im Boden als Toilette teilen, wochenlang dürfen sie nicht duschen. Viele erkranken.

Doch hinrichten lässt Castro keinen der Brigadisten. Stattdessen bietet er dem US-Präsidenten ein Tauschgeschäft an: die gut 1000 Regimegegner gegen Warenlieferungen aus den USA.

Im Dezember 1962 kauft Kennedy die Brigadisten tatsächlich frei – für Lebensmittel und Medikamente im Wert von 53 Millionen US-Dollar. Manche Kämpfer sind so ausgemergelt, dass ihre Angehörigen sie nicht erkennen, als sie in Miami auf dem Flughafen ankommen.

Als Dank dafür, dass sie bei der Invasion in der Schweinebucht ihr Leben riskiert haben, spendiert die Regierung jedem von ihnen ein Eis.

Wenige Tage darauf organisiert Kennedy im Football-Stadion von Miami eine Feier zu Ehren der Brigadisten. Die First Lady Jacqueline Kennedy wendet sich auf Spanisch an die Kämpfer: Sie werde ihrem Sohn eines Tages von der Tapferkeit der „Brigade 2506" erzählen, sagt sie.

Die verhinderten Invasoren übergeben in einem feierlichen Akt ihr Banner an John F. Kennedy. „Wir werden euch diese Fahne zurückgeben", verspricht der Präsident unter dem Jubel der Menge. „In einem freien Havanna!"

Auch darauf werden die Exilkubaner vergebens warten. □

***Literaturtipps:** Howard Jones, „The Bay of Pigs", Oxford University Press: spannender Überblick zur Schlacht in der Schweinebucht. Victor Andres Triay, „Bay of Pigs", Florida University Press: schildert die Invasion aus Sicht der beteiligten Exilkubaner.*

Till Hein, 40, ist Journalist in Berlin.

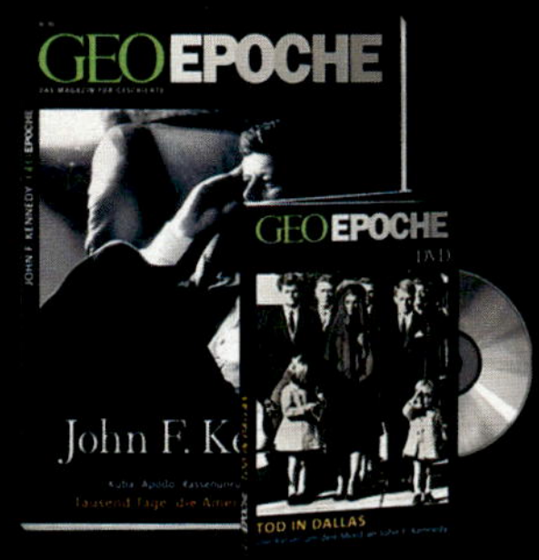

GEO EPOCHE ist das Geschichtsmagazin von GEO. Auch mit DVD erhältlich. 6x im Jahr.

Edelstahl-Thermo-Set, 4-teilig

Für heißen Tee und kalte Säfte. Doppelwandiges Edelstahl-Set, bestehend aus Kanne, ca. 7,5x29,5 cm, für ca. 750 ml, und zwei Bechern, ca. 15x9 cm. Mit praktischer Tragetasche.

Bis zu 13% sparen + Geschenk:

Lesen Sie Ihren Wunschtitel bequem frei Haus!

GEO berichtet in exklusiven und aktuellen Reportagen über die wichtigen Themen unserer Zeit. 12x im Jahr.

GEO WISSEN zu lesen heißt, die Welt besser zu verstehen. Mit den neuesten Erkenntnissen aus Wissenschaft und Gesellschaft. 2x im Jahr.

GEO SAISON zeigt die schönsten Reiseziele rund um den Globus. 12x im Jahr.

GEO Special berichtet jeweils über ein Land, eine Region oder eine Stadt. 6x im Jahr.

GEOlino ist das Erlebnisheft für Kinder von 8 bis 14 Jahren. 12x im Jahr.

GEOkompakt ist monothematisch und widmet sich den großen Fragen der Allgemeinbildung in außergewöhnlicher visueller Opulenz. 4x im Jahr.

GEO-Familienangebot

☒ **Ja, ich bestelle die unten angekreuzten Zeitschriften und nutze alle meine Vorteile:**

- **Ich spare bis zu 13%!**
- **Ich erhalte das 4-teilige Thermo-Set gratis**
- **Ich erhalte alle Hefte frei Haus!**
- **Nach der Bezugsdauer kann ich jederzeit kündigen!**
- **Geld-zurück-Garantie für zu viel bezahlte Hefte!**

GEO EPOCHE (6 Hefte) für mich, Bestell-Nr. ☐ **677185**, als Geschenk ☐ **677186**
Erscheint 6x jährlich zum Preis von zzt. € 8,00 (D)/€ 8,95 (A) pro Heft.
GEO EPOCHE mit DVD für mich, Bestell-Nr. ☐ **677187**, als Geschenk ☐ **677188**
Erscheint 6x jährlich zum Preis von zzt. € 14,25 (D)/€ 15,70 (A) pro Heft.

GEO (12 Hefte) für mich, Bestell-Nr. ☐ **677191**, als Geschenk ☐ **677192**
Erscheint 12x jährlich zum Preis von zzt. € 5,65 (D)/€ 6,40 (A) pro Heft.

GEO WISSEN (4 Hefte) für mich, Bestell-Nr. ☐ **677205**, als Geschenk ☐ **677206**
Erscheint 2x jährlich zum Preis von zzt. € 7,50 (D)/€ 8,15 (A) pro Heft.

GEO SAISON (12 Hefte) für mich, Bestell-Nr. ☐ **677199**, als Geschenk ☐ **677200**
Erscheint 12x jährlich zum Preis von zzt. € 4,40 (D)/€ 5,10 (A) pro Heft.

GEO Special (6 Hefte) für mich, Bestell-Nr. ☐ **677207**, als Geschenk ☐ **677208**
Erscheint 6x jährlich zum Preis von zzt. € 6,95 (D)/€ 8,10 (A) pro Heft.

GEOlino (12 Hefte) für mich, Bestell-Nr. ☐ **677197**, als Geschenk ☐ **677198**
Erscheint 12x jährlich zum Preis von zzt. € 3,05 (D)/€ 3,25 (A) pro Heft.

GEOkompakt (4 Hefte) für mich, Bestell-Nr. ☐ **677195**, als Geschenk ☐ **677196**
Erscheint 4x jährlich zum Preis von zzt. € 7,75 (D)/€ 8,95 (A) pro Heft.

Die Preise gelten in Deutschland und Österreich. Auslandspreise auf Anfrage.

Meine Adresse: (Bitte auf jeden Fall ausfüllen.)

Name, Vorname

Straße/Nr. | Geburtsdatum 19

PLZ | Wohnort

Telefonnummer | E-Mail-Adresse

Ich zahle bequem per Bankeinzug:

Bankleitzahl | Kontonummer

Anschrift des Geschenkempfängers: (Nur ausfüllen, wenn Sie einen GEO-Titel verschenken möchten.)

Name, Vorname

Straße/Nr. | Geburtsdatum 19

PLZ | Wohnort

Dauer der Geschenklieferung:

☐ unbefristet (mindestens 1 Jahr**) ☐ 1 Jahr** **GEO WISSEN 2 Jahre.

☐ Ja, ich bin damit einverstanden, dass GEO und Gruner+Jahr mich künftig per Telefon oder E-Mail über interessante Angebote informieren.

Widerrufsrecht: Die Bestellung kann ich innerhalb der folgenden zwei Wochen ohne Begründung beim GEO EPOCHE-Kunden-Service, 20080 Hamburg, in Textform (z.B. Brief oder E-Mail) oder durch Rücksendung der Zeitschrift widerrufen. Zur Fristwahrung genügt die rechtzeitige Absendung.

Datum | ✗ Unterschrift

Vorteilscoupon einsenden an:
GEO EPOCHE, Kunden-Service, 20080 Hamburg

Oder anrufen unter: 01805/861 80 00*

Einfach per E-Mail: GeoEpoche-Service@guj.de

In Österreich per Tel.: 0820/00 10 85
E-Mail: Geo-Epoche@abo-service.at

In der Schweiz per Tel.: 041/329 22 20
E-Mail: Geo-Epoche@leserservice.ch

GEO EPOCHE erscheint im Verlag Gruner+Jahr AG & Co KG, Dr. Gerd Brüne, Am Baumwall 11, 20459 Hamburg. AG Hamburg, HRA 102257. Vertrieb: DPV Deutscher Pressevertrieb GmbH, Dr. Olaf Conrad, Düsternstr. 1, 20355 Hamburg. AG Hamburg, HRB 95 752

*14 Cent/Min. aus dem dt. Festnetz, Mobilfunkpreise abweichend. Ab 1.3.2010 Mobilfunkpreis max. 42 Cent/Min.

Unter 110 Kandidaten wählt die NASA die ersten US-Astronauten aus. Alan Shepard (hinten links) fliegt im Mai 1961 ins All. Die anderen – Walter Schirra, Deke Slayton, John Glenn, Scott Carpenter (vorn, von links) sowie Gordon Cooper und Gus Grissom (hinten, von rechts) – folgen ihm nach und nach

Schockiert von den sowjetischen Erfolgen im Weltraum, treibt Präsident Kennedy mit Macht das US-Raumfahrtprogramm voran. Im Mai 1961 hebt die erste bemannte Rakete ab – zugleich der Startschuss zu einem noch kühneren Projekt: dem Flug zum Mond

AUFB

RUCH INS ALL

VON JÜRGEN BISCHOFF

Die Sonne ist noch nicht aufgegangen, als sich Alan Shepard in die Raumkapsel zwängt und im Pilotensitz festschnallt, die Beine angewinkelt. Unter ihm lagern in einer 18 Meter hohen Rakete vom Typ „Redstone" rund 24 Tonnen eines hochexplosiven Treibstoffgemisches, das ihn an diesem 5. Mai 1961 ins All tragen soll.

Reiner Sauerstoff durchströmt den überlebenswichtigen Druckanzug. Sensoren auf Shepards Haut messen Puls, Blutdruck, Körpertemperatur. Eine Kamera hat ihn ständig im Blick. Kein Knopf, kein Hebel, keine Wand ist weiter als eine knappe Armlänge entfernt.

An der Instrumententafel klebt eine Notiz. „Hier kein Handball spielen", steht darauf. Shepard grinst noch über diesen Scherz seines Kollegen John Glenn, als der den Kopf durch die offene Einstiegsluke von „Freedom 7" steckt. „Bis nachher", sagt er und gibt Glenn den Zettel zurück.

Dann wird die Luke geschlossen.

Alan Shepard, 37, Testpilot, Astronaut und schon bald der erste Amerikaner im Weltraum, ist allein.

Es ist 7.14 Uhr Ortszeit auf der Cape Canaveral Air Force Station von Merritt Island, Florida. In den USA fiebern an diesem Freitagmorgen 45 Millionen TV-Zuschauer dem Start von „Mercury-Redstone 3", so die offizielle Bezeichnung der Mission, entgegen.

John F. Kennedy verfolgt die Vorbereitungen zum *liftoff* rund 1200 Kilometer entfernt im Weißen Haus am Bildschirm. Für den Präsidenten hängt von einem Gelingen des Projekts viel ab.

Er ist fest entschlossen, die in der Raumfahrttechnik führende Sowjetunion zu überholen. Im Wettrennen um die Vorherrschaft im All gleicht Shepards Flug einem Startschuss; das Ziel aber kennen bis zu diesem Tag nur ein paar Eingeweihte.

Noch 15 Minuten bis zum Start: Shepard, seit fast zwei Stunden in der Raumkapsel, wirft einen Blick auf die Countdown-Anzeige – und sieht, wie sie stoppt. Das Licht, das von draußen durch zwei kleine bullaugenförmige Fenster in die Kapsel fällt, wird schwächer: Wolken ziehen auf und verdunkeln den Himmel.

Wegen der schlechten Sicht für Fotografen und Überwachungskameras setzt das Kontrollzentrum den Countdown aus – nichts soll die Qualität der Bilder mindern, nichts deren Propagandawirkung stören.

In 40 Minuten seien die Wolken vorbeigezogen, melden die Meteorologen.

DIE VORAUSSETZUNGEN für diesen Start sind schon lange zuvor geschaffen worden: am Ende des Zweiten Weltkriegs – und in Deutschland.

Im Mai 1945 stellt sich in Bayern eine Gruppe deutscher Wissenschaftler den vorrückenden Amerikanern, darunter der Raketenspezialist Wernher von Braun, Schöpfer der „Vergeltungswaffe" V2, sowie mehr als 100 seiner Mitarbeiter.

Die US Army nimmt die Überläufer auf. Dass die Deutschen Mitglieder der NSDAP waren, ist den Militärs nicht wichtig – sie sind am Know-how der Forscher interessiert. 1955 erhält Wernher von Braun die US-Staatsbürgerschaft.

Zwei Jahre später beauftragt die Air Force einen wissenschaftlichen Beraterstab mit einer Studie über die militärischen Möglichkeiten der Raumfahrttechnik. Doch noch ehe die Arbeit fertiggestellt ist, startet am 4. Oktober 1957 ein sowjetischer Satellit ins All, „Sputnik 1". Ein Schock.

Erst Monate später, am 31. Januar 1958, können die USA ihren ersten Satelliten in den Orbit schießen: „Explorer 1", bestückt mit einem Detektor zur Messung der kosmischen Strahlung.

Noch im Juli 1958 unterzeichnet Präsident Eisenhower ein Gesetz zur Gründung der „National Aeronautics and Space Administration" und überträgt die Verantwortung für die Eroberung und Erforschung des Weltraums so erstmals einer zivilen Behörde.

Am 5. Mai 1961 um 9.34 Uhr zündet die Rakete der ersten bemannten US-Mission in Cape Canaveral, Florida. Alan Shepard hockt in der schwarzen Kapsel an der Spitze des Gefährts

Der Gott des Lichts soll die USA leiten: APOLLO

Die Forschergruppe um Wernher von Braun, die für das Weltraumprogramm der Army gearbeitet und unter anderem die Redstone-Mittelstreckenrakete entwickelt hat, wird der NASA unterstellt.

Der Auftrag an die NASA: einen Menschen ins All zu schicken. Und so beginnt im Januar 1959 die Suche nach Astronauten für das „Projekt Mercury" – das bemannte Raumfahrtprogramm.

Unter höchster Geheimhaltung werden Kandidaten gesucht. Die Anforderungen: zwischen 25 und 39 Jahre alt, nicht größer als 1,80 Meter, exzellente Konstitution, Ingenieursstudium und Ausbildung als militärischer Testpilot; mindestens 1500 Stunden Flugerfahrung auf Hochleistungsjets.

110 Kandidaten erfüllen die Kriterien. Nach zahlreichen Tests bleiben sieben Piloten übrig, darunter Alan Shepard, John Glenn und Deke Slayton.

Sie nennen sich die „Mercury Seven". Sie sind kerngesund, mutig und patriotisch. Am 9. April 1959 werden sie auf einer Gala-Veranstaltung der Presse präsentiert. Blitzlichtgewitter. Heldenverehrung.

Im Rausch der Begeisterung werden die wichtigsten Fragen an diesem Tag aber gar nicht gestellt: Kann ein Mensch die Schwerelosigkeit überleben? Wie teuer ist das Projekt?

Vor allem aber: Was kommt danach?

Nur auf die dritte Frage gibt es bald schon eine Antwort.

Wenige Wochen nach der Präsentation der Astronauten lädt NASA-Chef Keith Glennan führende Wissenschaftler wie Wernher von Braun sowie einige Regierungsberater in sein Hauptquartier. Bei diesem Treffen präsentiert ein Mitarbeiter Glennans einen Plan, wie es gelingen könnte, Menschen zum Mond zu schicken: Zunächst soll ein Astronaut in einer Raumkapsel den Trabanten umfliegen und ihn mit einem Feldstecher erkunden. Weitere Missionen sollen nach einem geeigneten Landeplatz suchen und Fotos machen. Schließlich kommt die Landung.

Die Wissenschaftler bilden eine Arbeitsgruppe; die Reise zum Erdtrabanten ist das Projekt nach Mercury. Ende Mai 1959 liegt ein detaillierter Ablaufplan der Mission vor, Anfang 1960 gibt Eisenhower seine Zustimmung.

Die NASA-Männer benennen die Mondmission nach dem griechischen Gott des Lichts: Apollo.

Auch John F. Kennedy, seit Juli 1960 Präsidentschaftskandidat, erkennt das Potenzial der neuen Technologie. Das wichtigste Argument dafür aber präsentiert sein Kandidat für das Vizepräsidentenamt, Lyndon B. Johnson: „Eine Nation, der es gelingt, den Weltraum zu kontrollieren, wird auch die Welt kontrollieren können", verkündet er.

Wissenschaftler aus Nazi-Deutschland treiben den amerikanischen Raketenbau entscheidend voran, darunter Ernst Stuhlinger, Hermann Oberth, Wernher von Braun und Eberhard Rees (v. l.) – hier zusammen mit einem US-General

12. April 1961: Der erste Mensch verlässt die Erdatmosphäre und umrundet einmal den blauen Planeten. Doch dieser Mann ist kein Amerikaner – sondern der Russe Jurij Gagarin. Er spricht vom All aus kurz mit dem sowjetischen Staatschef Nikita Chruschtschow und kehrt dann sicher zur Erde zurück.

108 Minuten hat Gagarins Flug gedauert, 89 davon umkreiste er die Welt. Deren Bewohner blicken jetzt voller Bewunderung auf die sowjetischen Ingenieure. Amerika aber ist nach dem Sputnik-Schock erneut tief getroffen.

Zwei Tage nach Gagarins Flug ruft Kennedy mehrere Berater zusammen, darunter Jerome Wiesner vom „Massachusetts Institute of Technology" sowie den neuen NASA-Chef James Webb und dessen Stellvertreter Hugh Dryden.

„Ihr habt das gesehen", sagt Kennedy, „Was können wir tun?"

Das All den Russen überlassen, sagt Wiesner: Die USA sollten sich auf die Überlegenheit am Boden konzentrieren.

Zum Mond fliegen, sagt Dryden, und zwar innerhalb von zehn Jahren.

Webb und Johnson nicken.

„Was wird das kosten?"

20 Milliarden Dollar, sagt Dryden.

Der Präsident überlegt. „Gibt es kein anderes Rennen, das wir uns mit ihnen liefern könnten?"

Doch niemand kommt auf eine Alternative, die die Weltöffentlichkeit mehr beeindrucken würde als dieser Vorstoß ins All. Also sagt Kennedy: „Okay. Findet einen Weg, um sie einzuholen. Und: Es gibt nichts Wichtigeres!"

Deshalb sitzt Alan Shepard nun in seiner Kapsel – 23 Tage nach Gagarins Raumflug.

5. Mai 1961, Cape Canaveral, Florida. 9.32 Uhr. Mehr als zwei Stunden ist der Countdown unterbrochen gewesen. Am Mikrofon im Kontrollraum sitzt der Astronaut Deke Slayton. Keine zwei Minuten noch, dann beginnt er für seinen Freund Alan Shepard laut die letzten Se-

Nach nur 15 Minuten Flug landet Alan Shepards Raumkapsel – an Fallschirmen herabgesegelt – im Atlantik. Kurz darauf verlässt der Astronaut unversehrt das geborgene Flugobjekt. Shepard hat eine Höhe von 187,5 Kilometern erreicht, Schwerelosigkeit sowie die elffache Schwerkraft erlebt. Doch die UdSSR übertrumpft hat er nicht. Deren Kosmonaut hatte zuvor die Erde im All umrundet

kunden des Countdowns zu zählen. Vibrationen schütteln die Kapsel, als die Treibstoffpumpen der Redstone zu arbeiten beginnen. Sechs. Fünf. Vier. Drei.

Alan Shepard legt die linke Hand auf den Nothebel. Zwei. Eins.

„Vermassel es nicht, Shepard", sagt er laut zu sich selbst. Null.

„Zündung!" Slaytons Stimme kommt vor Aufregung um ein paar Nuancen höher aus Shepards Kopfhörern.

Die Pumpen drücken den Treibstoff durch die Kanülen im schlanken Leib der Rakete. Tief unter dem Astronauten beginnt es zu grollen, als in der Zündkammer die kontrollierte Explosion einsetzt. Lauter. Immer lauter. Höher und höher. Bis die Vibration die Kapsel erreicht.

Und doch erinnert Shepard später nur ein „sanftes Schütteln", er hat sich diesen Moment schlimmer vorgestellt.

„Liftoff!", ruft Slayton ins Mikrofon. Alan Shepard spürt eine Bewegung. Himmelwärts. Um 9.34 Uhr hebt die Rakete ab. Shepards Puls steigt von 80 auf 126 Schläge pro Minute – gerade so viel wie bei einem Autofahrer, der sich auf eine dicht befahrene Autobahn einfädelt, und das Resultat harten Trainings.

„Du bist auf dem Weg!" Slaytons Stimme überschlägt sich fast. „Roger. Liftoff, und die Uhr läuft", meldet Shepard. Er meint die Stoppuhr, die in der Kapsel die Flugdauer messen wird.

Die Rakete vibriert, Shepards Kopf wird so sehr hin und her geworfen, dass er kaum noch die Instrumententafel erkennen kann. Zwei Minuten nach dem Start hat das Geschoss bereits eine Höhe von 40 200 Metern und eine Geschwindigkeit von 4350 km/h erreicht; auf dem Astronauten lastet nun das Sechsfache seines Körpergewichtes.

„All systems are go!" meldet Shepard mit gepresster Stimme an das Kontrollzentrum. 22 Sekunden später trennt sich die Kapsel von der Rakete. Nach weiteren 15 Sekunden wird sie von kleinen Steuerraketen um fast 180 Grad gedreht. „Freedom 7" fliegt nun mit dem Hitzeschild voran.

Amerikas erster Astronaut bewegt sich rückwärts von der Erde weg.

Plötzlich schwebt ein vergessener Dichtungsring auf Augenhöhe an ihm vorbei – die Kapsel hat das Gravitationsfeld der Erde verlassen, Shepard erlebt nun die Schwerelosigkeit. Stille, kein Windgeräusch, keine Turbulenzen, trotz der rasenden Geschwindigkeit.

Nach fünf Minuten und 14 Sekunden erreicht „Freedom 7" den höchsten Punkt ihrer Flugbahn. Shepard schwebt 187,5 Kilometer über dem Erdboden. Nun leitet der Autopilot die Rückkehr ein. Als das Gefährt mit dem Hitzeschild zuerst wieder in die Erdatmosphäre eintaucht, trifft Shepard die Wirkung der Gravitation. Mit dem Elffachen seines irdischen Gewichts presst ihn die Schwerkraft jetzt in den Sitz.

„Kannst du mich gut hören?", fragt Slayton aus dem Kontrollzentrum.

„Okay", antwortet Shepard, doch es ist mehr ein Grunzen. „Okay, hier ist ‚Freedom 7'. 13 700 Meter, jetzt 12 000 Meter." Die Temperatur am Hitzeschild, nur Zentimeter hinter seinem Rücken, beträgt in diesem Moment 665 Grad Celsius.

Shepards Flug ist viel KÜRZER als der des Russen

Dann geht ein Ruck durch die Kapsel, auf 6400 Meter Höhe hat sich der Bremsfallschirm geöffnet, ihm folgt kurz darauf der Hauptschirm. Langsam schwebt „Freedom 7" dem Atlantik entgegen.

Dann landet die Kapsel im Wasser.

15 Minuten und 22 Sekunden sind seit dem Start vergangen, Shepards Landestelle bei den Bahamas ist kaum 486 Kilometer vom Startplatz in Cape Canaveral entfernt. Sein Ritt bis kurz hinter die Grenze zum All war zwar nur ein Hüpfer im Vergleich zu Gagarins Reise um die Welt. Doch Shepard hat in diesem Moment für sein Land das Tor ins All aufgestoßen.

Von außen hört er das Knattern von Hubschrauberrotoren. Er öffnet die Luke, ergreift das herabgelassene Rettungsgeschirr und lässt sich hochziehen.

Der Helikopter bringt Amerikas ersten Mann im All an Bord des Flugzeugträgers „USS Lake Champlain". Dort stehen die Seeleute Spalier und jubeln ihm zu.

Ein paar Tage später landet Alan Shepard mit einem Armeehubschrauber vor dem Weißen Haus, begleitet von seiner Frau und den anderen Astronauten der „Mercury Seven".

Als sich die Tür des Helikopters öffnet, erwartet ihn ein lächelnder Präsident. „Willkommen, Commander, und herzlichen Glückwunsch", begrüßt John F. Kennedy den Raumfahrer, und im Hintergrund applaudieren Regierungsmitglieder und Abgeordnete. Später am Tag feiert Washington ihn mit einer Konfetti-Parade.

WASHINGTON, 25. MAI 1961. John F. Kennedy hält vor beiden Häusern des Kongresses eine Rede zur Lage der Nation.

Er spricht über die Weltlage, über die Auseinandersetzung mit der Sowjetunion, über die Wirtschafts- und Militärhilfe für die Länder im amerikanischen Einflussbereich, über den Ausbau des Zivilschutzes, über die sich verschärfende Krise in Berlin.

Und dann, ganz zum Schluss, macht er eine Ankündigung, die das Land verändern wird.

„Wenn wir diesen Kampf zwischen Freiheit und Tyrannei gewinnen wollen", ruft der Präsident, „sollten uns die dramatischen Erfolge dieser Wochen im All klargemacht haben, welche Bedeutung dieses Abenteuer überall für die Menschen hat und welchen Einfluss auf ihre Entscheidung, welchen Weg sie einschlagen."

Er fährt fort: „Ich glaube, dass sich die Vereinigten Staaten das Ziel setzen sollten, noch vor Ende dieses Jahrzehnts einen Menschen auf den Mond und wieder sicher zur Erde zurück zu bringen. Kein anderes Projekt wird eindrucksvoller sein. Kein anderes wird aber auch so schwierig und so kostspielig sein."

Amerikas Astronauten verfolgen die Rede auf der Langley Air Force Base in Virginia. Alan Shepard hat sein Radio aufgedreht, damit die anderen mithören können. Als Kennedy geendet hat, herrscht für einen Moment lang Schweigen.

„Habe ich gerade richtig gehört?", fragt Shepard dann.

Slayton antwortet: „Hast du. Der Mann will uns zum Mond schicken."

„Stellt euch das vor!", sagt ein Dritter. „In acht Jahren können wir alle zum Mond!"

„Aber vergesst nicht", wirft Slayton ein: „Gäbe es nicht die Russen, kämen wir nirgendwo hin."

Im Februar 1962 startet John Glenn an Bord von „Mercury 6" an der Spitze einer Atlas-Rakete ins All und umkreist als erster Amerikaner die Erde, dreimal.

Sieben Jahre später, im Juli 1969, betreten Neil Armstrong und Edwin „Buzz" Aldrin als erste Menschen den Mond, während der dritte Astronaut Michael Collins mit der Kapsel „Apollo 11" in der Umlaufbahn wartet. Als das Apollo-Programm knapp dreieinhalb Jahre später beendet wird, hat es 25 Milliarden Dollar verschlungen (etwa 120 Milliarden Dollar nach heutiger Kaufkraft).

Drei Tage nach Shepards erfolgreicher Mission gratuliert ihm John F. Kennedy. Knapp drei Wochen später verkündet der Präsident seinen Plan, den ersten Menschen zum Mond zu schicken

Die Sowjetunion stellt ihr bemanntes Mondflugprogramm dagegen schon 1969 nach mehreren technischen Rückschlägen ein.

Von den „Mercury Seven" schafft es am Ende nur einer bis zum von Kennedy ausgegebenen Ziel: Am 5. Februar 1971 landet Alan Shepard als Kommandant von „Apollo 14" auf dem Erdtrabanten – fast zehn Jahre nach seinem Flug mit „Freedom 7".

„Es war ein weiter Weg", sagt er, als er den Mond betritt, „aber wir sind hier!" □

__Literaturtipps:__ Karsten Werth, „Ersatzkrieg im Weltraum", Campus Verlag: beleuchtet gründlich die amerikanische Seite im Wettlauf der Supermächte zum Mond. Neal Thompson, „Light This Candle: The Life and Times of Alan Shepard", Random House: gelungene Biografie über den ersten Amerikaner im All.

Jürgen Bischoff, 55, hat für GEO*EPOCHE* zuletzt Machtkämpfe unter den Germanen beschrieben.

KAMPF *um*

Stacheldraht am Brandenburger Tor: Am 14. August 1961 wird auch dieser Übergang zwischen dem sowjetischen Sektor und dem

BERLIN

Als im August 1961 DDR-Soldaten die Grenze zwischen Ost- und Westberlin abriegeln, verharrt US-Präsident Kennedy tatenlos. Denn der Führer der größten westlichen Schutzmacht befürchet, die Kontrolle über den Westen der Stadt zu verlieren. Für ihn ist die Teilung das kleinere Übel

VON FRED LANGER

westlichen Teil Berlins geschlossen

Der Lärm von Panzermotoren reißt die Menschen in den Dörfern um Berlin aus dem Schlaf. Kolonnen sowjetischer T-34 und T-54 dröhnen durch die Nacht – und verschwinden im Wald. Zehntausende Rotarmisten sind aus ihren Kasernen ausgerückt und gehen rund um die Metropole in Stellung.

Es ist der 13. August 1961, und am Brandenburger Tor schrecken Westberliner Polizisten kurz vor ein Uhr nachts aus ihrer Routine. Normalerweise ist es hier zu dieser Zeit still und leer. Doch nun drängen Scharen von Fußgängern durch die Säulenhallen seitlich des Monuments, einem von 81 Übergängen zwischen dem sowjetischen Sektor und dem von Amerikanern, Briten und Franzosen verwalteten Teil der Stadt.

Wie jeden Abend waren viele Westberliner, die sich tagsüber im Osten der Stadt aufhielten, mit der S-Bahn auf dem Heimweg. Doch seit Mitternacht endet die Fahrt am Bahnhof Friedrichstraße, dem letzten Haltepunkt vor der Sektorengrenze. Über Lautsprecher erfahren die Fahrgäste, dass der Bahnverkehr nach Westberlin eingestellt ist.

Kaum haben sich gegen ein Uhr die letzten gestrandeten Passagiere auf der Westseite des Brandenburger Tors zu Fuß oder in Taxis auf den Heimweg gemacht, erlöschen die Flutlichter – das sonst hell angestrahlte Wahrzeichen der Stadt liegt nun im Dunkel.

Gegen zwei Uhr nachts hören die Westberliner Polizisten Lastwagen; Truppentransporter mit abgedunkelten Scheinwerfern durchfahren das Tor.

Männer in Uniformen springen auf dem zum sowjetischen Sektor gehörenden Vorplatz ab und stellen Maschinengewehre auf, die Mündungen nach Westen gerichtet. Ein MG wird auf das Brandenburger Tor gehievt.

Weitere Lkw treffen ein, Männer entladen Stacheldrahtrollen, Betonpfosten, Barrieren. Gegen drei Uhr schleppen Soldaten zudem Presslufthämmer und Kompressoren heran, Baumaschinen rollen auf den Vorplatz.

Ähnliche Szenen spielen sich an allen Übergängen zum sowjetischen Sektor ab, und um sechs Uhr morgens haben Polizisten, Soldaten sowie Mitglieder paramilitärischer Kampfgruppen der DDR ihr Werk vollbracht: Die gesamte Berliner Sektorengrenze ist nach Westen hin abgeriegelt. Kein Bürger kann sich mehr frei von Ost nach West und umgekehrt bewegen.

Und die Westmächte, allen voran US-Präsident Kennedy? Der mächtigste Mann der Welt nimmt den Vorstoß hin.

Wohl nirgendwo sonst in Europa ringen Ost und West so erbittert um Einfluss und Prestige wie in Berlin. Die Siegermächte des Zweiten Weltkrieges haben die ehemalige Reichshauptstadt 1945 in vier Sektoren aufgeteilt, so wie sie ganz Deutschland in Besatzungszonen gliederten. Doch schnell haben sich Amerikaner, Briten und Franzosen mit Moskau über die Nachkriegsordnung zerstritten, fanden sich die einstigen Verbündeten gegen Hitler als Gegner im Kalten Krieg wieder.

Die Folge: 1949 werden zwei deutsche Staaten gegründet.

Berlin bleibt ein staatsrechtlicher Sonderfall, einmalig in der Welt: Jede Siegermacht verwaltet einen Sektor, doch dürfen ihre Vertreter jederzeit alle drei anderen betreten, Rotarmisten also durch den US-Sektor fahren – und GIs durch den Osten.

Westberlin wird so zu einer Enklave in der Sowjetzone. Eine Stadt inmitten des von Moskau kontrollierten Territoriums, in der die Westmächte Soldaten

Kurz nach dem Mauerbau schränkt die DDR die Besuchsrechte der Westalliierten im Osten ein. Als daraufhin US-Panzer am Übergang Friedrichstraße auffahren, droht die Lage zu eskalieren

Beobachtet von Westberlinern, stellen Soldaten der DDR am 13. August 1961 Betonpfeiler für die neuen Grenzanlagen auf. 81 Übergänge hatten bis dahin das Pendeln zwischen den Sektoren leicht gemacht

KREMLCHEF CHRUSCHTSCHOW WILL GANZ BERLIN

stationieren können. Und: Die geteilte Metropole wird zum riesigen Fluchttor.

Denn ab 1952 riegelt die DDR ihre Grenze zur Bundesrepublik rigide ab, um die Massenflucht ihrer Bewohner zu stoppen. Nur in Berlin können die Menschen weiterhin pendeln.

Am 10. November 1958 fordert der sowjetische KP-Generalsekretär Nikita Chruschtschow in einer Rede das Ende des Viermächtestatus von Berlin. Er kündigt an, alle Funktionen, die noch bei der sowjetischen Stadtkommandantur liegen, den DDR-Behörden zu übertragen. Westberlin, so fügt er etwas später hinzu, solle entmilitarisiert und zu einer „Freistadt" werden.

Gut zwei Wochen später stellt Chruschtschow ein Ultimatum: Wenn die Westmächte nicht binnen sechs Monaten auf seine Vorschläge eingehen, werde er sie im Alleingang umsetzen.

Damit löst er eine internationale Krise aus. Denn die Bundesregierung sowie deren Schutzmacht USA erkennen Chruschtschows Absicht: Ohne die militärische Präsenz der Westalliierten würde die Stadt über kurz oder lang in die Hände der Sowjetunion fallen.

Im August 1959 geht eine Außenministerkonferenz in Genf, auf der die vier Mächte um den Status der Stadt ringen, ohne Ergebnis zu Ende. Immerhin, Chruschtschow setzt sein Ultimatum aus, wohl auch mit Blick auf die Präsidentschaftswahlen 1960 in den USA. Er wartet auf den neuen Mann in Washington.

Als John F. Kennedy Anfang 1961 das Präsidentenamt übernimmt, appelliert er an die amerikanischen Tugenden – und konfrontiert die Bürger in seinen Reden zugleich mit apokalyptischen Visionen von einer militärtechnischen Überlegenheit der Sowjetunion.

Kuba, Algerien, Laos – Kennedy sieht die Kommunisten auf dem Vormarsch. In seiner Antrittsrede beschwört er seine Landsleute, zusammenzustehen und die Freiheit „in ihrer Stunde der höchsten Gefahr" zu verteidigen.

ANFANG JUNI 1961 reist er nach Wien, um mit Chruschtschow über die Berlin-Krise zu verhandeln. Der Gipfel wird zum Duell zweier höchst ungleicher Persönlichkeiten. Auf der einen Seite Kennedy, erst 44, Spross einer reichen, glamourösen Familie. Auf der anderen der Sowjetführer, 67, ein Bauernsohn und gelernter Maschinenschlosser.

Der US-Präsident verfolgt vor allem ein Ziel: seinem Gegenüber deutlich zu machen, dass die USA sich nicht aus Westberlin vertreiben lassen. Chruschtschow hingegen will Kennedy einschüchtern, ihm die Stadt entwinden.

Kennedy erklärt dem KP-Chef, jede Gewalt werde mit Gewalt beantwortet. Der kontert mit einem neuen Ultimatum: In sechs Monaten werde er einen Friedensvertrag mit der DDR unterschreiben – dann werde allein die DDR den Zugang nach Westberlin regeln.

Krieg oder Frieden, das hänge von den USA ab.

„Dann wird es einen kalten Winter geben", beendet Kennedy das Gespräch.

Chruschtschows brutale Offenheit irritiert den US-Präsidenten zutiefst. Gegenüber seinen Beratern sagt er: „Er hat mich behandelt wie einen kleinen Jungen. Er hält mich für einen Schwächling, den man herumschubsen kann."

Der Präsident weist seine Experten an, neue Strategien zu entwickeln. Zwei Fraktionen ringen nun in Washington um eine Position zur Berlin-Frage.

Die „Tauben" um Außenminister Dean Rusk und jüngere Berater wie den aufstrebenden Harvard-Professor Henry Kissinger setzen auf eine diplomatische Lösung. Sie akzeptieren die Sicherheitsinteressen der UdSSR: Die Sowjets fürchten ein Wiedererwachen des deutschen Militarismus; vor allem die Vorstellung einer atomar bewaffneten Bundeswehr ist Moskau unerträglich. Man solle den Sowjets entgegenkommen, sagt diese Fraktion, etwa mit einer Garantie der Oder-Neiße-Grenze oder einer Anerkennung der DDR.

Die „Falken" um Dean Acheson, Kennedys Sonderberater für außenpolitische Fragen, halten Verhandlungen dagegen für falsch. Sie wollen die UdSSR durch militärische Stärke einschüchtern – und fordern, im Berlin-Konflikt notfalls selbst Atomwaffen einzusetzen.

Kennedy entscheidet sich für einen Mittelweg. Einerseits baut er auf Härte. Er lässt aufrüsten und vergrößert die Mannschaftsstärke der US-Truppen um 125 000 Mann. Seine Stäbe spielen eine Seeblockade gegen den Ostblock durch und planen den Ablauf der militärischen Eskalation – bis hin zum Atomkrieg. Und er verlangt, dass die Hälfte des strategischen Bomberkommandos binnen 15 Minuten bereit zum Abheben ist.

Andererseits hält er einen diplomatischen Ausweg offen und bricht mit einigen Tabus der Deutschlandpolitik: Die Wiedervereinigung des geteilten Landes verfolgt Kennedy nicht mehr. Zudem erkennt er Ostberlin indirekt als sowjetische Interessensphäre an.

Der Argwohn des deutschen Bundeskanzlers Adenauer wächst. Er fürchtet, Washington und Moskau könnten sich ohne die Deutschen einigen. Und in der Tat vertraut US-Außenminister Dean Rusk seinem britischen Amtskollegen später an: „Die Westdeutschen werden viele Dinge schlucken müssen, die sie bis jetzt für undenkbar hielten."

Am 25. Juli 1961 verkündet Kennedy drei Grundsätze. Sie sollen klarmachen, wo die Grenze zum Krieg verläuft. Er verlangt von Moskau Garantien für:

- die Präsenz und Sicherheit der westlichen Truppen in Berlin;
- die Sicherheit und Lebensfähigkeit Westberlins;
- den freien Zugang nach Westberlin.

Damit zieht er eine Linie. Bis zur Sektorengrenze können die Sowjets gehen – aber keinen Schritt weiter.

An der Bernauer Straße gelingt es noch am 13. August 1961 Anwohnern, aus ihren Fenstern in den direkt davor beginnenden Westsektor zu fliehen. Später werden die Fenster vermauert

ALS KRIEG DROHT, GIBT KENNEDY DEN OSTEN AUF

In einer ersten Reaktion wertet Chruschtschow die Rede als Kriegserklärung. Er ergeht sich in düsteren Visionen: Zwar könnten die UdSSR und die USA den Atomkrieg möglicherweise überstehen, die europäischen Verbündeten der USA hingegen nicht. Sie würden vernichtet und bräuchten nicht einmal Särge. Hunderte Millionen Menschen müssten sterben – wegen zweieinhalb Millionen Westberlinern.

Aber auch er will keinen Atomkrieg, denn er weiß um die militärische Überlegenheit der USA bei den weit reichenden Atomwaffen. Und er muss erkennen, dass sein Gegenspieler mit Drohung und Bluff nicht zu beeindrucken ist. Es besteht keine Aussicht, die Westmächte aus Berlin zu vertreiben, ohne den atomaren Weltenbrand zu riskieren.

Also entscheidet sich Chruschtschow für eine Lösung mit überschaubarem Risiko: Am 2. August 1961 gibt er dem DDR-Staatsratsvorsitzenden Walter Ulbricht die Erlaubnis zur Abriegelung der Sektorengrenze nach Westberlin.

Die DDR-Führung ist begeistert: Sie plant den Mauerbau schon seit Monaten. Nur so, glaubt sie, lässt sich die immer stärker und bedrohlicher werdende Flüchtlingswelle stoppen.

Auf einer Pressekonferenz am 15. Juni wird Ulbricht gefragt, „ob die Staatsgrenze der DDR am Brandenburger Tor errichtet wird". Der Staatsratsvorsitzende antwortet mit dem unfreiwillig verräterischen Satz: „Niemand hat die Absicht, eine Mauer zu errichten" – was prompt dazu führt, dass die Zahl der Flüchtlinge drastisch ansteigt.

Allein am letzten Juliwochenende melden sich 4000 DDR-Bürger im Notaufnahmelager Berlin-Marienfelde. Die Unterkünfte reichen nicht mehr aus, in Klassenzimmern und Kirchenschiffen werden Feldbetten aufgestellt. Tausende Fachkräfte fliehen.

Zwei Tage zuvor sagte Kennedy im engsten Beraterkreis: „Chruschtschow ist dabei, Ostdeutschland zu verlieren. Das kann er nicht zulassen, denn dann wird er auch Polen und ganz Osteuropa verlieren. Er muss etwas tun, um den Flüchtlingsstrom zu stoppen – vielleicht eine Mauer bauen. Und wir werden das nicht verhindern können. Ich kann das Bündnis zusammenhalten, um Westberlin zu verteidigen, aber nicht, um den Zugang nach Ostberlin offen zu halten."

13. August 1961, 7.00 Uhr. Auf dem Platz am Brandenburger Tor stehen Militärlastwagen, Kübelwagen und Schützenpanzer, Soldaten sind aufmarschiert. Ostberliner Bürger protestieren gegen die Abriegelung, attackieren die Soldaten. Volkspolizisten und Greiftrupps in Zivil führen Demonstranten ab.

Doch immer wieder fliehen Ostberliner spontan in den Westen. Noch genügt ein unbeobachteter Moment – der Stacheldrahtverhau, der die Stadt von Nord nach Süd durchtrennt, wird erst später durch eine Mauer ersetzt.

Kennedy ist an diesem Tag in seinem Sommersitz in Hyannis Port, Massachusetts. Als die ersten Meldungen über die Situation in Berlin das Weiße Haus um sechs Uhr Ortszeit erreichen, entscheidet der diensthabende Offizier, man solle den Präsidenten noch nicht so früh am Sonntagmorgen stören.

Eine erste Mitteilung über die Krise, die er etwas später nach Hyannis Port schickt, kommt seltsamerweise nie an. Und so besucht der US-Präsident mit seiner Frau völlig ahnungslos den Gottesdienst, dann begibt er sich mit der Familie an Bord des Kabinenkreuzers „Marlin". Erst auf See erreicht ihn gegen 12.30 Uhr ein Funkspruch aus Washington – mehr als 17 Stunden nach dem Beginn der Abriegelung Ostberlins.

Der Präsident lässt beidrehen, geht an Land, telefoniert und erkennt: Die Situation ist unter Kontrolle; Moskau ist darauf bedacht, die von Kennedy gezogene Linie nicht zu überschreiten. Er sieht keine Notwendigkeit, sein freies Wochenende zu unterbrechen.

In Berlin dagegen steht Bürgermeister Willy Brandt verzweifelt vor den Stadtkommandanten der Westmächte. Brandt fordert ein Einschreiten, die Kommandanten lassen ihn wissen: Der Protest werde in den Hauptstädten koordiniert, das Problem „dringlichst geprüft". Nichts soll die Stimmung in Berlin weiter anheizen.

Am Montag spitzt sich die Lage dennoch zu. Gegen Mittag schaffen es Westberliner Beamte kaum noch, Demonstranten zu bändigen. Jugendliche schleudern Steine und Flaschen. Per Megafon beschwören Polizisten sie, sich zurückzuziehen.

Doch die Protestler scheinen entschlossen, über die Sektorengrenze zu stürmen. Auf der Ostseite gehen Soldaten mit aufgepflanzten Bajonetten und Schützenpanzer in Stellung. Erst Westberliner Bereitschaftspolizei gelingt es, die Menge zurückzudrängen.

Aus Kennedys Sicht gibt es gar keine Krise. „Die Mauer ist keine sehr schöne Lösung, aber immer noch besser als Krieg", sagt er. Und sie ist ein wertvolles Propaganda-Instrument des Westens.

Sein Bruder Robert lädt umgehend den Vertreter einer Public-Relations-Agentur ins Weiße Haus. Der Kommunismus mauert seine Bürger ein, soll die Botschaft sein. Dies ist die Stunde der PR-Texter, nicht der Militär-Strategen.

Um die Deutschen zu beruhigen, schickt Kennedy seinen Vizepräsidenten Lyndon B. Johnson am 19. August 1961 nach Berlin. Und tatsächlich: Die Berliner jubeln Johnson zu, die Enttäuschung über das Nichtstun der Amerikaner weicht neuer Zuversicht.

Im August 1962 verblutet der 18-jährige, bei einem Fluchtversuch von DDR-Grenzsoldaten angeschossene Peter Fechter. Westberliner schmähen die untätigen Amerikaner danach als »Morddulder«

Zudem entsendet der Präsident General Lucius D. Clay, den Helden der Luftbrücke von 1948/49, als seinen persönlichen Vertreter in die geteilte Stadt. Und er setzt eine Kampfgruppe von 1500 Soldaten aus Westdeutschland in Marsch, demonstrativ auf dem Landweg, über die Autobahn. Militärisch ist sie ohne Bedeutung, für die Moral der Westberliner aber von hohem Wert.

DIE DDR-REGIERUNG ist jedoch unbeeindruckt – und provoziert schon bald die Amerikaner: Ab Ende August lassen die DDR-Grenzer westliche Besatzungssoldaten und andere Ausländer nur noch über den Grenzübergang Friedrichstraße nach Ostberlin einreisen, und so richten die Westalliierten auch auf ihrer Seite einen „Kontrollpunkt" ein, den „Checkpoint Charlie" (eine von drei alliierten Kontrollstellen, neben „Alpha" in Helmstedt-Marienborn und „Bravo" in Dreilinden-Drewitz).

Noch dürfen Angehörige der westlichen Besatzungsmächte, wie schon seit Kriegsende, ungehindert in den Ostteil der Stadt fahren. Als Legitimation genügt das Nummernschild ihres Wagens. Ob die Insassen Uniform tragen oder in Zivil gekleidet sind, ist unerheblich.

Doch Mitte Oktober 1961 erlässt das DDR-Regime neue Regeln: Amerikaner in Zivil sollen sich nun ausweisen. Damit sehen US-Militärs die Rechte der Alliierten in Berlin bedroht.

General Clay versetzt seine Truppen in der Stadt am 25. Oktober in Alarmbereitschaft und lässt Panzer bis an die Sektorengrenze rollen. In der folgenden Nacht werden daraufhin 33 Sowjet-Panzer nach Ostberlin verlegt.

Am 27. Oktober stoppen Volkspolizisten ein US-Militärfahrzeug und fordern die Insassen auf, ihre Ausweise vorzuzeigen. Die Amerikaner verlangen, einen sowjetischen Offizier zu sprechen, doch die DDR-Grenzer erklären sich für allein zuständig.

Um 18 Uhr stehen am Checkpoint Charlie zehn amerikanische zehn sowjetischen Panzern gegenüber. Die US-Kettenfahrzeuge sind mit Bulldozerschaufeln ausgerüstet: Clay hat das Einreißen der Mauer an einer Attrappe üben lassen – ohne Wissen Kennedys.

Der General wartet nun nur noch auf den Befehl, die Sperranlagen niederzuwalzen. Aber der Befehl kommt nicht.

Kennedy, der von Clays Aktion überhaupt nichts hält, lässt Chruschtschow einen Aufruf zur Mäßigung zukommen. Er bittet ihn, die Panzer zurückzuziehen, und sichert ihm zu, dass auch die US-Einheiten den Checkpoint räumen würden. Der Sowjetführer akzeptiert.

Am Morgen des 28. Oktober ziehen die sowjetischen Panzer ab, wenig später auch die amerikanischen. „Die Mauer war das Maximum", sagt Chruschtschow später. Er lässt keine weitere Eskalation zu. Die Berlin-Krise ist beendet.

DAS DEUTSCH-AMERIKANISCHE Verhältnis aber hat Schaden genommen. Der ehemalige Außenminister Heinrich von Brentano notiert: „Die Amerikaner sind nicht mehr die Amerikaner, die sie vor Jahren waren. Man will sich verständigen, und das geht eben nicht anders als auf dem Rücken der Deutschen."

Im August 1962 wird der 18-jährige Peter Fechter bei einem Fluchtversuch von DDR-Grenzern angeschossen und fast eine Stunde lang im Grenzstreifen liegen gelassen. Er verblutet qualvoll. GIs – bemüht, keine Grenzverstöße zu begehen – sehen tatenlos zu.

Jetzt richtet sich die Wut der Westberliner gegen die USA. Demonstranten greifen Fahrzeuge der Schutzmacht an, die Insassen werden als „Besatzer" beschimpft. Transparente schmähen die USA als „Morddulder, Mordhelfer".

Bald darauf schließen Konrad Adenauer und Frankreichs Staatspräsident

Obwohl Kennedy so passiv auf die Teilung Berlins reagiert hat, empfangen ihn Hunderttausende jubelnd, als er 1963 mit Bürgermeister Brandt und Bundeskanzler Adenauer bei einem Staatsbesuch durch Berlins Straßen fährt

Am 26. Juni 1963 hält Kennedy in der Frontstadt jene Rede mit dem legendären Satz »Ich bin ein Berliner!«, die ihn zum Volkshelden macht. Dabei hat er den Bau der Mauer nicht verhindern können

DER PRÄSIDENT MUSS DEN DEUTSCHEN SCHMEICHELN

Charles de Gaulle einen Freundschaftsvertrag. Die beiden alten Männer sind sich einig in ihrer Ablehnung von Verhandlungen mit der UdSSR. Diese Annäherung irritiert die Amerikaner.

Und so fliegt John F. Kennedy im Juni 1963 nach Deutschland, um die Dinge wieder ins Lot zu bringen. Seine Reise wird zum Triumph. Kennedy gewinnt die Menschen mit seinem Charme, er erobert ihre Herzen mit seinem Lächeln und seinen Versprechen. Kein anderer Staatsbesucher hat in der Bundesrepublik je solche Emotionen wachgerufen.

Am vierten und letzten Tag seines Besuches landet er in Berlin. Es ist der 26. Juni 1963, der 15. Jahrestag des Beginns der Luftbrücke, fast zwei Jahre nach dem Mauerbau.

Schon in seiner Begrüßungsrede am Flughafen Tegel schmeichelt Kennedy den Berlinern.

Er stärkt ihr Vertrauen, er preist ihren Durchhaltewillen, appelliert an ihren Stolz: Sie hätten ein Leuchtfeuer für die ganze Welt entzündet und seien diejenigen, die unerschütterlich an den Toren der Freiheit Wache hielten.

Es ist ein schöner, windiger Frühsommertag. Kennedy besteigt den offenen, eigens aus den USA eingeflogenen Lincoln Continental, an seiner Seite Konrad Adenauer und Willy Brandt.

Der Konvoi mit dem dunkelblauen Straßenkreuzer fährt, überall flankiert von winkenden und applaudierenden Menschen, zum Brandenburger Tor. Die DDR hat Planen hinter den Säulenreihen angebracht, um den Besuch Kennedys und die Begeisterung der Westberliner vor ihren Bürgern zu verbergen.

Am Checkpoint Charlie, wo Peter Fechter unter den Augen von US-Soldaten verblutete, besteigt der amerikanische Präsident eine Aussichtsplattform. Hier weicht das Lächeln aus seinem Gesicht. Ernst blickt er auf die Mauer, deren Bau er nicht verhindern konnte.

Etwas später warten Hunderttausende Menschen vor dem Schöneberger Rathaus auf den Besucher aus Washington. Kennedy betritt die Tribüne. Lucius D. Clay steht an seiner Seite, als Symbol eiserner Entschlossenheit.

„Vor 2000 Jahren war der stolzeste Satz, den ein Mensch sagen konnte: ‚Ich bin ein Bürger Roms!'", deklamiert der US-Präsident. „Heute ist der stolzeste Satz, den jemand in der Freien Welt sagen kann: ‚Ich bin ein Berliner!'"

Die Zuhörer antworten mit frenetischem Jubel. Immer wieder wird Kennedys Name skandiert. Ein Transparent schwebt über den Köpfen, darauf die Frage: „Wann fällt die Mauer?"

Und Kennedy, der die Abriegelung Ostberlins zwei Jahre zuvor als kleineres Übel akzeptiert hat, empört sich nun: „Die Mauer schlägt nicht nur der Geschichte ins Gesicht, sie schlägt der Menschlichkeit ins Gesicht."

Der Präsident beschwört in seiner Rede jenen Tag, an dem die Stadt und das Land dereinst wiedervereint sein werden, „an dem Europa geeint ist und Bestandteil eines friedvollen und zu höchsten Hoffnungen berechtigten Erdteils".

Es klingt wie eine Utopie, doch die Zuhörer sind euphorisch, noch einmal wiederholt er zum Schluss seiner Rede: „Ich bin ein Berliner!"

Kennedys Visite nach Berlin mobilisiert größere Menschenmengen als jedes andere politische Ereignis in der Geschichte Nachkriegsdeutschlands.

Das ändert sich erst 26 Jahre nach seinem Besuch: in jenen Stunden und Tagen des November 1989, als in Berlin und anderswo die Mauer fällt. □

***Literaturtipps:** Rolf Steininger, „Berlinkrise und Mauerbau. 1958 bis 1963", Olzog: akribische Beschreibung des Konflikts um Berlin. Curtis Cate, „Riss durch Berlin", Knaus: detailreicher und packend geschriebener Bericht der Ereignisse am 13. August 1961.*

Fred Langer, 48, ist Journalist in Hamburg.

Erst 1965 greifen die USA direkt in den Krieg ein. Schnell werden die Truppen in heftige Kämpfe verwickelt – wie hier nahe der Grenze zu Nordvietnam

Der Weg nach VIETN

Im Kräftemessen mit Moskau und Beijing versucht John F. Kennedy, Südvietnam zum antikommunistischen Bollwerk zu machen. Tausende Militärberater sollen dem dortigen Regime gegen Aufständische helfen. Im Dezember 1961 fällt der erste Amerikaner im Gefecht: James T. Davis

AM

ESKALATION EINES KONFLIKTS:
die USA und Vietnam, 1961–1963

Seit 1954 unterstützen die USA Südvietnam mit Geld und Material. Ab 1961 schulen US-Berater Soldaten für deren Kampf gegen von Kommunisten angeführte Aufständische

Weil die Rebellen immer schlagkräftiger werden, lässt Washington Helikopter stationieren, die südvietnamesische Soldaten zu Einsätzen fliegen

NICOLAS BÜCHSE

Der Tag, an dem James T. Davis sterben wird, beginnt für ihn wie viele andere zuvor in Vietnam. Ein Lastwagen hält auf dem Gelände des Militärflughafens Tan Son Nhut in der Nähe von Saigon, um ihn abzuholen. Auf der Ladefläche sitzen neun Soldaten der südvietnamesischen Armee. Davis steigt auf den Beifahrersitz. Seinen Rucksack mit elektronischen Geräten stellt er neben sich.

Der 25-jährige Amerikaner arbeitet als Spezialist für Funkpeilungen und Feindortung beim Nachrichtendienst der US Army. An diesem 22. Dezember 1961 soll der Spähtrupp mit seiner Hilfe eine Einheit des Vietcong aufspüren. Die kommunistischen Guerillakämpfer verüben seit einigen Monaten Anschläge in Südvietnam.

Davis ist nordöstlich des Mekong-Deltas stationiert – fast 15 000 Kilometer entfernt von seiner Heimatstadt Livingston in Tennessee, wo seine Frau mit der 13 Monate alten Tochter das erste Weihnachten allein feiern wird.

Er ist einer von etwa 2500 Amerikanern, die John F. Kennedy hierher geschickt hat, um die südvietnamesische Armee gegen den Vietcong zu unterstützen. „Militärberater" nennt Washington seine Soldaten. Es heißt, sie würden nicht kämpfen, sondern lediglich ihre Verbündeten ausbilden.

Doch das schützt sie nicht vor Angriffen: Im August sind zwei Kameraden nur knapp einem Hinterhalt entkommen. Davis schrieb seinem Vater daraufhin: „Es scheint, die bösen Jungs haben Befehl erhalten, uns die Hölle heißzumachen."

Seither beobachtet er das Dickicht am Straßenrand besonders aufmerksam. Auch heute. Bis eine Explosion den Wagen erschüttert und das Heck zerreißt. Eine Landmine.

Das Fahrzeug schlingert noch fast 30 Meter, ehe es stehen bleibt. Der Spähtrupp sitzt in der Falle.

Kämpfer des Vietcong eröffnen sofort das Feuer und erschießen neun der südvietnamesischen Soldaten.

Davis kann sich aus der Fahrerkabine befreien. Er greift seinen Karabiner und schießt zurück. Doch Sekunden später trifft eine Kugel seinen Kopf.

Er ist auf der Stelle tot.

James Thomas Davis aus Livingston, Tennessee, Dienstnummer RA 14 696 877, ist der erste US-amerikanische Soldat, der in Vietnam in einem offenen Gefecht umkommt.

Bis zum Frühjahr 1975 werden ihm fast 60 000 US-Soldaten in den Tod folgen. Sie sterben in einem Konflikt, der sich zur wohl größten Katastrophe des Kalten Krieges ausweitet. Und der

1965: US-Helikopter schweben über

vielen noch heute als moralische Bankrotterklärung der USA gilt. Sie sterben in einem Krieg, dessen Wurzeln lange vor John F. Kennedys Einzug ins Weiße Haus liegen – und der eigentlich erst nach seinem Tod beginnt.

Im späten 19. Jahrhundert erobern die Franzosen Vietnam und benachbarte Gebiete in Indochina. Im Zweiten Weltkrieg übernehmen dort die Japaner die Macht; fortan kämpft eine „Liga für die Unabhängigkeit Vietnams" unter Führung des kommunistischen Revolutionärs Ho Chi Minh gegen die Okkupatoren.

Nach der japanischen Kapitulation ruft Ho Chi Minh am 2. September 1945 die Demokratische Republik Vietnam aus. Zwar wollen die Franzosen das Land wieder unter ihre Kontrolle bringen, doch nach einer entscheidenden Niederlage bei Dien Bien Phu am 7. Mai 1954 muss Paris mit der Liga verhandeln.

Am 21. Juli 1954 schließen beide Parteien einen Waffenstillstand: Ho Chi Minh zieht sich mit seinen Kämpfern in den Norden zurück, im Süden unterstützt Frankreich einen Marionettenstaat mit dem früheren Kaiser Bao Dai als Oberhaupt. Das Land ist nun geteilt – doch 1956 soll es zu Wahlen und zur Wiedervereinigung kommen.

US-Präsident Eisenhower sieht in Vietnam aber die Sicherheit der „Freien Welt" in Gefahr. Wie fast alle US-Politiker glaubt er an die „Domino-Theorie": Wenn in einer Region erst ein Land an die Kommunisten fällt, können auch benachbarte Staaten wie

einer Straße, im aufwehenden Staub kümmern sich Soldaten um Verwundete. Der Krieg ist viel verlustreicher, als von Washington erwartet

Spielsteine kippen. Er sieht ganz Südostasien in Gefahr – auch große Staaten wie Indien oder Indonesien.

Dem stimmt ein junger Senator aus Massachusetts zu. „Vietnam verkörpert den Grundstein der Freien Welt in Südostasien, den Schlussstein im Bogen, den Finger im Deich", erklärt John F. Kennedy 1956.

Die USA wollen die gesamtvietnamesischen Wahlen verhindern. Denn sie wissen, dass es kein Kandidat mit der Strahlkraft Ho Chi Minhs aufnehmen kann, der im Norden, in der nordvietnamesischen Hauptstadt Hanoi in einer Hütte neben den Regierungsgebäuden lebt.

In dem Vietnamesen Ngo Dinh Diem glaubt Eisenhower schließlich den richtigen Mann gefunden zu haben. Der gläubige Katholik und glühende Antikommunist lebt seit 1950 in den USA, wo er Beziehungen zu einflussreichen Kreisen pflegt.

Auf amerikanischen Druck hin ernennt Kaiser Bao Dai Eisenhowers Kandidaten zum Premierminister. Dem gelingt es tatsächlich, Teile der Armee auf seine Seite zu ziehen. Durch ein manipuliertes Referendum lässt er den Kaiser 1955 absetzen und erklärt sich selbst zum Präsidenten der Republik Vietnam. Da sich die Franzosen endgültig zurückgezogen haben, ist er nun der mächtigste Mann in Südvietnam. Doch seine Alleinherrschaft stützt sich nur auf die katholische Minderheit und die Hilfe der USA.

1956 erfüllt Ngo die Erwartungen, die Eisenhower in ihn setzt: Er verweigert die vorgesehenen Wahlen.

Um 1967: US-Soldaten haben eine Rauchgranate gezündet, um Piloten den Weg zu weisen. Im Dschungel orientieren sich die Aufständi

Bis 1961 pumpt Washington rund zwei Milliarden Dollar Wirtschafts- und Militärhilfe nach Südvietnam. Zugleich verüben CIA-Agenten im Norden Sabotageakte, schütten etwa Zucker in die Tanks der Busse, um das Transportsystem lahmzulegen.

Doch nicht im Norden wächst der Widerstand, sondern gegen Ngos autoritäres Regime, das eine Wiedervereinigung Vietnams unmöglich macht. Ab 1957 bilden sich kleinere Gruppen von Aufständischen. Bald taumelt Südvietnam an den Rand eines Bürgerkrieges. Im Jahr 1960 töten Rebellen rund 2500 Regierungsbeamte und übernehmen in zahllosen Dörfern die Macht. Ende des Jahres formiert sich eine breite Oppositionsbewegung unter Führung südvietnamesischer Kommunisten, die „Nationale Front für die Befreiung Südvietnams". Sie ruft zum Kampf gegen Ngos Regime auf und fordert die Wiedervereinigung.

„Vietcong" – so nennt Ngo Dinh Diem die Guerilla-Armee der Front, die schnell Zehntausende Kämpfer zählt: „vietnamesischer Kommunist".

schen meist besser als die Amerikaner

JFK will den EINSATZ begrenzen – und schickt doch mehr Militärs

Für John F. Kennedy ist Vietnam zunächst ein untergeordnetes Thema. Im April 1961 droht Vietnams Nachbarstaat Laos an die Kommunisten zu fallen. Statt Truppen zu senden, wie von den Armeechefs gefordert, lässt der Präsident über einen Waffenstillstand zwischen dem von den USA unterstützten Militär und den Guerilleros verhandeln. Und: Laos soll eine neutrale Regierung bekommen.

Die Opposition setzt Kennedy daraufhin unter Druck. Die Republikaner werfen ihm vor, Laos aufgegeben und die US-Position geschwächt zu haben.

Kennedy muss Stärke demonstrieren. Seine Aufmerksamkeit richtet sich nun auf Vietnam – das er zu kennen glaubt: 1951 hat er das Land besucht und sich ein Bild gemacht von der Unfähigkeit der Franzosen, die Situation in den Griff zu bekommen. Später hat er Ngo Dinh Diem kennengelernt und war von ihm beeindruckt.

„Die kommunistische Vorherrschaft in Südvietnam verhindern und eine lebensfähige, zunehmend demokratische Gesellschaft erschaffen", das ist die Marschroute, die er mit seinen Beratern im Mai 1961 vorgibt. „Komme, was wolle, die USA beabsichtigen, die Schlacht zu gewinnen."

Kennedy erhöht die Militärhilfe, liefert Waffen. Zudem schickt er im September 400 Mann in den Dschungel, um Bergvölker gegen den Vietcong zu mobilisieren.

Aber weiterhin übermitteln CIA-Agenten alarmierende Nachrichten:

Südvietnams Präsident Ngo Dinh Diem, 1954 von den Amerikanern installiert, herrscht diktatorisch

Diem vertraut nur der Familie: Schwägerin Madame Nhu führt eine Frauenkampftruppe an

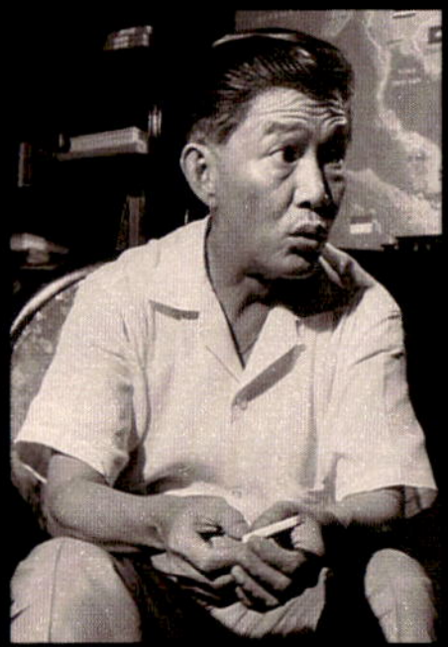

Diems Bruder Ngo Dinh Nhu leitet mehrere Geheimdienste und bewaffnete Sondereinheiten

Jeden Monat tötet der Vietcong mehr als 200 Regierungsanhänger. Für kurze Zeit bringen die Guerilleros sogar eine Provinzhauptstadt in ihre Gewalt, nur 85 Kilometer vor Saigon.

Im Dezember 1961 schreibt Ngo Dinh Diem ein Hilfegesuch. Die Angriffe des Vietcong hätten ein solches Ausmaß erreicht, „dass unsere Kräfte aufs Äußerste erschöpft sind".

Die Militärs in Washington plädieren dafür, Kampftruppen in Vietnam zu stationieren, doch Kennedy lehnt ab. Er hält es für falsch, GIs in einen weit entfernten Krieg zu schicken, dessen Ende nicht absehbar ist.

Einem Vertrauten erklärt er: „Die Truppen werden einmarschieren, die Kapellen werden spielen, die Menge wird jubeln, und in vier Tagen wird es jeder vergessen haben. Dann wird man uns sagen, dass wir mehr Truppen schicken müssen. Es ist, wie einen Drink zu nehmen. Die Wirkung lässt nach, und du musst den nächsten nehmen." Der Krieg müsse der Krieg der Vietnamesen bleiben.

Einige Berater schlagen vor, Verhandlungen mit Moskau aufzunehmen, auf einen Waffenstillstand zu drängen und die UNO einzuschalten. Doch eine Lösung wie in Laos kommt für Kennedy nicht infrage. Zudem muss er fürchten, als außenpolitischer Weichling zu gelten – unfähig, die Interessen der USA durchzusetzen.

Er bezweifelt, dass der Konflikt in Vietnam militärisch zu lösen ist, weigert sich aber aus politischen Gründen wie aus innerer Überzeugung, den Kampf um das Land aufzugeben.

Schließlich entscheidet er sich für einen Mittelweg, der das Engagement der USA begrenzen und seiner Regierung Zeit verschaffen soll: Er erhöht die Wirtschaftshilfe sowie die Anzahl der militärischen Berater. Zudem befiehlt er den Einsatz von Helikoptern.

Am 11. Dezember 1961 wirft das Navy-Transportschiff „Core" vor Saigon Anker. An Bord sind 33 Helikopter des Typs H-21C samt Piloten und Bodenpersonal – die ersten US-Hubschrauber in Vietnam.

Elf Tage später bricht eine der Crews zu einer Mission auf, vielleicht ihrer ersten überhaupt. Eigentlich ist es ihre Aufgabe, Soldaten und Material zum jeweiligen Einsatzort zu bringen.

An diesem 22. Dezember aber wird ihr Fluggerät eine andere Fracht aufnehmen. Einige Kilometer außerhalb von Saigon landet der Helikopter – an einem Ort des Grauens.

Zehn Menschen haben hier etwa eine Stunde zuvor in einem Feuergefecht ihr Leben gelassen.

Am Straßenrand liegt noch die Leiche eines jungen Mannes in amerika-

1968, alte Kaiserstadt Hue: Bei heftigen

nischer Uniform: Es ist der 25-jährige Funkspezialist James T. Davis aus Tennessee.

Die USA verstricken sich immer tiefer in Vietnam. Verteidigungsminister Robert McNamara reist 1962 nach Saigon und macht sich persönlich ein Bild von Ngo Dinh Diem. Dabei wird ihm langsam bewusst, dass er, Kennedy und fast alle Spitzenpolitiker Washingtons sich in Ngo getäuscht haben.

Erschreckend verworren ist die politische Philosophie des Präsidenten: Ngo Dinh Diem sagt von sich, er vertrete Gott auf Erden, sei der Mittler zwischen Menschen und Himmel und könne deshalb heiligen Respekt von seinen Untertanen fordern.

Und er ist misstrauisch: Deshalb sitzen Verwandte Ngos im Kabinett, sind Botschafter in London und Washington, herrschen in den Provinzen. Am Nächsten stehen ihm sein Bruder Ngo Dinh Nhu, Chef diverser Geheimdienste und Sondereinheiten, und dessen Frau Madame Nhu, die eine paramilitärische Frauenorganisation leitet. Die „Dragon Lady" ist die einzige Frau in der Nähe des Präsidenten, von dem es heißt, er fühle sich in weiblicher Gesellschaft unwohl.

McNamara und Kennedy fordern aber selbst jetzt nur halbherzig demokratische Reformen: Sie glauben, keinen besseren Präsidenten zu finden.

Doch inzwischen kämpfen mehr als 20 000 Guerilleros für den Vietcong, unterstützt von rund 100 000 Rebellen auf dem Land. Sie ermorden Poli-

Kämpfen haben US-Militärs Einheimische aus ihren Häusern getrieben. Nun hocken sie auf einer Straße, bewacht von einem Marine

zisten, enteignen Großgrundbesitzer, verteilen Land an Bauern, nehmen weniger Steuern als die Regierung.

Also stellt Kennedy Geld bereit, um die „Herzen und Sinne" der Vietnamesen zu gewinnen. Dorfbewohner sollen in größere Siedlungen mit modernen Schulen und Krankenhäusern ziehen, mit kommunaler Selbstverwaltung und gerechterer Landverteilung. Die besseren Lebensbedingungen sollen die Bauern weniger empfänglich für die Propaganda des Vietcong machen.

Im März 1962 beginnt das „Wehrdörferprogramm": Arbeiter heben um die Siedlungen Wassergräben aus, ziehen Bambuspalisaden hoch, bauen Wachtürme. Doch vielerorts trifft das Programm auf Widerstand. In zahlreichen Orten fliehen die meisten Männer zum Vietcong, statt die Zwangsumsiedlung zu erdulden.

Die von den Amerikanern geplanten Verbesserungen aber bleiben völlig aus, von Millionen US-Dollar Aufbauhilfe erreicht kaum ein Cent die Bauern. Ngo Dinh Diem und sein Bruder Nhu, der die Ausführung leitet, sehen in dem Programm vor allem ein Mittel, die Landbevölkerung zu kontrollieren.

Der Vietcong überrennt unzählige dieser Siedlungen – oder nimmt sie gar kampflos ein.

US-Militärpiloten fliegen inzwischen Einsätze und versprühen mit Kennedys Erlaubnis über dem Dschungel Entlaubungsmittel, um dem Vietcong die Rückzugsgebiete zu nehmen.

Die Zahl der Militärberater wird bis Ende 1963 auf über 16 000 steigen. Waren sie anfangs tatsächlich reine

1967: Nur selten kämpfen die Amerikaner, wie hier, von Stellungen aus. Meist werden sie von Helikoptern in einer Region abgesetzt, um

Ausbilder und durften nur in Notwehr schießen, so gleichen ihre Aufgaben bald immer mehr denen regulärer Soldaten: Sie setzen Truppen ab, fliegen mit ihren Auszubildenden echte Bombenangriffe, begleiten vietnamesische Einheiten zu Gefechten im Dschungel.

All das versucht Washington zu verheimlichen, doch Berichte von US-Reportern in Saigon zeigen, dass sich die Regierung viel tiefer in Vietnam engagiert hat, als sie zugibt.

Zudem nehmen die Spannungen zwischen Ngo Dinh Diem und seinen Schutzherren zu. Am 8. Mai 1963 feiern die Buddhisten, die in Südvietnam den Großteil der Bevölkerung stellen, einen Gedenktag. Als Menschen gegen Ngos Verbot protestieren, Flaggen zu Ehren Buddhas zu hissen, feuern Truppen in die Menge, neun Menschen sterben. Zwei Tage später demonstrieren Zehntausende. Der Präsident lässt buddhistische Führer verhaften und Pagoden umstellen. Proteste erschüttern daraufhin das Land.

Am Morgen des 11. Juni versammeln sich im Zentrum von Saigon einige Hundert buddhistische Nonnen und Mönche, sie folgen einer Limousine, singen und entrollen Spruchbänder.

Um 9.20 Uhr erreicht die Prozession einen großen Boulevard. Mitten auf einer Kreuzung bilden sie einen Kreis um den Wagen, aus dem der 65-jährige Mönch Thich Quang Duc aussteigt. Er setzt sich mit gekreuzten Beinen auf eine Matte. Dann begießt ihn ein anderer Mönch mit Benzin.

Thich Quang Duc selbst entzündet ein Streichholz über seinem Schoß. Flammen lodern auf. Lautlos bleibt er sitzen, die Hände über den Beinen gefaltet, die Augen geschlossen.

Thich Quang Ducs Selbstmord schockiert die Weltöffentlichkeit, sein Protest beeindruckt das Regime jedoch kaum. Madame Nhu spricht von einer „*barbecue show*“ und bietet jedem Benzin und Streichhölzer, der es dem Mönch gleichtun will.

Immer mehr Menschen, vor allem Studenten, schließen sich nun den Demonstrationen an. Am 21. August lässt Ngos Bruder Nhu Pagoden stürmen, Statuen und Schreine zertrümmern, 1400 Mönche und Oppositionelle verhaften. Die Strafaktion beendet den Widerstand weitgehend, doch sie kostet Ngo den Rückhalt Kennedys.

Der Präsident instruiert Henry Cabot Lodge, seinen Botschafter in Saigon (und früheren Gegenspieler in den Senatswahlen von 1952), Ngo unter Druck zu setzen. Sollte das nicht gelingen, müsse Lodge nach Alternativen für Ngo suchen.

Alle Bemühungen der USA scheinen ZWECKLOS

dort möglichst viele Feinde zu töten

Präsident Ngo drangsaliert Südvietnams buddhistische Bevölkerungsmehrheit. Im Juni 1963 verbrennt sich ein Mönch aus Protest dagegen selbst

Mit Billigung der USA putschen Anfang November 1963 die südvietnamesischen Generäle. Soldaten stürmen den Präsidentenpalast (oben), töten die Brüder Ngo

Die CIA sondiert unterdessen, ob südvietnamesische Generäle bereit wären, den Despoten zu stürzen. Tatsächlich deuten im Oktober 1963 mehrere Generäle an, einen Staatsstreich zu planen.

Kennedy zögert. Doch schließlich lässt er Lodge freie Hand. Der deutet an, dass die USA einen Staatsstreich nicht verhindern würden. Die Putschisten sehen darin ein Signal.

Am 1. November 1963 schlagen sie los. Als sich die Lage in Saigon zuspitzt, ruft Ngo Dinh Diem den US-Botschafter an und fragt, wie die USA zum Putsch stünden. Lodge entgegnet, er fühle sich nicht kompetent, darauf zu antworten – und in Washington sei gerade tiefe Nacht.

Damit ist das Ende des südvietnamesischen Präsidenten besiegelt. Gegen 3.30 Uhr am folgenden Morgen erreichen Panzer seinen Palast. Um 6.37 Uhr hissen Ngo Dinh Diems letzte Getreue die weiße Flagge.

Ihr Präsident aber ist nicht aufzufinden. Ngo und sein Bruder sind durch einen Geheimtunnel aus der Residenz geflüchtet, suchen nun Schutz in einer katholischen Kirche.

Dann telefoniert er mit den Putschisten – und kapituliert.

Gerade haben die Ngos ihre Beichte abgelegt, als ein General sie gefangen nimmt. Soldaten fesseln den Brüdern die Hände auf dem Rücken und führen sie zu einem Transportpanzer, um sie zum Hauptquartier der Putschisten zu bringen, wie es heißt.

Doch dort kommen nur die von Kugeln durchsiebten Leichen der einstigen Machthaber an. Madame Nhu bleibt dieses Schicksal erspart: Sie befindet sich gerade in den USA.

Als Kennedy von der Ermordung erfährt, springt er aus seinem Sessel auf, stürmt zutiefst bestürzt aus dem Raum. Vertraute erleben ihn in den folgenden Tagen deprimiert. Sie vermuten, dass er Vietnam für seinen größten außenpolitischen Fehler hält.

Knapp drei Wochen später sagt er einem Berater: „Ich will eine umfassende, tiefgehende Untersuchung starten, wie wir in dieses Land gekommen sind, was wir uns dabei dachten und was wir nun denken, tun zu können. Ich will sogar darüber nachdenken, ob wir überhaupt dort sein sollten oder nicht."

Kurz darauf wird er ermordet.

Ob Kennedy wirklich einen Abzug aus Vietnam im Sinn hatte, konnte nie geklärt werden. Sein Nachfolger Lyndon B. Johnson aber scheut nicht davor zurück, Hunderttausende Soldaten nach Südostasien zu schicken.

Mehr als zwei Millionen Vietnamesen werden in diesem Konflikt bis

1968: Bei einem Angriff auf Saigon

1975 ums Leben kommen. Erst 1973 zieht Präsident Richard Nixon alle Kampftruppen ab. Zwei Jahre später überrennt eine Armee des Nordens den Süden und beendet den Krieg. 1976 vereinen sich beide Landesteile zur Sozialistischen Republik Vietnam.

Da ist James T. Davis aus Livingston, Tennessee, der an einer Straße in Südvietnam erschossen wurde, längst zu einer Legende der US-Streitkräfte geworden. Der Tote ist am 4. Januar 1962 mit militärischen Ehren in seiner Heimatstadt beerdigt worden.

Posthum erlangt er tragische Berühmtheit – als Lyndon B. Johnson ihn 1966 in einer Rede zum ersten Amerikaner erklärt, „der im Widerstand gegen die Aggression in Vietnam getötet wurde".

Tatsächlich gab es zuvor schon andere tote GIs. Richard B. Fitzgibbon etwa starb bereits 1956 in Vietnam – er wurde ermordet. Dutzende Amerikaner verloren hier vor Davis ihr Leben: durch Unfälle, Krankheiten, manche auch durch Schüsse des Vietcong aus dem Hinterhalt. Davis aber gilt als der Erste, der selbst noch das Feuer seiner Gegner erwiderte, bevor ihn deren Kugeln trafen.

Der erste Gefechtstote des amerikanischen Krieges in Vietnam, den es unter Präsident Kennedy doch eigentlich noch gar nicht gab. □

__Literaturtipp:__ Marc Frey, „Geschichte des Vietnamkriegs", C. H. Beck: Gesamtdarstellung, die zu dem Schluss kommt, dass Kennedy die grundlegenden Entscheidungen für den Marsch der USA in den Krieg getroffen habe.

Nicolas Büchse, 30, ist Journalist in Hamburg.

wird diese Zivilistin schwer verwundet. Bis 1975 kommen mehr als zwei Millionen Vietnamesen ums Leben – und fast 60 000 Amerikaner

DIE WELT AM ABGRUND

Als John F. Kennedy am 16. Oktober 1962 Fotos von sowjetischen Atomraketen auf Kuba präsentiert bekommt, beginnen die gefährlichsten zwei Wochen der Menschheitsgeschichte. Der US-Präsident stellt Moskau ein Ultimatum: Abzug oder nukleare Katastrophe

VON CAY RADEMACHER

Gegen die sowjetische Aufrüstung auf Kuba ordnet Präsident Kennedy eine Seeblockade an. US-Schiffe und -Flugzeuge stoppen fortan Ostblockfrachter auf dem Weg zur Karibikinsel. Deren Regierungschef Fidel Castro protestiert dagegen auf einer Pressekonferenz – und fordert von Moskau heimlich die Bereitschaft zum Atomschlag

Sonntag, 14. Oktober 1962, gut 20 Kilometer oberhalb Kubas, gegen 7.30 Uhr. Major Richard Heyser rast durch die Stratosphäre. Der 35-jährige Pilot steuert eine dunkle U-2. Eine Spionagemaschine. Die Atmosphäre ist so dünn, dass der Himmel schwarz schimmert. Trotzdem würden die 24 Meter breiten Flügel im Luftstrom abreißen, sollte er schneller als 730 km/h fliegen. Doch ist er auch nur elf Kilometer pro Stunde langsamer, reicht der Auftrieb nicht mehr, und er stürzt in die Tiefe.

Heysers Jet gleitet heimlich hoch über den Westen der Karibikinsel – ein Bruch des Völkerrechts. Mit einem Periskop blickt er auf das Eiland, erkennen wird er wohl wenig: weiße Brandung an der Küste, dunkles Grün von Zuckerrohrplantagen, die Schneisen der Straßen.

Schärfer als das menschliche Auge aber ist das 91-Zentimeter-Objektiv der Kamera im Rumpf der U-2. Sie nimmt Fotos auf zwei gegenläufigen Filmspulen auf – denn das Flugzeug ist so empfindlich, dass es durch normale Filme, die von einer Spule links auf eine rechts gewickelt werden, aus dem Gleichgewicht gebracht würde.

Als Heyser Stunden zuvor in Texas aufgestiegen ist, lautete sein Befehl, Fotos der Region rund um San Cristóbal zu machen. In der Regel bereitet ihn ein Major auf seine Missionen vor. Diesmal aber waren es mehrere Generäle. Geheimagenten, so erfährt der Pilot, verdächtigen die Sowjetunion, auf Kuba heimlich Atomraketen stationiert zu haben, nur gut 300 Kilometer vor Floridas Küste. Eine Bedrohung, wie es sie in der Geschichte der USA nie zuvor gegeben hat.

Die U-2 soll die Raketen entdecken – wenn sie denn existieren. Präsident Kennedy persönlich will diese Fotos sehen.

Ungestört zieht Heyser seine Bahn, verlässt dann den kubanischen Luftraum, landet die U-2 in Florida.

Die Filme, die Spezialisten aus dem Flugzeug nehmen und zur Auswertung nach Washington schicken, werden die größte Krise des Kalten Krieges auslösen – vielleicht sogar den gefährlichsten Moment in der Geschichte der Menschheit.

Denn nur wenige Stunden nach Heysers Landung bereiten beide Supermächte den Atomkrieg gegeneinander vor. Ein paar Tage später wird ein sowjetischer Offizier die Nerven verlieren und auf eigene Faust eine Atomwaffe zünden wollen; werden 66 B-52-Bomber der USA mit bis zu vier Wasserstoffbomben an Bord in der Luft kreisen, versiegelte Angriffsbefehle im Cockpit; trennt nur noch eine einzige Alarmstufe fast 3000 US-Atombomben von der Zündung.

Und droht Präsident John F. Kennedy sowie seinem Gegenspieler, dem sowjetischen KP-Generalsekretär Nikita Chruschtschow, die Kontrolle über ihre Arsenale zu entgleiten.

Seit dem Desaster in der Schweinebucht ist Kuba ein Epizentrum des Kalten Krieges. Für die Kennedys ist Kubas Herrscher Fidel Castro nicht nur ein politisches Problem, sondern auch ein persönliches: Sie haben vor den Augen der Weltöffentlichkeit gegen ihn verloren (siehe Seite 62).

Und vielleicht mehr noch als der Präsident selbst sinnt sein Bruder auf Rache: Robert F. Kennedy, der Justizminister und mächtigste Einflüsterer des Regierungschefs, erst 36 Jahre alt, klug, aber hitzköpfig.

Vielleicht quält ihn, den Ungeduldigen, nichts so wie die Unwissenheit, die in Washington über Castros Reich herrscht. Anfang 1961 haben die USA ihre Botschaft in Havanna geschlossen, kein Diplomat berichtet seither mehr von der Insel. Von den 28 CIA-Informanten im Land sind nur noch 16 aktiv, und auch die melden sich nur unregelmäßig.

Trotzdem planen die Kennedys eine neue Invasion: Der Präsident lässt Militärs einen „Operational Plan" (OPLAN) für einen Angriff auf Kuba erstellen, mit Flugzeugträgern, Landungsbooten, Truppen, Fallschirmjägern, Jets.

Am 22. Februar 1962 erhält die Führung der US-Atlantikflotte den Befehl, OPLAN 314-61 umzusetzen, die größte derartige amerikanische Militäraktion seit der Landung in der Normandie 1944. Termin: Herbst 1962.

Doch bereits einen Tag vor diesem Befehl meldet der sowjetische Geheimdienst KGB die Existenz des Plans nach Moskau (bis heute ist unbekannt, wer der Informant war).

Der 67-jährige KP-Generalsekretär Chruschtschow – ein bulliger Veteran finsterer Stalinjahre, außenpolitischer Autodidakt, misstrauisch, brutal und jovial – nimmt den KGB-Bericht ernst, der in einem graublauen Ordner auf seinem Schreibtisch im Kreml-Büro landet.

Die Amerikaner, so sieht er es, respektieren die Sowjetunion nicht als gleich starke Macht. Sie bedrohen das Land durch Atomwaffen, unter anderem mit Jupiter-Raketen – nuklear bestückten Geschossen, die in der Türkei stationiert sind, sozusagen in Sichtweite von Chruschtschows Datscha am Schwarzen Meer.

Und nun Kuba: Zu Castro entwickelt der alternde Bolschewik wohl eine sentimentale Zuneigung. Der Kubaner ist jung, kämpferisch, überschäumend, gefährlich – und verströmt das romantische Ideal eines Revolutionärs. Muss er nicht zum Verbündeten des Mutterlandes aller sozialistischen Revolutionen werden?

Doch auch China drängt sich als neue Vormacht der kommunistischen Staaten auf, aggressiver als die Sowjetunion. Ein moskautreuer Spitzenfunktionär ist auf Havanna bereits gestürzt worden – deutet das an, dass Fidel Castro demnächst in Beijing Hilfe suchen wird?

Deshalb widmet sich Chruschtschow Kuba mit großer Aufmerksamkeit. Zwar liegt die Insel fast 10 000 Kilometer von Moskau entfernt und hat für die UdSSR weder wirtschaftliche noch militärische Bedeutung. Doch nun scheint hier ein genialer Zug im globalen Machtspiel möglich: Rüstet die Sowjetunion Castro auf, kann sie erstmals sowjetische Waffen direkt an der Grenze zu den USA postieren – so wie die Amerikaner lange schon Militärbasen nahe der Sowjetunion unterhalten.

Washington wäre gezwungen, Moskau als ebenbürtig wahrzunehmen. Und zugleich durchkreuzt Chruschtschow damit die Ambitionen der Chinesen. Fördert er Kubas Revolutionäre, dann beweist er, dass die UdSSR noch immer die sozialistische Vormacht ist.

Kennedy, so glaubt der Generalsekretär, wird den Schlag akzeptieren. Der Präsident, den er auf einem Gipfeltreffen 1961 für einige Stunden getroffen hat, wird im Mai 1962 gerade mal 45 Jahre alt, er ist jünger als Chruschtschows Sohn.

Ein politisches Leichtgewicht, befindet der Bolschewik, entscheidungsschwach und konfliktscheu.

Also rüstet Chruschtschow seinen karibischen Verbündeten auf. „Avanpost“ lautet das KGB-Codewort der Insel, „Vorposten“. Heimlich schicken die Russen Militärgerät nach Kuba: 394 Panzer, 41 Düsenjäger vom Typ Mig-15 und Mig-19, dazu Geschütze, Kampfboote – sowie mindestens 180 SA-2-Flugabwehrraketen. Diese gut zehn Meter langen, funkgesteuerten Geschosse können noch in mehr als 20 Kilometer Höhe Flugzeuge zerstören. 300 sowjetische Berater bilden Kubaner an den Geräten aus.

Diese Waffenhilfe entspricht jener Unterstützung, die andere Verbündete der UdSSR auch erhalten, etwa Ägypten. Doch im Frühjahr 1962 beschließt Chruschtschow einen radikalen Bruch mit dieser Politik. Er will Kuba hochrüsten wie noch keinen anderen befreundeten Staat. Mit Atomwaffen.

Denn die, so sagt der KP-Chef zu einem Vertrauten, seien die „Götter des Krieges“. Alle sowjetischen Nuklearwaffen sind bis dahin auf eigenem Territorium stationiert. Weshalb Chruschtschow beschließt, einen Teil davon ausgerechnet auf einer fernen Karibikinsel aufzustellen, nur wenige Flugminuten vor den größten US-Metropolen, ist bis heute ein Rätsel.

Sicher ist nur dies:

„Warum sollen wir nicht einmal einen Igel in Onkel Sams Hose werfen?“, fragt Chruschtschow einen Mitarbeiter im April 1962. Das klingt beiläufig – doch offenbar hat der mächtigste Mann der Sowjetunion da bereits den Entschluss zur atomaren Aufrüstung Kubas gefasst. Womöglich reagiert er auf Kennedys Invasionsplan, sicher ist dies aber nicht.

Als er am 20. Mai Außenminister Andrej Gromyko einweiht, hat der den Eindruck, alles sei bereits entschieden. Vier Tage darauf befasst sich das Präsidium des ZK der KPdSU mit Chruschtschows Plan. Niemand widerspricht. Ein Protokoll gibt es nicht, denn von diesem Plan sollen nur wenige Spitzenfunktionäre erfahren.

Niemand macht sich die Mühe, bei Fidel Castro anzufragen, ob er seine Insel wirklich in eine Nuklearfestung verwandeln will (die Kubaner werden erst einige Tage später durch eine Geheimdelegation informiert – und akzeptieren den Entschluss). Und niemand, so legen es zumindest die erhaltenen Protokolle nahe, spricht das Risiko an, Atomwaffen ausgerechnet in einem Land zu stationieren, das erklärtes Angriffsziel der Kennedys ist.

Die Generäle arbeiten bis zum 10. Juni am Plan zur „Operation Anadyr“. (Anadyr ist der Name einer Bomberbasis in Sibirien. Die Bezeichnung soll CIA-Agenten ablenken. Auch Rotarmisten, die zur Operation abkommandiert werden, hören zunächst, dass sie in eine „kalte Region“ versetzt werden. Zur Täuschung ordern die Militärs Pelze, Fellmützen und andere Winterkleidung.)

Die Armeeführung zieht 85 Frachtschiffe in sechs Häfen zusammen, von Sewastopol am Schwarzen Meer bis Seweromorsk bei Murmansk. In ihren Luken verschwindet das Arsenal einer gewaltigen Armee. Fünf Regimenter der Atomstreitmächte werden aus der Ukraine und dem europäischen Russland abkommandiert. Auf riesigen Lastwagen, die zugleich mobile Abschussrampen sind, schleppen sie 24 R-12-Raketen (NATO-Codename SS-4) sowie 16 R-14 (SS-5).

Die R-12 ist mehr als 22 Meter lang. Unter ihrer Spitze verbirgt sich ein Atomsprengkopf mit der 70-fachen Sprengkraft der Hiroshima-Bombe. Sie fliegt 2000 Kilometer weit und könnte Washington von Kuba aus in weniger als fünf Minuten erreichen. Die R-14 hat sogar die doppelte Reichweite.

Zum Schutz der Atomraketen auf Kuba werden vier Schützenregimenter zusammengezogen, dazu zwei Panzerbataillone, Abfangjäger, weitere SA-2-Flugabwehrraketen, insgesamt mehr als 50 000 Soldaten.

Und nach der Logik des Kalten Krieges, nach der man Atomwaffen am besten durch Atomwaffen schützt, entsendet die Armeeführung zudem 80 FKR-Marschflugkörper sowie sechs Atombomben für Iljuschin-28-Kampfflugzeuge (die, in Einzelteile zerlegt, ebenfalls auf Schiffe verladen werden). Darüber hinaus werden 36 Luna-Kurzstreckenraketen verfrachtet und vier U-Boote der „Foxtrott“-Klasse losgeschickt, die je einen atomar bestückten Torpedo an Bord führen.

Alle diese „taktischen“ Nuklearwaffen haben nur eine Reichweite von wenigen Dutzend Kilometern. Sie sollen eine mögliche amerikanische Invasionsarmee abwehren.

Der jüngere Bruder des Präsidenten ist Justizminister. Im »ExComm« genannten Krisenstab beraten er und rund ein Dutzend weitere Männer den Staatschef, wie Washington der atomaren Herausforderung entgegentreten soll

ROBERT F. KENNEDY

40 Atomraketen, 126 taktische Atomwaffen, Bomber, Panzer sowie Zehntausende Soldaten – kaum vorstellbar, doch offenbar wahr: Im Kreml glaubt jeder, dass diese Armee unentdeckt nach Kuba geschmuggelt werden kann.

Der Transport in die Karibik dauert mehrere Wochen. Manche der Schiffsrouten führen durch die Dardanellen oder die Ostsee und damit direkt an den Küsten von NATO-Ländern vorbei. In Kuba wird man die turmhohen Atomraketen über unwegsame Straßen bis zu Abschussbasen bringen, die Rotarmisten erst noch bauen müssen. Die sowjetischen Geheimdienstchefs wissen, dass U-2-Flugzeuge Kuba überfliegen, sie ahnen auch, dass noch immer CIA-Informanten aktiv sind.

Chruschtschow aber plant nach wie vor, Kennedy erst im November 1962 von den Atomraketen zu unterrichten – wenn die Waffen einsatzbereit sind. Ein alternatives Vorgehen für den Fall, dass die Amerikaner die Aufrüstung schon früher bemerken, hat er sich nicht überlegt.

Im Sommer 1962 fliegt General Issa Plijew unter falschem Namen nach Kuba. Der Offizier, ein Draufgänger aus dem Zweiten Weltkrieg, soll das sowjetische Korps kommandieren. Kein CIA-Agent erkennt ihn.

Ende September und Anfang Oktober erreichen die Schiffe mit der brisantesten Fracht tatsächlich zwei Häfen an Kubas Nordküste sowie einen im Süden, obwohl westliche Flugzeuge sie überflogen haben. Bei manchen Schiffen werden leere Lastwagen mit Kränen in den Rumpf gehoben, um sie dann, mit Planen getarnt, beladen wieder hervorzuholen.

Bald rumpeln Tieflader über die Straßen und reißen Telefonmasten um. In drei entlegenen Gegenden sperren Soldaten große Areale ab. Auf Lichtungen wachsen Zeltstädte empor, werden Flugabwehrstellungen errichtet und Tanks für den flüssigen Raketentreibstoff, gehen Abschussrampen in Position. Noch etwa zwei Wochen, dann werden die ersten Raketen einsatzbereit sein.

Also Mitte Oktober.

IN WASHINGTON IST JOHN MCCONE längst alarmiert. Der CIA-Chef drängt Kennedy zu einer aggressiveren Kuba-Politik – nicht nur aus politischen Gründen. Der 67 Jahre alte Witwer ist neu verliebt, er möchte Ende August auf Hochzeitsreise nach Südfrankreich gehen. Vorher aber will er dem Präsidenten klarmachen, dass auf Castros Insel Beunruhigendes vor sich geht.

Der sowjetische Parteichef trifft den US-Präsidenten 1961 bei Verhandlungen in Wien – und glaubt danach, Kennedy sei politisch schwach. Er rüstet deshalb Kuba auf und hofft, dass die USA es akzeptieren. Ein beinahe tödlicher Irrtum

JOHN F. KENNEDY, NIKITA CHRUSCHTSCHOW

Agenten melden seit dem Sommer rätselhafte Transporte, umgerissene Telefonmasten, ungewöhnliche Aktivitäten in den Häfen. Den Aufklärern fällt die hohe Zahl sowjetischer Schiffe mit Kurs Karibik auf. Etwas später meldet ein Informant, ein Areal sei abgesperrt worden, offenbar für eine „sehr geheime und wichtige Arbeit".

Spätestens als McCone auch noch von SA-2-Stellungen erfährt, ist er sich sicher: Die werden aufgebaut, um Atomraketen zu schützen. Beweise dafür hat er allerdings nicht – und viele seiner eigenen Experten halten die Meldungen, zumal die über riesige abgesperrte Areale, für übertrieben. (Anders die Agenten des deutschen Bundesnachrichtendienstes, die ihre US-Kollegen Mitte September vor den Raketen warnen, wohl aufgrund von Geheiminformationen aus der DDR.)

Kennedy jedoch verfolgt eine inkonsequente, geradezu fahrlässige Politik. Einerseits widersetzt er sich McCones Drängen – auch noch im September, als der CIA-Chef zurückkehrt. Die Spionage in Kuba wird nicht intensiviert, im Gegenteil: Die U-2-Flüge werden ausgesetzt.

Andererseits treibt der Präsident seine Militärs weiter zur Invasion Kubas. Anfang Oktober kommt es zu mehreren Navy-Manövern in der Karibik, von denen eines „ORTSAC" heißt – Castros Name, rückwärts geschrieben. Kein Mensch kann glauben, dass dem KGB dies entgeht.

Zudem werden vom 6. Oktober an 100 000 Soldaten in Militärbasen von North Carolina bis Florida verlegt, die Invasionstruppe. Geplanter Angriffstermin: 20. Oktober 1962.

Der Präsident hat Anfang Oktober aber noch andere Sorgen – in einem Monat sind Kongresswahlen. Kennedy hofft, dass die Demokraten in beiden Häusern ihre Mehrheit halten können, was seine Chancen auf eine Wiederwahl 1964 erhöhen würde. Jede Krise, zumal eine in Kuba, käme den Republikanern gelegen, um ihn als „schwach" vorzuführen.

Er geht zudem davon aus, dass ihn Moskau jetzt in Ruhe lassen wird. Anatolij Dobrynin, Botschafter der UdSSR in Washington, hat ihm versichert: „Nichts wird unternommen vor der amerikanischen Kongresswahl, was die internationale Lage komplizieren oder die Spannungen zwischen unseren Ländern erhöhen könnte." (Dobrynin glaubt dies auch wirklich – Chruschtschow hat seinen Botschafter über die Raketen nicht informiert.)

Vielleicht also hätte Kennedy tatsächlich alle Warnungen seiner Agenten ignoriert. Vielleicht hätte er sogar am 20. Oktober 1962 eine Invasion Kubas befohlen – einen Angriff, bei dem 100 000 ahnungslose GIs auf 50 000 atomar gerüstete Rotarmisten gestoßen wären.

Wenn die Kubaner nur geschwiegen hätten.

Doch Castro ist inzwischen euphorisch. Nun, so glaubt er, sei er unangreifbar. Und er lässt es die Welt wissen. Am 8. Oktober verkündet ein hochrangiger kubanischer Politiker vor den Vereinten Nationen, falls Kuba attackiert werde, könne es zum „Ausgangspunkt eines neuen Weltkrieges" werden. Denn es habe „unvermeidbare Waffen – Waffen, von denen wir wünschen, dass wir sie nie einsetzen müssen".

Chruschtschow, so ist zu vermuten, dürfte über diese nahezu unverhüllte nukleare Prahlerei wenig begeistert sein.

Kaum 24 Stunden später jedenfalls überzeugen die Berater Kennedy, Spionageflüge über Kuba wieder zu genehmigen – und zwar dort, wo Agenten Verdächtiges melden: bei San Cristóbal. Da aber in den Tagen darauf Wolken die Insel verhüllen, steigt Major Heysers U-2 erst am 14. Oktober auf.

MONTAG, 15. OKTOBER 1962, National Photographic Interpretation Center, Washington D.C. Ein gepanzerter Lastwagen fährt vor dem unauffälligen Gebäude im Zentrum der Hauptstadt vor. Soldaten laden eine Kunststoffkiste aus. Sie enthält Abzüge der Filme aus Heysers U-2.

In dem Center wertet die CIA Fotos aus. Dutzende Spezialisten betrachten mit Lupen Abzüge, die von den 45 mal 45

Zentimeter großen Negativen gemacht worden sind, lassen Vergrößerungen erstellen, vergleichen Funde auf den Bildern mit bereits identifizierten Objekten.

Die Schwarz-Weiß-Fotos zeigen Lastwagen und Zeltstädte im Wald bei San Cristóbal – und, auf Lichtungen, längliche Objekte. Die Analysten schätzen Länge und Breite dieser Gegenstände, schlagen dann in Katalogen mit Aufnahmen sowjetischen Militärgeräts nach.

Einige Fotos sind bei Paraden in Moskau aufgenommen worden. Auf dem Roten Platz rollen auf Tiefladern R-14-Raketen vorbei – und die, da sind sich die Spezialisten schließlich sicher, haben sie soeben in den Wäldern Kubas entdeckt.

Diese Auswertung hat Stunden gedauert. Erst gegen 21.00 Uhr wird der Nationale Sicherheitsberater McGeorge Bundy, ein früherer Harvard-Professor, bei einem Dinner gestört und darüber informiert, dass 450 Kilometer vor Miami sowjetische Atomraketen stehen.

Bundy kontaktiert die Spitze der CIA sowie Verteidigungsminister Robert McNamara und Außenminister Dean Rusk – nicht aber Kennedy. Der Präsident hat den Abend zunächst im Weißen Haus mit seinem Vater verbracht.

Bundy wird später sagen, er wollte zu diesem Zeitpunkt den Präsidenten nicht mehr behelligen, weil er ihm vor den bevorstehenden dramatischen Tagen etwas Schlaf gönnen wollte. Möglich aber auch, dass er seinen Präsidenten nicht zu stören wagt, weil der die Nacht mit einer Geliebten verbringt.

16. Oktober, 8.45 Uhr, Weißes Haus, Schlafzimmer des Präsidenten. Kennedy sitzt im Bademantel auf der Bettkante, um sich Zeitungen und Papiere.

Bundy tritt ein und zeigt die Bilder der U-2. „Mr. President", sagt er, „wir haben nun harte fotografische Beweise, dass die Russen offensive Raketen in Kuba haben."

Der Präsident ruft seinen Bruder im Justizministerium an: „Wir haben Ärger. Ich will dich hier haben."

Und zu Bundy gewandt: „Wir werden sie bombardieren müssen."

Weisses Haus, 11.45 Uhr. Der Cabinet Room ist länglich geschnitten, hat hohe Fenster an einer Front und an der Schmalseite einen Kamin, auf dessen Gesims das Modell eines Rahseglers steht. An der Wand ein Porträt George Washingtons, daneben eine Büste Lincolns. Zudem befinden sich in dem Raum ein langer Tisch, Lederstühle, Aschenbecher – und zwei versteckte Mikrofone.

Kennedy hat den Cabinet Room (wie auch sein Büro, das Oval Office) mit Tonbandgeräten ausstatten lassen, die er heimlich aktivieren kann. Nur sein Bruder Robert weiß davon. Nun sitzt der Präsident an der Längsseite des Tisches, ein Fenster im Rücken – und betätigt ungesehen den Schalter der Anlage, ein Aufnahmegerät läuft mit.

Er versammelt nicht sein Kabinett um sich, sondern eine Gruppe von gut einem Dutzend Vertrauten. Dazu gehören sein Bruder, Bundy, McNamara, Außenminister Rusk, Generalstabschef Maxwell Taylor sowie Diplomaten, Vertreter der CIA und Kennedys Redenschreiber Theodore Sorensen.

„ExComm" wird dieses informelle, in der Verfassung nicht vorgesehene Gremium bald genannt, „Executive Committee of the National Security Council".

Ein CIA-Mann präsentiert die Fotos. Experten glauben 16 Raketen identifizieren zu können, R-14 und R-16.

„Sind die abschussbereit?", fragt Kennedy.

„Nein, Sir."

„Wie lange haben wir?"

Schweigen. Schließlich sagt der stellvertretende CIA-Direktor: „Zwei Wochen. Vielleicht eine."

Kennedy macht klar, dass er eine Stationierung der Raketen nicht akzeptieren wird. Militärisch nicht, weil die UdSSR damit die USA überfallartig angreifen könnte. Außenpolitisch nicht, weil die Hinnahme einer solchen Provokation die Stellung der USA erschüttern würde. Und innenpolitisch nicht, weil die Republikaner ihn gnadenlos attackieren würden.

Schnell entwickeln die Berater deshalb vier Szenarien:

• ein gezielter US-Luftangriff ohne Vorwarnung auf die bekannten Raketenstellungen;

• ein allgemeiner Luftangriff ohne Vorwarnung auf alle militärischen Ziele in Kuba, da man nicht wisse, ob noch mehr Raketen versteckt seien;

• eine Invasion;

• eine Blockade – also die Abriegelung der Karibikinsel durch US-Kriegsschiffe und Flugzeuge.

Die Diskussion geht bis 12.45 Uhr, wird dann am Abend wieder aufgenommen. „Geschwätz", schreibt Marineminister Paul Nitze in sein Tagebuch. Er und die Generäle halten die Beratungen für überflüssig, schwanken höchstens noch zwischen der Frage, ob ein allgemeiner Luftangriff befohlen werden soll oder eine Invasion.

Ausgerechnet der Verteidigungsminister vertritt jedoch die vorsichtigste Position: Robert McNamara ist, zunächst als Einziger, für die Blockade.

„Das ist ein zu risikoreiches Spiel", erwidert Kennedy. Eine Blockade dauere zu lange – bis dahin hätte die UdSSR genug Zeit, um ihre Atomwaffen fast unangreifbar zu installieren.

Warum aber wagt sich Chruschtschow überhaupt so weit vor? „Das ist ein verdammtes Rätsel für mich", entfährt es dem Präsidenten.

Sein Bruder wiederum formuliert die aggressivste Position und verärgert durch sein Auftreten ältere Berater, von denen ihn einer hinter vorgehaltener Hand einen „unerfahrenen Idioten" nennt: Robert F. Kennedy ist für eine Invasion.

Und damit man ein solches Vorgehen besser begründen könne, plädiert er für einen inszenierten „Zwischenfall", etwa auf der in Kubas Süden gelegenen US-Militärbasis Guantánamo. Er schlägt eine vorgetäuschte Attacke auf amerikanische Einrichtungen vor, die dem Präsidenten den Vorwand liefern würde, einen Generalangriff zu befehlen.

Am Abend gehen die ExComm-Mitglieder auseinander, ohne eine Entscheidung zu fällen. Auf Kennedys Platz bleibt ein Zettel mit seinen Notizen zurück: „Wirklich … wirklich. 16 bis 32 im Verlauf einer Woche … Chruschtschow … sowjetische U-Boote … U-Boote … U-Boote … Blockade … Sonntag … 16 bis 32 … Freitagmorgen … steigendes Risiko … Eine Million Mann … halte eine Allianz."

17. Oktober, ExComm, 9.30 Uhr. CIA-Chef John McCone konfrontiert Kennedy mit einem moralischen Dilemma. Jeder Überfall auf Kuba ohne Vorwarnung sei ein „Pearl Harbor", ein moralisch verheerender Überfall wie 1941 der japanische Überraschungsangriff auf die USA. Kennedy würde damit nicht besser dastehen als einer der Aggressoren des Zweiten Weltkrieges.

Trotzdem erlaubt er CIA-Agenten nun, Chaos auf Kuba zu provozieren. Zu den Sabotageunternehmen, denen er zustimmt, gehören ein Granatenangriff auf die chinesische Botschaft, Unterwasser-Haftminen an Ostblock-Schiffen in kubanischen Häfen sowie Feuerüberfälle auf sowjetische Luftabwehrstellungen. (Nicht eine Idee wird verwirklicht.)

Damit kein Journalist misstrauisch wird, absolviert Kennedy danach sein Tagesprogramm – noch soll nichts nach draußen dringen. Unter anderem empfängt er vormittags den deutschen Außenminister Gerhard Schröder. Später besteigt er den Präsidentenjet zu einer kurzen Wahlkampfreise.

Andrews Air Force Base, 21.30 Uhr. Die „Air Force One" mit Kennedy an Bord kehrt zurück. Sein Bruder und ein Berater erwarten ihn. Auf der Fahrt zum Weißen Haus berichten sie ihm von neuen U-2-Fotos. Drei weitere Raketenabschussrampen sind entdeckt worden. Niemand weiß, wie viele Geschosse insgesamt auf der Insel lagern und ob nicht noch mehr auf sowjetischen Schiffen unterwegs sind.

Dann zeigt Robert seinem Bruder eine Karte, auf der in Kreisen die Aktionsradien der Atomraketen eingezeichnet sind. Nach dieser Karte sind sämtliche US-Metropolen mit Ausnahme von Seattle gefährdet, zudem alle bedeutenden Städte Lateinamerikas.

Kennedy muss glauben, dass der gesamte Doppelkontinent bedroht ist. Aber noch immer trifft er keine Entscheidung.

18. Oktober, ExComm, 11.00 Uhr. „Raketenbasen scheinen überall aufzublühen wie Masern", stöhnt Außenminister Dean Rusk, als er neue Aufklärungsfotos von Kuba sieht.

General Taylor, der noch zwei Tage zuvor einen Luftschlag befürwortet hat, rät nun davon ab: Zu viele Basen könnten unentdeckt bleiben. „Wir halten nichts anderes als eine volle Invasion für eine militärische Option", erklärt er dem konsternierten Kennedy.

Der wendet sich an General Curtis LeMay, den Oberkommandierenden der US Air Force, einen Veteranen des Bombenkrieges auf Deutschland und Japan: „Wie werden die Russen auf Luftangriffe reagieren?", fragt der Präsident.

„Sie werden nichts tun", antwortet LeMay.

Kennedy ist fassungslos: „Versuchen Sie mir weiszumachen, sie lassen uns ihre Basen bombardieren und viele Russen töten, und dann tun sie nichts? Wenn sie nichts auf Kuba unternehmen, dann werden sie sicherlich etwas in Berlin unternehmen."

(Später gesteht Kennedy einem Vertrauten: „Wenn wir den Generälen zuhören würden und täten, was sie uns tun lassen wollen, wäre später von uns keiner mehr am Leben, der ihnen sagen könnte, dass sie falsch gelegen haben." Etwa zur gleichen Zeit ruft ein wütender LeMay anderen Generälen zu: „Werden wir wirklich je etwas anderes unternehmen, als zu reden?")

Aber was ist die Alternative zu einem Angriff? Llewellyn Thompson, der frühere US-Botschafter in Moskau, schlägt erneut eine Blockade vor – verbunden mit einer öffentlichen Aufforderung an Chruschtschow, die Raketen abzuziehen. Es wäre eine Art Ultimatum vor einem Krieg.

Beide Kennedys sind dagegen: Die Blockade komme zu spät für die Raketen, die bereits auf Kuba installiert sind. Außerdem könne es auf hoher See zu Kämpfen kommen, die leicht außer Kontrolle geraten.

Weisses Haus, 17.00 Uhr. Kennedy hat im Oval Office die neuesten U-2-Fotos in der mittleren Schublade seines Schreibtisches liegen. Er erwartet den sowjetischen Außenminister Andrej Gromyko, der sich schon vor Monaten zu einem Besuch angekündigt hat. Wird Gromyko die Existenz der Raketen enthüllen? Wird er endlich klarstellen, was Chruschtschow eigentlich bezweckt?

Der verschlossene Russe betritt den Raum. Gromyko weiß nicht, dass die Amerikaner der Operation Anadyr längst auf die Spur gekommen sind. Ihm fällt nur auf, dass der anwesende Außenminister Rusk, sonst ein besonnener Mann, rot ist und aussieht, als würde er gleich explodieren.

Andrej Gromyko redet Unverbindliches, meist über Westberlin. Zu Kuba sagt er nur, dass die sowjetischen Waffen dort „in keiner Weise offensiv sind".

Kennedy, beherrscht, erwidert, dass im Falle der Stationierung offensiver Waffen „der ernsteste Fall eintreten" würde.

Gromyko schweigt.

„Er hat mir mehr unverschämte Lügen in so kurzer Zeit erzählt, als ich je zuvor gehört habe!", tobt der Präsident, nachdem Gromyko das Oval Office wieder verlassen hat.

Andererseits wird ihm klar, dass er soeben einen unschätzbaren Vorteil errungen hat: Wenn die Sowjets in absehbarer Zeit die Existenz der Raketen nicht bekannt geben wollen, dann überlassen sie die Initiative den Amerikanern. Kennedy wird die Diskussion der Weltöffentlichkeit bestimmen können.

Und tatsächlich: Gromyko, inzwischen bei Dobrynin in der Botschaft der UdSSR, glaubt, dass die amerikanische Regierung noch immer ahnungslos ist. „Situation insgesamt günstig", telegraphiert er zum Kreml.

Ein großer Irrtum.

19. Oktober, 10.35 Uhr, vor dem Weißen Haus. Kennedy besteigt einen Hubschrauber, der ihn zum Flughafen bringen wird. Er will nach Ohio und Illinois, zu Auftritten im Wahlkampf um Kongresssitze.

Zuvor hat er Sicherheitsberater Bundy und Generalstabschef Taylor empfangen. Die haben einen neuen Plan: 800 Luftangriffe ohne Vorwarnung – auf Raketenbasen, Flughäfen, alle wichtigen Ziele in Kuba. Mehr als 500 Kampfjets könnten innerhalb von 48 Stunden in Florida zusammengezogen werden, ein Drittel der Air Force.

Dann aber setzt Taylor hinzu: „Das Beste, was wir ihnen anbieten können, Mr. President, ist die Zerstörung von 90 Prozent der bekannten Raketenbasen."

Zu wenig, befindet Kennedy – und zwingt seinen Bruder Robert in eine Klausur. Das ExComm möge ohne den Präsidenten beraten und zu einem eindeutigen Vorschlag kommen: Angriff oder Blockade.

Dann fliegt er nach Chicago.

Doch inzwischen lässt sich die Krise kaum noch geheim halten. Längst wissen davon Dutzende Menschen in Washington, auch Sekretärinnen und Ehefrauen. Zeitungen in Florida melden zudem, dass immer mehr US-Militäreinheiten in den Staat entsendet werden.

Als Kennedy in Chicago von einem Reporter gefragt wird, ob in Florida Fallschirmjäger für einen Angriff auf Kuba bereitstünden, verneint der Präsident. Das ist eine Lüge – denn genau dafür sind die Soldaten verlegt worden.

Während Kennedy im Mittleren Westen weilt, treffen sich die ExComm-Mitglieder im Außenministerium. Die erste Frage, die sie klären: Brauchen wir eine Kriegserklärung vom Kongress?

Nein, befindet einer von Robert Kennedys Beratern aus dem Justizministerium, der Präsident könne jede Attacke auf Kuba als „Selbstverteidigung“ darstellen.

In den Stunden danach jedoch vollzieht ausgerechnet Robert Kennedy, vor zwei Tagen noch der Hardliner der Runde, eine dramatische Wende. Das Argument vom neuen Pearl Harbor wirkt. Nun ist er gegen einen „hinterhältigen Angriff“ – und für eine Blockade.

Bis zum Abend kann Robert zwar nur einige weitere ExComm-Mitglieder überzeugen; andere, wie General Taylor oder Sicherheitsberater Bundy, drängen weiterhin auf einen raschen Luftangriff. Trotzdem glaubt er offenbar, er habe, wie so oft, für seinen älteren Bruder wieder einmal eine Mehrheit organisiert: Das ExComm sei jetzt für eine Blockade.

20. Oktober, Chicago, morgens. Der Präsident hat die Nacht im Hotel verbracht, nun ruft sein Bruder an: Im ExComm werde es einen Konsens geben, er müsse sofort zurückkehren.

Kennedy lässt verbreiten, er habe eine Erkältung, um den Abbruch seiner Wahlkampfreise zu rechtfertigen. Er trägt auf dem Weg zum Flughafen einen Hut, um krank zu wirken.

Während er nach Washington zurückfliegt, funkt der Generalstab an alle US-Kommandeure: „Das Ausmaß an Spannungen auf Kuba könnte zu militärischen Aktionen führen.“ Taylor erklärt den Generälen sogar, Kennedy werde möglicherweise „Kuba bereits morgen schlagen“.

Weisses Haus, Swimmingpool, 13.30 Uhr. Nach seiner Rückkehr entspannt sich der Präsident mit einer Schwimmrunde im Wasser, sein Bruder sitzt am Beckenrand und erklärt, dass die große Mehrheit im ExComm nun für eine Blockade sei – man solle sie allerdings „Quarantäne“ nennen, denn „Blockade“ ist ein im Völkerrecht definierter Begriff für einen kriegerischen Akt.

Kurz darauf sitzt Kennedy im Oval Office, wo auf seinem Schreibtisch der neueste Lagebericht der CIA liegt – fünf maschinengeschriebene Seiten, doppelter Zeilenabstand, mit einer deprimierenden Neuigkeit: Mindestens acht sowjetische Atomraketen sind bereits einsatzbereit.

Erst jetzt entscheidet sich der Präsident endgültig für die Blockade. Jeder militärische Überraschungsschlag könnte schnell zum Atomkrieg führen, davor schreckt er zurück.

Auf der ExComm-Sitzung, die um 14.30 Uhr beginnt, legt er fest: Er wird in zwei Tagen in einer Fernsehrede die Nation über die Existenz der Waffen informieren. Er wird eine Blockade Kubas verkünden. Und er wird Chruschtschow zum Abzug der Waffen auffordern. Dann liegt die Initiative beim Kreml: Gibt Moskau nicht nach, wird Kennedy eine Invasion befehlen und damit den Atomkrieg riskieren.

„Ich weiß, dass Sie und Ihre Kollegen unglücklich mit dieser Entscheidung sind, aber ich verlasse mich darauf, dass Sie mich unterstützen“, bemerkt er zu General Taylor.

„Wir sind gegen diese Entscheidung“, gesteht der Generalstabschef, der lieber einen Luftangriff angeordnet hätte, „aber wir werden Sie voll und ganz unterstützen.“

Weisses Haus, abends. Die beiden Kennedys und Redenschreiber Sorensen blicken von einem Balkon zum Obelisken des Washington Monument. Plötzlich wendet sich der Präsident um und sagt mit übertriebenem irischen Akzent: „Wir sind sehr, sehr nahe am Krieg. Und im Bunker des Weißen Hauses ist nicht Platz für alle von uns.“

Der frühere Harvard-Professor ist Kennedys Nationaler Sicherheitsberater. Im ExComm gehört er zu den Hardlinern: Er ist dafür, die sowjetischen Atomraketen auf Kuba ohne Warnung massiv aus der Luft zu attackieren

McGeorge Bundy

Nach diesem finsteren Scherz ruft er seine Frau Jacqueline auf dem Landsitz Glen Ora in Virginia an: Sie möge alle Termine absagen und mit den Kindern Caroline und John jr. ins Weiße Haus kommen. Sofort.

Sonntag, 21. Oktober, Weißes Haus, morgens. Nachdem Kennedy und seine Frau die Messe in der Kirche besucht haben, bereitet er sich mit einigen Beratern auf die Fragen vor, die ihm Journalisten nach seiner Rede stellen könnten.

Die „Washington Post“ bringt an diesem Tag die Schlagzeile: „Verlegung der Marines in den Süden hängt mit Krise in Kuba zusammen“.

„Diese Stadt ist ein Sieb“, klagt Kennedy daraufhin. Er will der Nation die Lage persönlich verkünden, denn dann erscheint er souveräner, als wenn er etwas zugibt, was bereits die Zeitungen gemeldet haben. Und er will seinem Kontrahenten im Kreml keine Vorwarnzeit geben: Chruschtschow soll von der Blockade überrascht werden.

Deshalb ruft Kennedy die Herausgeber der „New York Times“ und der „Washington Post“ an und erreicht, dass sie für 24 Stunden auf weitere Schlagzeilen zum Thema Kuba verzichten.

Zugleich fahren in auffälligen Limousinen Spitzenbeamte des Außenministeriums im Weißen Haus vor: die Spezialisten für Deutschland, den Nahen sowie den Fernen Osten. Drinnen sitzen sie untätig in Büros – diese Scharade soll Journalisten zu der Annahme verleiten, dem Präsidenten bereiteten ganz andere Weltgegenden große Sorgen.

An diesem Tag, das lassen wenige Bemerkungen gegenüber Mitarbeitern vermuten, kommen John F. und Robert Kennedy unabhängig voneinander auf die gleiche Idee: Chruschtschow im Tausch gegen das Ende der Raketen auf Kuba den Abzug der Jupiter-Raketen in der Türkei anzubieten.

Eine Strategie mit erheblichen Risiken: Der KP-Generalsekretär könnte diesen Vorschlag als Zeichen von Schwäche deuten, als Indiz dafür, dass Kennedy vor einer Eskalation zurückschreckt – und er könnte gerade deshalb hart bleiben und die Raketen auf Kuba lassen.

Erführe zudem die türkische Regierung von dem Angebot, wirke das so, als opfere die USA die Sicherheit eines NATO-Verbündeten, sobald sie selbst bedroht seien – das könnte das westliche Militärbündnis zerreißen. Und schließlich würden die Republikaner diese „Schwäche" geißeln.

Der Verteidigungsminister ist anfangs der vorsichtigste Berater im ExComm und plädiert für eine Seeblockade Kubas. Etwas später jedoch ist er plötzlich für einen Angriff, obwohl er glaubt, dass der zum Atomkrieg führen wird

ROBERT S. MCNAMARA

An diesem Sonntag jedenfalls schlägt keiner der zwei Brüder in der ExComm-Sitzung ein derartiges Angebot vor.

22. OKTOBER, MORGENS, US-Militärbasis Guantánamo auf Kuba. 2810 Frauen und Kinder von Soldaten sowie Zivilisten werden mit Flugzeugen und Schiffen in Richtung USA evakuiert. 6000 einsatzbereite GIs bleiben zurück.

WEISSES HAUS, NACHMITTAGS. CIA-Chef McCone informiert Kennedy darüber, dass vier Sowjet-U-Boote mit Kurs Kuba geortet worden sind. US-Kapitäne werden vor „Überraschungsangriffen durch sowjetische U-Boote" gewarnt.

WEISSES HAUS, CABINET ROOM, 17.00 UHR. Kennedy und Verteidigungsminister McNamara empfangen 15 führende Kongressabgeordnete beider Parteien und informieren sie über die Raketen und die geplante „Quarantäne".

Einige Senatoren, auch Demokraten, kritisieren den Präsidenten. Einer sagt, dass eine Blockade nicht das Problem der bereits aufgestellten Atomraketen löse und sie zudem auf hoher See eher zu einer Eskalation und zum Atomkrieg führe, als wenn die USA sofort zuschlagen würden.

Kennedy beruhigt: In „24 bis 48 Stunden" sei man bereit zur Invasion – auch wenn dies „ein höllisches Spiel" mit dem nuklearen Feuer bedeute. Doch nachdem die Abgeordneten den Raum verlassen haben, zischt er seinem Redenschreiber Sorensen enttäuscht zu. „Wenn die glauben, dass sie den Job besser machen könnten, dann sollen sie das tun."

MOSKAU, KREML, MITTERNACHT (17.00 Uhr in Washington). Die Limousinen der Spitzenfunktionäre sind vorgefahren. Chruschtschow und die anderen Mitglieder des Präsidiums wissen, dass Kennedy eine Fernsehrede angekündigt hat – aber worüber wird er sprechen: Kuba? Berlin?

Agenten melden, Verteidigungsminister McNamara habe allen hohen Offizieren befohlen, sich in der Nähe des Pentagons bereitzuhalten. Kampfjets seien nach Puerto Rico verlegt worden. Trotzdem: Es gibt keinen Beweis, dass die Amerikaner von den Atomraketen auf Kuba wissen.

„Die Rede ist ein Wahlkampftrick", versichert Verteidigungskommissar Rodion Malinowskij. Fügt dann aber etwas rätselhaft hinzu: Sollten die Amerikaner Kuba angreifen, könne dies frühestens innerhalb von 24 Stunden erfolgen.

In diesem Augenblick zeigt Chruschtschow erstmals Nerven: „Wir wollten keinen Krieg entfesseln", rechtfertigt er vor seinen Genossen die Stationierung. Aber: „Das hier kann in einem großen Krieg enden."

Zum ersten Mal diskutieren die Funktionäre ihre Strategie für den Fall, dass die Amerikaner den heimlichen Aufmarsch entdecken: Sie telegraphieren an General Plijew auf Kuba, alle Kräfte in Alarmbereitschaft zu versetzen.

Soll Plijew auch die Kurzstrecken-Atomwaffen nach eigenem Ermessen aktivieren? Lange Diskussion. Schließlich setzt sich Malinowskij durch, der fürchtet, dass dem Kreml die Situation entgleitet: Plijew wird befohlen, die Atomwaffen erst nach einem ausdrücklichen Befehl aus Moskau abzufeuern.

Dann warten Chruschtschow und seine Genossen auf Kennedys Rede. Der Generalsekretär verlässt den Kreml in dieser Nacht nicht.

WASHINGTON, AUSSENMINISTERIUM, 18.00 UHR. Sowjetbotschafter Dobrynin wird einbestellt. Er lächelt wartenden Reportern zu, verschwindet dann in einem Büro – und kehrt nach kurzer Zeit als anderer Mann zurück.

„Er sieht krank aus", bemerkt ein Journalist.

Tatsächlich ist dem Botschafter ein Brief Kennedys an Chruschtschow ausgehändigt worden. „Ich hätte nicht gedacht, dass Sie oder irgendein anderer geistig gesunder Mensch in diesem Atomzeitalter die Welt absichtlich in den Krieg stoßen würde", heißt es in dem Schreiben, in dem der Präsident dann den Abzug der Raketen fordert.

Für Dobrynin, der ja nichts von den Raketen auf Kuba wusste, ein Schock. Zurück in der sowjetischen Botschaft, telefoniert er mit dem Kreml und diktiert den Brief Stenographen. Bald wird Chruschtschow wissen, dass er entdeckt ist – aber noch immer nicht, wie Kennedy darauf reagiert.

WEISSES HAUS, OVAL OFFICE, 19.00 UHR. Die Kameras laufen, mehr als 100 Millionen Amerikaner sehen den Präsidenten am Schreibtisch: „Guten Abend, meine Mitbürger…"

Kennedy berichtet von den Raketen, ohne allerdings deren Zahl zu nennen. Erklärt, alle Städte zwischen Peru und der Hudson Bay seien bedroht: „Dieser geheime, schnelle und außerordentliche Aufbau kommunistischer Raketen ist eine bewusst provokative und ungerechtfertigte Veränderung des Status quo, die diese Nation nicht hinnehmen kann, wenn unsere Entschlossenheit und unsere Verpflichtungen je wieder von Freund und Feind ernst genommen werden sollen."

Kennedy warnt vor einer Appeasement-Politik wie in den 1930er Jahren gegenüber Hitler und verspricht Härte: Über Kuba werde eine „strikte Quarantäne" verhängt, sodass keine weiteren sowjetischen Waffen auf Schiffen zur Insel gebracht werden könnten; US-Einheiten würden dafür jedes Schiff in internationalen Gewässern stoppen, durchsuchen und, falls man Waffen finde, zur Umkehr zwingen.

Sollte Chruschtschow mit der Raketenstationierung dennoch fortfahren, „habe ich unsere Streitkräfte angewiesen, sich für alle Eventualitäten bereitzuhalten". Und als ob dies noch nicht deutlich genug ist, droht er der Sowjetunion mit einem „vollen Vergeltungsschlag".

Also mit dem Atomkrieg.

Noch während der 17-minütigen Rede ändern 22 US-Jets, die über Florida aufgestiegen sind, ihren Kurs Richtung Kuba: nur für den Fall, dass von dort aus als Reaktion auf den Fernsehauftritt ein Raketen- oder Bomberangriff erfolgen sollte.

Doch zunächst bleibt alles still. Schockstill.

Der leitende KGB-Offizier in der Sowjetbotschaft in Washington telegraphiert unmittelbar nach der Rede seinen Vorgesetzten, er werde jetzt alles „Geheimmaterial" vernichten. Dann überprüft er die Notstromversorgung im Gebäude und die Flaschen mit Sauerstoff, um sich vor einer möglichen Gasattacke zu schützen. Er befürchtet einen Krieg. Vor dem Botschaftsgelände ziehen US-Polizisten auf.

Auf Kuba mobilisiert Fidel Castro Soldaten und Milizionäre, insgesamt 350 000 Mann.

56 amerikanische Flugzeugträger, Kreuzer und Zerstörer, manche mit Atomwaffen, nähern sich ihren Blockadepositionen, 900 Kilometer vor der Küste Kubas. 240 Flugzeuge unterstützen die Operation. 27 sowjetische Frachter sind noch auf See – und vier U-Boote.

Für das US-Militär gilt nun DEFCON-3, die zweithöchste Alarmstufe in Friedenszeiten. Mehr als 200 Interkontinentalraketen werden in ihren Bunkern im Mittleren Westen einsatzbereit gemacht.

Zwölf U-Boote vom Typ Polaris mit insgesamt 144 Atomraketen gleiten im Atlantik in Angriffsposition. 628 kleinere Bomber mit 2026 Atombomben stehen auf Basen von Japan bis Großbritannien startbereit. Atomar bestückte B-47-Bomber werden, damit sie nicht so leicht entdeckt werden können, auf zivile Flughäfen mitten zwischen Passagiermaschinen verlegt, etwa auf den Philadelphia International Airport.

Mit bis zu vier Wasserstoffbomben beladene, schwere B-52 fliegen Schleifen über Grönland, Alaska und dem Mittelmeer – jederzeit bereit, auf einen Funkbefehl hin in die UdSSR einzudringen und ihre tödliche Last abzuwerfen.

Insgesamt sind 66 Bomber permanent in der Luft, jede Crew fliegt 24 Stunden nonstop ihre Mission.

Und doch: Die amerikanischen Planer haben zu diesem Zeitpunkt nur 33 Atomraketen auf Kuba lokalisiert, die sie angreifen wollen – tatsächlich sind dort aber 40 Geschosse stationiert. Sie wissen auch nichts von den taktischen nuklearen Waffen unter Plijews Kommando.

Und nichts davon, dass die vier sowjetischen U-Boote im Atlantik mit Atomtorpedos bestückt sind.

23. Oktober, Kreml, ca. 3.00 Uhr, Büro von Chruschtschow. Der KP-Chef ist erleichtert. Kennedys Rede ist weniger dramatisch, als er es befürchtet hat – immerhin hat er nicht den Krieg erklärt.

Die Blockade wird am Mittwoch um 10.00 Uhr beginnen. Ein einziger Frachter hat noch Atomsprengköpfe an Bord, die „Alexandrowsk", die einige Stunden hinter ihrem Zeitplan zurückliegt. Aber selbst dieses Schiff wird vermutlich noch vor Beginn der Quarantäne Kuba erreichen.

Die Alarmstufe der Roten Armee wird erhöht, niemand darf mehr Urlaub nehmen. Die bei Atomraketen, Fliegerabwehrstaffeln und auf U-Booten dienenden Wehrpflichtigen müssen auch über ihre Zeit hinaus auf ihren Posten bleiben.

An Castro schreibt Chruschtschow, dass die Atomwaffen auf Kuba bleiben werden. Und gegenüber Kennedy verurteilt er die Quarantäne als einen „Bruch internationaler Gesetze" – sowjetische Schiffe würden die Quarantäne-Linie möglicherweise ignorieren. Und noch einmal versichert er, dass die Waffen auf Kuba „für rein defensive Zwecke" stationiert worden seien.

Dann legt er sich schlafen. In seinem Büro.

Washington, tagsüber. Der 40 Jahre alte Georgij Bolschakow – gutes Englisch, freundliche Umgangsformen – ist Korrespondent der sowjetischen Nachrichtenagentur TASS. Einerseits. Andererseits ist er Agent des sowjetischen Militärgeheimdienstes GRU und ein Freund von Chruschtschows Schwiegersohn.

Das FBI weiß um seine Doppelrolle – auch Justizminister Robert Kennedy. Seit 1961 benutzen er und sein Bruder, die eine Leidenschaft für dunkle Kanäle haben, heimliche Treffen mit Bolschakow, um so Kontakt zum Kreml zu knüpfen.

Nun klingelt bei Bolschakow das Telefon. Ein amerikanischer Journalist meldet sich, er muss den Russen unbedingt sehen – und er macht klar, dass Robert Kennedy ihn schickt.

Kurz darauf treffen sich die Männer. Der TASS-Mann erfährt, dass die Kennedys bereit wären, die Jupiter-Raketen in der Türkei gegen die auf Kuba installierten Geschosse zu tauschen. Später ruft ein weiterer US-Journalist Bolschakow mit der gleichen Botschaft an.

Im ExComm weiß wahrscheinlich niemand sonst etwas von diesem Angebot der Kennedys – und im Kreml zunächst auch nicht. Denn Bolschakows Geheimdienst-Vorgesetzter in Washington hält aus unerklärlichen Gründen diese wichtige Botschaft rund 24 Stunden lang zurück, ehe er sie nach Moskau weitergibt.

ExComm, 17.00 Uhr. Präsident Kennedy hat der Air Force erlaubt, nun auch Aufklärer im Tiefflug über Kuba zu schicken, um detailliertere Bilder zu gewinnen. Für den Fall, dass der Kreml Druck auf Berlin ausübt, erhält ein US-Bataillon in der Bundesrepublik den Befehl, binnen zwei Stunden über eine Autobahn quer durch die DDR nach Westberlin zu fahren, um den freien Zugang zur Stadt zu erzwingen.

CIA-Chef McCone berichtet aus Kuba, dass mindestens 23 SA-2-Luftabwehrstellungen einsatzbereit sind. Andererseits sei es seltsam, dass alle sowjetischen und kubanischen Kampfflugzeuge noch ungetarnt und Flügelspitze an Flügelspitze unter freiem Himmel stehen – leichte Ziele für Angreifer.

„Was ist mit unseren Jets?“, fragt Kennedy (und erfährt zwei Stunden später, dass die US-Kampfflugzeuge ebenso ungeschützt auf den Rampen geparkt sind).

Chruschtschows Antwortbrief auf Kennedys Rede ist in der Zwischenzeit vom Kreml zur US-Botschaft in Moskau zugestellt, dort übersetzt und per Telex zum Außenministerium und schließlich ins Weiße Haus übertragen worden – dort beginnt der Fernschreiber um 11.56 Uhr zu rattern. Kennedy hat rund 16 Stunden auf die etwa 4000 Buchstaben lange Antwort seines Gegenspielers warten müssen, obwohl der fast unmittelbar nach der Rede reagiert hat.

Weitere fünf Stunden vergehen, bis der Präsident und seine Berater die Antwort formuliert haben: „Ich hoffe, dass sie unverzüglich die notwendigen Befehle an ihre Schiffe übermitteln, um die Bedingungen der Quarantäne einzuhalten.“

Kuba, gegen Abend. Zermürbende Stunden für General Issa Plijew. Seit 2.00 Uhr morgens herrscht Alarm. Hektisch heben Soldaten Gräben um alle Stellungen aus, setzen Atomraketen und Iljuschin-Bomber zusammen. Auf einigen Basen sind Offiziere unauffindbar, manchmal zwängen sich unerfahrene Soldaten hinter Flugabwehrgeschütze – und studieren erst einmal die Bedienungsanleitungen.

Da viele Bunker noch nicht fertiggestellt sind, lässt Plijew einige Atomsprengköpfe in Höhlen verfrachten.

Seine größte Sorge jedoch ist die „Alexandrowsk“. Der Frachter soll im Hafen Mariel einlaufen – doch über den sind gegen 16.00 Uhr US-Kampfjets im Tiefflug gejagt.

Der sowjetische General befürchtet einen Angriff und dirigiert das Schiff per Funk um zum Hafen La Isabela de Sagua. Den erreicht die „Alexandrowsk“ tatsächlich kurz darauf. Was aber geschieht mit den Sprengköpfen an Bord? Rund um La Isabela gibt es keinen geeigneten Bunker, keine Höhle.

Plijew beschließt, die Fracht vorerst an Bord zu lassen. Und so liegt die vollkommen ungeschützte „Alexandrowsk“ an der kubanischen Nordküste, mit 68 Atomsprengköpfen im Bauch. (Und hätte, wie von Kennedy autorisiert, jederzeit von CIA-Agenten in die Luft gejagt werden können.)

Washington, Sowjetbotschaft, abends. Robert Kennedy, erregt, wütend, wird in ein privates Zimmer von Botschafter Dobrynin im zweiten Obergeschoss geführt. Kaum ist er mit dem Diplomaten allein, überschüttet er ihn mit Vorwürfen.

Er und sein Bruder fühlten sich von den Sowjets getäuscht, auch von Dobrynin persönlich. Erst nach und nach realisiert der Justizminister, dass der Botschafter offenbar ebenso ahnungslos war wie er.

Als er schon das Zimmer verlassen will, dreht sich Robert Kennedy noch einmal im Türrahmen um und fragt: „Können Sie mir sagen, welche Befehle Ihre Kapitäne nach der gestrigen Rede des Präsidenten erhalten haben?“

Auch das weiß Dobrynin nicht, er antwortet ausweichend.

„Ich weiß nicht, wie das alles enden wird, aber wir haben vor, Ihre Schiffe zu stoppen“, droht der jüngere Kennedy.

Weisses Haus, abends. Soldaten gehen durch die Büros und verteilen Umschläge mit der Aufschrift „Öffnen im Notfall“. Dort sind für jeden Mitarbeiter Fluchtwege und Rettungsbunker ausgewiesen, im Falle eines Atomangriffes. Manche bekommen in „Top Secret“-Umschlägen Aufkleber mit, die Ehefrauen an ihren Autos befestigen können, um so eventuelle Straßensperren in Washington zu passieren.

Außenminister Rusk hält dies für einen schlechten Scherz. Er beschließt, im Ernstfall nicht in einen Bunker zu fliehen, sondern mit seiner Frau gemeinsam das Ende abzuwarten.

Sollte es tatsächlich zum Atomkrieg kommen, so glaubt er, würden er, Kennedy und McNamara von anderen Überlebenden gelyncht.

24. Oktober, Kreml, morgens. Nur noch wenige Stunden bis zum Beginn der Blockade. Chruschtschow versammelt das zwölfköpfige Präsidium – und beschließt, Kennedy zu drohen.

Die Quarantäne sei ein „Ultimatum, ein Akt der Aggression, der die Menschheit an den Abgrund eines weltweiten Atomraketenkrieges treibt“. Er werde seinen Kapitänen nicht befehlen, den Anweisungen der US Navy zu gehorchen. Und sollte es zu „Piratenaktionen“ kommen, werde die UdSSR „Maßnahmen ergreifen, um unsere Rechte zu schützen“.

ExComm, 10.00 Uhr. Der Beginn der Blockade. US-Zerstörer beschatten alle sowjetischen Frachter, die der Quarantäne-Linie 900 Kilometer rund um Kuba am nächsten sind. McCone beschreibt im täglichen Lagebericht den Kurs jedes einzelnen Schiffes, auch der U-Boote.

„Können wir auf irgendeine Weise vermeiden, dass wir bei unserer ersten Konfrontation auf ein russisches U-Boot stoßen?“, fragt Kennedy.

„Nein“, antwortet McNamara. Die Gefahr für die amerikanischen Schiffe sei zu groß, wenn man die getauchten U-Boote ignoriere. „Das ist es, was wir erwarten müssen.“

Der Präsident ist blass; er hält die Hand vor den Mund, öffnet und schließt immer wieder die Faust. Sein Bruder, der doch um die vielen Krankheiten des Älteren weiß, hat ihn selten so elend gesehen. Die Konfrontation mit einem getauchten U-Boot kann sehr viel leichter in einen Kampf ausarten als das Aufhalten eines Frachters.

Während McCone weiter vorträgt, öffnet ein Bote die Tür. Es ist 10.25 Uhr. „Mr. President“, sagt der Bote, „wir haben einen vorläufigen Bericht, der zu zeigen scheint, dass einige der russischen Schiffe auf hoher See gestoppt haben.“

Erleichterung, Triumph! „Wir stehen Auge in Auge – und ich glaube, der andere hat gerade gezuckt“, raunt Außenminister Rusk dem Sicherheitsberater Bundy zu. Chruschtschow hat seinen aggressiven Worten keine Taten folgen lassen. Er respektiert die Quarantäne.

„Vielleicht“, sagt Kennedy.

Er ist vorsichtiger. Diese Runde hat er gewonnen. Aber was ist mit den Raketen? Den Frachtern, die noch Kurs halten? Was mit den U-Booten? (Tatsächlich kann Chruschtschow es sich leisten, einigen Kapitänen den Halt zu befehlen – die Frachter mit der brisantesten Ladung sind ja längst durchgekommen. Und seine U-Boote steuern weiterhin auf Kuba zu.)

Und was ist mit Kennedys eigenen Militärs? Nur Stunden nach der scheinbar erlösenden Meldung von der Quarantäne-Linie möchte McNamara im Pentagon von Admiral George Anderson, dem Chef der Marine, wissen, wie ein sowjetisches Schiff auf hoher See eigentlich angehalten wird.

„Was ist, wenn sie nicht stoppen?“, fragt McNamara.

„Wir schießen vor den Bug.“

„Und wenn das nicht funktioniert?“

„Dann schießen wir ins Ruder“, sagt Anderson erregt. „Das ist nicht Ihr gottverdammtes Geschäft, Herr Minister, das erledigen wir.“ Mehrere Offiziere hören zu.

McNamara, außer sich, brüllt zurück: „Sie feuern nicht einen einzigen Schuss auf irgendetwas ohne meine ausdrückliche Erlaubnis, ist das klar?“

Dann stürmt er hinaus. „Das ist das Ende von Anderson“, murmelt er.

Währenddessen erhöht General Thomas Power, Chef der Atombomberstaffeln, für seine Einheiten den Alarm auf DEFCON-2 („Vorbereitung zum sofortigen Angriff“), die letzte Stufe vor einem Kriegsausbruch. Dieser Alarm ist noch nie ausgelöst worden.

Power lässt den Funkspruch im Klartext senden, damit der sowjetische Geheimdienst ihn auf jeden Fall auffangen wird.

Seinen Präsidenten aber informiert er über DEFCON-2 nicht.

Kennedy und seine Getreuen, so scheint es, verlieren die Kontrolle über ihre Militärs, die offenbar einen Krieg provozieren wollen.

Und Chruschtschow ist in einer ähnlichen Lage – nur weiß er es nicht einmal.

Sowjet-U-Boot „B-59“, abends. Der rund 100 Meter lange, stählerne Jäger kann vier bis fünf Tage lang tiefer als 300 Meter tauchen – länger aber halten die Batterien neben den Elektromotoren nicht durch, dann muss „B-59“ an die Wasseroberfläche und mit Dieselmaschinen weiterfahren, bis die Akkumulatoren wieder geladen sind.

Fast 80 Seeleute drängen sich in dem Schiff, achtern teilen sich 54 Mann 27 Kojen – geschlafen wird in drei Schichten.

Kapitän Walentin Sawizkij und seine Crew gehören zur 69. U-Boot-Brigade. „B-59“ ist bereits seit drei Wochen auf See und hat in dieser Zeit den langen Weg von Murmansk bis zur Karibik zurückgelegt – fast immer getaucht. Die Kennnummer am Turm hat die Crew vor der Mission abgekratzt, damit ihr U-Boot nicht zu identifizieren ist.

An Bord ist es heiß, manchmal 50 Grad Celsius, in den Maschinenräumen sogar 60 Grad. Wasser ist rationiert auf einen Viertelliter pro Mann und Tag. Der Funkkontakt zur Heimat ist unregelmäßig, reißt oft ab.

Und nun nähert sich „B-59“ den wartenden amerikanischen Zerstörern. Einer der 22 Torpedos an Bord hat einen nuklearen Gefechtskopf, mit etwa der gleichen Explosionskraft wie die Hiroshima-Bombe. Sawizkij ist angespannt.

25. Oktober, Washington, 1.00 Uhr, Bar des National Press Club. Der Barkeeper, ein vor den Sowjets geflohener Emigrant aus dem Baltikum, redet an der Theke mit einem TASS-Journalisten, der noch einen letzten Drink nimmt. Der Barmann sagt dabei, er habe kurz zuvor zwei amerikanische Journalisten reden gehört. Einer werde morgen Richtung Süden fliegen, um das Militär bei der Eroberung Kubas als Korrespondent zu begleiten.

Der TASS-Journalist ist zugleich KGB-Agent – und alarmiert. Noch in der Nacht meldet er dieses Gespräch nach Moskau. Und dieses vage Gerücht aus dritter Hand (das unzutreffend ist) hat schwerer wiegende Folgen als alle offiziellen Botschaften und geheimen Regierungskontakte: Zum ersten Mal glauben in Moskau hohe Funktionäre, dass es Kennedy mit seiner Kriegsdrohung tatsächlich ernst meint.

Der US-Außenminister und der Sowjetbotschafter in Washington: Während die Militärs Alarm geben, vergeuden die Diplomaten beider Seiten kostbare Stunden mit umständlichen Übersetzungen wichtiger Botschaften

DEAN RUSK, ANATOLIJ DOBRYNIN

Als Chruschtschow etwas später (in Moskau ist es ja schon heller Tag) das Präsidium versammelt, erklärt er den verblüfften Genossen, er habe es satt, mit Kennedy „kluge Bemerkungen“ zu wechseln: Am Ende werde die UdSSR ihre Raketen wohl wieder abziehen müssen, allerdings nur, wenn sich der amerikanische Präsident in den nächsten Tagen tatsächlich unnachgiebig zeige.

Dem Generalsekretär schwebt ein Handel vor: Abzug gegen die Garantie Washingtons, Kuba in Zukunft nie mehr anzugreifen.

Doch niemand sendet ein Verhandlungsangebot nach Washington. Vielleicht lässt sich Kennedy ja doch bluffen und akzeptiert am Ende die Stationierung der Raketen auf Kuba.

„Genossen, lasst uns heute Abend ins Bolschoj gehen“, ruft Chruschtschow am Ende der Sitzung. „Unser eigenes Volk und auch fremde Beobachter werden das sehen – und vielleicht wird es sie etwas beruhigen.“

Weisses Haus, 2.00 Uhr. Kennedy verabschiedet sich von Gästen, mit denen er zu Abend gegessen hat. Mitarbeiter zeigen ihm Chruschtschows letzten Brief – jene Zeilen, die der Generalsekretär aufgesetzt hat, noch ehe er im Präsidium eine konziliantere Politik verkündet hat.

Der Russe schreibt: „Herr Präsident, mit welchem Recht haben Sie das getan?" Er nennt das Vorgehen der USA „Räuberei" und „Verrücktheit des degenerierten Imperialismus".

Diesmal braucht der US-Präsident nur zwei Stunden für eine Antwort: „Herr Generalsekretär, Sie haben die Situation noch immer nicht verstanden."

BLOCKADE-LINIE, MORGENS. Kennedys Warnung vor einem verfrühten Auftrumpfen der US Navy bestätigt sich. Einige sowjetische Frachter haben ihren Kurs zwar geändert, andere Schiffe aus dem Ostblock aber steuern weiterhin auf Kuba zu.

Als Nächstes wird sich ein Öltanker der Quarantäne-Linie nähern, dann ein Passagierschiff aus der DDR. Eigentlich müsste die Marine beide Schiffe stoppen und durchsuchen. Funksprüche werden nach Washington gesandt – dann kommt die Antwort: Passieren lassen!

Der CIA-Direktor hält einen Luftangriff auf Kuba zunächst für unmoralisch. Doch später drängt er auf eine Invasion der Insel – nicht ahnend, dass dort mehr Atomraketen versteckt sind, als seine Agenten gemeldet haben

JOHN A. MCCONE

Der US-Präsident schreckt vor den Konsequenzen zurück. Den Tanker und das Passagierschiff lässt er durch, weil er Moskau nicht provozieren will. Und wählt dann persönlich einen Frachter aus, der als Erster aufgebracht werden soll: einen in Panama registrierten Dampfer mit griechischem Kapitän, der in sowjetischer Charter fährt.

Dessen Stopp, so hofft Kennedy, werde niemanden in Moskau zu einer Kriegserklärung treiben.

Gleichzeitig entlädt sich seine Wut auf einen Mitarbeiter des Außenministeriums. Der hat Kongressabgeordneten verraten, dass zwei Schiffe die Linie passieren durften – eine Stunde später ist diese Nachricht in Radio und TV gesendet worden.

Kennedy, außer sich, lässt nach dem Mann suchen. Der ist inzwischen auf Reisen – und wird schließlich in der Wartehalle eines kleinen New Yorker Flughafens aufgespürt und per Lautsprecher ausgerufen: „Der Präsident ruft American-Airlines-Passagier Hughes. Der Präsident ruft American-Airlines-Passagier Hughes…"

Der hält das für einen Witz, bis er Kennedys unverkennbare Stimme an einem Flughafentelefon hört: „Was, zum Teufel, geht hier vor?"

ATLANTIK, ÖSTLICH VON BERMUDA, 18.11 UHR. Eine Maschine des Flugzeugträgers „USS Randolph" entdeckt ein sowjetisches U-Boot, das bei Annäherung wegtaucht.

Es ist „B-59". Dessen Batterien sind nach langer Unterwasserfahrt fast erschöpft. Kapitän Walentin Sawizkij wollte sie laden, doch nun muss er verschwinden – während sich ihm 14 amerikanische Kampfschiffe nähern.

26. OKTOBER, KGB-HAUPTQUARTIER, MORGENS. Wladimir Semitschastnyj ist mit 38 Jahren der jüngste KGB-Chef aller Zeiten – und der unerfahrenste. Bis vor einem Jahr war er noch Zweiter Sekretär des ZK der KP in der Sowjetrepublik Aserbaidschan. Chruschtschow hat den Apparatschik an die Spitze des Geheimdienstes geholt, weil er glaubt, dass ausgebildete Geheimagenten keine Ahnung von Politik haben und auf diesem Posten bloß „Dummheiten" begehen.

Semitschastnyj, der auf einem Bett im Hauptquartier übernachtet hat, sammelt einige Experten um sich, die ihm helfen, die tägliche Mappe für Chruschtschow zusammenzustellen. Ganz oben landet ein Bericht des KGB-Agenten in Washington über das Gespräch eines sowjetischen Diplomaten mit einem amerikanischen Journalisten, in dem dieser eine baldige Invasion Kubas vorhergesagt hat. Dann die Meldung, dass DEFCON-2 ausgelöst worden sei. Dann der Hinweis, dass an alle US-Militärhospitäler die Weisung ergangen sei, sich auf Verwundete vorzubereiten.

Als Chruschtschow die Mappe erhält, treibt es ihn wieder an den Rand der Panik. Der Generalsekretär, der noch am Vortag kühl abwarten wollte und ins Bolschoj-Theater gegangen war, glaubt nun, der Krieg stehe unmittelbar bevor.

Er diktiert einen zwölf Seiten langen Brief, in dem er Kennedy sofortige Verhandlungen vorschlägt: „Lassen Sie uns staatsmännische Weisheit zeigen", beschwört er. Er verlangt von den USA eine Garantie, dass sie niemals mehr Kuba angreifen und auch niemanden bei einem Angriff unterstützen. Dafür verspricht er vage: „Dann entfällt die Notwendigkeit für die Anwesenheit unserer Militärspezialisten auf Kuba."

So eilig schreibt er diese Botschaft, dass er die Präsidiumsmitglieder nicht einmal dazuholt. Sie werden nur schriftlich informiert. Um 16.43 Uhr Moskauer Zeit wird Chruschtschows Brief der US-Botschaft in Moskau zugestellt – in Washington ist es 9.43 Uhr, aber das Schreiben muss ja noch übersetzt und durchtelegraphiert werden.

EXCOMM, 10.00 UHR. Lagebericht von CIA-Chef McCone: Er meldet höchste Alarmstufe für die Rote Armee, aber keine Truppenbewegungen, auch nicht in Richtung Berlin. Doch auf Kuba gehen die Arbeiten auf den Raketenbasen weiter. Bald werden auch die Iljuschin-Bomber fertig montiert sein.

McNamara, erst Verfechter der Quarantäne, ist nun für Luftangriffe auf die Raketen und die Iljuschins. Generalstabschef Taylor will Kuba mit 300 Kampfjets attackieren und neben den Rampen für die Atomraketen auch alle SA-2-Flugabwehrgeschütze, Migs und einige Flughäfen bombardieren. Und McCone, der Tage zuvor noch einen Luftangriff als moralische Bankrotterklärung verworfen hat, ist nun für eine Invasion – schließlich habe man Moskau ja vorgewarnt.

John F. Kennedy ist auf einmal mit seinem Beharren auf der Blockade in der Minderheit. Doch er will Chruschtschow noch 24 Stunden Zeit geben, für neue Verhandlungen.

Also wartet er erst einmal ab.

Washington, „Occidental Restaurant", 13.30 Uhr. An einem Tisch setzt sich ein korpulenter, kahler Mann zum Lunch, den manche Restaurantgäste vielleicht aus dem Fernsehen kennen: John Scali moderiert eine politische Sendung. Bei ihm sitzt ein älterer, silberhaariger Gentleman, den kaum jemand der Anwesenden beachten dürfte: Alexander Feklissow, der Leiter des KGB-Büros in Washington.

Feklissow hat über Jahre Kontakte zu Journalisten aufgebaut, mit denen er sich hin und wieder trifft. Scali, der FBI-Agenten über diese Treffen berichtet, weiß, dass sein sowjetisches Gegenüber für den KGB arbeitet.

An diesem Vormittag hat sein Telefon geklingelt: Feklissow erklärte, er wolle Scali zum Mittagessen treffen.

Was Scali nicht ahnt: Der Russe handelt auf eigene Faust. Feklissow spürt, dass die Welt in den Atomkrieg stürzt, doch aus Moskau erhält er keine Anweisungen.

Beim Lunch belauern sich die beiden – am Ende weiß Scali noch immer nicht genau, was Feklissow ihm eigentlich mitteilen will. Er glaubt, die Ausführungen des KGB-Mannes so verstanden zu haben: Wenn die USA eine Nichtangriffsgarantie für die Insel abgeben, werde die UdSSR ihre Raketen abziehen und auf Kuba nie wieder Offensivwaffen stationieren.

Dieses Angebot kommt wahrscheinlich gar nicht von Chruschtschow, sondern ist Feklissows eigener Lösungsvorschlag. Trotzdem nimmt der Amerikaner es so ernst, dass er sich sofort nach dem Lunch im Außenministerium offenbart. Dann wird er ins Weiße Haus geführt – und Kennedy erfährt von Scali persönlich alle Einzelheiten.

Der Präsident erkennt eine Chance und bittet Scali, sich noch am selben Tag erneut mit Feklissow zu treffen und grundsätzliches Interesse an dem Vorschlag zu signalisieren.

Und so reden beide kurz nach 19.30 Uhr im „Statler Hotel", in der Nähe der sowjetischen Botschaft, noch einmal miteinander. Scali versichert, „höchste Autoritäten" sähen „echte Chancen in diesen Vorschlägen". Man erbitte Verhandlungen mit Moskau.

Noch immer verlaufen alle Kontakte also verklausuliert und auf quälend langsamen, indirekten Wegen.

Kuba am Abend. Immer wieder donnern US-Kampfjets in Baumwipfelhöhe mit Überschallgeschwindigkeit über sowjetische Stellungen. General Issa Plijew glaubt, dass eine Invasion in den nächsten 24 bis 48 Stunden bevorsteht.

Auch Castro ist am Ende seiner Nervenkraft: „Wir tolerieren diese Überflüge nicht länger", verkündet er Plijew. Wie auch immer Moskau darüber denke: Ab morgen würden die kubanischen Flugabwehrkanonen auf jede Maschine feuern.

Der „Máximo Líder" ist außerdem verärgert über Chruschtschow. „Warum leugnet die Sowjetunion die Existenz der Raketen?", fragt er den russischen Botschafter – der ihm darauf keine befriedigende Antwort geben kann.

Castro bleibt im Hauptquartier in Havanna. Die kubanische Armee vermint Straßen.

Was wahrscheinlich keiner der Kubaner weiß: Plijew hat seinen Einheiten den Befehl gegeben, die „Technik zu verteilen". Das bedeutet wahrscheinlich, dass der General die Atomsprengköpfe aus ihren Bunkern schaffen lässt, näher zu den Raketen – damit sie rascher abgefeuert werden können.

ExComm, 21.15 Uhr. In die Beratungen platzt der Chruschtschow-Brief. Seit 18.00 Uhr rattert er über den Fernschreiber des Außenministeriums, doch es hat mehr als drei Stunden gedauert, ihn zu übersetzen und im Weißen Haus zu präsentieren. Das Schreiben ist lang, umständlich formuliert, voller Abschweifungen, etwa zur amerikanischen Intervention im Russischen Bürgerkrieg und zu Chruschtschows persönlichen Kriegserlebnissen.

„Das liest sich, als hätte er das allein geschrieben, ohne Beratung oder Bearbeitung", vermutet Llewellyn Thompson, der frühere Botschafter in Moskau. „Er hat Angst. Er scheint unter großem Druck zu stehen."

Robert Kennedy erlaubt sich, wie er später gestehen wird, „einen Anflug von Optimismus". Ist das nicht ein Verhandlungsangebot? Aber niemand weiß, was genau Chruschtschow eigentlich will und wie es weitergehen soll.

Eines nur ist klar: Die US-Militärs drängen auf eine baldige Attacke. Dieses Angebot reicht ihnen nicht.

27. Oktober. Havanna, 2.00 Uhr. Castro, nervös, erregt, schlaflos, besucht den sowjetischen Botschafter in dessen Dienstwohnung und diktiert dort einen Brief an Chruschtschow, „um ihn zu ermutigen".

Der Máximo Líder setzt an, korrigiert sich, beginnt von vorn. Schließlich fordert er Moskau auf, im Falle einer Invasion Kubas durch die USA „diese Gefahr für immer durch einen Akt der Selbstverteidigung zu eliminieren, so hart und schrecklich diese Lösung auch sein mag".

Der Botschafter begreift den Sinn des Satzes erst nicht, fragt dann fassungslos: „Wollen Sie sagen, dass wir die Ersten sein sollen, die einen Atomschlag gegen den Feind führen?"

„Nein", antwortet der Kubaner, fährt dann aber fort: „Unter besonderen Umständen darf man nicht auf die Hinterhältigkeit der Imperialisten warten." Also doch.

Während Castro weiter an seinem Brief formuliert, telegraphiert der alarmierte Botschafter nach Moskau: Die Kubaner sind anscheinend zum Äußersten bereit.

Chruschtschow scheint die Kontrolle über seinen karibischen Verbündeten zu verlieren.

Kreml, 9.00 Uhr. Zur gleichen Zeit, da Castro den Willen zum atomaren Erstschlag fordert, geht eine Meldung von General Plijew ein: „Unsere kubanischen Freunde erwarten den Angriff für die Nacht vom 26. auf den 27. Oktober oder spätestens am Morgen des 27. Oktober. Wir haben entschieden, im Falle eines US-Luftangriffes auf unsere Stellungen alle uns zur Verfügung stehenden Luftverteidigungsmittel einzusetzen."

Wir haben entschieden: Plijew wartet also nicht mehr auf einen Befehl aus Moskau.

Und was bedeutet: *alle zur Verfügung stehenden Mittel?* Atomwaffen?

Chruschtschow muss sich in diesen Minuten entscheiden, ob er den Atomkrieg, mit dem er gedroht hat, auch führen will.

Kennedy scheint zum Angriff entschlossen. Castro fordert den Atomkrieg. Und sein eigener Kommandeur auf Kuba will offenbar bei der nächsten Gelegenheit das Feuer eröffnen. Da erst schreckt der Generalsekretär vor den „Göttern des Krieges" zurück.

„Haben wir einen Fehler gemacht?", lamentiert er in einem langen Monolog vor den Genossen im Präsidium. (Und man kann sich nur vorstellen, was harte Funktionäre in Gedanken auf diese Frage antworten.) Er sei nun zum Abzug der Raketen bereit – gegen Sicherheitsgarantien für Kuba.

Und im Tausch gegen den Abzug der US-Raketen aus der Türkei – für die Spitzengenossen ein neuer Gedanke.

Niemand weiß, woher Chruschtschow diese Idee hat, die bisher kaum eine Rolle gespielt hat. Wahrscheinlich hat er den Bericht des KGB-Agenten Bolschakow gelesen, der sich mit zwei US-Journalisten getroffen hatte, die auf diesem Wege Kennedys Angebot nach Moskau weiterleiteten.

„Wir stimmen zu, diejenigen Waffen, die Sie als offensive Waffen ansehen, aus Kuba abzuziehen", diktiert Chruschtschow einen neuen Brief an Kennedy, diesmal im Beisein aller Präsidiumsmitglieder. Bedingung sei die „Evakuierung ähnlicher Waffen in der Türkei".

Noch immer vermeidet der Generalsekretär das Wort „Atomraketen". Doch er spürt vermutlich, dass ihm die Zeit davonläuft. Soll er wieder auf endlose Übersetzungen und Telegramme warten, wenn doch der Angriff nun binnen weniger Stunden erfolgen kann?

Er befiehlt, diesen Brief über Radio Moskau verlesen zu lassen, damit er schneller in Washington bekannt wird.

ExComm, 10.15 Uhr. Diskussionen über den letzten, langen Chruschtschow-Brief mit dem verklausulierten Verhandlungsangebot. Da platzt Pressechef Pierre Salinger in die Runde: Er hält eine Meldung der Nachrichtenagentur AP in den Händen mit dem Text der Rede, die Chruschtschow soeben über Radio Moskau verbreitet hat.

„Was zum Teufel ist das?", ruft jemand. Konfusion. Sind Brief und Radiobotschaft identisch? Offenbar nicht. Was aber gilt dann? Der Brief? Das neue Angebot? Sind die UdSSR mit einer Nichtangriffsgarantie gegenüber Kuba zufrieden? Oder fordern sie den Abzug der Raketen aus der Türkei? Woher kommt diese Idee mit der Türkei überhaupt?

Präsident Kennedy (der zumindest diese Frage nur zu genau beantworten könnte) sagt: „Für jeden rationalen Mann wird dies nach einem fairen Handel aussehen."

Doch auch er ist wütend. Er fühlt sich hereingelegt, wieder einmal – weil der Russe den Abzug aus der Türkei öffentlich gemacht hat, was Kennedy, um Kritiker nicht aufzubringen, auf keinen Fall akzeptieren wollte. Es hilft auch nicht, dass sein Bruder, der ja eigentlich ähnliche Gedanken hat, nun einwirft: „Ich sehe nicht, wie wir die Türken davon überzeugen sollen, ihre Verteidigung wegzuwerfen."

Schließlich unterbrechen die erschöpften Männer die Sitzung – noch hat die US-Regierung offiziell weder auf die erste noch die zweite Botschaft von Chruschtschow reagiert.

Sowjetische Stellung, Nordostkuba, 10.00 Uhr. Genau in dem Augenblick, da sich Kennedy mit seinen Beratern trifft, taucht eine U-2 auf dem Radarschirm der Luftabwehrstellungen auf.

Alarm! Ein US-Angriff scheint in wenigen Stunden bevorzustehen. Ein tropischer Sturm peitschte kurz zuvor noch über die Insel, Regen trommelte auf das Dach der Baracke, in der einige Rotarmisten den Kurs der amerikanischen Maschine verfolgen, die Feuchtigkeit könnte die empfindlichen Funkgeräte jederzeit kurzschließen.

General Plijew hat befohlen, dass allein er einen Abschuss anordnen kann. Also ruft ein Hauptmann im Hauptquartier an. Er erreicht zwei Generäle – doch Plijew ist unauffindbar. Hektische Telefonate. Die U-2 kommt näher. Wo ist Plijew?

Schließlich entscheiden sich die beiden Generäle dafür, dessen Befehl zu ignorieren – und geben selbst das Feuer frei.

Um 10.22 Uhr rast eine SA-2-Rakete mit vierfacher Schallgeschwindigkeit in den Tropenhimmel auf „Ziel 33" zu und explodiert in dessen Nähe. Splitter zerfetzen die empfindliche Maschine. Major Rudolf Anderson stürzt in die Tiefe.

Er ist der erste Tote der Kubakrise.

Oval Office, gegen 13.30 Uhr. Der Präsident arbeitet zwischen den Sitzungen des ExComm in seinem Büro. Er weiß schon, dass die U-2 über Kuba vermisst wird, mehr aber nicht. Da ruft ihn McNamara an: Eine weitere U-2 sei offenbar über Alaska vom Kurs abgekommen und fliege nun durch sowjetischen Luftraum; russische Kampfjets seien aufgestiegen und verfolgten die Spionagemaschine. Amerikanische Jets seien oben, auf der Suche nach der verirrten U-2.

„Das bedeutet Krieg", ruft der Verteidigungsminister.

„Es gibt immer einen Hurensohn, der die Sache nicht kapiert", flucht Kennedy. Möglich, dass er glaubt, einer seiner Generäle habe die U-2 absichtlich über die UdSSR geschickt, um endlich den Zwischenfall zu provozieren, der zum Krieg führt. (Die Sache geht undramatisch aus, die U-2 kehrt kurz darauf unbeschadet zurück.)

ExComm, 16.00 Uhr. Weitere Beratungen. Generalstabschef Taylor drängt noch immer auf sofortige Invasion Kubas.

„Das ist aber eine Überraschung", wirft Robert Kennedy sarkastisch ein. Gelächter.

Dann ein Anruf für Außenminister Rusk. Der verlässt den Raum für wenige Minuten, kehrt zurück, Tränen in den Augen, und teilt mit, dass die vermisste U-2 abgeschossen worden sei; das berichte Radio Havanna gerade.

„Pilot getötet?", fragt Robert Kennedy.

„Der Körper des Piloten ist noch im Flugzeug."

„Wir können wohl kaum eine weitere Maschine morgen nach drüben schicken und einen weiteren Kerl töten lassen", sagt der Präsident.

„Nur wenn wir mit großer Gewalt Vergeltung üben", schlägt Taylor vor.

McNamara ergreift das Wort und erklärt nüchtern: Gleichgültig, wie heftig US-Luftangriffe seien, von nun an würde von Kuba aus auf amerikanische Flugzeuge geschossen werden. Das könne man nicht lange hinnehmen. Was folge daraus? Die Invasion Kubas. Daraufhin würden die Sowjets die US-Basen in der Türkei angreifen. Das sei dann der NATO-Bündnisfall, es werde zum Krieg kommen. „Das ist verdammt gefährlich."

„Wir können wohl kaum Kuba angreifen, wenn wir die Raketen auch durch einen Handel mit unseren Raketen in der Türkei herausbringen könnten", sagt Kennedy daraufhin – und schickt die Männer hinaus zum Abendessen, bevor jemand Einwände erheben kann.

Noch immer keine Entscheidung.

Justizministerium, 19.45 Uhr. Die beiden Kennedys haben sich abgesprochen und den sowjetischen Botschafter benachrichtigt. Robert soll in seinem Büro allein mit Dobrynin noch einmal alle Verhandlungsmöglichkeiten ausloten.

Beide sind übermüdet. „Es gibt nun starken Druck auf den Präsidenten, zu schießen, wenn auf uns geschossen wird", beginnt der jüngere Kennedy. Das könne schnell zu einer „Kettenreaktion" führen.

Dann wiederholt er sein Angebot: keine Invasion Kubas gegen Abzug der Raketen.

„Und was ist mit der Türkei?", fragt Dobrynin.

„Wenn das das einzige Hindernis auf dem Weg zur Lösung ist, dann sieht der Präsident keine unüberwindbaren Schwierigkeiten, es zu beseitigen", antwortet Robert gewunden. Dann jedoch wird er klarer: „Das größte Problem für den Präsidenten ist die öffentliche Diskussion der türkischen Frage."

Und dann schlägt der jüngere Kennedy einen Hinterzimmerdeal vor, typisch eher für die Wahlkämpfe und innenpolitischen Manöver, die er seit Jahren beherrscht, und nicht für die internationale Diplomatie: Baue Chruschtschow seine Raketen ab, werde der Präsident einige Monate später nachziehen und die Geschosse in der Türkei heimlich zurückholen – vorausgesetzt, der Deal bleibt vertraulich. Kein Wort darf Moskau über die Absprache verlauten lassen, keinen offiziellen Vertrag verlangen.

„Das ist eine Bitte, kein Ultimatum", schließt Robert und fleht Dobrynin an, Chruschtschow möge seine Antwort „geschäftsmäßig" und „klar" geben, nicht in endlosen Briefen. Und: Erstmals erhält der Botschafter die Telefonnummern des Präsidenten, falls rasche Rückrufe notwendig sind.

Dobrynin, in dessen Botschaft Mitarbeiter bereits Akten verbrennen, damit sie im Kriegsfall nicht in amerikanische Hände fallen, ist zum ersten Mal seit Tagen optimistisch. Er telegraphiert das Angebot nach Moskau.

Fast zur gleichen Zeit strahlt der Radiosender Voice of America eine Botschaft des Präsidenten aus. Kennedy hat, wie Chruschtschow, keine Zeit mehr. McNamara und Taylor drängen auf einen Angriff in den nächsten 24 Stunden.

„Ich habe Ihr Schreiben vom 26. Oktober mit großer Sorgfalt gelesen und begrüße Ihr Bemühen, die Krise zu lösen", lässt Kennedy im Radio verlesen. Dann schlägt er die bereits bekannten Nichtangriffsgarantien im Tausch gegen den Raketenabzug vor. Die Jupiter-Raketen in der Türkei streift er sehr viel indirekter, als sein Bruder es im Vier-Augen-Gespräch getan hat: „Wir können auch zu einer allgemeineren Vereinbarung hinsichtlich jener ‚anderen Waffen' kommen, die Sie in Ihrem zweiten Brief erwähnten."

An Bord von „B-59", ca. 20.30 Uhr. Kapitän Walentin Sawizkij ist am Ende seiner Kraft. Die Batterien seines U-Bootes sind erschöpft. Es ist heiß wie in einer Sauna. Die Luft geht ihm aus – in der Kommandozentrale kollabiert ein Seemann, dann wird ein weiterer ohnmächtig. Wenn sie nicht ersticken wollen, dann müssen sie auftauchen. Jetzt.

Doch über ihm kreuzen die Zerstörer „USS Beck" und „USS Cony". Sie haben das U-Boot geortet – und werfen Wasserbomben. Damit die Blockade hält, so lautet ihr Befehl, sollen alle sowjetischen U-Boote zum Auftauchen gezwungen werden. Da niemand mit getauchten Schiffen per Funk kommunizieren kann, werfen die US-Schiffe so lange Bomben, bis den Crews der U-Boote buchstäblich die Luft ausgeht.

Das sind zwar nur Übungswaffen und Handgranaten, deren Detonationen das U-Boot nicht zerschmettern können. Doch ihr Lärm zermürbt die Männer, die Druckwellen schütteln „B-59" durch.

Da verliert Sawizkij die Beherrschung: „Vielleicht hat da oben schon der Krieg begonnen!", schreit er. „Wir werden sie jetzt wegblasen! Wir werden alle sterben, aber wir werden sie alle versenken. Wir werden unserer Marine keine Schande machen!" Und dann befiehlt er, den Atomtorpedo gefechtsbereit zu machen.

Verhandlungen sind nach Ansicht des Air-Force-Chefs Zeitverschwendung. Der General fordert von Kennedy so energisch den Angriff, dass der Präsident befürchtet, er könnte die Kontrolle über die Armee verlieren

Curtis LeMay

Dramatische Minuten in der Kommandozentrale, Diskussionen. Schließlich beruhigen der Erste Offizier und der Politoffizier den Kapitän wieder – und Sawizkij gibt auf.

Um 20.52 Uhr kommt „B-59" an die Oberfläche, direkt neben den Zerstörern, die das U-Boot mit Scheinwerfern anstrahlen. Doch niemand schießt, von Bord eines der US-Schiffe ist Jazzmusik zu hören.

„Benötigen sie Hilfe?", morst die Crew eines der Zerstörer per Signallampe.

„Nein", lässt Sawizkij antworten – und nur ein paar Männer an Bord der stählernen, stickigen Röhre wissen, dass ein paar Minuten zuvor fast der Atomkrieg ausgebrochen wäre.

28. Oktober, Weisses Haus, kurz nach 0.00 Uhr. Kennedy, deprimiert, diktiert identische Briefe an zwei Verbündete, Frankreichs Staatschef Charles de Gaulle und den deutschen Bundeskanzler Konrad Adenauer: „Die Situation wird immer angespannter. Und wenn wir von der anderen Seite nicht binnen der nächsten 48 Stunden befriedigende Antworten erhalten, wird die Situation wahrscheinlich in eine zunehmend militärische Phase eintreten."

Obwohl er übermüdet ist, kann er danach nicht schlafen. Mit einem Vertrauten sieht er sich einen Film an: Die romantische Komödie „Ein Herz und eine Krone", mit Audrey Hepburn und Gregory Peck.

Moskau, 12.00 Uhr (4.00 Uhr Washington). Der Generalsekretär hat die Mitglieder des Präsidiums in die Regierungsdatscha in einem Moskauer Vorort einbestellt.

„Um die Welt zu retten, müssen wir uns zurückziehen", ruft Chruschtschow. Er weiß seit diesem Morgen, dass eine U-2 abgeschossen worden ist. Der Krieg kann jeden Augenblick ausbrechen.

Da wird einer von Chruschtschows Mitarbeitern am Telefon verlangt: Ein Anruf vom Außenministerium, wo eben Dobrynins Bericht über sein abendliches Treffen mit Robert Kennedy eingegangen ist.

Der Mitarbeiter notiert alles, trägt es dann Chruschtschow und den anderen Genossen vor, muss alles wiederholen. „Es bleibt sehr wenig Zeit, um diese ganze Frage zu lösen", gibt er Kennedys Worte wieder, „die Ereignisse entwickeln sich zu schnell."

Der Generalsekretär, erleichtert, doch unter immensem Zeitdruck, erkennt die Chance, aus dem Konflikt zu entkommen und dabei sein Gesicht zu wahren: Er kann die Raketen zurückziehen und dafür den Abzug der US-Raketen aus der Türkei als Preis fordern.

„Die Sowjetregierung", diktiert er, „hat den Befehl gegeben, die Waffen, die sie für offensiv halten, abzubauen und sie in die Sowjetunion zurückzubringen."

Und damit keine Zeit verloren geht, rast ein Mitarbeiter von der Datscha zum Sender von Radio Moskau: Auch dieser Brief soll so schnell wie möglich über den Äther gehen.

Eines aber vergisst Chruschtschow in der Hektik nicht: In einem privaten Brief erinnert er Kennedy an den Türkei-Deal: „Ich habe das öffentlich nicht erwähnt, weil das Ihr Wunsch ist. Aber alle unsere Zusagen gelten nur vorbehaltlich Ihres Einverständnisses in der türkischen Frage."

Weisses Haus, kurz vor 9.00 Uhr. In seinem Schlafzimmer hat der Präsident der Vereinigten Staaten von Amerika, wie Millionen seiner Mitbürger auch, aus dem Radio erfahren, dass ein wichtiger Brief von Chruschtschow angekündigt worden ist. Mehr aber weiß auch Kennedy nicht.

Dann endlich kommt der Text – vorgelesen von einem Sprecher von Radio Moskau. Nach wenigen Minuten die erlösenden Worte vom Abbau der offensiven Waffen.

Kennedy entwirft eine Botschaft, die kurz darauf über Voice of America ausgestrahlt wird: „Ich begrüße die staatsmännische Entscheidung des Vorsitzenden Chruschtschow."

Die Kubakrise ist vorüber.

So endet, mit zwei Radioreden, in denen das Wort „Atomrakete" nicht einmal vorkommt, sowie mit einem geheimen, in keinem internationalen Vertrag geregelten zusätzlichen Versprechen, die „gefährlichste Krise in der Geschichte der Menschheit" (so ein Berater Kennedys).

Zwar bleibt noch bis zum 20. November 1962 die Alarmstufe DEFCON-2 bestehen. Zwar verlässt die letzte Atomrakete erst am ersten Weihnachtstag 1962 auf einem Frachter Kuba (die Sowjetunion zieht vorsichtshalber auch die taktischen Atomwaffen mit der kurzen Reichweite ab, von denen die Amerikaner ja nie etwas erfahren haben). Zwar wartet Kennedy tatsächlich einige Monate, bevor die Jupiter-Raketen demontiert werden (ohne dass die Regierung der Türkei ernsthaft protestiert).

Doch der Druck der Militärs, vor allem in Washington, auf jeden Fall einen Krieg zu beginnen, ist mit dem 28. Oktober 1962 schlagartig verschwunden.

Und die Gefahr, dass übernervöse Soldaten ohne Rücksprache mit ihren Hauptstädten Atomwaffen abfeuern, ist gebannt – eine Gefahr, die viel größer war, als sich das Kennedy und Chruschtschow je haben ausmalen können. Die Geschichte des Kommandanten von U-Boot „B-59" beispielsweise wird erst 40 Jahre später von einem der Augenzeugen an Bord enthüllt.

Trotz des enormen Glücks, das er in der Krise hat, sind diese zwei Wochen für Kennedy nicht nur die dramatischsten, sondern auch die souveränsten Tage seiner Präsidentschaft. Seine Berater, selbst sein brillanter Bruder Robert, haben oft innerhalb von Stunden ihre Meinung fundamental geändert. Seine Generäle wären sogar blind in einen Atomkrieg gestürzt – gleichgültig gegenüber den politischen Folgen ihres Vorgehens und ahnungslos, wie groß das sowjetische Arsenal auf Kuba wirklich war.

Kennedy aber, mit seinem Zögern, mit seinem Bemühen, Chruschtschow Raum für Verhandlungen zu gewähren, obwohl er den Mann für einen Lügner hält und ihm dessen Motive rätselhaft bleiben, hat beiden Seiten die Atempausen und die unkonventionellen Kontakte (über Agenten und Journalisten, mit geheimen, unprotokollierten Versprechen) verschafft, die notwendig waren, um einen Kompromiss auszuhandeln.

Er hatte die Autorität, seine schießwütigen Militärs, wenn auch mühsam, selbst in dramatischen Augenblicken wie nach dem Verlust der U-2 zurückzuhalten. Und er zeigte im richtigen Moment die Bereitschaft für einen Ausgleich sowie Mut und Geschick, einen unpopulären Beschluss in einem Moment höchster patriotischer Erregung und Kriegsfurcht durchzusetzen.

So wird die Kubakrise, in der zwei Männer die Welt an den Rand des Atomkrieges stoßen und dann wieder retten, schnell zur Legende. Wird die knapp abgewandte Katastrophe zum Mythos vom jungen, mutigen Präsidenten, der dem polternden Kremlherrn besonnen und unbeirrbar Einhalt gebietet.

Niemand spürt das besser als John F. Kennedy selbst. Noch am Abend des 28. Oktober 1962 sagt er zu seinem Bruder: „Ich sollte ins Theater gehen."

Ein finsterer Scherz, der auf das Ende des legendären US-Präsidenten Abraham Lincoln anspielt. Der hatte knapp 100 Jahre zuvor unter unendlichen Opfern den Amerikanischen Bürgerkrieg gewonnen. Und war endgültig zum Mythos geworden, als er kurz nach dem Sieg in einem Theater von einem Attentäter ermordet wurde. □

***Literaturtipp:** „The Presidential Recordings, John F. Kennedy, The Great Crises", Norton and Company: Die drei Bände enthalten die Protokolle aller heimlich von Kennedy aufgenommenen Beratungen – Dialoge aus dem Herzen des Weißen Hauses, besonders zur Kubakrise.*

Cay Rademacher, 44, ist der Geschäftsführende Redakteur von GEO*EPOCHE*.

Der *schöne* SCHEIN

VON JONATHAN STOCK UND JOACHIM TELGENBÜSCHER

Kunst ist abstrakt und ausdrucksvoll – diese Regel scheint unumstößlich im Amerika der späten 1950er Jahre. Bis junge Künstler dagegen rebellieren. Sie malen die Welt der Supermärkte und durchbrechen mit ihren Werken die Grenze zwischen Hochkultur und Trivialität. In hundertfacher Wiederholung ist selbst eine Suppendose jetzt: Pop Art

Der Rumpf explodiert, der Schleudersitz zündet, der Jet stürzt ab: Roy Lichtenstein macht aus übergroß kopierten Comic-Bildern begehrte Kunstwerke. **»Blam«** wird im November 1962 in der New Yorker Sidney Janis Gallery ausgestellt – zusammen mit (hier ebenfalls abgebildeten) Werken von Andy Warhol, Tom Wesselmann, James Rosenquist und Robert Indiana. Es ist der erste gemeinsame Auftritt der neuen Pop-Art-Künstler

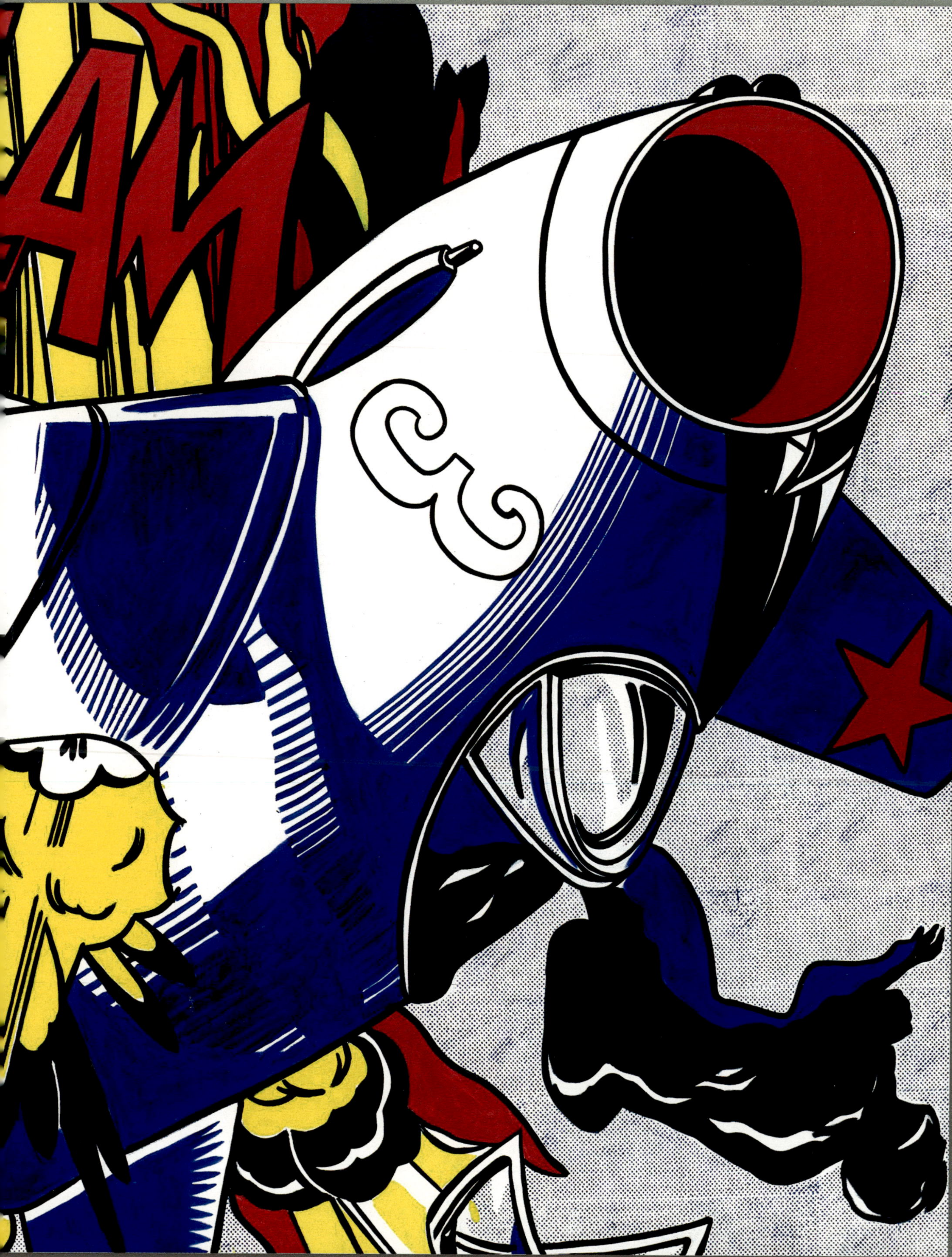

Tom Wesselmann (1931–2004) entdeckt nach erfolglosen Versuchen als abstrakter Maler sein Thema: die Erotik in der amerikanischen Massenkultur. Für seine »Großen amerikanischen Akte« montiert er gemalte nackte Frauen mit realen Gegenständen, etwa Vorhängen und Flaschen

Manhattan, 57th Street, 31. Oktober 1962. Ein paar Häuser von der Auslage von Tiffany & Co entfernt, New Yorks teuerstem Juwelier, hängt grell bemalte Unterwäsche im Fenster der Sidney Janis Gallery. Davor steht ein Mann.

Lange starrt er durch die Scheibe in den provisorisch ausgeleuchteten Raum unter den freiliegenden Sprinklerrohren, auf die in Gips getränkte Wäsche auf einem Gestell, auf die Bilder an den Wänden dahinter.

Willem de Kooning, 58, ist einer der berühmtesten lebenden Künstler der USA. Und er geht unbemerkt davon.

Mehrmals hat er in den vergangenen Jahren seine Werke in dieser Galerie ausgestellt – heute nicht. Heute drängen sich die Menschen dort stattdessen vor 200 gemalten Suppendosen, öffnen einen Kühlschrank, aus dem eine Sirene heult, und verbieten ihren Kindern, von täuschend echt wirkendem Schokoladenkuchen zu naschen.

Der Kritiker der „New York Times" hat schon seinen Rundgang gemacht, die reichen Sammler aus der Fifth Avenue sind gekommen – schließlich hat Sidney Janis eingeladen. Der frühere Vaudeville-Tänzer und Hemdenfabrikant ist der wichtigste Galerist Amerikas. Mehr als zehn Jahre lang hat er die Bilder der Abstrakten Expressionisten ausgestellt. Bilder wie die von de Kooning.

Heute zeigt er etwas Neues, und es ist das Gegenteil von abstrakt. „New Realists" nennt er die Schau. Es sind Arbeiten von Künstlern, die, ähnlich wie die Realisten des 19. Jahrhunderts, das Alltägliche zeigen. Doch im Gegensatz zu ihren Vorgängern lassen sich die modernen Maler nicht von Eisenwalzwerken, Beerdigungen oder Feldarbeit inspirieren.

Sie malen ein **Idyll**, wie es die Werbung verspricht

Sondern von der Konsumkultur des Supermarkts.

Im Eingang der Galerie hängt das in Öl gebannte Zahnpasta-Lächeln einer perfekten amerikanischen Ehegattin. Als Gemälde im Comicstil.

Das dunkle Haar weich gewellt, die Lippen rot geschminkt, das weiße Kragenbündchen gestärkt, schaut sie den Betrachter unter gezupften Augenbrauen an.

Nebenbei fährt sie mit ihrem Wischtuch über ein Kühlschrankgitter. Ganz Dame und doch Hausfrau. Jederzeit präsentabel für einen überraschenden Besuch oder den Ehemann.

Ein Idyll, wie es die Werbung verspricht. Gemalt von Roy Lichtenstein, einem Kunstdozenten aus New Jersey. Das Motiv hat er in einer Zeitungsanzeige entdeckt.

Ein paar Schritte weiter hängt das Bild „I Love You With My Ford", eine augenverwirrende Collage des früheren Plakatmalers James Rosenquist: Wie ein Karpfen glotzt der Kühlergrill eines Ford, Baujahr 1950, daraus hervor.

Aschgrau die Karosserie, weiß blitzt das Chrom. Auf Höhe der Stoßstange aber beginnt schon das nächste Motiv, das Profil einer Frau: Ihre Lippen, halb geöffnet, berühren fast das Ohrläppchen eines Männerkopfs.

Und dann Spaghetti. Dicke gelbe Fäden in einem Meer aus Tomatensauce, fettglänzend ohne Anfang und Ende.

An der Wand daneben das Bild der Konservendosen. 200 Stück, zehn Reihen, wie im Ladenregal gestapelt.

Der geschwungene Schriftzug nennt den Namen des größten Suppenherstellers der Welt: „Campbell's". Der junge Künstler hat sein Geld mit Schuhwer-

Malen nach Zahlen: Warhols **»Do It Yourself«** von 1962 verkündet, dass jeder ein Künstler sein kann

Andy Warhol (1928 bis 1987) hat ersten finanziellen Erfolg mit Werbezeichnungen für eine Schuhfirma. Der Sohn slowakischer Einwanderer verfolgt vor allem ein Ziel: berühmt zu werden. Er experimentiert mit Comics – den Durchbruch aber bringt ihm das Porträt einer Suppendose

Fast Food, Kaffee, Stahlwolle. Im ironischen **»Still Life #17«** montiert Wesselmann 1962 alles, was die Hausfrau zum Lächeln bringt

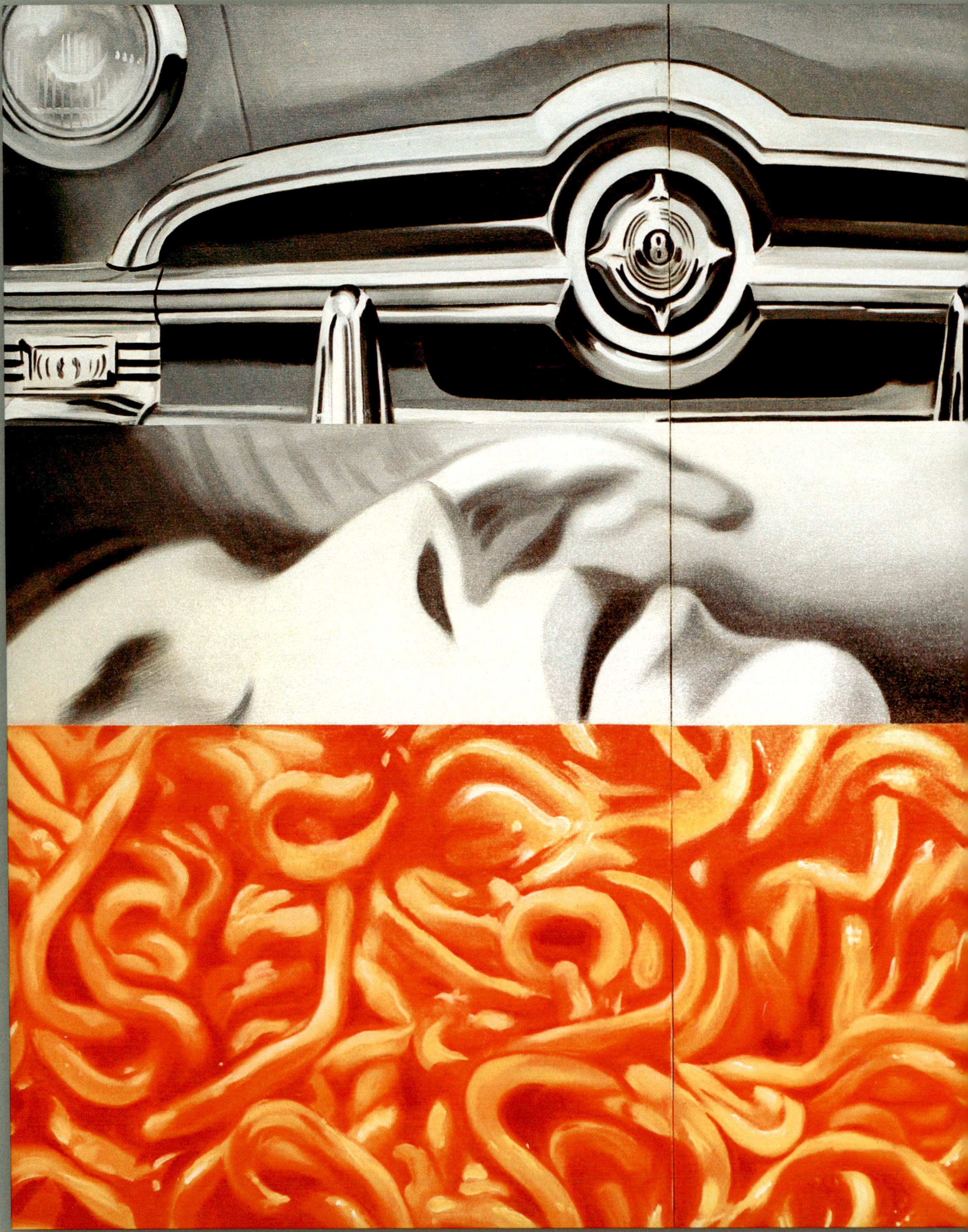

Auto, Kuss, Spaghetti prallen unvermittelt aufeinander. Rosenquist setzt Bilder wie **»I Love You With My Ford«** (1961) aus Einzelpanelen zu

sammen – wie einst als Plakatmaler

James Rosenquist (geb. 1933) ist der Handwerker unter den Pop-Artisten. Als Reklamemaler hat er gelernt, meterhohe Bilder von Filmstars, Whiskeyflaschen und Zigaretten auf Werbeflächen zu bringen. Diese Technik nutzt er nun für seine Kunst

bung verdient. Sein Name wird in der Galerie oft geflüstert: Andy Warhol.

Kühlschrank, Filmkuss, Fast Food. Die Besucher sehen es jeden Tag in der Küche, im Kino, im Supermarkt – aber zum ersten Mal sehen sie es als Kunst.

Der Stil der Werke ist ironisch, bunt, skandalös, und er braucht nur diese eine Ausstellung, um zum Erfolg zu werden. Noch kennen nur wenige die Namen der Künstler, doch bald sind sie die begehrtesten, die teuersten Amerikas.

Nur zehn Tage nach dem Ende der Schau widmet das legendäre New Yorker Museum of Modern Art der neuen Stilrichtung ein Symposium, auf dem sich ihr Name durchsetzt: Pop Art.

Bunt! Ironisch! Und **skandalös** realistisch

EIGENTLICH IST *pop* nur das englische Wort für „knallen". Doch Pop steht auch für populär, für den Zeitgeist einer Epoche, ohne die diese neue Kunst nicht denkbar ist. Einer Zeit, die geprägt wird von Werbeplakaten und Seifenopern, von Stars wie Marilyn Monroe und von Groschenheftchen, von Supermärkten und Fernsehgeräten.

Pop ist jung. Es ist die Sprache der Teenager und Baby-Boomer.

Abgeleitet von dem Begriff „Pop-Kultur", kursiert das Wort „Pop Art" seit Mitte der 1950er Jahre, später wird man den Kunstkritiker und Kurator Lawrence Alloway als Namensgeber feiern. Der neue Stil, der im Januar 1962 noch als Gerücht durch die New Yorker Intellektuellenszene geisterte, hat es zum Ende des Jahres ins MoMA geschaft, das bedeutendste Museum der Welt.

Und während die Abstrakten Expressionisten mehr als zehn Jahre warten mussten, bis sie die führende Kunstschule Amerikas wurden, sind die Werke der Pop-Künstler sofort Bestseller.

Aber wie war das möglich? Wieso schaffte Pop Art in wenigen Monaten, wofür andere Kunstrichtungen Jahrzehnte brauchten?

DER ERFOLG hat sich nicht angekündigt. Drei Jahre zuvor wirken die später weltberühmten Stars der Pop Art noch im Verborgenen.

Andy Warhol, 31, arbeitet als Illustrator. Roy Lichtenstein, 36, zeichnet Comics für seine Kinder ab. James Rosenquist, 26, pinselt Reklame auf Plakat- und Häuserwände.

Die drei kennen sich nicht, aber jeder von ihnen hat schon in der Werbung gearbeitet, jeder will Künstler werden, jeder will etwas anderes machen als die Großen der Szene, Männer wie Willem de Kooning. Nicht abstrakt malen, sondern konkret, je greller, desto besser.

Sie wollen ihre Lebenswelt begreifen, die Welt der Großstadt: Times Square und Cowboy-Filme, Comics und Duschvorhänge, Coca-Cola und Kühlschränke, Autos und Geld.

Vier Jahre lang hat der junge Andy Warhol Grafikdesign studiert. Er ist bleich, unauffällig, ein Nachtmensch. Nach dem Studium zieht er nach Manhattan, weil hier Amerikas größte Künstler malen, ausstellen und in der „Cedar Bar" auf ihre Erfolge anstoßen.

Der Sohn slowakischer Einwanderer dekoriert zunächst Schaufenster, illustriert Modemagazine, zeichnet Plattencover, Weihnachtskarten und Werbeanzeigen. Allein mit einer Schuhkampagne verdient er schließlich 50 000 Dollar, ein Vermögen.

Warhol arbeitet Tag und Nacht, hat wechselnde Affären mit jungen Männern, leidet unter Selbstzweifeln. Erfolg hat er nur mit dem, was seine Auftraggeber bei ihm bestellen.

Dabei will er echte Kunst schaffen, provozieren, zur Avantgarde gehören.

Robert Indiana (geb. 1928) findet seine Motive nicht im Supermarkt, sondern auf der Straße: Es sind die Nummern der Highways, die Autokennzeichen und die Firmenschilder, denen der Künstler eine eigene Magie zuspricht

Doch dafür muss ihm etwas Außergewöhnliches einfallen.

Er experimentiert mit Comics, kopiert „Dick Tracy"- und „Popeye"-Zeichnungen, merkt, dass ihm dafür das Talent fehlt. Da rät ihm eine Freundin, das zu malen, was er wirklich liebt.

Aber was liebt er schon? Dosensuppen, beschließt er – und das Geld, sie zu kaufen.

20 Jahre lang hat Warhol jeden Mittag eine Campbell's-Dose geöffnet, 1962 beginnt er, sie zu malen. Alle 32 Geschmacksrichtungen porträtiert er in seinem Atelier an der Upper East Side.

Warhol hat sein erstes großes Thema entdeckt: die Massenware aus dem Supermarktregal. Und sein wichtigstes Stilmittel: die Wiederholung.

Jenseits von Staten Island, fern von der Boheme, zu der Warhol gern gehören möchte, lebt der Familienvater und Dozent Roy Lichtenstein in Highland Park, New Jersey. Er lehrt Kunst an der Universität, studiert die Werke Picassos und versucht sich an abstrakten Gemälden – vergebens.

Seinen eigenen Stil findet er erst in den Comic-Heften seiner beiden Söhne. Er projiziert einzelne Motive an die Wand, zeichnet sie ab. Soldaten, weinende Frauen, Mickey Mouse, leicht verfremdet, auf das Wesentliche reduziert. „Der Unterschied zum Original ist nicht groß", sagt Lichtenstein, „aber entscheidend."

Mit Schablonen malt er dicke Rasterpunkte und kopiert so eine billige Drucktechnik. Nichts soll die Persönlichkeit des Künstlers verraten. Ein Motiv entnimmt er einem Kriegs-Comic: Ein auf dem Rücken fliegender Kampfjet der Roten Armee, am Rumpf getroffen. In der rot-gelben Explosionswolke reckt sich in roten Großbuchstaben das Wort „BLAM", während unten, nur als schwarzer Schatten erkennbar, der Pilot mit Schleudersitz aus dem Cockpit steigt.

Auch James Rosenquist hat Malerei studiert, der Berliner Dadaist George Grosz hat ihn unterrichtet, doch statt in Galerien auszustellen, gestaltet er riesige Werbeflächen, die sich über die Fassaden von Kinos, Hochhäusern und Theatern erstrecken. Er erlebt New York von oben. Braun gebrannt balanciert er auf schmalen Planken über dem Times Square. Wie ein Seemann an der Rahe, immer in Bewegung.

Er malt Cola-Flaschen, Badeanzüge, für einen Film das sieben Meter hohe Bild von Harry Belafonte, für einen anderen den dreieinhalb Meter hohen Kopf von Kirk Douglas – mitsamt dem Speichel auf den Zähnen. Einen halben Tag braucht er allein für die Wange eines Filmstars.

Ob ihm ein Motiv gelingt, erkennt er oft nur aus einer Distanz von drei Häuserblöcken. Journalisten nennen ihn „den Michelangelo der Reklametafeln", er male „die größten Bilder der Welt".

Bald arbeitet er mit einer Mannschaft von sechs bis acht Leuten tatsächlich an den größten Werbebildern Amerikas, manche 20 Meter hoch und 130 Meter breit. „Die Farbe troff mir aus den Achselhöhlen", wird er später sagen.

Die Abende verbringt er zu Hause, zeichnet und malt abstrakte Miniaturen. Doch schnell langweilen ihn de Kooning und die anderen Expressionisten mit ihren „idiotischen und romantischen" Farbspritzern. Er träumt davon, auf sein vierstöckiges Gerüst am Times Square zu klettern und alle Plakatmotive durcheinanderzubringen. Als er einem Kollegen davon erzählt, meint der: „Wenn du das machst, werden wir alle gefeuert."

Claes Oldenburg (geb. 1929) bildet anfangs am liebsten Essbares in Originalgröße nach. Später wird er zum Monumentalkünstler, der Alltagsgegenstände wie Lippenstift und Spitzhacke in grotesken Dimensionen schafft

Blaubeerkuchen, Bananensplit und ein kandierter Apfel: Die Fressfantasie **»Pastry Case«** von 1962 hat Oldenburg aus Gips gefertigt und mit Emaille bemalt

Bei **»Black Diamond American Dream Nr. 2«** beschränkt sich Indiana 1962 auf wenige Elemente und Signalfarben – ein Prinzip der Werbung

Rosenquist macht es trotzdem, daheim. Er malt Krawatten, Flaschenhälse und Kühlergrills in riesigen Fragmenten, die er neu kombiniert. So findet er seinen Stil. Als zwei Kollegen bei Stürzen vom Gerüst sterben, beendet er im Sommer 1960 die Reklamemalerei. Und mietet ein Atelier.

Ende Januar 1962 hat Rosenquist seine erste Einzelausstellung in Manhattan. Entdeckt hat ihn der Galerist Richard Bellamy, so wie viele andere Pop-Art-Künstler. Doch Bellamy fehlt das Talent, mit seinen Entdeckungen Geld zu verdienen: Er ist ein erstklassiger Kunstkenner, aber ein schlechter Verkäufer.

Ein anderer hingegen weiß, wie ein Trend zu vermarkten ist: Sidney Janis. Der Sohn eines Handlungsreisenden hat ein Vermögen mit Männerhemden gemacht, ehe er zum Galeristen wurde. Jetzt bringt er als Erster die Pop-Artisten zusammen.

An Halloween 1962 hängen bei ihm in der 57th Street Rosenquists Collagen neben Warhols Suppendosen und Lichtensteins explodierendem Kampfjet.

Am Abend der Ausstellungseröffnung feiern die drei Künstler gemeinsam mit Pop-Art-Kollegen wie Robert Indiana und Tom Wesselmann ihren Erfolg. Ein bekanntes Sammlerehepaar hat in sein Apartment an der Park Avenue geladen, nicht weit von der Galerie entfernt. Hausmädchen servieren Cocktails.

Beim Rundgang durch die Wohnung entdeckt Rosenquist überrascht eines seiner Bilder an der Wand sowie eines von Warhol – und Werke Picassos.

Spät am Abend erscheint ein neuer Gast: Willem de Kooning. Der „König der Leinwand" will jene Künstler kennenlernen, deren Werke er vor ein paar Stunden durch das Schaufenster der Janis Gallery gesehen hat. Aber der Hausherr weist ihn ab mit den Worten: „Oh, schön Sie zu sehen. Aber kommen Sie doch bitte ein anderes Mal."

De Kooning geht. Für Rosenquist ein Schock. „Die Kunstwelt hat sich wirklich verändert", denkt er in diesem Moment, wie er sich später erinnern wird.

Tatsächlich ist in New York etwas Revolutionäres entstanden. Es will Avantgarde sein, trifft aber den Massengeschmack.

Pop Art durchbricht die Grenze zwischen Hochkultur und Unterhaltung: Zum ersten Mal interessieren sich nicht nur Kunsthändler, einflussreiche Galeristen und Mäzene für einen neuen Stil, sondern auch normale Bürger. Denn Pop Art widmet sich vor allem ihrer Welt: dem Amerika des Nachkriegsbooms.

Die Ästhetik des **Supermarkts** wird zur Kunst

Konsum ist der große Gleichmacher. Warhol schreibt später: „Du kannst Fernsehwerbung für Coca-Cola sehen, und du weißt, dass der Präsident Cola trinkt, dass Liz Taylor Cola trinkt, und denk nur – auch du kannst Cola trinken. Cola ist Cola, und kein Geld der Welt kann dir eine bessere Cola verschaffen als die, die der Penner an der Ecke trinkt. Jede Cola ist gleich, und jede Cola ist gut."

Die aus Europa und Asien heimgekehrten Soldaten haben billige Kredite vom Staat bekommen und sich damit Häuschen in den Fließbandsiedlungen der Vorstädte gekauft. Jetzt holen sie all das nach, worauf sie so lange verzichten mussten, gründen Familien, machen Urlaub, bevölkern Freizeitparks und Supermärkte. Fernsehen und Werbung sorgen dafür, dass ihnen die Träume nicht ausgehen.

Und die Amerikaner träumen viel: von Reichtum, großen Wagen und viel Liebe. Von diesen Wünschen inspiriert, bedruckt Warhol eine Leinwand mit

Ganz Dame und doch Hausfrau – Lichtenstein malt 1962 mit **»Refrigerator«** die perfekte Gattin, so wie sie die Werbung verheißt

Roy Lichtenstein (1923–1997), einst US-Soldat im Zweiten Weltkrieg, wird mit Bildern nach Kriegs-Comics berühmt. Seine Vorlagen ändert er dabei nur geringfügig ab. Der Unterschied zum Original sei nicht groß, sagt er – aber entscheidend

80 Dollar-Scheinen. Rosenquist hält immer wieder Autos in seinen Bildern fest. Lichtenstein malt Comic-Küsse.

Die Pop-Art-Künstler spielen mit dem Überfluss, feiern Werbung und Alltagskultur „als die neue Kunst".

Aber ihre Sympathie zu den Konsumprodukten ist nicht ungetrübt.

Schon in den ersten Werken steckt auch Kritik. „Hinter diesem satirischen Angriff auf die Werbeindustrie stand der verletzte Schatten des gemeinen Mannes, der traurig sein After Shave benutzt und sich nach jeder Mahlzeit die Zähne putzt", schreibt der Kunstkritiker der „New York Times" über die Neuen Realisten in der Janis Gallery.

Die Bilder wirken dennoch – weil sie eben nicht nur Satire sind. Weil sie die Träume der Menschen ernst nehmen, sie überhöhen. Und weil die Pop-Art-Heroen verständlich malen, leicht konsumierbar und oft amüsant – etwa das halbfertig scheinende Blumen-Gemälde, das Warhol bei Sidney Janis zeigt.

Es heißt „Do It Yourself" und fordert das Publikum damit heraus, die weißen Flächen aufzufüllen – Malen nach Zahlen ist eines der neuen Hobbys, die die Mittelklasse in den Jahren zuvor für sich entdeckt hat.

Auch die vielen Neureichen, die jetzt zu Geld kommen, sind hungrig nach Kunst. Für sie ist ein Gemälde ein willkommenes Statussymbol, um sich abzugrenzen und guten Geschmack zu beweisen.

Der Erste, der im großen Stil Pop Art kauft, ist Robert Scull, der Taxi-König von New York. Im Esszimmer der Familie hängt wandfüllend Rosenquists „Silver Skies": eine Collage aus Autoreifen, einem Frauengesicht, dem Hals einer Cola-Flasche und dem Kopf einer Gans.

Davor, so ist es auf einem Foto zu sehen, sitzt Scull mit Frau und drei Söhnen beim Abendessen. Auf Polsterstühlen mit Plastiküberzug lassen sie sich von ihrem Hausmädchen bedienen. Es ist ein fließender Übergang vom Bild zur Realität.

„Das Schlimmste ist der Pop Art wohl von ihren Bewunderern zugefügt worden", erklärt Tom Wesselmann 1963. „Sie kommen mir allmählich wie die Anhänger eines Kultes der Sehnsucht vor, denn sie verehren Marilyn Monroe und Coca-Cola tatsächlich."

Tatsächlich aber verbindet die Künstler mit den Konsumprodukten eher eine „Hassliebe", so jedenfalls sagt es Roy Lichtenstein. Denn in der Pop Art steckt beides: Traum und Trauma, Aufbau und Verfall, Luxus und Verarmung, Fortschrittsgläubigkeit und Katastrophenangst.

»Amerika liegt im **Kern** jedes Pop-Werkes«

Doch diese bösen Anspielungen werden nur von wenigen erkannt. Auch die Künstler selbst verwirren ihr Publikum mit widersprüchlichen Aussagen – zuweilen durchaus mit Absicht.

Den Sammlern ist es gleichgültig: Sie wollen nicht interpretieren, sondern konsumieren.

Zum ersten Mal seit nahezu zwei Jahrzehnten geht auf dem amerikanischen Kunstmarkt die Nachfrage nach den Bildern der Abstrakten Expressionisten wie de Kooning oder Jackson Pollock zurück.

Die amerikanische Modezeitschrift „Vogue" präsentiert die Frühlingsmode des Jahres 1963 in einer Fotostrecke, die Werke aus der Janis-Ausstellung zeigt. Das Guggenheim-Museum kauft und zeigt Pop Art.

Dann reisen die Bilder nach Europa, auf die Biennale in Venedig und auf die Documenta in Kassel. Vor allem in Westdeutschland löst die Kunst eine große Resonanz aus.

Schnell ist die Pop Art etabliert. Und mit ihr die entsprechende Mode, die Eventkultur und die Popmusik.

Warhol gestaltet das Cover einer Fernsehzeitschrift, Designer verkaufen Pop-Art-Kleider aus Papier. Muster aus den Werken von Lichtenstein finden sich auf Unterwäsche wieder. Eine Galerie verkauft von Warhol signierte Dosensuppen für 6,50 Dollar das Stück.

Die Maler wenden sich schließlich anderen Dingen zu, dem Gesetz des Kunstmarkts folgend, der immer Neues verlangt. Lichtenstein hört auf, Comics zu malen, Rosenquists Gemälde werden wieder abstrakter, und Andy Warhol wird selbst zur Kunstfigur.

Die Bilder und ihre Beliebtheit aber bleiben. Die Kunst ist untrennbar verbunden mit der Anziehungskraft des amerikanischen Traums.

Für den Maler Robert Indiana ist Amerika und Pop schlicht das Gleiche, als er 1963 erklärt: „Amerika liegt im Kern jedes Pop-Werkes. Die Quelle ist der ‚Amerikasmus', dieses Phänomen, das jeden Kontinent überschwemmt, die Cola, das Auto, der Hamburger, die Jukebox. Es ist der amerikanische Mythos. Die beste aller möglichen Welten."

Doch während der Glaube an diese Welt mit dem Tod John F. Kennedys nachlässt, steigt der Wert der Pop-Werke weiter. 43 Jahre später, 2006, verkauft das Auktionshaus Christie's ein Warhol-Bild von der Campbell's-Dose mit zerrissenem Etikett für rund zwölf Millionen Dollar. Gemalt wurde es im Jahr der Ausstellung in der Sidney Janis Gallery, New York.

Das Bild kostete damals etwa 100 Dollar. Die Dose 19 Cent. □

Literaturtipps: *Tilman Osterwold, „Pop Art", Taschen: souveräne Studie über das Phänomen Pop Art und dessen wichtigste Künstler. Kenneth Goldsmith (Hrsg.), „Interviews mit Andy Warhol", Kurt Liebig: rebellisch und paradox wie Warhol selbst.*

Jonathan Stock, 26, und **Joachim Telgenbüscher**, 28, gehören zum aktuellen Jahrgang der Henri-Nannen-Journalistenschule in Hamburg.

Die Königin von Camelot

Nach dem Wahlsieg ihres Mannes lässt Jackie Kennedy den heruntergekommenen Amtssitz der amerikanischen Präsidenten glanzvoll restaurieren. Die First Lady bringt Politiker und amerikanische Geistesgrößen zusammen, arrangiert Künstlerabende und opulente Staatsbankette – und verwandelt das Weiße Haus in »Camelot«, ein mythisches Märchenschloss, in dem sich die Kennedys als perfekte und weltoffene Herrscherfamilie inszenieren

VON BIRGIT LAHANN

Im September 1961 ziert Jackie Kennedy das Titelbild der Illustrierten »Life«, die über die Umbaupläne der First Lady im Weißen Haus berichtet. Ihr Mann nennt den Regierungssitz bald »Camelot« – nach dem Schloss des sagenumwobenen Königs Artus, über den er als Kind gelesen hat

LIFE
The First Lady
SHE TELLS
HER PLANS
FOR THE
WHITE
HOUSE
SEPTEMBER 1 · 1961 · 20¢
®

Er liegt im Bett und liest. Er ist das Sorgenkind der Familie, zart und anfällig, häufig krank. Und so liegt der Junge oft wochenlang im Bett und liest. Liest Biografien, Geschichtsbücher, Abenteuerromane. Sein Held ist König Artus, dieser Musterritter mit Bildung und Kultur, der die Minne liebt, die Riesen erschlägt und den Armen und Schwachen hilft. Artus auf „Schloss Camelot".

30 Jahre später wird John F. Kennedy, der 35. Präsident der USA, das Weiße Haus „Camelot" nennen und selbst zum romantischen Helden eines besseren Amerika werden.

Am Abend vor seiner Vereidigung fegt ein Schneesturm über Washington. Kennedy wartet ungeduldig auf seine Frau. Die beiden sind zu einer Gala geladen, die Frank Sinatra arrangiert hat. 10 000 Gäste wollen ihr neues Traumpaar sehen und haben dafür jeweils 1000 Dollar Eintritt bezahlt.

Aber Jackies Coiffeur bastelt noch eine Stunde lang an ihrer Frisur herum, die für Wind und Flocken wetterfest fixiert werden muss. Dann erst ist die künftige First Lady bereit für die Show mit Ella Fitzgerald, Harry Belafonte, Leonard Bernstein, Bette Davis, Gene Kelly und Sir Laurence Olivier.

Um 23.00 Uhr gehen schließlich die Lichter aus – und Spot an für Sinatra! Der paraphrasiert für John F., den die Freunde Jack nennen, seinen alten Song „That old black magic" und singt: „That old Jack magic".

Das **ROTE ZIMMER** im ersten Stock richtet Jackie wie viele andere Räume im französischen Empirestil ein

Draußen rücken in dieser Nacht 3000 Mann mit Schneepflügen an, räumen Straßen und Gehwege frei und bringen das Eis auf den Promenaden mit Flammenwerfern der Armee zum Schmelzen. Die grüne Farbe, die Tage zuvor von Straßenarbeitern versprüht worden ist, schwimmt im Schmutzwasser davon.

Kein Potemkinscher Frühling also an diesem steinkalten 20. Januar 1961, an dem hoch oben auf dem Kapitol Kennedy bei wunderbarstem Wetter seinen Amtseid auf die Familienbibel ablegt. Die Sonne blendet so sehr, dass der 86-jährige Dichter Robert Frost sein Poem, das er zu Ehren Kennedys geschrieben hat, nicht mehr entziffern kann.

Es heißt darin, dass nun ein neues Augusteisches Zeitalter beginnen wird: „The glory of a next Augustan age …"

DIESES NEUE ZEITALTER beginnt tatsächlich am Abend der Inauguration. Dichter, Denker, Künstler und Wissenschaftler feiern die Krönung ihres Monarchen: Igor Strawinsky, Tennessee Williams, Ernest Hemingway, W. H. Auden, Arthur Miller und John Steinbeck, der eine moderne Fassung der Artus-Sage geschrieben hat. Und zwischen dem Geist Amerikas funkeln viele kleine Sternchen, die Sinatra und dessen Filmpartner Dean Martin und Sammy Davis jr. aus Hollywood angeschleppt haben.

Es ist geschafft! Joseph P. Kennedy hat seinen Sohn in die erste Reihe katapultiert. Hat ja all seinen Kindern von klein auf eingetrichtert: Ihr müsst die Besten sein. Er soll auch seiner Schwiegertochter Jahre vor der Präsidentschaft eine Million Dollar versprochen haben, wenn sie sich trotz Jacks ewiger Affären nicht von ihm trennt.

Joseph weiß, sie ist die ideale Frau für seinen Sohn. Schlank, elegant, mit besten Manieren. Hat in Washington studiert und an der Pariser Sorbonne. Kann über Kunst und Literatur reden. Spricht fließend Französisch und Spanisch. Eine Scheidung würde den Aufstieg des Katholiken Jack ins Weiße Haus bremsen, wenn nicht sogar verhindern.

Im Wahlkampf verkauft der Alte den Sohn dann wie Waschpulver. Jack hat Charme, ist souverän, selbstironisch, hat Witz. Die Medien reißen sich um ihn.

Ja, die Lust nach Glanz und Gloria ist groß in Amerika. Auch die geheime Sehnsucht nach einem König. Und sind die Kennedys nicht längst eine Dynastie? Jung, schön, reich, dynamisch und intelligent? So wird John F. Kennedy im Volksmund schon bald „King John I" genannt. Ihm würden seine Brüder folgen: erst Robert, dann Edward.

Und der Palast der Kennedys ist das Weiße Haus. Der Herrscher wird im Lincoln-Zimmer schlafen, seine junge Gemahlin im Queen's Room unterm blauen Baldachin. Getrennt. Wer weiß denn schon, dass sie längst kein Liebespaar mehr sind und John es vorzieht, mit Freudenmädchen ins Bett zu gehen.

Als die 31-jährige Jacqueline kurz nach der Wahl zum ersten Mal mit ihrer Privatsekretärin alle Zimmer des Weißen Hauses besichtigt, ist sie entsetzt. Schrott. Alles Schrott. Ungelüftete Räume, defekte Fenster und Toiletten, grausige Möbel, nur Chippendale und Imitation, düstere Teppiche, falsches Silber, und keine Bücherregale weit und breit.

„Hat Eisenhower nicht gelesen?", fragt sie. Und sagt zu John, das Weiße Haus sähe aus wie ein Billighotel, wie aus dem Versandhauskatalog.

Ihr Plan: Hier wird nicht renoviert, hier wird restauriert.

50 000 Dollar darf sie für die Privaträume ausgeben. Lächerlich. Die hat sie in einem Monat verbraucht! Die Eisenhowers waren ein älteres Ehepaar. Sie und ihr Mann dagegen sind jung und haben zwei Kinder. Die jetzigen Räume sind doch zum Fürchten.

Also gut, es gibt noch einen Regierungszuschlag von 125 000 Dollar. Dann ist aber Schluss.

Und wo, bitte schön, soll die „First Family" repräsentieren? Wo mit Gästen aus aller Welt speisen?

So muss ihr eben etwas einfallen. Sie gründet das „White House Fine Arts Committee", das sie beraten soll, verbannt die Schreckensmöbel von Truman und Eisenhower in den Keller, findet dort in Abstellkammern ein paar herrliche Stücke aus dem 19. Jahrhundert; der mächtige Kennedy-Schreibtisch für das Oval Office – ein Geschenk der britischen Queen Victoria an Präsident Rutherford B. Hayes – ist auch dabei.

Um den Glanz vergangener Tage zu erneuern, durchsucht Jackie Abstellkammern nach Möbeln und Accessoires – und findet unter anderem einen Kandelaber aus der Amtszeit James Monroes (1817–1825)

Künstler und Experten beraten die First Lady bei der Renovierung. Ab März 1961 hilft die 26-jährige Kuratorin Lorraine Waxman Pearce (am Telefon) Jackie bei der Auswahl kostbarer Bilder und antiker Möbel

Anfang 1962 präsentiert Jackie dem TV-Sender CBS News das Resultat ihrer Arbeit. »Eine Tour durch das Weiße Haus mit Mrs. John F. Kennedy« wird zur erfolgreichsten Dokumentation der Zeit

Sie bittet bei Reichen und bettelt bei Freunden, dankt für Leihgaben und geschenkte Antiquitäten, und Kennedy muss privates Geld dazugeben.

Das Resultat ist sehr französisch. Sehr elegant. Sehr luxuriös. Säle in Rot, Grün, Blau und Gelb. Bespannt mit Seidentapeten, belegt mit chinesischen und orientalischen Teppichen, belebt mit Büchern, behängt mit alten Spiegeln, Porträts und Genrebildern, auch mit Landschaften von Cézanne, und das alles wird beschienen von mildem Kerzenlicht aus Kandelabern und dem glamourösen Schein pompöser Kronleuchter.

Amerika hat sein Märchenschloss – Camelot. Und Kennedy hat seine Ritter der Tafelrunde auch beisammen. Ökonomen, Historiker, Publizisten und Juristen. Die besten des Landes: Robert McNamara, Paul Samuelson, Walt Rostow, Dean Rusk, Arthur M. Schlesinger jr. und Theodore Sorensen.

Sorensen ist die glücklichste Wahl in Kennedys Karriere. Ein brillanter Kopf, elf Jahre jünger und liberaler als sein Chef; hat schon dessen Reden als Senator von Massachusetts mit Zitaten und Anekdoten gespickt und füttert die Medien mit JFK-Artikeln, die er selbst verfasst. Die beiden sind wie ein tolles Ehepaar. Herr und Meister. Und Sorensen, der zum Alter Ego seines Herrn mutiert, telefoniert sogar problemlos als „Mr. Kennedy". So erschaffen die beiden den berühmten „Kennedy-Stil".

FÜR DEN ROMANTISCHEN Touch sorgt Jackie. Schon einen Monat nach ihrer Hochzeit, im Oktober 1953, reimt sie für ihren Mann: „Er streift durch die Dünen am weiten Strand / Und träumt von der Zukunft und seinem Land / Er soll dienen und führen in kommender Zeit. / Das ist seine Pflicht, und er ist bereit."

Sie ist auch bereit. Und auch sie erschafft einen neuen Stil. Den Jackie-Stil mit dem berühmten Hinterkopfhut und klassischer Luxusgarderobe. Aus Paris. Von Givenchy. Das kostet natürlich.

Einmal bekommt Kennedy Rechnungen über insgesamt 40 000 Dollar. Da ist er so ungehalten, dass er sie einem Kon-

1961 tritt der weltberühmte Cellist Pablo Casals im Weißen Haus auf. Für den Präsidenten sind solche Abende anstrengend: Weil er nie weiß, wann er klatschen darf, müssen seine Mitarbeiter ihm ein Zeichen geben

Die Kennedys stehen für ein weltoffenes Amerika. Im Juli 1961 besuchen Pakistans Regierungschef Mohammed Ayub Khan und seine Tochter das Paar (vor dem Landhaus George Washingtons, Mount Vernon)

Bei einer Parteiveranstaltung im Mai 1962 präsentieren Konditoren Kennedy eine Geburtstagstorte. Kaum jemand weiß, dass der erst 45-jährige Präsident schwerkrank und von Medikamenten abhängig ist

gressabgeordneten zeigt und fragt: „Was würden Sie machen, wenn Ihre Frau so etwas täte?"

Dabei muss ihm das doch ziemlich vertraut gewesen sein. Als sein Vater eine lange Liaison mit der Stummfilmaktrice Gloria Swanson hatte, fuhr seine Mutter regelmäßig nach Paris und staffierte sich reichlich mit Schmuck und Haute Couture aus. Und Vater zahlte.

Der zahlt auch jetzt für seine Schwiegertochter, die aus Staatsräson ihre Garderobe künftig von einem amerikanischen Modeschöpfer anfertigen lassen muss. Von Oleg Cassini. Auch ein Spezi des Alten. Hat früher als Kostümbildner in Hollywood gearbeitet und brachte zum Dinner mit Joe Kennedy immer Mädchen mit. Jetzt soll er für Jackie die PR-Maschinerie ankurbeln.

Doch die schreibt klipp und klar an Cassini, dass ihre Kleider keine Hauptrolle spielen sollen. Und schon gar nicht will sie in der Öffentlichkeit „als Marie Antoinette oder Josephine von 1960" dastehen. Und ohne ihre Einwilligung keine Informationen an die Presse. Und jedes Stück muss ein Unikat sein. Nicht, dass plötzlich „irgendeine kleine Dicke" mit den gleichen Sachen herumläuft.

Jede neue Robe wird in den People-Magazinen gefeiert. Ob nun der pinkfarbene Georgette-Traum, in dem sie den sowjetischen Parteichef Chruschtschow in Wien bezirzt, oder das blütenbestickte Seidengewand, das sie beim Bankett im Spiegelsaal von Versailles trägt.

Dort will sie natürlich Givenchy tragen, den Meister der Haute Couture. Und dem Prominenten-Coiffeur Alexandre hat sie schon Wochen zuvor per Botschaftskurier eine Locke ihres Haars überbringen lassen, um sich in Paris ganz entspannt bei ihm unter die Haube bringen zu lassen. Auf der Pressekonferenz stellt sich JFK denn auch als der Mann vor, der Jacqueline Kennedy nach Paris begleitet.

IN WASHINGTON ist es nicht anders. Nicht der Präsident, sondern seine Frau ist die Seele von Camelot. Jackie arrangiert die berühmten Künstlerabende im

Weißen Haus oder auf Mount Vernon, dem Landsitz, auf dem George Washington gelebt hat. Sie inszeniert, und der Präsident kommentiert wie immer schlagfertig.

Als am 29. April 1962 alle 49 US-Nobelpreisträger geladen sind, darunter Pearl S. Buck, John Dos Passos und Robert Oppenheimer, sagt er beim Toast zum Dinner: „Dies ist wohl die ungewöhnlichste Versammlung menschlichen Wissens, die je im Weißen Haus versammelt war – außer vielleicht, als Thomas Jefferson hier allein speiste."

René Verdon, der französische Chefkoch im Weißen Haus, darf an diesem Abend Luxus servieren. Nach einer feinen Mousse aus Meeresfrüchten mit krönenden Hummerstücken folgt des Küchenchefs berühmtes „Filet de Bœuf Wellington", benannt nach dem Sieger über Napoleon bei Waterloo. Dazu wird ein 1955er Château Mouton Rothschild und zum Dessert ein siebenjähriger Champagner eingeschenkt.

Über der Speisung der Intelligenzija liegt eine heitere, vergnügte Stimmung, heißt es später im Intelligenzlerblatt „New Yorker", weil zwischen den Gängen geraucht werden darf, was vor allem die Damen ausnutzen. Und das Embargo gegen Kuba scheint auch nicht recht zu funktionieren, denn zu Kaffee und Petits Fours lässt der Präsident das Aroma der illegalen Havanna durch den Raum wabern. Nach dem Essen wird zu Geigen-, Harfen- und Schifferklavierklängen getanzt, und die meist älteren Herrschaften schwenken ihre Frauen über den blanken Boden des Prachtsaals.

Der Schauspieler und Oscar-Preisträger Frederic March wird derweil von Jackies persönlicher Sekretärin in das obere Stockwerk geleitet, in das Zimmer mit dem Rosenholzbett von Abraham Lincoln. Dort soll sich March vor einem geplanten Auftritt noch ein wenig ausruhen. „In Lincolns Bett soll ich mich legen?", fragt der Schauspieler ungläubig. Aber ja, es sei Mrs. Kennedys ausdrücklicher Wunsch. Er möge nur die Schuhe ausziehen und die Decke nehmen. In einer knappen halben Stunde werde man ihn dann wieder holen.

Die First Lady hat eben einen Sinn für große Gesten und Symbole. Und so wird

Die Kennedys sind Meister der großen Gesten

für Frederic March die Zeit mit Lincolns Geist zu einer Sternstunde seines Lebens. Danach liest er dem Publikum einen noch unveröffentlichten Text des toten Nobelpreisträgers Ernest Hemingway vor. „Camelot", schreibt ein Publizist, „war das Opium der Intellektuellen."

Keine zwei Wochen später, am 11. Mai 1962, soll es ein Dinner für André Malraux geben, den französischen Staatsminister für kulturelle Angelegenheiten. Als Jackie die Gästeliste mit ihrer Sekretärin noch einmal durchgeht, kommt Jack dazu, blickt auf die Namen und sagt: „Wo sind die großen Amerikaner?"

Wie bitte? Da stehen sie doch: Thornton Wilder, Arthur Miller, Tennessee Williams, George Balanchine …

„Nein", sagt der Präsident. Er meine richtige große Amerikaner wie Charles Lindbergh. Der ist seit seinem Nonstop-Flug nach Paris von 1927 ein wirklicher Held, eine amerikanische Legende. Solche Gäste möchte er haben.

Und so wird denn gewirbelt, bis die überaus scheuen Lindberghs am Telefon sind und dem Werben des Präsidenten nicht widerstehen können.

Die beiden sind die Sensation des Abends. Und der nächste Coup wird von der First Lady und Malraux ausgebrütet: Der gibt tatsächlich seine Zustimmung, das berühmteste Bild der Welt nach Amerika auszuleihen, die „Mona Lisa".

Da geht ein Aufschrei des Entsetzens durch Frankreich: Was macht der Louvre solange mit der leeren Wand? Und kommt das Gemälde heil zurück?

Doch es hilft kein Protest. Die lächelnde Lady reist per Schiff und Luxusklasse in einer gepolsterten Kiste, die nicht untergehen kann. Präsident Kennedy persönlich eröffnet am 8. Januar 1963 in der Washingtoner Nationalgalerie vor 2000 Gästen eine der ungewöhnlichsten Ausstellungen überhaupt: mit nur einem Bild. Und seine Frau, in einer Robe aus altrosa Seide, wird lächelnd in Mona-Lisa-Haltung fotografiert.

Es sind tatsächlich glorreiche, ja triumphale 1036 Tage, in denen Jack und Jackie zu Popstars ihres Landes werden und das amerikanische Tor für den Rest der Welt weit öffnen: für König Hassan von Marokko, den Schah von Persien oder Fürst Rainier und Prinzessin Gracia Patrizia, die Kennedy in einem Badekappenhut anschmachtet.

Am Abend, nach den Staatsbanketten, heißt es dann: Bühne frei für Stars und Künstler. Die Kontakte knüpft Jackie beim Tee am Nachmittag. Und George Balanchine, Leiter des New York City Balletts, holt dann zum Dank das berühmteste Tanzduett, Margot Fonteyn und Rudolf Nurejew, ins Weiße Haus.

Oder Greta Garbo erzählt beim kleinen Dinner von Pablo Casals, dem gro-

Im **OSTZIMMER**, dem größten Saal des Amtssitzes, finden Konzerte und Theaterabende statt

ßen Cellisten, der nie mehr in den USA spielen will – einem Land, das den spanischen Diktator Franco anerkennt. Doch als die Kennedys den fast 85-Jährigen zu Hofe bitten, macht er eine Ausnahme, die zu einem der bewegendsten Abende im Weißen Haus wird.

Für den Präsidenten sind die Konzertabende mit Igor Strawinsky, Leonard Bernstein oder Isaac Stern eher anstrengend. Er mag lieber Musicals, „My Fair Lady" und natürlich „Camelot", mag auch den Twist-Sänger Chubby Checker und das „Rat Pack", die Rattenbande um Frank Sinatra, Dean Martin, und Sammy Davis jr. Bei Sonaten oder Symphonien weiß er nie, wann er klatschen darf. Tut es schon mal nach dem 1. oder 2. Satz, was ein bisschen peinlich ist. Also vereinbart man ein Zeichen: Wenn eine bestimmte Tür in seinem Blickwinkel geöffnet wird, darf er.

Die Kennedy-Jahre sind Aufbruch und Hochstimmung – unabhängig von der Politik, die der Präsident macht. Er ist der Held der jungen Generation, ist attraktiv, charmant, schlagfertig, ironisch, und mit jeder Pressekonferenz, die er vor laufender Kamera gibt, steigen seine Popularitätswerte.

Über diese rauschhaften Jahre wird später einmal der US-Autor Norman Mailer schreiben, ein scharfer Kritiker der amerikanischen Gesellschaft: „Eine Zeit lang dachten wir, das Land gehöre uns, jetzt gehört es wieder ihnen."

Ja, Schriftsteller und Journalisten schreiben das Hohe Lied auf ihren Präsidenten. Und Fotografen versetzt John F. Kennedy schon mal in Euphorie, wenn er für eine Reportage im Oval Office posiert. Da hockt, welch wunderbar arrangierter Zufall, John jr. unter dem Schreibtisch, während sein Vater lächelnd Akten studiert.

Im **OVAL OFFICE** steht ein Schreibtisch, den einst Queen Victoria einem US-Präsidenten schenkte

Das nächste Mal hält Caroline von Papas Telefon aus ein Schwätzchen mit Opa Joe. Und einmal fragt er seine Tochter: „Caroline, hast du Süßigkeiten genascht?" Das Kind schweigt.

„Caroline, hast du Süßigkeiten genascht? Antworte mit Ja, Nein oder Vielleicht!" Da jubelt natürlich jedes Journalistenherz.

Auch für sich selbst ist JFK um keine Antwort verlegen. Egal, ob er nun eine oder zwei Amtszeiten erleben werde, sagt er einmal, am Ende sei er in einem schwierigen Alter, „zu alt, um eine neue Karriere zu beginnen, und zu jung, um Memoiren zu schreiben".

Die werden Stück für Stück von Journalisten geschrieben. Schon zu Beginn seiner Amtszeit bringen die Illustrierten lange Reportagen. Da wird ein Mythos aufgebaut, JFK zum *workaholic* stilisiert, der von früh bis in die Nacht arbeitet. In Wahrheit vergehen oft viele Stunden, ehe Kennedy überhaupt zur Arbeit erscheint.

Es heißt, er putze Aktenberge nur so weg, weil er einen Kurs für Schnellleser absolviert habe. Da kann einer dann – bei Begabung – statt 250 Wörtern pro Minute 800 lesen. Der Präsident schaffe aber 1200, heißt es in „Life".

Das ist natürlich überirdisch, wird geglaubt und nachgedruckt. Der Magazinautor verrät später, 800 Wörter seien Kennedy zu wenig gewesen, also habe man sich auf 1200 geeinigt. Klingt einfach besser. Und weil JFK auch ein glänzender Schauspieler ist, nutzt er das Medium Fernsehen wie niemand vor ihm.

Niemand merkt, wie krank der Präsident ist. Schon als junger Mensch segelt er immer wieder scharf am Tod vorbei. Zweimal bekommt er die letzte Ölung. Und wie sarkastisch er mit seinem Zustand umgeht. Einmal schreibt er einem Klassenkameraden, dass die Ärzte nicht mehr weiterwissen und schon seine Sarggröße ausmessen.

Der Historiker Robert Dallek glaubt, dass Kennedy früh von dem Gefühl getrieben war, bald sterben zu müssen. Deshalb seine unstillbare Sucht nach Sex. Nicht, um ihn zu genießen, sondern um ihn hinter sich zu bringen – für den nächsten Akt.

Deshalb auch Jacks Sehnsucht, wie der große Lord Byron sein zu wollen, der ebenfalls glaubte, jung sterben zu müssen, und nach Frauen hungerte. Und der herrlich arrogante Satz des charismatischen Dichters: „Ich erwachte eines Morgens und fand mich berühmt", der wird ihm gefallen haben.

Wenn Kennedy morgens aufsteht, nimmt er die härtesten Pillen gegen Koliken, Rückenschmerzen, Blasen- und Prostata-Beschwerden, nimmt Testosteron, Hydrocortison, Antihistamine, Amphetamine, Antibiotika, Aufputschmittel, Codein und Methadon.

Er trägt ein Korsett, orthopädische Schuhe und geht hinter verschlossenen Türen oft an Krücken. Vor öffentlichen Auftritten bekommt er Novocain-Injektionen und tritt dann als strahlender Eroberer vor sein Publikum. Was hat Daddy Joe gepredigt? „Es kommt nicht darauf an, was du bist, sondern wofür dich die Leute halten."

Jack, schreibt Norman Mailer 1961, sei weder ein Gott noch ein Symbol, sondern eine Metapher: „Das bedeutet, Kennedy ist eher so etwas wie ein Held von ungewisser moralischer Größe."

UND DIESE UNGEWISSE moralische Größe wird in all ihrer Monstrosität erst Jahre später enthüllt. Wenn JFK auf Reisen ist und Reden hält, kommt am Abend die Belohnung. Nicht eine, nein zwei Edelnutten werden angeschleppt.

Der Sheriff von Seattle bringt sie eines Abends sogar höchstpersönlich bis zur Suite des Präsidenten. Und da schärft er den beiden noch ein: Kein Sterbenswort über diese Nacht, sonst geht's ab in die Psychiatrie! David Powers, Kennedys persönlicher Berater, bringt die beiden dann hinein. Gestattet den Bundesbeamten nicht einmal, in die Taschen der Mädchen zu gucken, wo ja Abhörgeräte, Pistolen, Messer oder Giftspritzen versteckt sein könnten.

Also stehen die Männer des *Secret Service* untätig vor der Tür, zittern zwei oder drei Stunden, bis die Spielchen in der warmen Wanne oder unter der Dusche beendet sind und die leichten Damen bezahlt und weggeschickt wer-

»King John I.« wird Kennedy von vielen Amerikanern genannt – weil er die öffentliche Lust auf Glanz und Gloria bedient. Hier bewundert ihn die monegassische Fürstin und vormalige Hollywood-Diva Grace Kelly

Am Vorabend von Kennedys Vereidigung im Januar 1961 arrangiert Frank Sinatra (oben links, mit Leonard Bernstein bei einer Probe) eine Gala mit Stars wie Ella Fitzgerald, Harry Belafonte und Gene Kelly

Der Präsident brauche eine »tägliche Sexdosis«, sagt ein Publizist über Kennedy. JFK lässt häufig Callgirls und Starlets ins Weiße Haus schleusen. Auch mit Marilyn Monroe (links) verbringt er eine Nacht

den. Aber auch dann ist es immer noch wie bei Shakespeare: Lebt der König drinnen noch, oder ist er tot?

Powers ist der Mann, der immer wieder für weiblichen Nachschub sorgt und die Mädchen mit einem „Hallo Kumpels“ frech an den verantwortlichen Agenten vorbeischleust. Auch ins Weiße Haus. Hollywood-Starlets werden von Kennedys Schwager, dem Schauspieler und Frauenverschleißer Peter Lawford, geliefert.

JFK schläft auch mit einer attraktiven Praktikantin, die im Pressebüro hospitiert, aber nicht mal tippen kann. Und amüsiert sich mit zwei lustigen Sekretärinnen, die im eigenen Haus natürlich immer verfügbar sind.

Das hoch bezahlte Callgirl Leslie Devereux erzählt von eher durchschnittlichem Sex, der bei späteren Begegnungen mit Kennedy dann etwas „extravaganter“ wird, mit Fesselungen am Bettpfosten und sanftem Sado-Masochismus. Erzählt auch, wie Mitarbeiterinnen des Weißen Hauses sie höflich distanziert in den kleinen Raum neben dem Oval Office bringen, als wäre sie der Außenminister. Erzählt schließlich, wie sie von einem Personenschützer in das Zimmer mit dem Rosenholzbett geführt wird. „Machen Sie sich’s gemütlich“, sagt er, „darin hat Abraham Lincoln geschlafen.“ Und nachdem ein Butler Champagner serviert hat, erscheint der Präsident.

Der hat auch längere Liebesbeziehungen. Jackies schöne und intelligente Freundin Mary Pinchot Meyer ist eine von ihnen. Sie bringt Marihuana mit und fragt vergnügt, wie es wohl wäre, wenn man *high* sei und den Atom-Knopf drücken müsste – und geht mit dem mächtigsten Mann der westlichen Welt wohl auch auf LSD-Reisen.

Jacks Liaison mit dem Party-Girl Judith Campbell Exner, die ihm sein Freund Frank Sinatra weitergereicht hat, beginnt schon zu Wahlkampfzeiten. Er schläft mit ihr, als Jackie mit dem zweiten Kind schwanger ist. Spätabends telefoniert er dann mit der Geliebten, will alles wissen von Sinatra und dessen

Die Kennedys am 20. Januar 1961 im Kapitol, kurz nach der Vereidigung. Ihre Beziehung ist zu dieser Zeit längst am Ende: Während sich JFK zahllosen Affären hingibt, unternimmt Jackie ausgedehnte Reisen

Kennedy, der arbeitsame Präsident und liebevolle Vater: Wie zufällig wirkt diese Aufnahme, die ihn mit seinem Sohn John jr. im Oval Office zeigt. Tatsächlich ist die Situation, wie vieles im Leben der »First Familiy«, inszeniert

Das Familienglück der Kennedys rührt Amerikas Herz. Denn John jr. und seine ältere Schwester Caroline (hier als Zweijährige mit ihrer Mutter) sind seit mehr als 50 Jahren die ersten kleinen Kinder im Weißen Haus

Frauen und was sie selbst den ganzen Tag über so macht.

Fragt auch, so erzählt Judith, ob sie für ihn ein Treffen mit Sam Giancana arrangieren könne. Natürlich kann sie, schließlich schläft sie ja auch mit dem mächtigen Mafia-Boss, der mindestens 200 Morde in Auftrag gegeben haben soll.

Aber weshalb will er ihn treffen? „Ich denke", soll Kennedy geantwortet haben, „er kann mir beim Wahlkampf helfen." Das Verhältnis mit der attraktiven Judy, die ein bisschen wie Elizabeth Taylor aussieht, dauert fast zwei Jahre.

Im März 1962 signalisiert dann FBI-Chef Edgar Hoover dem Präsidenten bei einem privaten Mittagessen im Weißen Haus, dass die Dame seit Jahren überwacht werde, er also über ihre Liaison mit dem Mafioso und dem Führer der „Freien Welt" informiert sei. Er deutet auf die Gefahren hin, die in diesem Dreieck lauern, auf Indiskretion und Erpressung. Da beendet Kennedy die fast verhängnisvolle Affäre noch am selben Tag.

Es gibt ja genug Nachschub. Und JFK braucht seine „tägliche Sexdosis", wie ein Publizist es ausdrückt. Wenn Jackie allein auf Reisen ist, wird mit ein paar Mädchen abends Party im Pool gefeiert. Der ist wegen Kennedys Rückenleiden immer auf 32 Grad geheizt. Es gibt Würstchen und Cocktails in der Kühlbox, und auf einen Knopfdruck wird es Mitternacht mit Mondenschein.

Nach so viel wechselndem Verkehr sagen sich die Secret-Service-Männer irgendwann: Okay, da schwimmen nackte Mädchen unterm Sternenhimmel im Swimmingpool, laufen auf den Gängen des Weißen Hauses herum oder flitzen aus den Aufzügen. Was soll's. Hauptsache, es passiert nichts.

Diese Regierung, soll Kennedys Alter Ego Ted Sorensen knapp und kess formuliert haben, tut für den Sex, was die

__Literaturtipps:__ Robert Dallek, „John F. Kennedy. Ein unvollendetes Leben", Fischer Taschenbuch: glänzend recherchierte und gut geschriebene Biografie. Seymour M. Hersh, „Kennedy. Das Ende einer Legende", Hoffmann und Campe: eine tendenziöse Studie über die dunklen Seiten des Präsidenten.

letzte unter dem Golf spielenden Dwight D. Eisenhower fürs Putten und Einlochen getan hat.

Und Marilyn Monroe? Was ist mit König Artus und der Königin des Kinos, die ihm bei der legendären Geburtstagsgala im Madison Square Garden am 19. Mai 1961 in einem Hauch von Nichts am Leib ihr hocherotisches „Happy Birthday" zuhaucht?

Ein paar Mal sind die beiden sich auf Dinnerpartys begegnet, doch nur einmal verbringen sie die Nacht miteinander. Das ist am 24. März 1962 in Bing Crosbys Haus in Palm Springs. Und da ruft Marilyn, unbefangen wie sie ist, vom Schlafzimmer aus ihren Physiotherapeuten an und will etwas über den langen Wadenmuskel wissen. Hat der Präsident einen Krampf? Jedenfalls greift auch der zum Hörer, fragt und dankt dann für einen guten Rat.

Ja, Marilyn erzählt ihren Freunden begeistert von dieser Nacht, aber nicht, weil das Erlebnis sie so beeindruckt hat, es geht dabei, wie sie sagt, eher um ihre eigene Geschichte „von dem armen kleinen Waisenkind, das sich in freier Liebe dem Führer der Freien Welt hingibt". Der kolportierte Rest mit Liebesnächten und Mordkomplott ist ein Märchen der Mythenmacher.

Natürlich bleibt das alles der First Lady nicht verborgen. Einmal wedelt sie verächtlich mit einem Slip vor ihrem Mann hin und her und sagt: „Könntest du wohl herausfinden, wem der gehört? Er hat nicht meine Größe."

Also fliegt sie fort, wann immer sie will. Schickt auch schon mal die „Air Force One" nach Palm Beach, um Schallplatten zu holen, die sie dort vergessen hat. Macht eine Goodwilltour nach Indien, und als US-Reporter sich darüber aufregen, dass Mrs. Kennedy in dem armen Land nur Haute Couture trägt, lässt sie ihren Pressesprecher sagen, das seien alles Secondhand-Sachen – basta. Zum Entsetzen ihres Mannes nimmt sie sogar gemeinsam mit ihrer Schwester Lee eine Einladung des griechischen Tankerkönigs Onassis zu einer Kreuzfahrt auf dessen Yacht „Christina" an.

Wenn sie dann wieder auf dem heimatlichen Flughafen landet, wird es dem Präsidenten umgehend gemeldet, damit die leichten Damen nicht Hals über Kopf aus Pool und Bett springen müssen. Doch Jackie kennt Jacks Obsession und dessen Vergnügen, „Blondinen zu knacken", wie er es nennt.

Jackie schweigt zeitlebens – für den Mythos

Also macht sie allein mit den Kindern Urlaub in Italien und dementiert das Gerücht nicht, sie hätte dort eine Affäre mit Fiat-Boss Gianni Agnelli. „Etwas mehr Caroline und weniger Agnelli", telegrafiert ihr Mann verärgert aus dem Weißen Haus.

In Washington entzieht sie sich immer wieder dem Protokoll. Sie müsse „all diese Präsidenten aus den Bananenrepubliken" nicht begrüßen, sagt sie. Könige und Königinnen – ja, in Ordnung. Die restlichen Aufgaben aber können an die Frau des Vizepräsidenten weitergereicht werden. Soll die das machen.

Jackie sonnt sich derweil in Palm Beach, reitet mit den Kindern auf ihrem Landsitz Glen Ora, wird mit dem Astronauten John Glenn beim Wasserski fotografiert. Und im Fernsehen überlegen Journalisten, ob sie ihre Spätnachrichten nicht mit dem Satz beenden wollen: „Gute Nacht, Mrs. Kennedy, wo immer Sie sein mögen." Nein, im Traumschloss Camelot wohnt keine Traumfamilie.

Und doch ist es Jackie, die nach den Schüssen von Dallas den tiefen Riss kittet. Für den Mythos. Keine Kritik nach außen. Keine Enthüllungen. Sie lässt noch in der Mordnacht vom 22. auf den 23. November 1963 Mitarbeiter die Kongressbibliothek in Washington nach Berichten darüber durchstöbern, wie einst der Märtyrer Abraham Lincoln beerdigt wurde. Denn so soll auch der Märtyrer Kennedy beigesetzt werden.

Pferde sollen den Sarg ziehen. Und Trommler sollen ihn begleiten. Und sie ermuntert ihren Sohn John jr., vor dem Sarg seines Vaters zu salutieren, wie es die Marines tun. Sie weiß um die Macht dieses Bildes, das um die Welt gehen wird. Auch die ewige Flamme auf Jacks Grab ist ihre Idee. An die Sekretärin ihres Mannes schreibt sie: „Es wird nie wieder ein Camelot geben."

Und einem Journalisten vom „Life"-Magazin erzählt sie, dass sie oft abends mit ihrem Mann zusammengesessen und das Musical „Camelot" gehört habe.

Das Lied, das er so sehr liebte, kam ganz am Ende der Schallplatte, sagt sie. Darin wird dieser besondere Ort aus der Artus-Sage besungen, der für einen flüchtigen Augenblick alles erhellte.

Für ihren Jack sei das ein magischer Moment gewesen: „Don't let it be forgot / That once there was a spot / For one brief shining moment / That was known as Camelot." □

Birgit Lahann ist Journalistin und Buchautorin in Hamburg.

Für das **SCHLAFZIMMER** wählt die First Lady Gardinen und Stoffe, die sie an ihr altes Zuhause in Georgetown erinnern

Der Traum *des* Predi

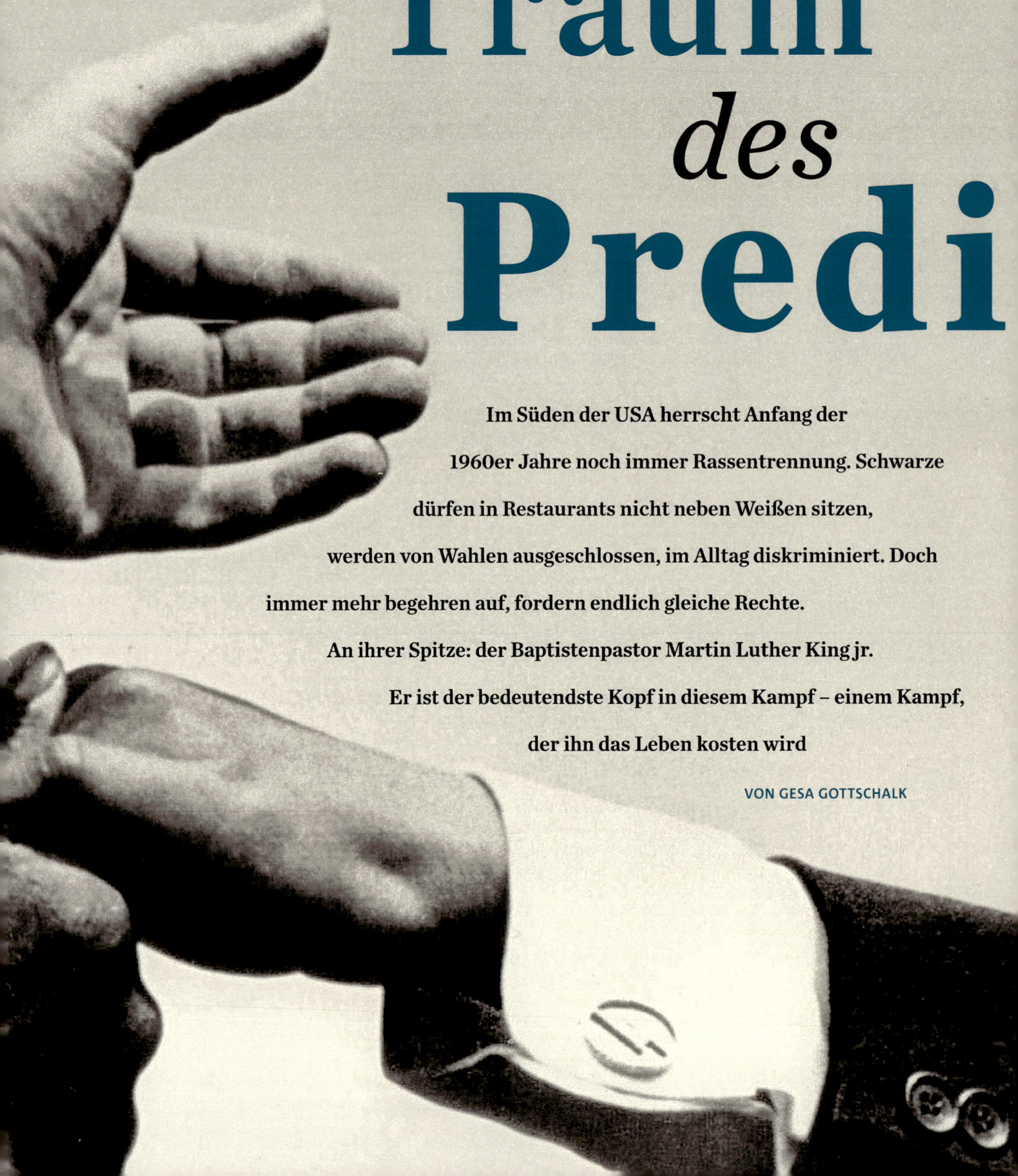

Im Süden der USA herrscht Anfang der 1960er Jahre noch immer Rassentrennung. Schwarze dürfen in Restaurants nicht neben Weißen sitzen, werden von Wahlen ausgeschlossen, im Alltag diskriminiert. Doch immer mehr begehren auf, fordern endlich gleiche Rechte. An ihrer Spitze: der Baptistenpastor Martin Luther King jr. Er ist der bedeutendste Kopf in diesem Kampf – einem Kampf, der ihn das Leben kosten wird

VON GESA GOTTSCHALK

gers

Mit anderen Bürgerrechtlern ruft Martin Luther King jr. im August 1963 zum »Marsch auf Washington« auf: zur bis dahin größten Demonstration in der US-Hauptstadt

Die Menschen drängen sich auf dem Platz vor dem Lincoln Memorial, dem Denkmal für den 16. US-Präsidenten und Vorkämpfer für die Befreiung der Schwarzen aus der Sklaverei. Zu Zehntausenden sind sie einem Aufruf zum „March on Washington for Jobs and Freedom" gefolgt, um an diesem Tag, dem 28. August 1963, für Arbeit und gleiche Rechte aller Bürger der USA zu demonstrieren.

Singend sind sie aus den Sonderzügen gestiegen, aus den Bussen. Ältere schwarze Männer im Sonntagszwirn. Weiße Studenten in T-Shirts. Auch Bühnen- und Filmstars wie Josephine Baker, Marlon Brando, Burt Lancaster und Charlton Heston sind gekommen sowie viele Abgeordnete des US-Kongresses.

Eine Viertelmillion Menschen, Schwarze und Weiße, haben sich zur größten Demonstration versammelt, die Washington je erlebt hat.

Die Regierung und viele Bürger fürchten um Sicherheit und Ordnung. Der Verkauf von Alkohol ist an diesem strahlenden Augusttag verboten. 4000 Soldaten stehen in den Vororten bereit, 15 000 Fallschirmspringer können sofort in Bewegung gesetzt werden.

Doch die Demonstranten bleiben friedlich. Während die Luft immer schwüler wird; während Bob Dylan singt und Mahalia Jackson; während all der Reden, der Forderungen nach Freiheit.

Dann tritt der letzte Redner vor. Der Mann, auf den alle gewartet haben: Pastor Martin Luther King jr.

Der bedeutendste Anführer der schwarzen Bürgerrechtsbewegung. Ein charismatischer Redner, der von vielen als afroamerikanischer Moses verehrt wird, gleichzeitig aber ein heimlicher Sünder mit zahllosen Affären ist. Den die einen als gefährlichen Radikalen ablehnen und die anderen als harmlosen Onkel Tom. Der Prediger des gewaltfreien Widerstands, der ohne die brutalen Exzesse seiner Gegner nichts erreicht hätte.

Endlich setzt der zukünftige Märtyrer des schwarzen Amerikas, der von einem Angriff eine kreuzförmige Narbe über dem Herzen trägt, zu seiner Rede an. Einer Rede, die ihn unsterblich machen wird.

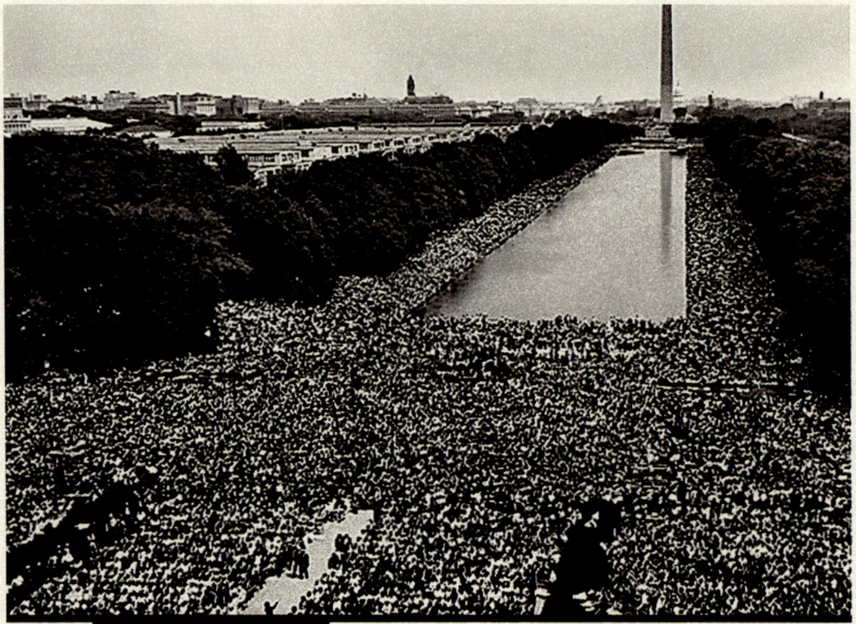

• • •
Vor 250 000 Menschen hält King am 28. August 1963 vor dem Lincoln Memorial in Washington D. C. seine berühmte Rede: »I Have a Dream«
• • •

100 JAHRE SIND VERGANGEN, seit Abraham Lincoln mit seiner „Emanzipationserklärung" begann, die Sklaven im Süden Amerikas zu befreien. Zuvor hatten sich elf Südstaaten, darunter Mississippi, Georgia, Alabama, von den USA abgespalten und 1861 als „Konföderierte Staaten von Amerika" zusammengeschlossen – aus Protest gegen die sklavereifeindliche Haltung vieler der 23 Nordstaaten. 19 von ihnen hatten bereits ihre Sklaven freigelassen.

In dem darauf folgenden Bruderkrieg kämpfte eine Union dieser 19 Nordstaaten für die Einheit der USA – und ab 1863 auch für das Ende der Sklavenhaltung in den Südstaaten. Zwei Jahre später ging der Amerikanische Bürgerkrieg mit einem Sieg der Union über die Konföderierten zu Ende; mehr als 600 000 Menschen waren gefallen.

Mehrere Zusatzartikel zur Verfassung erklärten die Sklaverei anschließend in den gesamten USA für beendet. Sie sicherten den Schwarzen Bürgerrechte zu und schrieben fest, dass niemand wegen seiner Hautfarbe von Wahlen ferngehalten werden dürfe.

Neun von zehn Afroamerikanern lebten zu jener Zeit als Sklaven auf den Plantagen der Südstaaten. Doch frei wurden sie nur nach dem Verfassungstext – tatsächlich aber blieben sie abhängig von den Familien, denen sie zuvor als Unfreie gedient hatten, verdingten sich als billige Arbeiter auf den gleichen Baumwollfeldern, auf denen sie zuvor schon geschuftet hatten.

Und die Südstaatler unterdrückten die Schwarzen weiterhin. Ungehindert vom Obersten Gerichtshof, erließen sie Gesetze, die fast jeden Kontakt zwischen Schwarz und Weiß verhinderten. Der Grundsatz „separate but equal", „getrennt, aber gleich", wurde zum rechtlichen Fundament der Rassentrennung.

Und weil die Verfassung nur verbot, *Wähler* wegen ihrer Hautfarbe zu diskriminieren, erfanden sie neue Hürden: etwa eine Wahlsteuer, einen Lesetest.

Diese „Jim-Crow-Gesetze", benannt nach einem afroamerikanischen Charakter in rassistischen Musikshows, bestimmen das Leben der Schwarzen im Süden auch noch fast 100 Jahre später: Ihre Kinder werden in Krankenhäusern für Schwarze geboren, gehen in Schulen für Schwarze, schaukeln auf Spielplätzen für Schwarze. Die Nachfahren der Sklaven dürfen im Süden nicht die

• • •

King unter den Demonstranten von Washington, die Gleichberechtigung fordern – und Jobs: Die Arbeitslosenquote ist unter Schwarzen doppelt so hoch wie unter Weißen

• • •

gleichen Toiletten benutzen wie Weiße, nicht die gleichen Trinkbrunnen, nicht die gleichen Ankleideräume.

Sie dürfen ihren Kaffee nicht dort bestellen, wo die Weißen ihn trinken. Sie werden in anderen Bestattungsinstituten aufgebahrt, auf anderen Friedhöfen begraben, ihr Tod wird in einem anderen Teil der Zeitung bekannt gegeben. Ihre Schulen sind schlechter ausgestattet, und nur die Toiletten für Weiße unterscheiden zwischen „Damen" und „Herren". Den Frauen verwehren Händler die höfliche Anrede „Mrs.", die Männer werden in jedem Alter „boy" genannt.

Das sind die Umstände, unter denen der am 15. Januar 1929 in Atlanta, Georgia, geborene Michael King jr. aufwächst.

Sein Vater und einer der Großväter sind Baptistenprediger, und nach einem Besuch in Europa gibt der Vater sich und seinem fünfjährigen Sohn den Vor- und Nachnamen des großen deutschen Reformators aus Wittenberg.

Martin Luther King jr. ist ein ausgezeichneter Schüler. Er will Anwalt werden oder Arzt. Doch am Morehouse College trifft er Theologen, die das Amt des Pastors als soziale Arbeit verstehen und anspruchsvolle Predigten halten. Und so folgt er doch dem Beispiel des Vaters.

Die erste Stelle als Pastor tritt er kurz nach seiner Hochzeit im September 1954 an: in der Dexter Avenue Baptist Church in Montgomery, Alabama.

Die Zeiten sind schwer. Etwa vier Millionen Schwarze haben seit 1910 die Südstaaten verlassen und sind in die Industriestädte im Norden gezogen: Der Konflikt zwischen Schwarz und Weiß ist längst ein nationales Problem.

Doch kurz vor Kings erster Predigt in Montgomery hat das Verfassungsgericht der USA, der Supreme Court, mit einem Urteil den Rechtsgrundsatz „getrennt, aber gleich" infrage gestellt.

Es hat entschieden, dass es gegen die Verfassung verstößt, wenn ein schwarzes Mädchen täglich eine Meile mit dem Bus zu einer Schule für Schwarze fahren muss, statt die Grundschule für weiße Kinder in ihrer Nachbarschaft zu besuchen.

Vorangetrieben hat die Musterklage die „National Association for the Advancement of Colored People", eine schwarze Bürgerrechtsorganisation. Sie setzt auf Veränderung durch Gesetze und Richtersprüche.

Aber auch nach diesem Sieg vor dem Supreme Court ändert sich wenig in den Schulen des Südens.

Im Gegenteil: Weiße Schläger beleben den „Ku-Klux-Klan" wieder, einen rassistischen Geheimbund, der sich 1944 offiziell aufgelöst hat. Einige Staaten erlassen Gesetze gegen die Bürgerrechtsbewegung; so können Lehrer und Beamte ihre Stelle verlieren, wenn sie in der NAACP mitarbeiten.

80 Prozent der Weißen im Süden sind dagegen, dass ihre Kinder mit Schwarzen zur Schule gehen. Demonstranten stehen vor jenen Schulen, die Afroamerikaner zulassen. Sie beschimpfen Kinder als Nigger, schwenken eine schwarze Babypuppe in einem Sarg.

AUCH IN MONTGOMERY, Alabama, ist nichts zu spüren von dem ersten Sieg gegen die Rassentrennung. Zum einen setzen die Südstaaten das Urteil des Supreme Court nur schleppend um, zum anderen halten sie an allen anderen Ungerechtigkeiten fest, gegen die noch keiner geklagt hat.

> Vor **Gericht** gewinnen die Schwarzen – auf den **Straßen** vorerst nicht

Und die Afroamerikaner in der Stadt Montgomery spüren, wann immer sie in einen Bus steigen: Die Montgomery City Line hat die vorderen Reihen für Weiße reserviert, die hinteren sind für Schwarze vorgesehen. Dazwischen liegen „neutrale" Reihen – hier dürfen Afroamerikaner sitzen, solange kein Weißer stehen muss.

Überall im Süden stößt der Protest gegen die Rassentrennung auf Widerstand. In Anniston, Alabama, zünden Weiße 1961 einen Bus an, in dem Bürgerrechtler reisen

Am 1. Dezember 1955 sitzt Rosa Parks auf einem dieser Plätze, eine NAACP-Aktivistin. Die Näherin fährt nach einem schweren Arbeitstag nach Hause. Der Bus füllt sich, weiße Männer stehen im Gang. Der Fahrer befiehlt Parks aufzustehen. Sie bleibt sitzen. Der Fahrer ruft die Polizei. Rosa Parks wird verhaftet.

Als die NAACP davon hört, überreden die Bürgerrechtler sie zu einer Musterklage. Die soll das Busunternehmen zwingen, alle Fahrgäste gleich zu behandeln. Rosa Parks, würdevoll, arbeitsam, verheiratet, ist das perfekte Gesicht für diesen Protest.

Der Widerstand wird von den Gemeinden unterstützt, Kirchen sind die Versammlungsorte. Damit der Kampf über den ersten Protest hinausgeht, braucht die NAACP die Unterstützung der schwarzen Geistlichen. Und einen Anführer, der das schwarze Montgomery vereinen kann: einen intelligenten, redegewandten Pastor. Sie finden ihn in Martin Luther King jr.

Rosa Parks wird am 5. Dezember 1955 wegen Verletzung der Rassentrennung verurteilt. Ihre afroamerikanischen Mitbürger boykottieren daraufhin die Busse. Sie gehen zu Fuß, benutzen Sammeltaxis. Mehr als 150 Schwarze stellen ihre Autos zur Verfügung.

Anfang Januar 1956, knapp zwei Monate nach dem Urteil, wird King verhaftet – angeblich ist er zu schnell gefahren. Kurz darauf zerfetzt eine Bombe die Veranda seines Hauses, Glas splittert, Rauch dringt in die Wohnräume. King spricht gerade auf einer Kundgebung, seine Frau und ihr Baby bleiben unverletzt. Als sich bewaffnete schwarze Demonstranten und Polizisten an diesem Abend vor seinem Haus gegenüberstehen, findet King Worte, die den Weg der Bürgerrechtsbewegung vorzeichnen.

„Legt eure Waffen weg", sagt er, „wir wollen unsere Feinde lieben. Wir müssen unsere weißen Brüder lieben, egal, was sie uns antun."

Bereits im College hat Martin Luther King die Schriften von Mahatma Gandhi gelesen und die des amerikanischen Philosophen Henry David Thoreau über zivilen Ungehorsam. Er hat ihre Gedanken mit der Bergpredigt verbunden und in seinen Reden von Gewaltfreiheit gesprochen. Jetzt beweist er, dass er seine Worte ernst meint.

Sein Vater aber ist weniger überzeugt. „Bist du Gandhi?", fragt er den Sohn, „die Briten haben ihn ins Gefängnis geworfen. Die Leute aus Alabama und Mississippi werden dich totschießen."

Doch King lässt sich nicht abhalten. Der Montgomery City Line fehlen durch den Boykott drei Viertel ihrer Kunden. Als die Stadt wegen Geschäftsbehinderung Haftbefehl gegen King und 100 weitere Boykotteure erwirkt, geht der Pastor ins Gefängnis, umjubelt von seinen Anhängern. Zeitungen drucken die Fotos. Er ist zum Symbol der Bewegung geworden.

Und Mitte November 1956 entscheidet der Supreme Court, dass die Trennung von Schwarz und Weiß in Montgomerys Bussen nicht zulässig ist. Gut einen Monat später heben die Verkehrsbetriebe der Stadt die Rassentrennung nach 382 Tagen des Boykotts auf.

DUTZENDE SCHWARZE Gemeinden im Süden nehmen sich ein Beispiel an Montgomery. King gründet mit anderen Aktivisten eine neue Organisation, die „Southern Christian Leadership Conference", um den Kampf lokaler Bürgerrechtsorganisationen in den Südstaaten zu koordinieren. Die Mitglieder wählen ihn zum Präsidenten.

Kings Reden, diese Kombination aus Predigt und Kampfansage, inspirieren eine Generation junger Schwarzer, vor allem Studenten. Überall im Süden beginnen sie im Frühjahr 1960 mit „Sit-ins": Sie setzen sich an Tresen, an denen nur Weiße bedient werden, bleiben einige Stunden und kommen täglich wieder – oft wochenlang.

Gäste bewerfen sie mit Pommes frites und Kaugummis, drücken Zigaretten auf ihren Rücken aus. Die Polizei verhaftet die friedlich Protestierenden wegen Hausfriedensbruchs. Die Studenten wehren sich nicht.

Von Trainern einer Bürgerrechtsorganisation lernen sie Sicherheitsmaßnahmen: „Um den Schädel zu schützen, faltet die Hände über dem Kopf. Um eine Entstellung des Gesichts zu verhindern, presst die Ellbogen vor den Augen zusammen. Für Mädchen, um innere Verletzungen durch Tritte zu verhindern, legt euch auf die Seite und zieht die Knie zum Kinn hoch; für Jungs, kniet euch hin und krümmt euch zusammen, schützt dabei Gesicht und Schädel."

Zehntausende beteiligen sich, auch Martin Luther King. Er ist umhergereist, um Geld und Unterstützer zu werben. Doch einen ähnlichen Erfolg wie den Montgomery-Boykott hat er noch nicht wieder erzielt. Jetzt ist er begeistert von den Studenten, lobt deren Mut und setzt sich mit ihnen an „weiße“ Tresen.

Immer wieder macht die Bewegung Schlagzeilen. Auch 1960, im Jahr der Präsidentschaftswahl. „Es gehört zur amerikanischen Tradition, für seine Rechte aufzustehen“, sagt John F. Kennedy, „auch wenn man sich neuerdings dazu hinsetzen muss.“ Der Demokrat muss die Schwarzen für sich gewinnen. Zuletzt haben viele Nachfahren der Sklaven für die Republikaner gestimmt, die Partei Abraham Lincolns.

Nach Kennedys Amtsantritt im Januar 1961 aber zeigt sich, dass die Diskriminierungen im Süden den Millionärssohn aus Massachusetts nur wenig beschäftigen. Gleich in der ersten Woche seiner Präsidentschaft beschweren sich afrikanische Diplomaten, dass sie auf Autofahrten in den Restaurants am Weg nicht bedient werden.

„Kannst du ihnen nicht sagen, das nicht zu tun?“, fragt Kennedy seinen Protokollchef. Dieser beginnt eine Erklärung, er versuche ja bereits, die Restaurantbesitzer zu überzeugen.

Da unterbricht ihn der Präsident und sagt: „Das meine ich nicht. Kannst du ihnen nicht einfach sagen, dass sie fliegen sollen?“

In Birmingham, Alabama, jagen Polizisten im Mai 1963 ihre Hunde auf schwarze Demonstranten wie diesen 17-Jährigen

Kennedy sorgt sich bereits um seine Wiederwahl: Er ist auf das Wohlwollen seiner Parteikollegen aus dem Süden angewiesen, und viele von denen halten wenig von den Versprechen, die er den Schwarzen im Wahlkampf gegeben hat.

Um sie zu versöhnen, ernennt er bekannte Befürworter der Rassentrennung zu Richtern – auf Lebenszeit. Und obwohl er im Wahlkampf versprochen hat, im staatlichen Wohnungsbau könne die Diskriminierung rasch aufgehoben werden, tut er nichts.

Die Bürgerrechtler fühlen sich verraten und planen neue Aktionen. Diesmal wollen sie als *freedom riders* mit einer „Fahrt für die Freiheit“ auf gesetzeswidrige Rassendiskriminierung im Fernreiseverkehr aufmerksam machen und den Präsidenten so unter Druck setzen. Sie fahren von Washington aus per Bus in das Herz des Südens – dorthin, wo gewaltloser Widerstand das Leben kosten kann.

Bereits in North Carolina kommt es zu ersten Rangeleien. In Anniston, Alabama, zünden Rassisten einen der Busse an, in denen die Freedom Riders reisen. In Birmingham wartet der Ku-Klux-Klan. Der Polizeichef hat den Klansmännern versprochen, sie 15 Minuten lang ohne Eingreifen gewähren zu lassen – und dafür verlangt, die Bürgerrechtler sollten hinterher aussehen, „als hätte eine Bulldogge sie erwischt“. So meldet es ein Informant dem FBI.

Die Schläger des Klans prügeln die Bürgerrechtler mit Stahlrohren halb tot, greifen auch Reporter an und zertrümmern deren Kameras.

Während die Freedom Riders ihre Fahrt fortsetzen und King nach Alabama eilt, um sie zu unterstützen, arbeiten Kennedy und sein Bruder Robert, der Justizminister, hinter den Kulissen. Einerseits können sie nicht dulden, dass Gesetze offen gebrochen werden, andererseits halten sie die Aktionen der Bürgerrechtler für zu radikal.

Der Wandel werde kommen, glauben die Kennedys, aber langsam. Er könne nicht erzwungen werden.

Zwar schicken sie Bundesbeamte nach Alabama, um die Bürgerrechtler zu schützen. Mit dem Senator von Mississippi aber, dem nächsten Ziel der Fahrt, schließen sie einen Pakt: Er soll dafür sorgen, dass die Freedom Riders nicht verprügelt werden – umgekehrt wird Washington nicht protestieren, wenn die Polizei Demonstranten verhaftet.

Feuerwehrleute attackieren in Birmingham schwarze Kinder mit Wasserwerfern. Die Folge: weltweite Empörung

Sie sollten sich eine Zeitlang abkühlen, drängt Robert Kennedy die schwarzen Anführer: Sein Bruder stehe kurz vor einem Gespräch mit dem KP-Chef Nikita Chruschtschow, und die sowjetische Presse werde die Bilder aus den Südstaaten ausschlachten. Sei ihnen denn nicht klar, wie sehr das den Präsidenten in Verlegenheit bringen könne?

„Wir kühlen uns seit 100 Jahren ab“, entgegnet einer der Bürgerrechtler, „wenn wir noch kühler werden, sind wir tiefgefroren."

Viel wichtiger als ihre Aktionen sei doch die Registrierung von Wählern zur Gouverneurswahl 1963 in Alabama, sagt Robert Kennedy. Denn in den USA darf nur wählen, wer sich ins Wählerverzeichnis eintragen lässt. Und das ist für Afroamerikaner in vielen ländlichen Regionen der Südstaaten fast unmöglich.

Dorthin entsenden Bürgerrechtsorganisationen nun Teams, um den Schwarzen zu ihrem Wahlrecht zu verhelfen. Auch diese Freiwilligen werden bedroht, zusammengeschlagen, verhaftet. Es gibt Bombenanschläge. Und Tote.

Die versprochene Hilfe aus Washington aber bleibt aus.

Daraus zieht Martin Luther King einen Schluss: Präsident Kennedy wird seine Wahlversprechen nur dann wahr machen, wenn ihn die öffentliche Meinung dazu zwingt.

King will Gewalt deshalb nicht mehr nur in Kauf nehmen – sondern sie provozieren. Er will brutale Bilder in die Wohnzimmer tragen. Dazu braucht er einen rücksichtslosen Gegner.

Seine Wahl fällt auf Birmingham. In keiner anderen US-Großstadt leben die Rassen so konsequent getrennt. Die Verwaltung hält Parks und Spielplätze lieber geschlossen, als sie für Schwarze zu öffnen. 1957 haben Ku-Klux-Klan-Männer einen Schwarzen kastriert – weil „Niggerkids nicht mit Weißen zur Schule gehen sollen", wie einer sagt.

Und der rassistische Polizeichef Eugene Connor hat einst die Freedom Riders dem Mob ausgeliefert.

Martin Luther Kings Kampagne beginnt im April 1963 mit Sit-ins. Die Teilnehmer werden festgenommen.

Geduldig schürt King das Interesse der Medien: Täglich lässt er kleine Gruppen demonstrieren, täglich werden sie verhaftet, vor den Augen der Kamerateams und Zeitungsreporter.

Die Stadtverwaltung erwirkt einen Gerichtsbeschluss gegen die Demonstrationen. King marschiert trotzdem, mit 50 singenden Freiwilligen. Polizeichef Connor lässt ihn festnehmen.

In seiner Gefängniszelle schreibt King seinen vielleicht wichtigsten Text,

Hollywoodstars wie Sidney Poitier, Harry Belafonte und Charlton Heston (von links) unterstützen King

US-Präsident Johnson (r.) setzt 1964 ein Bürgerrechtsgesetz durch – auch gegen den FBI-Chef J. Edgar Hoover

Vielen Schwarzen ist King zu brav: Malcolm X etwa fordert radikale Mittel im Kampf gegen die Weißen

auf den Rändern einer Zeitung und auf hereingeschmuggelten Papierfetzen.

Sein „Brief aus dem Gefängnis von Birmingham" richtet sich formal an acht Geistliche, die sich gegen seine Aktionen gewandt haben. Tatsächlich aber spricht er zu all jenen Menschen, die keine Rassisten sind, denen der gewaltlose Widerstand aber zu radikal ist.

„Wir haben mehr als 340 Jahre lang auf unsere verfassungsmäßigen und gottgegebenen Rechte gewartet", schreibt King.

Und fährt fort: „Wie mit Düsenantrieb rasen die Nationen Asiens und Afrikas auf das Ziel politischer Unabhängigkeit zu, und wir schleichen noch immer im Kutschentempo darauf zu, eine Tasse Kaffee in einem Imbiss trinken zu dürfen. Es ist einfach für jene, die nie die stechenden Pfeile der Rassentrennung gespürt haben, zu sagen: ‚Wartet.'"

Der Brief wird als Broschüre in Kirchen verteilt. Zeitungen veröffentlichen Auszüge – und richten so die nationale Aufmerksamkeit auf Birmingham. King zahlt eine Kaution, um aus dem Gefängnis entlassen zu werden und die Konfrontation in Freiheit weiterzutreiben.

Doch die Proteste verlieren an Schwung. Es gibt kaum noch Erwachsene, die demonstrieren wollen.

Deshalb initiiert King einen „Kinderkreuzzug".

Mehr als 1000 Jugendliche und Kinder, manche erst sechs Jahre alt, verlassen am 2. Mai 1963 die Baptistenkirche in der 16th Street von Birmingham. Sie singen Freiheitslieder, knien nieder und beten. Polizeichef Connor lässt Hunderte verhaften.

Am Tag darauf versammeln sich erneut 1000 Kinder in der Kirche. Connor lässt die Eingänge blockieren. Doch die Hälfte der jungen Demonstranten entkommt.

Nun gibt der Polizeichef den Befehl zum Angriff.

Und die Nation sieht in den Abendnachrichten Polizeihunde, die Demonstranten beißen.

Sieht kleine Mädchen, die von Wasserwerfern die Straße hinuntergespült werden und denen der Wasserdruck die Kleidung von den Körpern fetzt. Sieht weiße Polizisten, die schwarze Demonstranten zusammenschlagen. So geht es über Tage. Nun hat Martin Luther King die Bilder, die er braucht.

ZORN ERGREIFT das schwarze Amerika – und Scham Millionen Weiße. Nach weiteren Unruhen in Alabama handelt Präsident Kennedy endlich.

In einer Fernsehansprache am 11. Juni beklagt er das Rassenproblem so deutlich wie nie zuvor: „Diese Nation wird nicht vollkommen frei sein, bis nicht alle ihre Bürger frei sind. Es ist Zeit, zu handeln, im Kongress, in den Bundesstaaten und Gemeinden, und, vor allem, in unserem täglichen Zusammenleben."

Eine Woche später bittet der Präsident den Kongress, den *Civil Rights Act* zu verabschieden – ein Gesetz, das Unerhörtes vorsieht: Es hebt alle Privilegien der Weißen in Kinos, Restaurants, Hotels und anderen öffentlichen Gebäuden auf, autorisiert den Justizminister, Eltern, die gegen segregierte Schulen klagen, im Namen der Vereinigten Staaten vor Gericht zu vertreten, und schafft die Möglichkeit, Fördergelder einzufrieren für Programme, die diskriminieren.

James Eastland, der offen rassistische Senator von Mississippi, nennt den Gesetzesentwurf „eine perfekte Blaupause für den totalitären Staat".

Über das neue Bürgerrechtsgesetz muss im Kongress abgestimmt werden. Für seine Verabschiedung braucht Kennedy die Stimmen von 25 Senatoren aus den eigenen Reihen: von Politikern, die sich noch nicht festgelegt haben, wie sie stimmen werden – oder sogar gegen das Bürgerrechtsgesetz sind.

Zudem bleibt den Gegnern noch immer die Methode des Filibusters: Dabei redet ein Senator ununterbrochen zu einem beliebigen Thema und verhindert so, dass über ein Gesetz abgestimmt wird. Mit dieser Taktik haben die Südstaatenvertreter seit dem Zweiten Weltkrieg jedes Gesetz zu den Bürgerrechten verhindert.

Während Kennedy sein Civil Rights Act dem Kongress vorlegt, planen die Organisationen der Bürgerrechtsbewegung einen „Marsch auf Washington für Arbeit und Freiheit". Schwarze und Weiße sollen gemeinsam dafür demonstrieren, dass das Gesetz in Kraft tritt.

Noch aber hofft Kennedy, den Marsch verhindern zu können. Er fürchtet eine Massendemonstration in diesem aufgeheizten Sommer nach Birmingham – und eine Trotzreaktion der Senatoren.

„Wir wollen Erfolg im Kongress, nicht nur eine große Show vor dem Kapitol", sagt er bei einem Treffen mit King.

Doch die Anführer der Bewegung bleiben hart – und setzen den Termin für den Marsch fest.

WASHINGTON, 28. AUGUST 1963. Zwei Mitarbeiter Kennedys stehen bereit, um notfalls den Stecker des Mikrofons zu ziehen. Dann tritt Martin Luther King vor die Statue Abraham Lincolns.

„Die Zeit ist gekommen, aus dem dunklen und trostlosen Tal der Rassentrennung auf den sonnenbeschienenen Pfad der Gerechtigkeit aufzusteigen", sagt der Prediger unter tosendem Applaus. Bis in die Nacht hinein hat er an seiner Rede geschrieben.

Nun aber ruft ihm Mahalia Jackson zu: „Erzähl ihnen von deinem Traum!"

Und King lässt sich mitreißen, vergisst sein Manuskript und spricht frei.

„Ich habe einen Traum", sagt er in seinem tönenden Bariton, geübt in unzähligen Predigten, „dass eines Tages die Söhne ehemaliger Sklaven und die Söhne ehemaliger Sklavenhalter zusammen am Tisch der Brüderlichkeit sitzen können. Ich habe einen Traum, dass eines Tages, genau dort in Alabama, kleine schwarze Jungs und schwarze Mädchen die Hände kleiner weißer Jungs und Mädchen fassen können als Brüder und Schwestern."

> Es gibt mehr als **50 Attentatspläne** auf King – und **100 000 Dollar** für seinen Kopf

Es ist ein unerhörter Traum, den King da träumt, er zielt tief in das Herz jedes Rassisten, der nichts so sehr fürchtet wie die Vermischung von Schwarz und Weiß. King zitiert die Bibel und die patriotische Hymne „My Country 'Tis of Thee" („Mein Land, von Dir ist es").

Er träumt, dass eines Tages die Freiheit läuten wird von allen Hügeln und Bergen, auch vom Stone Mountain in Georgia, dem Stützpunkt des Ku-Klux-Klans, und vom Lookout Mountain in Tennessee, einer ehemaligen Festung der Konföderierten.

Die Menschen bejubeln Kings Rede. Sie wird live auf drei nationalen Fernsehsendern übertragen, via Satellit sogar nach Europa – und sie versöhnt viele Weiße mit dem Freiheitskampf der Schwarzen.

Hier steht kein Agitator, der sich an den Enkeln der Sklavenhalter rächen will. Sondern ein Mann, der sich nichts anderes wünscht als ein menschenwürdiges Leben für seine Kinder.

FÜR DEN VIZEDIREKTOR des FBI aber beweist diese „demagogische Rede, dass King der effektivste und gefährlichste Anführer der Neger im Land ist".

Seit Jahren schon überwacht die Bundespolizei Martin Luther King, weil sie befürchtet, die Bürgerrechtsbewegung könne von Kommunisten unterwandert werden. Nun verschärfen die Beamten ihre Überwachung. Mit 15 Mikrofonen belauschen sie heimlich den Pastor. „Kommunistische Umtriebe" können sie ihm ebenso wenig nachweisen wie Steuerhinterziehung. Doch sie hören anderes.

Denn King betrügt seine Frau. Mit Groupies, die ihm ins Hotel folgen, mit Prostituierten. Das FBI hört mit.

Dessen Direktor J. Edgar Hoover kommentiert persönlich die Abhörprotokolle. Seit den 1950er Jahren lässt er alle Gruppen infiltrieren, die seiner Ansicht nach die USA zerstören könnten: Kommunisten, Sozialisten, Bürgerrechtsorganisationen.

Er legt Akten mit belastendem Material über Politiker und andere wichtige Personen an – auch über Kennedy.

Der Marsch der Schwarzen auf Washington erschreckt den Rassisten

Hoover. Aber er hat noch andere Gründe: Der FBI-Direktor lässt Kings Liebesleben wahrscheinlich auch ausspionieren, weil er ein Voyeur ist, wie Historiker vermuten – fasziniert insbesondere von abweichendem Sexualverhalten, Ehebruch, Homosexualität.

Sein Stellvertreter dagegen ist angewidert. Dem puritanischen William Sullivan fällt es schwer, über Kings Affären auch nur unter Kollegen zu sprechen. Er kann nicht glauben, dass ein derart sündiger Mann ein integrer Anführer sein soll. Sullivan will King vernichten.

Seine Leute spielen Journalisten Dossiers über dessen Affären zu; den großen seriösen Tageszeitungen indes sind die amourösen Abenteuer des Pastors nicht einmal eine Meldung wert.

FBI-Agenten informieren sogar einen Kardinal über Kings außereheliches Liebesleben, um so eine Audienz im Vatikan zu verhindern – dennoch empfängt der Papst den Bürgerrechtler. Denn das Oberhaupt der katholischen Kirche schätzt dessen Einsatz für die Gleichberechtigung der Schwarzen.

Schließlich lässt Sullivan Ende 1964 eine Aufnahme mit einschlägigen Passagen aus den Abhörbändern zusammenschneiden und an King schicken – versehen mit dem Begleitschreiben eines angeblichen Afroamerikaners, der King zum Suizid auffordert.

Doch der kann das Päckchen gar nicht entgegennehmen, weil er in Oslo gerade mit dem Friedensnobelpreis ausgezeichnet wird. Als er die Aufnahmen schließlich erhält, glaubt er zu wissen, wer dahintersteckt.

„Die wollen mich zerbrechen", sagt er zu Freunden. Zwei seiner Mitarbeiter sprechen beim FBI vor, erfolglos. Erst gut ein Jahr später schalten die Agenten ihre Mikrofone ab – aus Angst vor einer Untersuchung durch den Senat.

John F. Kennedy wird ermordet, noch ehe der Civil Rights Act verabschiedet werden kann. Doch unter seinem Nachfolger Lyndon B. Johnson passiert das Gesetz den Kongress, auch aus Respekt vor dem toten Präsidenten.

1965 bringt Johnson für seine Vision einer „Großen Gesellschaft" ein Reformprogramm mit mehr als 60 Einzelmaßnahmen durch den Kongress, darunter eine staatliche Gesundheitsfürsorge sowie ein Gesetz, das schwarzen Wählern ermöglicht, sich ungehindert registrieren zu lassen. Auch ein Erfolg des gewaltlosen Widerstands.

Doch Kings friedliche Bewegung hat mit dem Marsch auf Washington ihren Höhepunkt erreicht. Die Wirklichkeit erschüttert schon bald den Traum des Predigers: Wenige Wochen nach seiner Rede wirft der Ku-Klux-Klan eine Bombe auf eine Kirche in Birmingham und tötet vier schwarze Mädchen.

Bis zum Sommer des Jahres 1964 sprengen weiße Fanatiker im Süden mindestens 30 Häuser, brennen 35 Kirchen nieder, verprügeln 80 Bürgerrechtler, schießen auf 30, bringen mindestens sechs um.

FBI-Direktor Hoover erklärt dazu, seine Behörde sei nicht dazu da, Studenten in Mississippi die Windeln zu wechseln.

Und so sind es viele Schwarze leid, die andere Wange hinzuhalten.

„Black Power" wird nun zu einem Schlachtruf, und viele stimmen dem Aktivisten Malcolm X zu, der den Marsch im August 1963 die „Farce von Washington" genannt hat.

Der Muslim, der seinen „Sklavennamen" Little gegen ein X getauscht hat, um seinen verlorengegangenen afrikanischen Namen zu symbolisieren, vertritt einen schwarzen Nationalismus. Er will nicht gemeinsam mit Weißen kämpfen, sondern gegen sie.

Auch Martin Luther King ist nicht mehr der versöhnliche Redner, der die Bürger Amerikas für seine Sache gewinnen kann. Er verliert in den Jahren nach dem Marsch auf Washington viele weiße Unterstützer – denn er wendet sich gegen den Krieg in Vietnam, während die meisten Amerikaner den Kampfeinsatz ihrer Soldaten in Südostasien noch unterstützen.

„Das Versprechen der ‚Großen Gesellschaft' ist niedergeschossen worden auf dem Schlachtfeld von Vietnam", erklärt King und verdirbt es sich deshalb mit der Regierung Johnson.

Er verliert Freunde in den eigenen Reihen, wird in den Augen der Liberalen zum Radikalen – und wird von den wahren Radikalen als immer noch zu weich verachtet.

Doch Präsident Johnson muss schließlich einräumen, dass er wegen der enormen Kriegskosten für seine gesellschaftspolitischen Ziele „nicht alles tun kann, was er tun sollte".

Und so klagt King immer lauter über die Tatenlosigkeit der Regierung: „Ich habe versucht, zur Nation von meinem Traum zu sprechen", sagt er, „aber ich habe zugesehen, wie sich dieser Traum in einen Albtraum verwandelte, als ich durch die Ghettos des Landes wanderte und meine schwarzen Brüder und Schwestern vergehen sah auf einer einsamen Insel der Armut in der Mitte eines gewaltigen Ozeans materiellen Reichtums."

Denn nicht nur in den Südstaaten leben Afroamerikaner in von den Weißen getrennten Quartieren, auch im Norden wohnen die meisten in ärmlichen Stadtteilen – mit unzureichender medizinischer Versorgung, schlechten Schulen, geringen Chancen zum sozialen Aufstieg.

In Harlem etwa, dem New Yorker Schwarzenviertel, sind doppelt so viele Menschen ohne Arbeit wie im Durchschnitt der anderen Stadtteile. Etwa die Hälfte der Jugendlichen verlässt die Highschool ohne Abschluss, qualifiziert allenfalls für Hilfsarbeiten.

Auch deshalb beträgt das Einkommen schwarzer Familien kaum 60 Prozent des Verdienstes weißer Haushalte.

Anfang April 1968 reist Martin Luther King nach Memphis in Tennessee, um dort streikende Müllmänner zu unterstützen. Zu dieser Zeit hat das FBI bereits von 50 Attentatsplänen auf ihn erfahren und weiß, dass bis zu 100 000 Dollar auf seinen Kopf ausgesetzt sind.

Am 3. April spricht King in einer Kirche. Er erzählt von Morddrohungen, die er nun immer häufiger erhält: „Es macht mir nichts aus. Denn ich bin auf dem Gipfel des Berges gewesen. Und ich habe das gelobte Land gesehen. Ich komme

__Literaturtipps:__ David J. Garrow, „Bearing the Cross", Morrow and Company: gute, umfangreiche Biografie über Martin Luther King jr. Britta Waldschmidt-Nelson, „Martin Luther King – Malcolm X. Gegenspieler", Fischer: Doppelbiografie, die auch einen Abriss der Bürgerrechtsbewegung bietet.

vielleicht nicht mit euch dorthin, aber wir als ein Volk werden es erreichen."

Am Abend des nächsten Tages steht King auf dem Balkon seines Zimmers im „Lorraine Motel", frisch rasiert für ein Abendessen. Unten wartet eine Limousine auf ihn.

Da hallt ein Schuss über den Hof. Eine Kugel – abgefeuert aus einem gegenübergelegenen Fenster – streift den Kiefer des 39-jährigen Pastors, dringt in dessen Hals ein, verletzt das Rückenmark. King wird in eine Klinik gebracht, wo er eine Stunde später stirbt.

In einem Bündel vor einem Geschäft in Memphis findet die Polizei ein Gewehr, ein Fernglas, eine Zeitung, eine Flasche Aftershave und eine Dose Bier. Sie alle tragen die gleichen Fingerabdrücke.

Doch den Täter fasst Scotland Yard erst zwei Monate später auf dem Londoner Flughafen, kurz vor der Abreise in das rassengetrennte Rhodesien: Es ist James Earl Ray, ein weißer Rassist und Kleinkrimineller. Möglicherweise handelte er allein, um das Kopfgeld zu kassieren. Er gesteht die Tat und wird deshalb nicht zum Tode, sondern zu 99 Jahren Haft verurteilt.

Doch die Hintergründe des Mordes bleiben im Dunkeln. Zwar werden nie Hintermänner gefunden, doch passen Rays geringe Bildung und mangelndes kriminelles Geschick nicht zu seinem präzisen Plan, den gefälschten Pässen und einer fast geglückten Flucht nach Rhodesien. Eine Jury wird 1999 in einem von Kings Familie angestrengten Prozess feststellen, dass King Opfer unbekannter Verschwörer wurde.

Mit King stirbt der Traum der Afroamerikaner vom friedlichen Widerstand. Die Nachricht von seinem Tod löst Unruhen in mehr als 100 Städten aus. In Chicago stehen Wohnblöcke in Flammen, in Washington beziehen Soldaten in Kampfmontur Stellung rund um Kapitol und Weißes Haus. Bei tagelangen Krawallen sterben Dutzende Menschen, mehr als 3000 werden verletzt, 27 000 festgenommen.

Mehr als 100 000 Menschen geleiten King in seiner Heimatstadt Atlanta zu Grabe. Das schwarze Amerika hat seinen Märtyrer. Seine Rede vor dem Lincoln Memorial wird in Lesebücher aufgenommen und als Nachdruck vertrieben.

Durch die Gesetze, die er erkämpft hat, steigt die Zahl der schwarzen Wähler allein in Mississippi, jenem Staat, der laut King „unter der Hitze der Unterdrückung vergeht", von sieben Prozent 1964 auf 59 Prozent 1968.

In den Jahren darauf werden in den USA immer mehr Schwarze in öffentliche Ämter gewählt: als Sheriff, Richter, Abgeordneter, Minister.

Und 46 Jahre nach dem Marsch auf Washington legt am 20. Januar 2009 erstmals ein Afroamerikaner den Amtseid als US-Präsident ab: auf den Stufen des Kapitols gegenüber dem Lincoln Memorial.

Nur gut drei Kilometer entfernt von jenem Ort, an dem Martin Luther King am 23. August 1963 seinen Traum mit Amerika teilte. □

Gesa Gottschalk, 29, hat für GEO*EPOCHE* zuletzt die Hexenverfolgung in Mitteleuropa aufgearbeitet.

TOD IN

Sekunden nach den Schüssen: Jackie klettert verängstigt auf das Heck der Staatslimousine; ein Leibwächter eilt ihr zur Hilfe

DALLAS

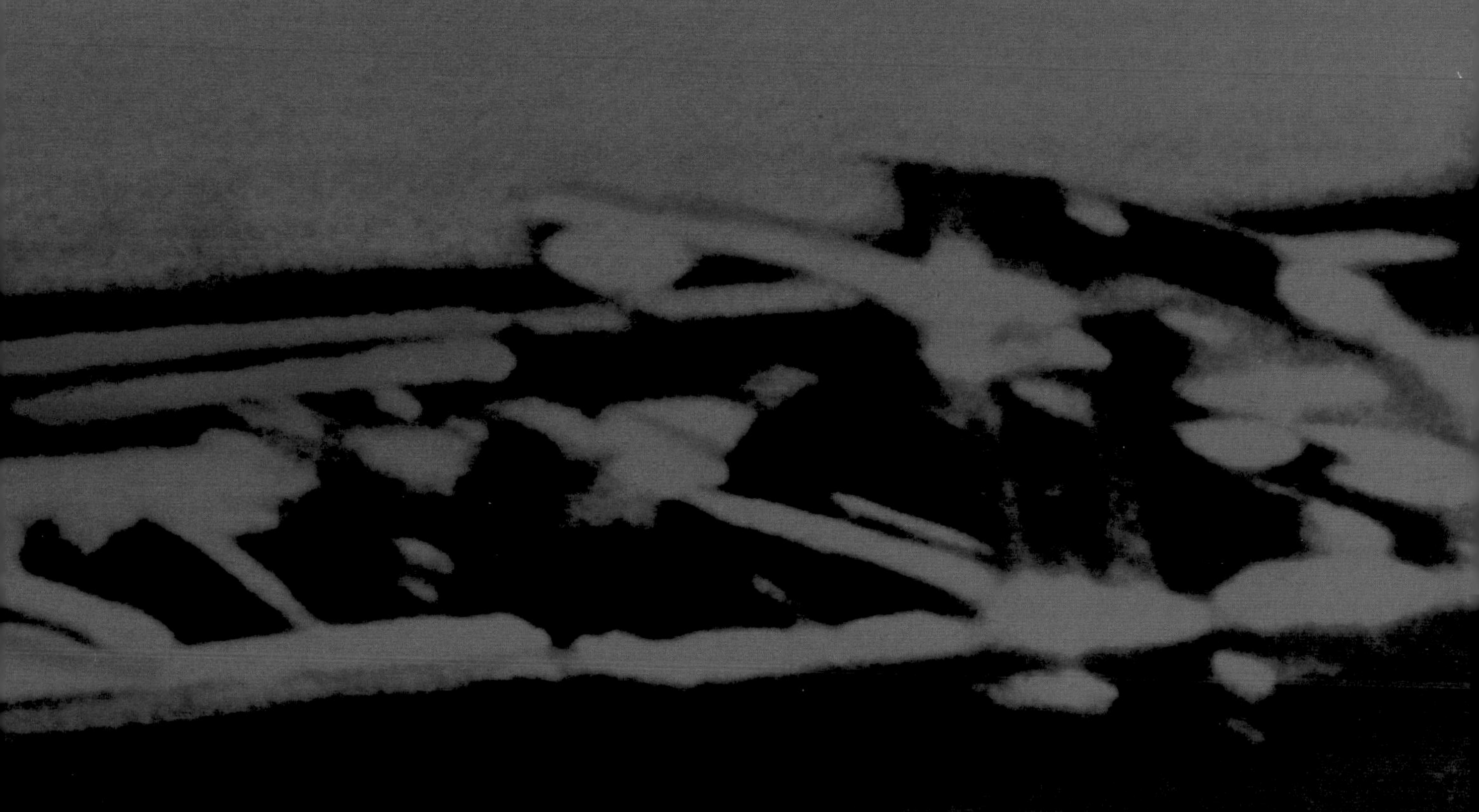

Es ist ein Jahrhundertmord, über den mehr als 2000 Bücher geschrieben worden sind – und der dennoch bis heute Rätsel aufgibt: Am 22. November 1963 wird John F. Kennedy bei einer Fahrt durch die Innenstadt von Dallas, Texas, erschossen. Schon bald kursieren Verschwörungstheorien, doch alle Beweise führen auf einen geltungssüchtigen Einzeltäter zurück. Dies ist seine Geschichte

VON RALF BERHORST

Der Präsident hat Verspätung. „Wir sind in fünf Minuten da", funkt ein Agent des *Secret Service* um 12.29 Uhr aus dem Wagen an der Spitze der Fahrzeugkolonne an die Kollegen in einer Veranstaltungshalle im Nordwesten von Dallas. 2600 Gäste warten dort auf ein Festessen mit John F. Kennedy, Fernsehkameras sind für die Live-Übertragung seiner Rede aufgebaut.

Der Präsident bereitet mit dieser Reise in die texanische Metropole den Wahlkampf für seine zweite Amtszeit vor. Seit gut 30 Minuten bewegt sich der Fahrzeugtross vom Flughafen durch die Stadt. Mehr als 200 000 Zuschauer säumen die Straßen, jeder vierte Einwohner von Dallas jubelt Kennedy zu.

Ein überraschend positiver Empfang. Denn zuletzt waren Kennedys Umfragewerte in Texas gesunken. Vielen Wählern in dem Südstaat ist seine Bürgerrechtspolitik zu liberal, sein Auftreten gegenüber der UdSSR zu weich. Dallas gilt zudem als Zentrum rechter Fanatiker. In der Stadt kursieren seit dem Vortag 5000 Flugblätter, die wie Steckbriefe aussehen und Kennedy des Landesverrats beschuldigen; gedruckt hat sie ein Aktivist aus rechtsradikalen Kreisen.

Es hat Warnungen vor dem Besuch in der Stadt gegeben, ein texanischer Politiker der Demokratischen Partei riet in einem Brief an Justizminister Robert Kennedy von der Reise ab. Ein Mitarbeiter des Weißen Hauses entschied jedoch, es sei Zeitverschwendung, dem Präsidenten das Schreiben vorzulegen. Texas ist für Kennedys Wiederwahl unverzichtbar; ein besorgter Brief hätte ihn gewiss nicht von der Fahrt abgehalten.

Der 22. November 1963 ist ein sonniger Tag und mit 18 Grad Celsius mild. Kennedy hat daher das Dach der dunkelblauen Präsidentenlimousine abnehmen lassen. Neben ihm im Lincoln Continental sitzt seine Frau Jacqueline, davor hocken auf Klappsitzen John Connally, der demokratische Gouverneur von Texas, und dessen Ehefrau Nellie.

Je zwei Motorräder flankieren die Limousine zu beiden Seiten. Dahinter folgt ein Cadillac mit Secret-Service-Beamten und Mitarbeitern des Präsidenten, dann der Wagen von Vizepräsident Lyndon B. Johnson sowie 26 weitere Fahrzeuge mit Sicherheitsleuten, Journalisten und lokalen Würdenträgern.

Soeben ist der Lincoln auf die Dealey Plaza eingebogen. Hunderte stehen am Rand des Platzes und applaudieren. Dutzende Schaulustige fotografieren den Wagen, einige filmen mit Handkameras.

Vor der Limousine liegt nun eine scharfe Linkskurve. Kennedys Fahrer muss die Geschwindigkeit stark reduzieren, um von der Houston Street in die Elm Street einzubiegen. Der Lincoln ist nur noch 16 km/h schnell.

Rechts passiert der Wagen ein sechsstöckiges Backsteingebäude; „Texas Schulbuchlager" steht in großen Lettern über dem Eingang. Die Reklame-Uhr auf dem Dach springt auf 12.30 Uhr um.

Nellie Connally wendet sich zur Rückbank um: „Mr. President, Sie können nicht behaupten, dass Dallas Sie nicht liebt."

Kennedy lächelt: „Nein, ganz sicher nicht." Er lehnt sich zurück und grüßt wieder in die Menge.

Etwa 100 Meter voraus senkt sich die Elm Street zu einer dreifachen Unterführung ab. „Wir sind fast da. Gleich dahinter ist es", bemerkt Nellie Connally.

Dann fallen mehrere Schüsse.

Eine Kugel durchschlägt den Hals des Präsidenten. Sie trifft auch John Connally. Der Gouverneur sinkt blutend in die Arme seiner Frau. „Mein Gott, sie werden uns alle töten!", schreit er.

Kennedy sitzt noch immer aufrecht, nur sein Kopf fällt leicht nach links. Wegen seines Rückenleidens trägt der Präsident ein Korsett, das ihn gerade hält.

Der Fahrer dreht sich nach hinten um, geht vom Gas.

Eine weitere Kugel trifft Kennedy, reißt seinen Schädel rechts auf.

Erst jetzt beschleunigt der Fahrer und rast auf die Unterführung zu. Im letzten Moment schafft es ein Secret-Service-Mann, auf das Heck aufzuspringen und Jacqueline Kennedy, die in Panik auf den hinteren Teil des Wagens klettert, zurück in das Auto zu drängen.

Rund vier Minuten später erreicht die Limousine den Hintereingang des Parkland Memorial Hospitals. Kennedy lebt noch, aber er ist ohne Bewusstsein.

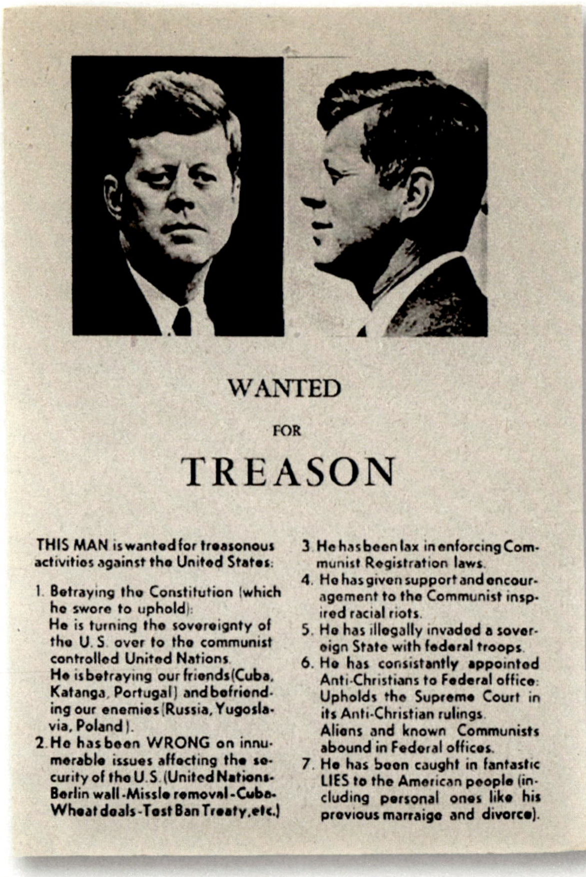

Kennedy bereitet im konservativen Texas den Wahlkampf für seine zweite Amtszeit vor. Am Tag vor seinem Besuch in Dallas kursieren in der Stadt Flugblätter, die ihn des Landesverrats bezichtigen: Vielen Wählern ist seine Politik zu liberal

Da es am 22. November ungewöhnlich sonnig ist, lässt der Präsident das Dach seines Lincoln Continental abnehmen. Mehr als 200 000 Menschen jubeln den Kennedys zu, als sie mit dem texanischen Gouverneur John Connally und dessen Frau durch die Stadt fahren. »Sie können nicht behaupten, dass Dallas Sie nicht liebt«, sagt Nellie Connally zum Präsidenten. Kurz darauf fallen die Schüsse

Der 46-Jährige atmet schwach und unregelmäßig. Die Ärzte setzen einen Luftröhrenschnitt und versorgen ihn mit Sauerstoff. Sie beginnen eine Herzmassage, weil der Puls auf Null abfällt.

In der Hektik nehmen sie Kennedys schwere Kopfwunde anfangs nicht wahr. Erst nach Minuten weist der Anästhesist die anderen Mediziner darauf hin: Ein großes Loch von bis zu 13 Zentimeter Durchmesser klafft in Kennedys Schädel: 70 Prozent der rechten Gehirnhälfte sind ausgetreten.

Der Präsident ist nicht zu retten.

Nach etwa 20 Minuten brechen die Ärzte ihre Bemühungen ab. Sie erklären John F. Kennedy für tot und legen den Todeszeitpunkt auf 13.00 Uhr fest.

Schon um 12.40 Uhr hat CBS sein Programm unterbrochen. Auf dem schwarzen Bildschirm leuchtet das Wort „Bulletin" auf, als ein Sprecher verkündet: „In Dallas, Texas, wurden drei Schüsse auf Präsident Kennedys Fahrzeugkolonne abgefeuert. Erste Berichte besagen, dass Präsident Kennedy ernsthaft verwundet worden ist."

Um 13.33 Uhr gibt ein Pressesprecher des Weißen Hauses vor Reportern in einem Schulungsraum des Parkland Memorial Hospitals den Tod John F. Kennedys bekannt.

Amerika erstarrt in Trauer. Der Tod des Präsidenten erschüttert das Land wie kein anderes Ereignis seit dem Angriff auf Pearl Harbor im Dezember 1941. Mit Kennedy verbanden sich Hoffnungen auf eine bessere Zukunft, geprägt von wirtschaftlichem Aufschwung, gleichen Rechten für alle Bürger und einem friedlicheren Verhältnis der verfeindeten Mächte USA und UdSSR.

In den Büros brechen Angestellte ihre Arbeit ab, Menschen weinen auf offener Straße. Die Telefonnetze sind überlastet. Kirchenglocken läuten, Gotteshäuser füllen sich mit Betenden. Die Börse an der Wall Street setzt den Handel aus. Theater und Musicalbühnen sagen Abendvorstellungen ab, die Football-Spiele des Wochenendes fallen aus.

In Dallas verlässt um 14.04 Uhr ein Ambulanzwagen mit dem Sarg des Präsidenten und Jacqueline Kennedy das Hospital und fährt zum Flughafen. Eigentlich schreibt das texanische Gesetz eine Autopsie am Ort des Verbrechens vor, doch die Beamten des Secret Service lassen sich nicht aufhalten: Vizepräsident Johnson will möglichst rasch nach Washington zurückkehren, Jacqueline Kennedy aber nicht mit der Leiche ihres Mannes allein in Dallas zurücklassen. (Erst am Abend wird der Körper des Präsidenten in einem Militärkrankenhaus unweit der Hauptstadt obduziert.)

Eine Viertelstunde später wird der Sarg an Bord von „Air Force One" geladen. Noch bevor die Maschine um 14.47 Uhr in Richtung Washington abhebt, vereidigt eine Bundesrichterin im Flugzeug Lyndon B. Johnson als 36. Präsidenten der USA.

INZWISCHEN HAT DIE POLIZEI von Dallas bereits einen Tatverdächtigen verhaftet: Lee Harvey Oswald, einen schmächtigen Mann mit braunen Haaren. Der 24-Jährige arbeitet im Schulbuchlager an der Dealey Plaza. Von einem Eckfenster im 5. Stock des Gebäudes, so geben zahlreiche Augenzeugen an, habe der Täter die Schüsse auf Kennedy abgefeuert. Oswald hat das Gebäude direkt nach dem Attentat verlassen.

Um 13.12 Uhr erschoss er etwa vier Kilometer südlich der Dealey Plaza einen Polizisten, der wahrscheinlich seine Personalien überprüfen wollte. Vor zahlreichen Zeugen. Dann flüchtete er in ein Kino, wo ihn die Polizei knapp eine Dreiviertelstunde später überwältigte.

Beamte haben im 5. Stock des Schulbuchlagers drei leere Patronenhülsen

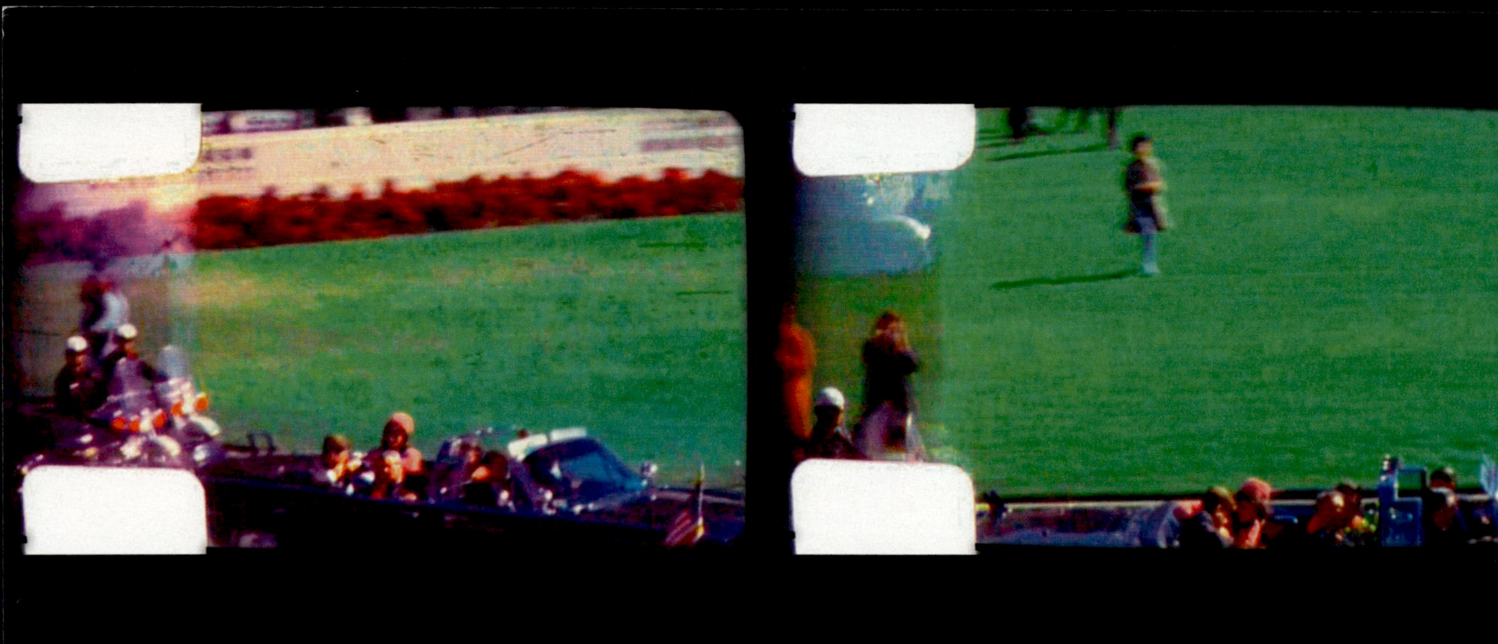

sowie ein Karabinergewehr mit Zielfernrohr gefunden. Die Mannlicher-Carcano mit der Seriennummer C2766 gehört Oswald und trägt, wie später festgestellt wird, seine Fingerabdrücke.

Doch der Verdächtige streitet in einem zwölfstündigen Verhör ab, den Präsidenten getötet zu haben. Journalisten, die auf dem Flur des Polizeihauptquartiers auf Neuigkeiten warten, ruft er zu, er sei nur ein Sündenbock.

Zwei Tage später, am 24. November 1963, soll Oswald in das Kreisgefängnis des Sheriffs verlegt werden. Als Polizisten ihn um 11.21 Uhr in die Kellergarage führen, wo ein Wagen bereitsteht, stürzt ein Mann im dunklen Anzug aus der Menge wartender Reporter und Polizisten hervor und feuert einen Schuss ab.

Die Kugel trifft Lee Harvey Oswald in den Bauch. Er stirbt knapp zwei Stunden später im Parkland Memorial Hospital – auf der gleichen Unfallstation, in die keine 48 Stunden zuvor Präsident Kennedy eingeliefert worden war.

Der Schütze ist der Nachtclubbesitzer Jack Ruby aus Dallas. Er gibt an, er habe Jacqueline Kennedy ersparen wollen, gegen Oswald aussagen zu müssen.

Der Hauptverdächtige im Fall Kennedy ist tot.

NICHT EINMAL JEDER dritte US-Bürger glaubt, Oswald habe als Einzeltäter gehandelt – das ergibt eine Umfrage unmittelbar nach dem Attentat. 52 Prozent sind davon überzeugt, der Präsident sei Opfer „irgendeiner Gruppe“ geworden. Um die vielen Gerüchte zu entkräften, setzt Präsident Johnson eine Woche nach den Schüssen auf Kennedy eine Untersuchungskommission ein. Unter Vorsitz des Obersten Richters am US-Supreme Court, des 72-jährigen Earl Warren, befragt die Kommission 456 Zeugen und prüft 63 schriftliche Aussagen. FBI und Secret Service liefern mehr als 3000 Berichte ab.

Nach zehn Monaten legt die Warren-Kommission ihren Bericht vor. Fazit: Oswald hat dreimal aus dem Schulbuchlager geschossen und Kennedy getötet. Es seien keine Beweise dafür gefunden worden, „dass Lee Harvey Oswald oder Jack Ruby Beteiligte irgendeiner in- oder ausländischen Verschwörung zur Ermordung Präsident Kennedys waren“.

Allerdings kann die Kommission kein Motiv für Oswalds Tat benennen.

Vor allem die offizielle Theorie über jenes erste (oder zweite) Projektil, das Kennedy und Connally insgesamt sieben Verletzungen zugefügt haben soll, erscheint vielen Skeptikern wenig glaubhaft. Zudem haben einige der Ärzte des Parkland Memorial Hospitals zu Journalisten gesagt, die Wunde unter Kennedys Kehlkopf ähnele eher einer Eintritts- als einer Austrittswunde (bei der Obduktion konnte diese Frage nicht mehr geklärt werden, da der Luftröhrenschnitt an Kennedys Hals durch diese Wunde verlief). Somit müsste auch von vorn auf den Präsidenten geschossen worden sein und nicht nur von hinten, aus dem Schulbuchlager.

Eine Frau will am Morgen des Tattages bei der Grasböschung an der Elm Street einen Lieferwagen und zwei Männer mit einem Gegenstand gesehen haben, der einer Gewehrkiste glich. Auch andere Zeugen haben Verdächtiges an der Böschung beobachtet. Dort sollen während des Attentats „Rauchwölkchen“ aufgestiegen sein.

Gab es also einen zweiten oder sogar mehrere Schützen auf der Dealey Plaza?

Im Oktober 1966 nimmt Jim Garrison, der Bezirksstaatsanwalt von New Orleans, Ermittlungen auf. Fünf Monate später lässt er den Geschäftsmann Clay Shaw festnehmen. Garrison klagt ihn an, gemeinsam mit Lee Harvey Oswald und weiteren Komplizen die Tötung des Präsidenten geplant zu haben.

Das angebliche Motiv der Gruppe: der perfekte Mord. Es wird fast zwei Jahre dauern, bis der Prozess beginnt.

In der Zwischenzeit hat Garrison im TV und vor Journalisten immer neue Vermutungen über das Ausmaß der Verschwörung gestreut. Anfangs geht der Bezirksstaatsanwalt von einem weiteren Schützen auf der Dealey Plaza aus, später sogar von 16 Attentätern, die Kennedy aus fünf verschiedenen Positionen ins Kreuzfeuer genommen hätten.

Im Gerichtsverfahren erweisen sich die Zeugen der Anklage als unglaubwürdig. Garrison hat sie bestochen, erpresst und sie unter Hypnose verhört. Beweise bleibt er schuldig. Im März 1969 spricht die Jury Clay Shaw frei.

Doch zwei Tage später lässt ihn Garrison wegen angeblichen Meineides erneut verhaften. Zwei weitere Jahre muss Shaw sich juristisch erwehren, bis 1971 ein Bundesgericht anordnet, Garrison dürfe ihn nicht weiter verfolgen. Drei Jahre später stirbt Clay

Ein Amateurfilmer hält die entscheidenden sechs Sekunden des Attentats fest: Um 12.30 Uhr durchschlägt eine Kugel den Hals Kennedys und trifft dann Connally (links außen). Ein Stützkorsett hält den Präsidenten aufrecht, nur sein Kopf fällt nach links (Mitte). Als der Fahrer bremst, feuert der Täter erneut – und trifft Kennedys Schädel

Shaw als gebrochener und finanziell ruinierter Mann.

Für einige Zeit verstummen die Gerüchte. Doch im Juli 1975 enthüllt ein amerikanischer Journalist, dass Lee Harvey Oswald dem FBI kurz vor dem Attentat einen Brief geschrieben hat.

Die Bundespolizei hat dies der Warren-Kommission verschwiegen und das Schriftstück sogar vernichtet. War Oswald ein Informant des FBI? Gab es doch ein Mordkomplott, das bis in höchste Regierungskreise reichte?

1976 rollt ein Untersuchungsausschuss des Repräsentantenhauses den Fall noch einmal auf. Zwei Jahre lang befragt er Augenzeugen, Schusswaffenexperten und Gerichtsmediziner. Zunächst scheinen alle Indizien die Ergebnisse der Warren-Kommission zu bestätigen.

Doch dann taucht ein sensationelles Tondokument auf: Ein Polizist aus der Motorradstaffel hatte zufällig sein Mikrofon eingeschaltet, und so wurden der Funkverkehr und Umgebungsgeräusche zur Zeit des Attentats mitgeschnitten.

Die Original-Aufnahme ist nicht erhalten, doch Akustiker sind „zu 95 Prozent“ sicher, dass eine Kopie viermal für das menschliche Ohr unhörbare Signalmuster aufweist, wie sie bei Schüssen entstehen können – Oswald aber hatte höchstens *dreimal* gefeuert.

In seinem Bericht stellt der Parlamentsausschuss 1979 deshalb fest, dass es einen zweiten Schützen auf der Dealey Plaza gab und Präsident Kennedy das Opfer einer Verschwörung wurde.

Nun sehen sich all jene bestätigt, die seit den Schüssen von Dallas an eine Konspiration glauben. Tatsächlich hatte Kennedy zahlreiche mächtige Gegner. Alle hatten ein Motiv – niemand aber ist je überführt worden. Zu ihnen gehörten:

- *Rechtsextreme* und *Rassisten*. Sie hassten Kennedy, vor allem weil er sich für die Bürgerrechte der Afroamerikaner einsetzte.

Dagegen spricht: Es wäre sehr ungeschickt gewesen, den Präsidenten ausgerechnet in Dallas zu ermorden. In der Hochburg der rechten Fanatiker musste der Verdacht sofort auf sie fallen. Und nicht ein Indiz weist in ihre Richtung.

- *Die Mafia*. Der Präsident hatte das organisierte Verbrechen zum „inneren Feind“ erklärt und zusammen mit seinem Bruder bekämpft – obwohl er der Mafia womöglich 1960 seinen Wahlsieg über Richard Nixon verdankte.

Doch bereits seit 1959 hörte das FBI über versteckte Mikrofone die wichtigsten Mafiabosse bei Treffen in ihrem Hauptquartier ab. Kein einziger Mitschnitt deutet darauf hin, dass sie den Mord in Auftrag gegeben haben.

- *Castro-Gegner* und *Exilkubaner*. Sie hielten Kennedy dafür verantwortlich, dass im April 1961 die von der CIA organisierte Invasion in der Schweinebucht gescheitert war. Im entscheidenden Augenblick hatte der Präsident die Unterstützung durch die US-Luftwaffe verweigert. Ihr Motiv wäre also Rache.

Aber es gibt keinerlei Beweise, die diesen Verdacht stützen.

- *US-Militärs, Rüstungsindustrielle* und die *CIA*. Sie fürchteten, Kennedy plane den Rückzug der US-Soldaten aus Vietnam und werde Asien den Kommunisten überlassen. Aus ihrer Perspektive könnte der Präsident zum Sicherheitsrisiko für die Nation geworden sein.

Doch auch für dieses Szenario gibt es keinen Beweis. Zudem geht es – wie jede andere Verschwörungstheorie – von Dutzenden oder gar Hunderten Mitwissern aus. Kaum vorstellbar, dass sie alle jahrzehntelang geschwiegen hätten.

- *Fidel Castro*. Die Regierung Kennedy gab Millionen Dollar aus, um das Regime auf Kuba zu destabilisieren, finanzierte Sabotageaktionen auf der Insel. Die CIA versuchte mehrfach, Castro zu

Gab es einen ZWEITEN SCHÜTZEN?

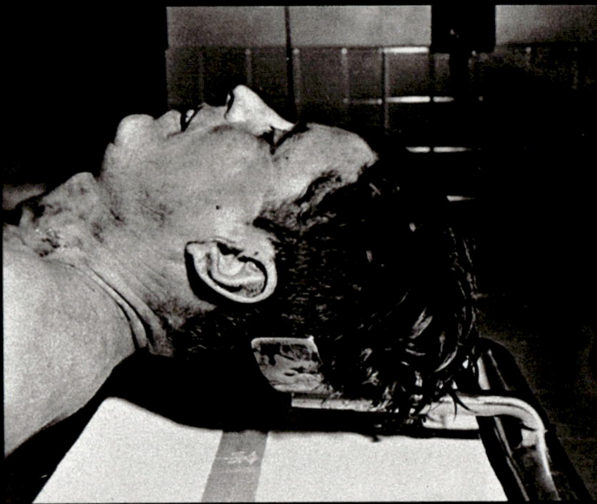

Vergeblich bemühen sich die Ärzte im nahe gelegenen Krankenhaus, Kennedy zu retten: Um 13 Uhr erklären sie ihn für tot. Noch am Nachmittag fliegt Jackie mit dem Leichnam nach Washington. Unweit der US-Hauptstadt wird der Präsident obduziert: Die Kugeln haben seine Luftröhre und 70 Prozent der rechten Gehirnhälfte zerstört

ermorden – womöglich mit Billigung Kennedys. War der Revolutionär seinem Todfeind schlicht zuvorgekommen?

Es wäre allerdings ein selbstmörderischer Plan gewesen, denn hätten die USA Castro mit dem Attentat in Verbindung gebracht, hätte dieser womöglich die Unterstützung der Sowjets verloren und zudem den Vorwand für eine neue Invasion der Insel geliefert. Außerdem gilt auch hier: Nie sind Beweise, nie Zeugenaussagen aufgetaucht.

• *Der KGB.* Hat der sowjetische Geheimdienst Oswald beauftragt?

Dagegen spricht: Durch einen Mordanschlag hätte der Kreml die Gefahr eines Atomkrieges heraufbeschworen. Und was hätte die UdSSR damit gewonnen, Kennedy zu beseitigen und so Johnson ins Amt zu bringen? Zudem zeigten Jahrzehnte später freigegebene Akten des KGB, dass die sowjetischen Agenten vom Mord überrascht wurden.

• *Das FBI.* Dass Oswald ein paar Tage vor dem Attentat das Büro der US-Bundespolizei in Dallas aufgesucht hat, ist erwiesen. Und es gab ein Motiv: FBI-Direktor J. Edgar Hoover erreichte 1965 die Pensionsgrenze. Es war bekannt, dass Kennedy nicht daran dachte, die Regel durch einen präsidialen Akt außer Kraft zu setzen. Plante Hoover den Mord, um im Amt zu bleiben?

Indes: Hoover besaß genug Material über Kennedys Affären, um den Präsidenten damit zu erpressen. Er musste kein Attentat inszenieren.

• *Lyndon B. Johnson.* Nicht zuletzt richtete sich der Verdacht auch gegen denjenigen, der von Kennedys Tod am meisten profitierte: seinen Nachfolger. Es gab Gerüchte, dass Kennedy zur Wahl 1964 mit einem neuen Vizekandidaten antreten wollte. Hatte ihn Johnson daher aus dem Weg räumen lassen?

Doch warum setzte Johnson dann eine Untersuchungskommission ein, statt die Sache auf sich beruhen zu lassen?

BEWEISEN LÄSST SICH also keine der Verschwörungstheorien – zudem sind viele Annahmen, die auf ein Komplott hinzudeuten scheinen, nie wirklich fundiert gewesen. Oder sie werden in den Jahren nach 1979 erschüttert.

Von den Zeugen auf der Dealey Plaza etwa gab die überwältigende Mehrheit stets an, sie hätten *drei* Schüsse gehört. Die Polizei fand zudem kein Projektil, keine Patronenhülse, die nicht aus Oswalds Waffe stammte.

Und jener Mitschnitt des Polizeifunks, der angeblich *vier* laute Geräusche festhielt? Inzwischen ist erwiesen, dass die Aufnahme erst unmittelbar nach dem Attentat entstand, wohl in der Nähe jener Veranstaltungshalle zu der Kennedy unterwegs war. (Welche Geräusche die verdächtigen Signalmuster verursachten, ist ungeklärt.)

Am Tag des Attentats selbst behauptete keiner der Augenzeugen, einen zweiten Schützen ausgemacht zu haben. Diejenigen, die den Grashügel hinaufliefen, entdeckten dort keinen Mann mit einem Gewehr. (Erst später meldeten sich Zeugen mit widersprüchlichen, teils kuriosen Aussagen. Einer will den Schlagzeuger von Frank Sinatra am Grashügel mit einer Waffe erkannt haben. Andere bezichtigten sich selbst, auf Kennedy gefeuert zu haben.) Die vermeintlichen Schützen mit einer „Gewehrkiste“ waren Mitarbeiter einer Baufirma; die Polizei hatte sie unter Beobachtung bis sie ihren Wagen, der eine Motorpanne hatte, wegfuhren.

Und die „Rauchwölkchen“, die ein Bahnangestellter angeblich aus dem Gebüsch auf dem Hügel aufsteigen sah? Moderne Munition ist fast rauchfrei, sie verursacht keine Pulverwolken. Es gab an der Stelle aber eine Dampfleitung, aus der möglicherweise heiße Luft entwich.

Niemand hat vom Grashügel aus auf Kennedy gefeuert.

BIS HEUTE SIND mehr als 2000 Bücher über den Jahrhundertmord geschrieben worden. Vollständig gelöst worden ist der Fall nicht – und vielleicht wird er es auch nie.

Dennoch: Die vielen Fakten und Indizien, inzwischen zugängliche Akten aus amerikanischen und sowjetischen Archiven, moderne ballistische Untersuchungen und digitale Analysen der Amateurfilme vom Tathergang erlauben es, ein wahrscheinliches Szenario dessen zu zeichnen, was am 22. November 1963 auf der Dealey Plaza in Dallas geschehen ist.

Sie führen immer wieder zurück zu jenem Mann, dem der Zufall an diesem Tag die Gelegenheit zuspielte, seinem von Niederlagen geprägten Leben eine dramatische Wende zu geben: Lee Harvey Oswald.

Dies ist seine Geschichte.

Lee Harvey Oswald wird am 18. Oktober 1939 in New Orleans geboren. Sein Vater stirbt kurz vor der Geburt, so sorgt allein die Mutter für ihn, einen Bruder und einen Halbbruder. Weil die Mutter häufig ihre Arbeit verliert, zieht die Familie sehr oft um. Lee findet kaum Freunde, ist ein verschlossenes Kind.

Seine Noten sind durchschnittlich, seine Intelligenz ist es auch. Aber die Mutter bestärkt ihn in dem Gefühl, klüger als andere zu sein. Aus Büchern lerne er mehr als von Lehrern. So bleibt er zu Hause, liest.

1952 zieht er mit seiner Mutter nach New York. Als er kaum noch in der Schule erscheint, ordnet ein Familienrichter eine psychologische Untersuchung an. Der Psychiater stellt fest, Lee wirke kalt, sehr unsicher und egozentrisch. Er „besitze das Potenzial dazu, sich aufbrausend und aggressiv zu verhalten“.

Obwohl von großer Schüchternheit, habe er Allmachtsfantasien. Die Diagnose: „Persönlichkeitsstörung mit schizoiden Zügen“.

Das Gericht weist Lee einen Bewährungshelfer zu, doch das Verhalten des Jungen ändert sich nicht. Neun Monate später ordnet ein Richter an, Lee müsse in ein Heim für Schwererziehbare.

Um ihn davor zu bewahren, zieht seine Mutter zurück nach New Orleans.

Dort entdeckt der 15-Jährige in einer Bibliothek „Das Kapital“ von Karl Marx. „Es war, als hätte ein sehr religiöser Mensch zum ersten Mal die Bibel aufgeschlagen“, erinnert er sich später.

Und er entwickelt eine Obsession für Waffen. Lee kauft sich sein erstes Gewehr, eine Kleinkaliberwaffe.

Obwohl Marxist, meldet er sich eine Woche nach seinem 17. Geburtstag zu den US-Marines. Es ist ein Lebenstraum. Schon sein älterer Bruder, den er bewundert, dient bei der Elitetruppe. Und als Rekrut kann Lee endlich der häuslichen Enge entkommen. Er dient in einer Einheit zur Luftraumüberwachung in Japan, auf den Philippinnen und Taiwan. Bei Übungen zeigt sich, dass er ein überdurchschnittlich guter Schütze ist.

Oswald hält sich für intelligenter und belesener als seine Kameraden und Vorgesetzten, die er gern in politische Diskussionen verwickelt. Er ist dabei dogmatisch und rechthaberisch. Zugleich frustriert es ihn, dass die Kameraden ihn nicht ernst nehmen.

Weil Oswald sich beim Hantieren mit einem privaten Revolver, den er verbotenerweise in die Kaserne geschmuggelt hat, mit einem Schuss in den Arm verletzt, wird er vom Kriegsgericht zum Gefreiten zurückgestuft.

Als er einige Monate später einen Vorgesetzten bei einem Streit in einer Bar zum Faustkampf auffordert, folgen Arrest und Geldstrafe. Verbittert gibt Oswald die Hoffnung auf, bei den Marines Karriere zu machen – und entwickelt einen neuen, grandiosen Plan.

Einen Plan, der ihn mit einem Schlag zu einer Figur der Zeitgeschichte machen soll. Und der zudem seine Verachtung für das kapitalistische System in den USA zum Ausdruck bringen wird: Er will sich, mitten im Kalten Krieg, in die Sowjetunion absetzen. Am 11. September 1959 beantragt Oswald, ihn aus dem Dienst bei den Marines zu entlassen.

Der fast 20-Jährige fährt als Passagier auf einem Frachtschiff von Amerika nach Europa. Am 16. Oktober 1959 kommt er mit dem Zug in Moskau an.

Weil sein Besuchervisum nur für sechs Tage gilt, bittet er sofort bei den Behörden um die sowjetische Staatsbürgerschaft.

Als das Außenministerium seinen Einbürgerungsantrag ablehnt und ihn auffordert, binnen zwei Stunden das Land zu verlassen, schneidet sich Oswald im Hotel die Pulsadern auf. Erst jetzt gewährt ihm die UdSSR Asyl – aus Angst vor einem Skandal und Schlagzeilen im Westen.

Der KGB, der den Ex-Marine seit seiner Ankunft beobachtet, hält ihn für „geistig instabil“, wie sich ein Offizier des Geheimdienstes erinnert, der sich später in die USA absetzt.

Oswald wird als Staatenloser anerkannt und nach Minsk abgeschoben, 675 Kilometer südwestlich von Moskau. Dort soll er als Metallarbeiter in einer Radio- und Fernsehfabrik arbeiten. Oswald hatte dagegen gehofft, Philosophie und Ökonomie studieren zu können.

Immerhin: Als einziger amerikanischer Überläufer in Minsk genießt er in der Stadt eine gewisse Prominenz. Endlich schenkt man ihm etwas Aufmerksamkeit, er schließt zum ersten Mal in seinem Leben Freundschaften.

Fast jeden Abend geht Oswald ins Kino, Theater oder in die Oper, und er bemüht sich, Russisch zu lernen, auch wenn es ihm schwer fällt.

„Ich lebe großartig und bin sehr zufrieden“, schreibt er in ein Journal, dem er den pompösen Titel „Historisches Tagebuch“ gegeben hat.

Doch dann lässt das Interesse für ihn nach. Und Oswald ist gelangweilt von der Arbeit in der Fabrik, der tristen Stadt und enttäuscht vom Kommunismus in der UdSSR, den er für eine Perversion der marxistischen Ideale hält.

Inzwischen hat Oswald eine 19-jährige studierte Pharmazeutin geheiratet, die er auf einem Gewerkschaftsball ken-

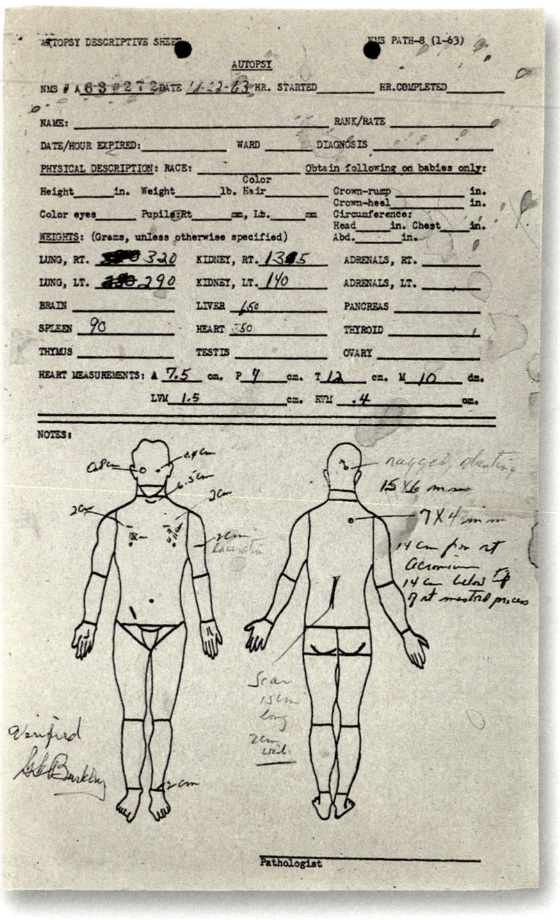
AUTOPSY DESCRIPTIVE SHEET　NMS PATH-8 (1-63)

AUTOPSY

NMS # A 63 272 DATE 11-22-63 HR. STARTED ____ HR.COMPLETED ____

NAME: ____ RANK/RATE ____

DATE/HOUR EXPIRED: ____ WARD ____ DIAGNOSIS ____

PHYSICAL DESCRIPTION: RACE: ____ Obtain following on babies only:

Height ____ in. Weight ____ lb. Color Hair ____ Crown-rump ____ in. Crown-heel ____ in.

Color eyes ____ Pupils: Rt ____ mm, Lt. ____ mm Circumference: Head ____ in. Chest ____ in. Abd. ____ in.

WEIGHTS: (Grams, unless otherwise specified)

LUNG, RT.	320	KIDNEY, RT.	135	ADRENALS, RT.	
LUNG, LT.	290	KIDNEY, LT.	140	ADRENALS, LT.	
BRAIN		LIVER	1650	PANCREAS	
SPLEEN	90	HEART	350	THYROID	
THYMUS		TESTIS		OVARY	

HEART MEASUREMENTS: A 7.5 cm. P 7 cm. T 12 cm. M 10 cm.
LVM 1.5 cm. RVM .4 cm.

NOTES:

Pathologist

Gemäß dem Autopsiebericht ist Kennedy zweimal von hinten getroffen worden. Der Untersuchungskommission, die schon bald ihre Arbeit aufnimmt, dient das Dokument als ein Beweis, dass ein Einzeltäter den Mord begangen haben muss

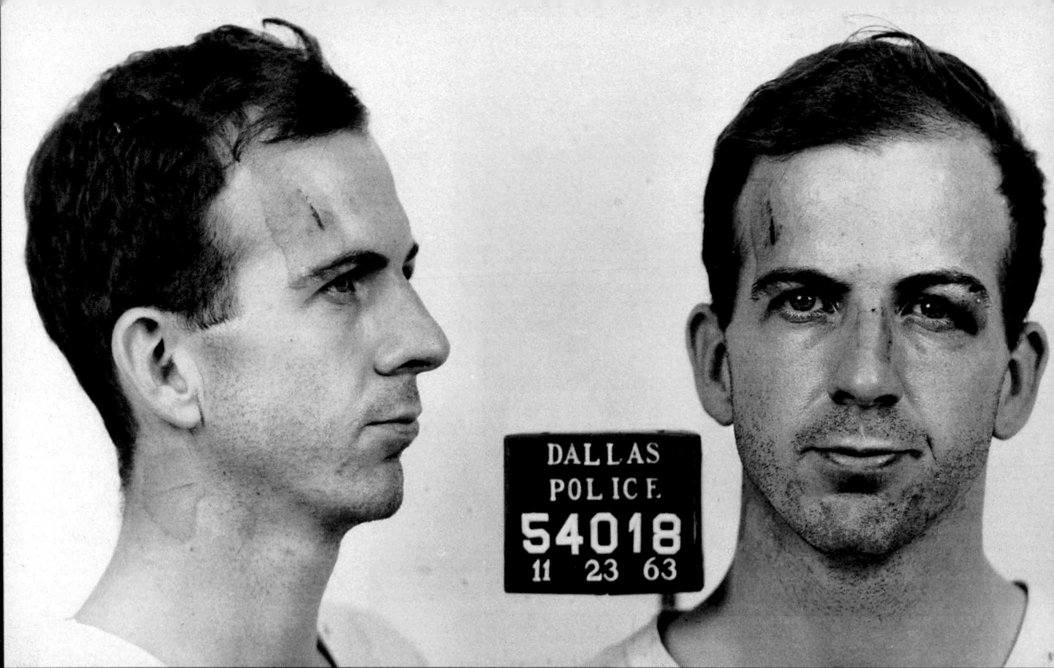

80 Minuten nach dem Attentat verhaftet die Polizei in Dallas den Lagerarbeiter Lee Harvey Oswald. Nach Augenzeugenberichten hat er aus dem 5. Stock eines Schulbuchlagers auf Kennedy gefeuert. Doch Oswald streitet die Vorwürfe ab

nenlernte. Marina Prussakowa mochte den sonderbaren Fremden, der einen Monat nach dem ersten Treffen um ihre Hand anhielt.

Mit ihr und der gemeinsamen Tochter June Lee will Oswald in die USA zurückkehren – denn noch immer besitzt er die amerikanische Staatsbürgerschaft. Die sowjetischen Behörden lassen ihn erleichtert ziehen. (Wie Oswalds KGB-Akte verrät, die 1999 an die USA übergeben wurde, war der Geheimdienst nie daran interessiert, ihn als Mitarbeiter zu gewinnen.)

Am 14. Juni 1962 trifft Oswald mit seiner Familie in Texas ein. Als sein Bruder ihn am Flughafen abholt, ist Lee überrascht, dass keine Journalisten gekommen sind. Als Rückkehrer aus der Sowjetunion hat er mit großer Aufmerksamkeit gerechnet. Nur FBI-Beamte befragen ihn mehrfach.

Im Oktober wird Oswald als Praktikant in einem Grafikbetrieb in Dallas angenommen, aber nach einem halben Jahr entlassen, weil er zu unbeholfen ist und schroff gegenüber Kollegen. Danach bezieht er Arbeitslosenunterstützung.

Immer wieder schlägt er seine Frau, die mit dem zweiten Kind schwanger ist. Er hasse die USA, lässt er jeden wissen, und halte den Kapitalismus für ein „verfaulendes“ System. Anfang 1963 besorgt er sich einen Revolver, im März bestellt er sich unter falschem Namen bei einer Versandfirma ein italienisches Karabinergewehr. Die Mannlicher-Carcano kostet mit Zielteleskop 19,95 Dollar.

Wie ein Guerillakämpfer posiert er in schwarzer Kleidung mit den neuen Waffen und zwei Ausgaben der sozialistischen Journale „The Worker“ und „The Militant“, die er abonniert hat, und lässt sich von seiner Frau fotografieren. (Nach seiner Verhaftung wird Oswald die Bilder als Fotomontagen bezeichnen; doch 22 Fotoexperten des Parlamentsausschusses finden Ende der 1970er Jahre keinen Hinweis auf eine Manipulation.)

Oswald ist jetzt entschlossen, mit Gewalt für einen revolutionären Umsturz zu kämpfen.

Tagelang observiert er den pensionierten General Edwin Walker in Dallas: Der antikommunistische und rassistische Ex-Offizier ruft öffentlich dazu auf, Fidel Castro auf Kuba zu liquidieren. Oswald fotografiert sein Haus und versteckt sich am 10. April 1963 abends in dessen Garten.

Mit seiner Mannlicher-Carcano feuert Oswald auf Walker, der an einem erleuchteten Fenster sitzt. Doch der Fensterrahmen lenkt die Kugel so ab, dass sie nur Walkers Haare streift und ihn leicht am Unterarm verletzt. Der Attentäter entkommt – und berichtet seiner Frau von dem Anschlag.

Er hat Glück, die Polizei wird nicht auf ihn aufmerksam. Einige Zeit später will er als Revolutionskämpfer nach Kuba gehen, um Fidel Castro persönlich beizustehen. Allerdings sind US-Bürgern Reisen dorthin verboten. Am 27. September 1963 verlangt er in der kubanischen Botschaft von Mexiko-Stadt ein Einreisevisum für den Inselstaat. Ohne Erfolg. Oswald kehrt mit seinem letzten Geld nach Dallas zurück.

Hier wohnt Marina inzwischen im Vorort Irving bei einer Freundin. Oswald mietet sich, unter falschem Namen, unweit der Innenstadt ein kleines Zimmer und geht auf Jobsuche. Mehrere Bewerbungen scheitern. Dann gibt ihm die Freundin seiner Frau den Tipp, es beim Texas Schulbuchlager an der Dealey Plaza zu versuchen. Dort stellt sich Oswald am 15. Oktober 1963 vor. Er macht einen guten Eindruck. Am Tag darauf fängt er als Lagerarbeiter an.

Oswald hat im Sommer zuvor eine Biografie Kennedys gelesen und eine seiner politischen Schriften. Er lobt vor Bekannten Kennedys Bürgerrechtspolitik, wirkt aber eifersüchtig, ja neidisch, wenn der Name des Politikers fällt.

Denn trotz seines vielfachen Scheiterns fühlt Oswald sich zu Höherem berufen, vergleicht sich mit bedeutenden Politikern, studiert deren Leben und Karrieren. „Er wollte um jeden Preis, im Guten oder Schlechten, in die Geschichte eingehen", sagt Marina vor der Warren-Kommission aus.

Oswald lehnt Kennedys aggressive Haltung gegenüber Kuba ab. Vor allem verabscheut er den Millionärssohn als Vertreter der kapitalistischen Gesellschaftsform. Über den Präsidenten selbst aber, erinnert sich seine Frau später, habe er sich nur ein einziges Mal negativ geäußert: „Sein Papa hat ihm die Präsidentschaft gekauft." Und: „Ich habe unter beiden Systemen gelebt", schreibt er in sein Tagebuch. „Ich verachte ihre Repräsentanten."

Am 16. Oktober 1963 tritt Oswald seinen neuen Job an – 37 Tage vor dem Besuch des Präsidenten in Dallas.

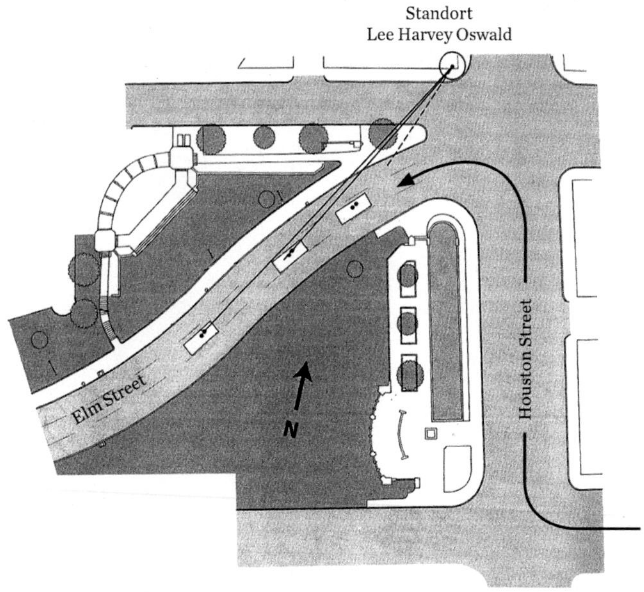

Kurz nachdem Kennedys Limousine auf der Dealey Plaza nach links in die Elm Street abgebogen ist, fallen drei Schüsse. Zwei treffen den Präsidenten. Ballistische Untersuchungen der sichergestellten Projektilteile zeigen, dass diese beiden Kugeln aus dem Gewehr von Lee Harvey Oswald abgefeuert worden sind

FREITAG, 1. NOVEMBER 1963. Das FBI ist Oswald auf der Spur. Der Bundespolizei ist seine Fahrt nach Mexiko-Stadt, wo er mehrfach die kubanische und die sowjetische Botschaft aufsuchte, nicht verborgen geblieben. Ein FBI-Beamter zieht in der Nachbarschaft in Irving Erkundigungen über die Oswalds ein und spricht mit Marina und ihrer Freundin; er erfährt, dass Oswald im Schulbuchlager arbeitet.

Lee ist wütend über die Nachforschungen, fürchtet, dadurch seine Arbeit zu verlieren. Die beiden Frauen notieren für ihn bei einem erneuten Besuch des FBI-Mannes dessen Namen, die Büroadresse, Telefonnummer und das Autokennzeichen. (Man findet die Daten später in Oswalds Adressbuch.)

Dienstag, 12. November. Wahrscheinlich an diesem Tag gibt Oswald einen Beschwerdebrief beim Büro des FBI in Dallas ab: Der Beamte solle sich künftig mit Fragen direkt an ihn wenden. (Nach dem Attentat vernichtet der FBI-Mann das Schreiben auf Anweisung eines Vorgesetzten, verschweigt es auch vor der Warren-Kommission. Niemand soll erfahren, dass die Bundespolizei vor dem Attentat Oswald überprüft hat, aber untätig blieb.)

Donnerstag, 14. November. Acht Tage vor der Ankunft Kennedys in Dallas entscheiden Mitarbeiter des Weißen Hauses, dass der Präsident nach seiner Fahrt durch die Innenstadt in der Veranstaltungshalle „Trade Mart" sprechen soll. Nun plant der Secret Service die Route der Wagenkolonne vom Flughafen dorthin. Vier Tage später steht die Strecke fest.

Doch niemand vom FBI in Dallas warnt den Sicherheitsdienst, dass sie direkt unter den Fenstern eines Gebäudes vorbeiführt, in dem ein Marxist und Pro-Castro-Aktivist arbeitet.

Wäre Oswald ein Auftragsmörder von Verschwörern, hätten die ihn spätestens jetzt, als die Fahrtroute feststeht, kontaktieren müssen. Doch es gibt kein Indiz dafür: Oswald geht nach der Arbeit nie aus, empfängt niemanden in seinem Zimmer.

Dienstag, 19. November. Die beiden Zeitungen der Stadt veröffentlichen die geplante Route. Lee Harvey Oswald ist seit fünf Wochen im Schulbuchlager beschäftigt. Er bearbeitet Bestellungen, muss die richtigen Titel unter Tausenden Büchern im 5. Stock auswählen und zur Versandabteilung im Erdgeschoss transportieren.

Er verdient nicht viel bei dem Gelegenheitsjob. Um Geld zu sparen, liest er jeden Morgen vor der Arbeit im Kantinenraum im Erdgeschoss die dort ausliegenden Zeitungen vom Vortag. Wahrscheinlich erfährt er so spätestens am 20. November von der Fahrtroute des Präsidenten.

Am Tag darauf ändert er seinen üblichen Wochenablauf.

Donnerstag, 21. November. Oswald besitzt kein Auto. Gewöhnlich nimmt ihn freitagabends ein Kollege mit nach Irving, zu Marina. Das Paar hat sich voneinander entfremdet, verbringt aber die Wochenenden noch gemeinsam.

An diesem Donnerstag bittet Lee den Kollegen, ihn schon am Abend mit nach Irving zu nehmen und am nächsten Morgen zurück nach Dallas zu bringen. Das ist noch nie vorgekommen.

Er müsse „einige Gardinenstangen für ein Apartment holen", erklärt Oswald. (In dem winzigen Zimmer, das er in Dallas gemietet hat und unter der

Lee Harvey Oswald wirkt MERKWÜRDIG TEILNAHMSLOS

Woche bewohnt, fehlen indes weder Stangen noch Vorhänge.)

Marina ist überrascht, ihren Mann schon am Donnerstagabend zu sehen. Oswald bittet seine Frau, mit den beiden kleinen Töchtern zu ihm zurückzukehren, verspricht ihr eine bessere Zukunft, doch sie lässt sich nicht umstimmen.

Beim Abendessen erwähnt Marina, dass am nächsten Tag Kennedy die Stadt besuchen wird. Sie wundert sich, dass Lee, der sich sonst für alles Politische interessiert, darauf nicht eingeht.

Nach dem Essen starrt er wortlos auf den Fernseher und geht zwischen 21 und 22 Uhr zu Bett – deutlich früher als sonst. Er wirkt traurig. Offenbar, so scheint es seiner Frau, schläft er erst im Morgengrauen ein.

Freitag, 22. November 1963. Marina liegt noch im Bett, als Oswald aus dem Haus geht, ohne sich – wie sonst – mit einem Kuss zu verabschieden. Er hat seiner Frau angekündigt, Geld dazulassen.

Es wird einige Zeit dauern, bis sie die 170 Dollar auf der Kommode bemerkt; fast die gesamten Ersparnisse des Paares. Zudem hat er seinen Ehering zurückgelassen. Er hat ihn nie zuvor abgezogen.

In der Garage, so findet die Polizei später heraus, fehlt das Mannlicher-Carcano-Gewehr, das er dort, eingewickelt in eine Decke, aufbewahrt hat.

Als Lee Harvey Oswald um 7.20 Uhr zum Wagen seines Kollegen kommt, presst er ein längliches Paket, in Packpapier eingeschlagen, an seinen Körper.

Er öffnet eine Tür und legt es auf die Rückbank. „Die Gardinenstangen", erklärt er. (Am Nachmittag wird die Polizei im 5. Stock des Schulbuchlagers eine Hülle aus Packpapier neben den drei leeren Patronenhülsen finden. Sie ist 97 Zentimeter lang – das reicht für das zerlegte Gewehr. Auf dem Papier entdecken die Beamten Finger- und Handabdrücke von Oswald.)

Kurz vor 8.00 Uhr erreichen Lee und sein Kollege den Parkplatz des Schulbuchlagers. Oswald beeilt sich, das Paket von der Rückbank zu nehmen. Dann geht er so rasch voraus, dass ihm der andere nicht folgen kann. Sonst schlendern sie immer gemeinsam zum Hintereingang.

Zum ersten Mal liest Oswald nicht im Kantinenraum die Zeitungen, sondern beginnt sofort mit seiner Arbeit. Kaum jemand bemerkt ihn in den nächsten anderthalb Stunden.

Zwischen 9.30 und 10.00 Uhr sieht ein Arbeiter, wie Oswald aus einem Fenster im Erdgeschoss auf die Dealey Plaza blickt. „Warum versammeln sich da so viele Menschen?", fragt Oswald.

„Weil in ein paar Stunden der Präsident vorbeikommt."

„Weißt du, aus welcher Richtung er kommt?"

„Die Fahrzeugkolonne fährt direkt unter unseren Fenstern vorbei."

„Verstehe", entgegnet Oswald und verschwindet.

11.40 Uhr. Auf dem Flughafen von Dallas setzt die „Air Force One" auf.

Die rund 850 Quadratmeter große 5. Etage des Schulbuchlagers ist teilweise freigeräumt, damit Arbeiter einen neuen Fußboden verlegen können; fast alle Bücherkartons sind an der östlichen Seite des Raums aufgestapelt.

Viel Licht fällt durch die sieben großen Doppelfenster zur Elm Street an der Dealey Plaza.

Einer der Arbeiter glaubt Oswald etwa 20 Meter entfernt am südöstlichsten der Fenster zu sehen, wie er einige der Kartons herumschiebt. Nichts Ungewöhnliches, da es ja Oswalds Aufgabe ist, bestellte Bücher zusammenzusuchen.

11.45 Uhr. Die Arbeiter fahren mit den beiden Aufzügen zur Kantine im Erdgeschoss hinab. Sie nehmen ihre Mittagspause einige Minuten eher, um nachher den Präsidenten nicht zu verpassen. Unten bemerkt einer von ihnen, dass er seine Zigaretten vergessen hat und kehrt noch einmal in den 5. Stock zurück.

Im Lagerraum trifft er auf Oswald, der eine Schreibunterlage mit Bestellformularen in der Hand hält. Lee erklärt, er wolle nicht mit nach unten zum Essen kommen. Inzwischen ist es 11.55 Uhr.

Kennedys Fahrzeugkolonne wird in gut einer halben Stunde die Dealey Plaza erreichen – Zeit genug, um das Gewehr zusammenzusetzen. Wer mit der Mannlicher-Carcano vertraut ist, benötigt dafür kaum zwei Minuten.

Nun offenbar baut sich Oswald um das südöstlichste Fenster ein Versteck aus mannshohen Kartonstapeln, die ihn vor Blicken aus dem Raum schützen sollen. Ein einzelner Karton dient ihm darin wahrscheinlich als Sitz. Auf ihm finden die Beamten später den Abdruck von Oswalds rechter Hand – bei den Marines hat er seine besten Schießergebnisse stets sitzend erzielt.

Vor dem halb geöffneten Fenster hat er einen kleineren Karton auf einen größeren gestapelt, davor eine weitere Pappbox gegen den Sims verkantet, als stabile Unterlage für die Waffe. Die später entdeckten Abdrücke von Oswalds linker Hand sowie des rechten Zeigefingers auf der obersten Kiste weisen in Schussrichtung auf die Dealey Plaza.

Aber ist Oswald nach 12.00 Uhr überhaupt im 5. Stock? Er sagt später im Verhör, er habe sich, als die Schüsse fielen, in der Kantine für Büroangestellte im 1. Stock aufgehalten.

Und tatsächlich glaubt eine Zeugin, ihn dort um 12.15 Uhr gesehen zu haben – allerdings erinnert sie sich erst 15 Jahre nach der Tat daran und widerspricht damit früheren Angaben. Niemand sonst hat Oswald zur Mittagszeit in einer der beiden Kantinen beobachtet.

12.18 Uhr. Howard Brennan, ein 44-jähriger Bauarbeiter, setzt sich auf die niedrige Betonbrüstung an der Kurve zur Elm Street, direkt gegenüber vom Schulbuchlager. Einige Minuten später blickt er an dessen Fassade hinauf.

Im östlichen Eckfenster des 5. Stocks bemerkt er eine männliche Gestalt: weiße Hautfarbe, schlank, dunkelbraunes Haar. Ihm fällt auf, wie ernst der Mann blickt. Er scheint unberührt von der erwartungsvollen Stimmung auf dem Platz.

Auch andere Menschen auf der Dealey Plaza bemerken die Gestalt, die gespannt auf die Route der Fahrzeugkolonne starrt. Ihre Beschreibungen treffen ebenfalls auf Oswald zu.

12.30 Uhr. Kennedys Limousine ist gerade in die Elm Street abgebogen, als ein Krachen über die Dealey Plaza hallt, das aber sofort von den Geräuschen der Motorräder verschluckt wird. Viele halten den Knall für eine Fehlzündung oder glauben, jemand habe zum Scherz einen Feuerwerkskörper gezündet.

John F. Kennedy hört für einen Moment auf zu winken, blickt kurz nach rechts in die Zuschauer, dann nach links zu seiner Frau Jacqueline. Dann grüßt er wieder in die Menge.

Als Oswald am 24. November vom Polizeihauptquartier ins Gefängnis verlegt werden soll, erschießt ihn der Nachtclubbesitzer Jack Ruby – angeblich, um Jackie Kennedy eine Aussage vor Gericht zu ersparen. Der Mord befeuert die öffentliche Spekulation: Viele US-Bürger sind davon überzeugt, dass beide Männer Teil einer Verschwörung waren

Gouverneur John Connally, ein erfahrener Jäger, erkennt das Geräusch sofort als Gewehrschuss. Er dreht sich um und schaut über seine rechte Schulter nach hinten, in Richtung des Schulbuchlagers.

Dort sieht er nichts Verdächtiges.

Ein Secret-Service-Agent, der im Wagen hinter dem Lincoln Continental fährt und auf einem seitlichen Trittbrett steht, glaubt ebenfalls, einen Schuss gehört zu haben. Oder ist ein Reifen geplatzt? Vorsichtshalber zieht er seine Waffe aus dem Halfter.

Kennedys Fahrer und der Sicherheitsbeamte neben ihm auf dem rechten Vordersitz zeigen keine Reaktion auf das Geräusch.

Drei Angestellte des Schulbuchlagers, die die Fahrzeuge aus dem 4. Stock beobachten, hören es auch – ganz nah. Wegen der Renovierungsarbeiten im 5. Stock ist der Sperrholzboden über ihnen an einigen Stellen so dünn, dass Licht durchdringt. Zementstaub rieselt nach dem Knall von der Decke.

Niemand im Lincoln ist getroffen. Der erste Schuss verfehlt sein Ziel. Das Projektil wird nie gefunden. Möglich, dass ein Zweig der Eiche, die Oswald für wenige Sekunden die freie Sicht auf die Fahrzeugkolonne verdeckt, die Kugel abgelenkt hat.

Eine Frau sieht Funken auf dem Gehweg entlang der Elm Street aufleuchten. Wenig später bemerkt ein Mann, der vor der dreifachen Unterführung steht, Blut auf seiner Wange. Auf dem Trottoir entdeckt die Polizei später eine Kerbe mit Bleispuren. Wahrscheinlich ist ein Fragment der Kugel hier eingeschlagen und hat ein Betonteilchen gelöst, das den Mann im Gesicht verletzte.

Der Lincoln fährt weiter die sanft abfallende Elm Street entlang. Der Amateurfilmer Abraham Zapruder hat Kennedys Wagen jetzt im Visier. Der Modemacher aus Dallas steht etwa 25 Meter vom Straßenrand entfernt auf einem Betonsockel und dreht mit seiner Schmalfilm-Kamera.

Die Männer im 4. Stock des Lagergebäudes hören, wie jemand in der Etage über ihnen einen Gewehrbolzen betätigt, dann, wie eine leere Patronenhülse metallisch auf den Boden schlägt.

„Es ist direkt über unseren Köpfen!“, schreit einer von ihnen. Etwa 3,5 Sekunden sind nach dem ersten Schuss vergangen. (Eine Rekonstruktion des US-Repräsentantenhauses ergibt 1977, dass es nur 1,66 Sekunden dauert, um die Mannlicher-Carcano mit vier kurzen Bewegungen nachzuladen, zu zielen und erneut abzudrücken. Da die erste Patrone schon im Gewehrlauf ist, muss der Schütze erst vor dem zweiten Schuss den Bolzen betätigen.)

Howard Brennan, der noch immer auf der kleinen Betonmauer sitzt, hält den ersten Knall wie viele für eine Fehlzündung. Als er zum 5. Stock des Schulbuchlagers hinaufblickt, durchläuft es ihn kalt: Oben sieht er wieder den merkwürdig teilnahmslosen Mann.

Diesmal hält er ein Gewehr in der Hand, das direkt auf den Wagen des Präsidenten gerichtet ist. Mit einer schnellen, aber zugleich ganz ruhigen Bewegung stabilisiert der Schütze das Gewehr gegen den Fenstersims.

Dann feuert er.

IN ABRAHAM ZAPRUDERS Kamerasucher taucht der Lincoln Continental gerade hinter einem Verkehrsschild auf, das kurz die Sicht verdeckt hat. John F. Kennedy will den rechten Arm zum Winken heben.

Aber sein Ellenbogen zuckt zur Seite, dann reißt er die Hände unters Kinn, die Arme bleiben angewinkelt und wie fixiert stehen: Die Kugel hat bereits ein, zwei Zehntelsekunden zuvor von hinten seinen Hals durchschlagen. An der Eintrittsstelle sind die Stoffe von Jackett und Hemd nach innen eingedrückt – eindeutige Anzeichen für einen Schuss in den Nacken.

Die Kugel zerreißt die Luftröhre und tritt unterhalb des Kehlkopfes aus.

Nur Hundertstelsekunden später trifft dasselbe Projektil John Connally, der gerade nach rechts schaut. Seine Gesichtszüge erstarren.

Weil der Gouverneur etwas tiefer als Kennedy sitzt, dringt die Kugel unter der rechten Schulter ein.

Sie verletzt die Lunge, zerschmettert die fünfte Rippe, wird von dem Knochen leicht abgelenkt und tritt unterhalb der rechten Brustwarze aus. Vergrößerungen des Zapruder-Films zeigen sogar, wie Connallys Revers an der Stelle aufflattert.

Doch der Weg des Projektils ist noch nicht beendet: Es durchdringt die rechte Handwurzel des Gouverneurs, der seinen Arm gerade vor der Brust hält, und verletzt dann seinen linken Oberschenkel.

Kritiker der Warren-Kommission bezweifeln später, dass die Kugel diesen Weg nehmen konnte. 1992 bauen Experten die Präsidentenlimousine nach, projizieren die genauen Umrisse der Insassen aus dem Zapruder-Film hinein und vermessen alles digital, dann speisen sie die Daten am Computer in ein dreidimensionales Modell der Dealey Plaza und des Wagens ein.

Die Simulation bestätigt, dass sämtliche Verwundungen auf einer Schussbahn liegen. Mehr noch: Eine Rückprojektion zeigt, dass die Kugel höchstwahrscheinlich aus dem südöstlichsten Fenster im 5. Stock des Schulbuchlagers abgefeuert worden ist.

Das Projektil wird am Nachmittag auf einer Trage des Parkland Memorial Hospitals gefunden, auf der John Connally gelegen hat. Offenbar ist es aus der Oberschenkelwunde gefallen.

1977 zeigen radiochemische Untersuchungen, dass jene drei winzigen Kugelfragmente, die die Ärzte aus Connallys Handgelenk entfernt haben, mit an Sicherheit grenzender Wahrscheinlichkeit von dieser Kugel stammen.

Und: Das Projektil wurde eindeutig aus Lee Harvey Oswalds Mannlicher-Carcano abgefeuert.

Bis zum dritten Schuss vergehen knapp fünf Sekunden. Wieder hören die drei Männer im 4. Stock direkt über sich das Bolzengeräusch und eine Patronenhülse, die auf den Boden fällt. Alle starren nach unten, um zu sehen, was auf der Plaza geschieht – auf die Idee, den Täter zu stellen, kommt offenbar keiner.

Howard Brennan beobachtet den Schützen von unten aus. Er will aufschreien, bringt aber keinen Laut hervor. Der Mann oben zielt und drückt erneut ab. Brennan wirft sich zu Boden.

Abraham Zapruder hält den Auslöser seiner Kamera gedrückt und zeichnet so die Szene auf: Die dritte Kugel trifft Kennedy in den Hinterkopf und reißt die Schädeldecke über dem rechten Ohr auf.

Der Kopf des Präsidenten sackt kurz nach vorn, erst dann schnellt er zurück. Wahrscheinlich löst die massive Verletzung der Hirnrinde einen spastischen Reflex aus: Sämtliche Körpermuskeln ziehen sich zusammen, auch an Hals und Rücken, wo sie besonders stark sind.

Die Kontraktionen richten den Körper ruckartig auf; Kennedys Rückenkorsett verstärkt diese Bewegung. Zudem erzeugen das austretende Geschoss, Blut und Gehirnmasse einen Rückstoß, der den Kopf des Präsidenten nach links und nach hinten wirft.

Auf dem Fußboden des Wagens finden Polizisten später drei kleine Kugelfragmente. Sie stammen wie die Bleispuren in Kennedys Gehirn von ein und derselben Kugel. Auch sie wurde zweifelsfrei aus Oswalds Mannlicher-Carcano abgefeuert.

Mehrere Zeugen sehen den Mann am Eckfenster des Schulbuchlagers, am deutlichsten Howard Brennan. Während Kennedys Limousine in rasender Fahrt hinter der Unterführung verschwindet, zeigt sein Gesicht ein verhaltenes Grinsen. „Als hätte er erreicht, was er sich vorgenommen hat", so erscheint es Brennan, der vom Boden aufblickt.

Ohne Hast, so beobachtet der Bauarbeiter, zieht der Schütze den Gewehrlauf ins Fenster zurück. Dann verschwindet er aus dem Blickfeld.

12.31 Uhr. Ein Polizist, der mit seinem Motorrad noch auf der Houston Street fährt, ist sich sicher, dass die Schüsse vom Schulbuchlager kamen – beim ersten Knall flogen Tauben vom Dach des Gebäudes auf. Er rast auf den

Eingang zu, eilt zu Fuß die Stufen hinauf und rennt gemeinsam mit dem Geschäftsführer des Lagerhauses in das Treppenhaus.

Im 1. Stock bemerkt er aus dem Augenwinkel einen Verdächtigen, der vorbeihuscht. Er zieht seinen Revolver und fordert den Mann auf, zu ihm zu kommen.

Es ist Lee Harvey Oswald.

Erst anderthalb Minuten sind seit den Schüssen vergangen. Doch diese kurze Zeit hat Oswald gereicht, um die Waffe in eine Lücke zwischen Kartonstapel zu schieben und vier Stockwerke im Treppenhaus hinabzugehen.

Oswald wirkt beherrscht. Er schweigt. Sein Gesicht zeigt keine Aufregung.

„Kennen Sie den Mann? Arbeitet er hier?“, fragt der Polizist den Geschäftsführer. Als dieser bejaht, dreht sich der Beamte um und stürmt weiter die Treppen hinauf. Wegen der auffliegenden Tauben vermutet er den Schützen auf dem Dach.

Um 12.33 Uhr verlässt Oswald das Gebäude durch den Vordereingang. Erst vier Minuten später beginnt die Polizei, sämtliche Zugänge zu dem Gebäude zu bewachen.

Ein Reporter stößt im Lauf mit Oswald zusammen und fragt atemlos nach einem Telefon. Oswald weist ihm den Weg mit einer Handbewegung. Dann verlässt er die Dealey Plaza und geht bis zu einer Bushaltestelle ein paar Häuserblocks entfernt. Als ein Bus kommt, steigt er ein.

Kein anderer Angestellter des Schulbuchlagers verlässt das Gebäude und die unmittelbare Umgebung. Im Verhör wird Oswald später angeben, er habe geglaubt, an diesem Tag werde nicht mehr gearbeitet und habe sich deshalb auf den Heimweg begeben – so als interessierte ihn das Attentat auf den US-Präsidenten nicht.

Der Bus bleibt bald im dichten Verkehr stecken. Oswald verlangt nach einer Umsteigefahrkarte und steigt aus. Zwei Häuserblocks weiter nimmt er ein Taxi. Der Fahrer weiß noch nichts von den Schüssen auf den Präsidenten und wundert sich laut über die vielen Polizeisirenen und das Durcheinander auf der Straße. Oswald schweigt.

Er lässt sich bis zu einer Adresse fahren, die ein paar Gehminuten von seinem gemieteten Zimmer entfernt liegt.

12.45 Uhr. Howard Brennan, der Mann auf der Dealey Plaza, hat einem Polizisten eine Personenbeschreibung des Schützen gegeben. Jetzt geht sie über Polizeifunk an alle Streifenwagen.

13.00 Uhr. Die letzten Meter zu seiner Pension legt Oswald zu Fuß zurück. Seine Wirtin schaltet gerade den Fernseher ein. Oswald stürmt wortlos herein und eilt zu seinem Zimmer. Dort nimmt er seinen Revolver, stopft ihn in den Hosenbund und zieht eine Jacke an, um die Waffe zu verbergen.

Dann verlässt er die Pension. Vermutlich will er zu einer Haltestelle, an der in zweieinhalb Stunden ein Greyhound-Bus nach Mexiko abfährt.

13.10 Uhr. Der Streifenpolizist J. D. Tippit bemerkt Oswald von seinem Wagen aus. Drei Mal ist Howard Brennans Beschreibung des mutmaßlichen Attentäters inzwischen über den Polizeifunk verbreitet worden. Tippit stoppt seinen Wagen hinter Oswald und fordert ihn auf, herüberzukommen.

Oswald dreht sich um, geht auf den Wagen zu, lehnt sich gegen die Beifahrerseite und spricht durch das offene Fenster mit Tippit. Offenbar schöpft der Polizist Verdacht, er steigt aus und geht auf Oswald zu. Der zieht plötzlich seinen Revolver und feuert mehrmals.

Tippit sinkt tot zu Boden.

Mehrere Zeugen beobachten die Tat. Sie sehen auch, wie der Mörder davonrennt (und identifizieren Oswald bei einer Gegenüberstellung am selben Abend im Polizeihauptquartier). Oswald läuft etwa einen Kilometer weit, flüchtet dann in das „Texas Theater“, ein Kino.

13.48 Uhr. Polizeiwagen blockieren die Vorder- und Hintereingänge des „Texas Theater“. Beamte stürmen in das Gebäude und lassen das Licht einschalten.

Oswald sitzt in der drittletzten Reihe. Als ein Polizist auf ihn zugeht und ihn auffordert aufzustehen, erhebt er sich langsam, hält die Hände hoch und sagt: „Okay, es ist alles vorbei.“

Doch dann schlägt er dem Beamten plötzlich ins Gesicht und zieht seinen Revolver. Im Handgemenge versucht Oswald zu schießen, doch es gelingt ihm nicht mehr. Als ihn die Polizei in Handschellen aus dem Gebäude abführt, ruft er: „Ich kenne meine Rechte. Ich will einen Anwalt.“

Fotovermerk nach Seiten

Anordnung im Layout: l. = links, r. = rechts, o. = oben, m. = Mitte, u. = unten

Titel: Douglas Jones/Look Magazine/Library of Congress

Editorial: Eva Pradel für GEO*EPOCHE*

Inhalt: Bachrach/Hulton Archive/Getty Images: 4 o.; The Estate of Jacques Lowe: 4 m.; UPI Photo/imago stock&people: 4 l. u.; NASA: 4 r. u.; Privatsammlung: 5 o.; akg-images/VG Bild-Kunst, Bonn 2009: 5 o. m.; Rue des Archives/Süddeutsche Zeitung Photo: 5 u. m.; Abraham Zapruder/NARA: 5 u.

Der Unvollendete: The Estate of Jacques Lowe: 6–21

Der Clan der Sieger: Bachrach/Hulton Archive/Getty Images: 22/23; Privatsammlung: 24 l.; Corbis: 24 r., 25, 26, 28; Fox Photos/Getty Images: 29; Tal/Rue des Archives/Süddeutsche Zeitung Photo: 31; Yale Joel//Time Life Pictures/Getty Images: 32, 33; Hy Peskin/Time Life Pictures/Getty Images: 34

The American Dream: Ralph Amdursky and Charles Baker/© 2009 Kodak, courtesy of George Eastman House: 36/37; Bob Phillips/© 2009 Kodak, courtesy of George Eastman House: 38/39; Herb Archer/© 2009 Kodak, courtesy of George Eastman House and courtesy Elizabeth Sullivan Precht: 40/41; Peter Gales/© 2009 Kodak, courtesy of George Eastman House: 42/43; Herb Archer/© 2009 Kodak, courtesy of George Eastman House: 44/45; Neil Montanus/© 2009 Kodak, courtesy of George Eastman House: 46/47

Die Kennedy-Show: Cornell Capa/Magnum Photos/Agentur Focus: 50/51; Stan Wayman/Time Life Pictures/Getty Images: 52; Bettmann/Corbis: 53; AP Photo: 54, 55, 56, 60; Underwood & Underwood/Corbis: 57; Paul Schutzer/Time Life Pictures/Getty Images: 58; Jacques Lowe/Camera Press/Picture Press: 59; Corbis: 61

Operation Schweinebucht: RIA Nowosti/akg-images: 62/63; Paul Schutzer/Time Life Pictures/Getty Images: 64; Lynn Pelham/Time Life Pictures/Getty Images: 65 oben; AP Photo: 65 l. u.; ullstein bild: 65 r. u.; Stefanie Peters für GEO*EPOCHE*: 66; AP Photo/akg-images: 67 o.; AP Photo/Süddeutsche Zeitung Photo: 67 u.; amw Pressedienst/ullstein bild: 68; Photos 12/Alamy: 69

Aufbruch ins All: NASA: 72/73, 74, 75, 77; Getty Images: 76

Kampf um Berlin: Gert Schütz/akg-images:78–79, 85; Archiv Friedrich/Interfoto: 80, 84; von der Becke/ullstein-bild: 81; akg-images: 82; Bettmann/Corbis: 83

Der Weg nach Vietnam: Larry Burrows/Time Magazine/Time Life Pictures/Getty Images: 86/87, 92 m., 92 u., 96/97; John Dominis/Time Life Pictures/Getty Images: 88 o.; Vince Finnigan/Keystone Pressedienst: 88 u.; Tim Page/Corbis: 88/89; Kyoichi Sawada/Bettmann/Corbis: 90/91, 92/93, 94/95; Howard Sochurek/Time Life Pictures/Getty Images: 92 o.; Everett Collection/action press: 96 o.; AP Photo: 96 u.

Die Welt am Abgrund: UPI Photo/imago stock&people: 99; Archiv Friedrich/Interfoto: 101; Süddeutsche Zeitung Photo: 102; Bettmann/Corbis: 105; Blackpool/Interfoto: 106; UPPA/Photoshot: 109; Tal/Rue des Archives/Süddeutsche Zeitung Photo: 110; Bettmann/Corbis: 113

Der schöne Schein: akg-images/VG Bild-Kunst, Bonn 2009: 116–117, 120; akg-images: 118 l.; Getty Images: 118 m.; Bob Adelman/Corbis: 118 r.; Estate of Tom Wesselmann/VG Bild-Kunst, Bonn 2009: 119; Getty Images: 121 r.; 2006, The Museum of Modern Art, New York/Scala, Florenz: 122 l. u.; Malcom Lubliner/Corbis: 122 m.; VG Bild-Kunst, Bonn 2009: 123; Roy Lichtenstein Foundation/VG Bild-Kunst, Bonn 2009: 124; Wesley/Getty Images: 125

Die Königin von Camelot: Privatsammlung: 127; Robert Knudsen/John F. Kennedy Presidential Library and Museum: 128, 131, 132, 135; Ed Clark/Time Life Pictures/Getty Images: 129 l., 129 r. o.; CBS Photo Archive/Getty Images: 129 u.; action press: 130 l.; Mark Shaw/interTOPICS: 130 r. o.; Bettmann/Corbis: 130 u.; Dennis Stock/Magnum Photos/Agentur Focus: 133 l.; Corbis: 133 r. o.; Cecil Stoughton/Time Life Pictures/Getty Images: 133 u.; Stanley Tretick/Bettmann/Corbis: 134 l.; Henry Burroughs/AP Photo: 134 r. o.; Alfred Eisenstaedt/Time Life Pictures/Getty Images: 134 u.

Der Traum des Predigers: Keystone Pictures: 136/137; Starstock/Photoshot: 138; Zuma Press/action press: 139; Bettmann/Corbis: 140, 141 r.; AP Photo/ullstein bild: 141 l.; akg-images: 142 o.; Rolls Press/Popperfoto/Getty Images: 142 m.; Keystone Pressedienst: 142 u.

Tod in Dallas: ullstein bild: 146/147; Privatsammlung: 148; TopFoto/dpa/picture-alliance: 149, 157; Abraham Zapruder/NARA: 150/151; Pascal Le Segretain/Sygma/Corbis: 152; President John F. Kennedy Assassination Records Collection/NARA: 154; dpa/picture-alliance: 160

Zeitleiste: Lisa Larsen/Time Life Pictures/Getty Images: 164; Zuma Press/q02/picture-alliance: 165; John Dominis/Time Life Pictures/Getty Images: 166; dpa/ullstein bild: 167

Vorschau: Library of Congress: 170 o.; bridgemanart.com: 170 l. u.; Bettmann/Corbis: 170 r. u.; The Travel Library/LOOK-foto: 171 o.; © Underwood & Underwood/Corbis: 171 u.

Abschied von einer Lichtgestalt: Zu Kennedys Beerdigung am 25. November 1963 reisen Staatschefs aus mehr als 100 Nationen an. Jackie, die um die Macht des Bildes weiß, ermuntert John jr., vor dem Sarg seines Vaters zu salutieren

Festgenommen wird Oswald zunächst wegen des Mordes an Tippit. Er weigert sich, seinen Namen zu nennen.

Die Beamten finden jedoch einen Bibliotheksausweis und einen Wehrpass in seiner Brieftasche. Der Wehrpass lautet auf den Namen „Alek Hidell", ein Pseudonym, das Oswald für seine Waffenbestellungen benutzt, die andere Karte auf seinen echten Namen.

14.15 Uhr. Aus dem Schulbuchlager kommt ein Ermittler ins Polizeihauptquartier zurück. Er weist Kollegen an, zu der Adresse eines gewissen Lee Harvey Oswald in Irving zu fahren, des einzigen Mitarbeiters aus dem Schulbuchlager, der bei einem Zählappell fehlte und auf den zudem die Personenbeschreibung des Verdächtigen passt.

Zu seinem Erstaunen hört der Polizist, dass der Gesuchte bereits in einem Verhörzimmer sitzt. Und im Schulbuchlager entdecken Ermittler Oswalds Waffe sowie seine Fingerabdrücke.

Dieser aber streitet ab, ein Gewehr zu besitzen, und beteuert seine Unschuld.

19.50 Uhr. Im Keller des Polizeihauptquartiers arrangieren die Beamten eine Gegenüberstellung. Howard Brennan erinnert sich klar an das Gesicht des Schützen im 5. Stock. Doch inzwischen fürchtet er um sein Leben und das seiner Familie; der Secret Service hat ihm zwei Leibwächter zur Seite gestellt.

Was, wenn er der einzige Zeuge ist, und tatsächlich einflussreiche Verschwörer hinter der Ermordung Kennedys stecken?

Als Oswald und drei weitere Häftlinge in den Saal geführt werden, erkennt er ihn sofort als den Schützen wieder. Doch aus Angst will er sich nicht festlegen, der Täter ist ja ohnehin in Gewahrsam.

„Ich kann es nicht mit Gewissheit sagen. Er sieht aus wie der Mann", gibt er an. Vielleicht, meint er, hätten sich die Fernsehbilder von Oswalds Verhaftung mit seiner Erinnerung vermischt. Erst einen Monat später wird er aussagen: „Ich hätte ihn eindeutig identifizieren können."

Auch in den anderthalb Tagen, die Oswald noch bleiben, bis ihn selbst eine tödliche Kugel trifft, legt er kein Geständnis ab.

Jack Ruby ist ein geltungssüchtiger Nachtclubbesitzer aus Dallas und ein Polizeiinformant. Ruby sucht häufig die Nähe der Ordnungshüter. Und so ist er auch in deren Hauptquartier, als die Beamten Lee Harvey Oswald am 23. November 1963 kurz nach Mitternacht der Presse vorführen.

Doch nur durch eine Verkettung mehrerer Zufälle ist er auch am Morgen des nächsten Tages rechtzeitig zugegen, als Oswald im Keller des Gebäudes zu einem Transportwagen geführt wird.

Mit den Worten „Du hast meinen Präsidenten getötet, du Ratte!“ feuert er auf Oswald. Offensichtlich ist seine Tat spontan und kein Auftragsmord. Für einen Mafiakiller ist Jack Ruby zudem viel zu redselig.

Den Polizisten, die ihn zu Boden werfen, ruft er zu: „Ich bin Jack Ruby, ihr alle kennt mich.“ Und als er kurz darauf Gefängniskleidung anziehen muss, erklärt er dem Staatsanwalt: „Ihr Jungs konntet es nicht tun. Aber einer musste es machen.“

Jack Ruby ist davon überzeugt, noch am selben Tag wieder in Freiheit zu kommen und dann als Held gefeiert zu werden.

Die Indizien sprechen gegen ein Komplott zur Ermordung Kennedys. Hingegen sind die Beweise für Oswalds Alleinschuld erdrückend. Aber die Selbstjustiz Rubys gibt den Ereignissen in Dallas endgültig die Wendung ins Unglaubliche.

Es ist deshalb kein Ende der Spekulationen über den Jahrhundertmord abzusehen. Zu unerträglich ist offenbar der Gedanke, dass ein Gescheiterter wie der Lagerarbeiter Lee Harvey Oswald die Lichtgestalt John F. Kennedy töten und seinen Namen auf immer mit dem des Opfers verknüpfen konnte.

Die Nachricht von Oswalds Tod erreicht die Öffentlichkeit während der Übertragung der Zeremonien für Kennedys Staatsbegräbnis. Am Mittag des 24. November 1963 wird der Sarg des Präsidenten auf einer Geschützlafette vom Weißen Haus zum Kapitol überführt und dort aufgebahrt.

Am Tag darauf wird John F. Kennedy auf dem nationalen Ehrenfriedhof Arlington bei Washington beigesetzt.

Staatsoberhäupter, Regierungschefs und Monarchen aus mehr als 100 Nationen sind angereist. Eine Million Menschen säumen den Weg des Trauerzuges. 93 Prozent der amerikanischen Fernsehgeräte sind eingeschaltet. Die Live-Bilder werden über Satellit sogar in die UdSSR gesendet. Überall auf dem Globus wehen Flaggen auf Halbmast.

Lee Harvey Oswald wird etwa zur gleichen Zeit in Fort Worth beerdigt. Zunächst hat die Familie keinen Geistlichen für die Zeremonie finden können. (1981 lässt Marina Oswald die Leiche exhumieren; sie glaubt inzwischen, ein Doppelgänger ihres Mannes habe Kennedy erschossen und sei dann von Ruby getötet worden. Doch Pathologen identifizieren die Überreste im Sarg anhand des Zahnbildes als die von Lee Harvey Oswald.)

Im März 1964 verurteilt ein Geschworenengericht Jack Ruby zum Tod. Zweieinhalb Jahre später nimmt ein Berufungsgericht den Fall wieder auf, doch noch vor dem Beginn des Verfahrens stirbt Ruby am 3. Januar 1967 an Krebs.

Wird man den Mord je aufklären können? Möglich, dass selbst jetzt noch längst vergessene Schmalfilme oder Fotos auftauchen und endlich einen unbezweifelbaren Beweis liefern. Große Chancen dafür gibt es nicht.

Wahrscheinlich ist vielmehr, dass Lee Harvey Oswald sein Geheimnis mit ins Grab genommen hat. Nach Rubys Schuss beugte sich ein Polizist zu dem Sterbenden hinab. „Gibt es etwas, das Sie mir sagen wollen, bevor es zu spät ist?“

Der Beamte wiederholte die Frage zweimal.

Oswald blickte ihn an, dann schüttelte er den Kopf und ballte eine Faust zum sozialistischen Gruß.

Mit seinem Attentat hatte er den charismatischen Präsidenten der USA getötet und einer ganzen Generation den Hoffnungsträger geraubt.

Und doch vielleicht gerade dadurch John F. Kennedy endgültig zum Mythos gemacht. □

Literaturtipps: Gerald Posner, „Case Closed – Lee Harvey Oswald and the Assassination of JFK“, Anchor Books: packende Darstellung der Einzeltäterthese. Vincent Bugliosi, „Reclaiming History“, W.W. Norton: monumentale Studie zum Attentat, die die Ereignisse seziert und alle Verschwörungsszenarien widerlegt.

Dr. Ralf Berhorst, 42, ist Journalist in Berlin. Zuletzt hat er für GEO*EPOCHE* Martin Luther porträtiert.

GEO EPOCHE

Das Magazin für Geschichte

Gruner + Jahr AG & Co KG, Druck- und Verlagshaus,
Sitz von Verlag und Redaktion: Am Baumwall 11, 20459 Hamburg.
Postanschrift der Redaktion: Brieffach 24, 20444 Hamburg.
Telefon 040 / 37 03-0, Telefax 040 / 37 03 56 48,
Telex 21 95 20. E-Mail (Redaktion): briefe@geo.de;
Internet: www.geo-epoche.de

HERAUSGEBER
Peter-Matthias Gaede

CHEFREDAKTEUR
Michael Schaper

GESCHÄFTSFÜHRENDER REDAKTEUR
Cay Rademacher

HEFTKONZEPT
Dr. Anja Herold

TEXTREDAKTION
Jens-Rainer Berg, Insa Bethke, PD Dr. Frank Otto

BILDREDAKTION
Christian Gargerle, Roman Rahmacher
Freie Mitarbeit: Christian Gogolin, Katrin Trautner

ART DIRECTION
Tatjana Lorenz

LAYOUT
Andreas Knoche, Torsten Laaker

VERIFIKATION
Lenka Brandt, Olaf Mischer, Andreas Sedlmair
Freie Mitarbeit: Alice Gayler, Cornelia Haller, Sebastian Schulin, Stefan Sedlmair

SCHLUSSREDAKTION
Dirk Krömer

CHEF VOM DIENST TECHNIK
Rainer Droste

MITARBEITER DIESER AUSGABE
Freie Mitarbeit: Jörg-Uwe Albig, Dr. Ralf Berhorst, Jürgen Bischoff, Heidrun Brockmann, Nicolas Büchse, Gesa Gottschalk, Till Hein, Reymer Klüver, Birgit Lahann, Fred Langer, Mathias Mesenhöller, Nathalie Möller, Boryana Pouvkova, Jonathan Stock, Joachim Telgenbüscher, Sebastian Witte

KARTOGRAPHIE: Stefanie Peters

HONORARE: Petra Schmidt

REDAKTIONSASSISTENZ: Ursula Arens, Sabine Stünkel

Verantwortlich für den redaktionellen Inhalt: Michael Schaper

VERLAGSLEITUNG: Dr. Gerd Brüne, Thomas Lindner
ANZEIGENLEITUNG: Lars Niemann
VERTRIEBSLEITUNG: Ulrike Klemmer/DPV Deutscher Pressevertrieb
MARKETING: Antje Schlünder (Ltg.), Patricia Korrell
HERSTELLUNG: Oliver Fehling

ANZEIGENABTEILUNG Anzeigenverkauf: Sabine Plath,
Tel. 040 / 37 03 38 89, Fax: 040 / 37 03 56 04
Anzeigendisposition: Anja Mordhorst,
Tel. 040 / 37 03 23 38, Fax: 040 / 37 03 58 87

Es gilt die GEO Sonderhefte-Anzeigenpreisliste Nr. 5 vom 1. Januar 2009,
Heftpreis: 9,00 Euro
ISBN: 978-3-570-19881-0; 978-3-570-19893-3 (Heft mit DVD)
ISSN-Nr. 1861-6097

Bankverbindung: Deutsche Bank AG Hamburg,
Konto 0322800, BLZ 200 700 00
Druck: Prinovis Itzehoe GmbH
Printed in Germany

Die WAHRHEIT und der MYTHOS

Bis heute strahlt die Lichtgestalt John F. Kennedy. Doch wie erfolgreich war der Politiker JFK? War er ein guter Präsident? Oder nur ein guter Präsidentendarsteller?

VON CAY RADEMACHER

John F. Kennedy war kein Märtyrer, sondern ein Held. Denn Amerika ist eine gewalttätige Gesellschaft – und in gewalttätigen Gesellschaften werden verehrte Tote nicht als Menschen gesehen, die einen Opfergang gehen, sondern als Kämpfer, die in ihren Stiefeln sterben.

Die USA sind in einem Befreiungskrieg entstanden und in einem Bürgerkrieg geformt worden. Sie fochten in zwei Weltkriegen und vielen kleineren Konflikten, manchmal weit jenseits ihrer Grenzen. Ebenjene Grenzen wurden immer wieder verschoben, von „Pionieren", die, ohne zu zögern, mit Colt und Winchester Indianer vertrieben. In den Einwandererviertеln New Yorks und Chicagos, auf den Plantagen des Südens, in den Goldgräber- und Glücksritternestern von Kalifornien bis Alaska – überall galt das Recht des Stärkeren.

Ein Präsident, der im Amt getötet wird, gilt vielen Amerikanern deshalb wie ein Soldat, der im Kampf fällt: ein Held eben, kein Märtyrer. Diese Nation hat mehrere Präsidenten durch Attentäter verloren. Das berühmteste Opfer neben Kennedy war Abraham Lincoln, der 1865 erschossen wurde.

John F. Kennedy aber war der strahlendste Held von allen. Jung und charismatisch; ein Kämpfer, der im Zweiten Weltkrieg ein Schnellboot kommandierte und im Kalten Krieg der UdSSR Paroli bot; ein Präsident, anscheinend im Zenit von Macht und Schaffenskraft.

Nicht gerade die ideale historische Gestalt für eine kritische Analyse. Denn Helden symbolisieren ja das Gute einer bestimmten Epoche – und manchmal, wie bei Kennedy, sogar das überzeitlich Bewundernswerte. Für viele Anhänger verkörperte er das Modell des Amerikaners schlechthin: strahlend, zupackend, optimistisch. Der scharfe Blick auf Details, die Frage nach konkreten Taten störten da lange Zeit nur – hätten sie doch gezeigt, wie dünn das Fundament ist, auf dem das Denkmal „Kennedy" errichtet worden ist.

Denn was hat John F. Kennedy tatsächlich geleistet? Was sind die Ergebnisse seiner Präsidentschaft? Hat er die Gesellschaft umgeformt? Die internationale Politik revolutioniert? Hat er der Macht neue Gestaltungsfelder eröffnet?

BEMISST MAN POLITIK nach Verträgen und Gesetzen, dann ist Kennedy bestenfalls ein durchschnittlicher Präsident gewesen. Die Babyboom-Gesellschaft blieb eingezwängt in einem Korsett historisch längst überholter Traditionen, eingezwängt in offen diskriminierende Gesetze und nicht ganz so offen zur Schau getragene Konventionen.

Die Bürgerrechte der Schwarzen? Kennedy ging während seiner Präsidentschaft nur zögernd auf ihre Forderung nach echter politischer und wirtschaftlicher Gleichberechtigung ein. Er hielt eher hin, als dass er die Initiative ergriff.

Und die Gleichstellung der Frau? Abschaffung der Todesstrafe? Herabsetzung des Wahlalters auf 18 Jahre? Alles nicht auf seiner Agenda.

Der wirtschaftliche Wohlstand der 1950er Jahre trug noch, wurde aber brüchiger. Keine grundlegenden Reformen hier, keine radikalen Veränderungen der Kranken- und Rentenversicherungen hin zu einem modernen Sozialstaat.

Erst sein Nachfolger Lyndon B. Johnson erreichte etliche Reformen der Bürgerrechte wie auch des Sozialsystems. Zwar profitierte er von Gesetzesinitiativen, die auf seinen Vorgänger zurückgingen, doch es bleibt offen, ob John F. Kennedy sie bei den schwierigen Mehrheitsverhältnissen im US-Kongress jemals hätte durchsetzen können – oder ob nicht vielmehr erst der schockierende Tod des Idols zu einer politischen Wende in Senat und Repräsentantenhaus führte.

Was also bleibt, sind Spekulationen. Ist das reizvolle Spiel mit der letztlich nicht zu beantwortenden Frage: „Was wäre, wenn Kennedy überlebt hätte?"

NEUE POLITIKFELDER JEDENFALLS hat er kaum erschlossen. Umweltschutz beispielsweise war noch kein Thema. Die Energie der Zukunft sollten billiges Öl und ebenso billige Atomkraft liefern – die eine Energiequelle spätestens seit der frühen Massenmotorisierung der 1920er Jahre unverzichtbar, die andere die große Hoffnung der 1950er Jahre.

Die Flucht der Mittelschicht in die Vorstädte? Die Verslumung der Stadtzentren? Niemand in Washington konnte sie stoppen. (Zwar schlug Kennedy ein Ministerium für Stadtentwicklung vor, scheiterte aber auch in dieser Frage am Kongress.)

Und das kühne Apollo-Mondflugprogramm, das John F. Kennedy im Mai 1961 verkündete, war eine geborgte Vision: ein technisches Mammutvorhaben, das von Wissenschaftlern und Militärs schon lange vor seiner Amtseinführung geplant worden war.

In der Außenpolitik, seiner größten Leidenschaft, erlebte der Präsident eine Sternstunde als ebenso besonnener wie unbeugsamer Manager der Kubakrise. Doch die menschheitsbedrohende Rivalität der Supermächte brach er nicht auf, im Gegenteil: Ein Zweikampf der Giganten, ein Duell USA und Sowjetunion um die militärische, politische, ideologische, ökonomische und kulturelle Dominanz der Welt, entsprach wohl durchaus dem Geschmack des zu Wettkämpfen erzogenen John F. Kennedy.

Für die durch die Dekolonisierung entstehenden Staaten Afrikas und Asiens hatte er Ideen wie das „Peace Corps", eine Art Entwicklungshelfer-Armee. Aber er fand keine wirklich neue Weltordnung, die junge Nationen anders integriert hätte denn als bloße Satelliten der Supermächte.

Zu Kuba unterhielt er niemals diplomatische Beziehungen. Und Vietnam? Seine Ziele blieben hier nebulös, waren ihm vielleicht selbst nicht ganz klar. Die Methoden jedenfalls – angebliche Militärberater zu entsenden, einen Diktator anfangs zu fördern, ihn dann zu opfern – waren fast ebenso schmutzig wie die seiner Vorgänger.

Das traumatische Desaster, das die USA später in Südostasien erlebten, hatte Kennedy zwar nicht zu verantworten. In seine Amtszeit jedoch fielen Entscheidungen, die zu der Katastrophe beitrugen. Auch seine Außenpolitik also war alles in allem, vorsichtig ausgedrückt, keine Erfolgsgeschichte.

Andere US-Präsidenten des 20. Jahrhunderts haben Größeres geleistet, allen voran Franklin D. Roosevelt, ein Ostküsten-Demokrat wie Kennedy und politischer Rivale des Vaters von JFK. Roosevelt bekämpfte ab 1933 die schwerste Wirtschaftskrise der US-Geschichte, schuf mitten im Kampf gegen die Depression die ersten Institutionen eines modernen Sozialstaates und stemmte sich schließlich im Zweiten Weltkrieg gegen Adolf Hitler und die japanischen Militärs.

> *Das VERSPRECHEN auf eine bessere Zukunft war sein Kapital*

Ein unfairer Vergleich, gewiss. Große Krisen können große Politiker hervorbringen – und Kennedy musste sich, bis auf die zwei Wochen der Konfrontation über Atomraketen auf Kuba, niemals in existenzieller Not bewähren.

Und doch ist John F. Kennedy zum Mythos geworden. Der Grund dafür ist ebenso einfach wie schwer zu beschreiben: Das Politische erschöpft sich eben nicht allein in Gesetzen, Verträgen und Abkommen – im Messbaren, Schriftlichen, Formalen. Kennedy ist berühmt geworden nicht für die *Ergebnisse* seiner Präsidentschaft, sondern für die *Chancen*, die seine Präsidentschaft versprach.

Er war ein Außenseiter – ein privilegierter, ohne Frage, aber eben ein Außenseiter: ein junger Aufsteiger in einer von älteren Honoratioren geprägten politischen Klasse. Ein Katholik im stark protestantisch dominierten Nordamerika.

Als John F. Kennedy im Sommer 1960 antrat, hatte sich in der da fast 200-jährigen Geschichte der USA nie zuvor ein Politiker mit einer solchen Biografie durchgesetzt. Ihm aber gelang es, als jüngster direkt gewählter Präsident, als erster Katholik.

Und wenn er es schafft, kann es dann nicht jeder Mensch schaffen?

Da ist er, der amerikanische Traum vom Aufstieg, von der Chance für jeden, der etwas wagt. Auch wenn Kennedy als Präsident die Schwarzen kaum und die Frauen gar nicht politisch gefördert hat: Allein die Tatsache, dass er selbst Diskriminierungen überwunden hatte, war ein Hoffnungszeichen, dass auch andere Diskriminierungen fallen würden.

Dass dieser Traum mit ererbten Millionen leichter zu realisieren ist, macht ihn trotzdem nicht weniger verführerisch. Denn allein mit Dollars, aber ohne Charisma und Vision, hätte Kennedy wohl kaum die Präsidentschaft errungen (den Sprösslingen aus noch viel reicheren Clans, etwa den Rockefellers, ist der Sprung ins Weiße Haus nicht gelungen).

Vielleicht ist es dieses Versprechen – dass jedermann eine Chance hat, dass jeder eine Chance verdient –, mit dem es Kennedy gelang, zur Stimme einer Generation zu werden.

Er begeisterte Millionen Menschen für die Politik, verlangte ihnen (in seiner berühmtesten Ansprache) nicht nur ab, dass sie etwas für ihr Land tun sollten, sondern gab ihnen zugleich auch zu verstehen, dass sie durchaus in der Lage wären, so etwas zu leisten – und dass ihnen das Land dafür dankbar sein würde.

Und da sein Charisma auch im neuen Medium Fernsehen wirkte, lockte dieses Versprechen selbst solche, die ihn gar nicht wählen konnten, etwa in Europa.

Kennedys Anhänger einte der Glaube, dass eine bessere Welt möglich sei, eine moderne Utopie: eine Welt, in der die Gegensätze zwischen West und Ost, zwischen Arm und Reich überwunden werden, und zwar nicht in ferner Zukunft, sondern durch die Arbeit unzähliger Idealisten im Hier und Jetzt.

Kennedy war im Privaten, man denke nur an seine Frauengeschichten, sicher ein Zyniker – aber eben nicht im Politischen, in der öffentlichen Arena. Da war er voller Pathos, und so gelang es ihm, den jugendlichen Idealismus einer Generation anzusprechen, nicht zu zerstören.

Es waren kluge, gebildete, ehrgeizige, fleißige Frauen und Männer, die sich von ihm überzeugen ließen, für ihr Land zu arbeiten: als Entwicklungshelfer wie als Lehrer, als Anwälte wie als Forscher, als Beamte, als Berater und Minister.

In diesem Sinne hat Kennedys Präsidentschaft Folgen – bis heute. Er hat vielen Menschen die Hoffnung gegeben, dass eine ernsthafte und doch idealistische, eine starke und doch friedliche Politik möglich ist. Eine Hoffnung, die nach wie vor existiert, auch wenn er selbst sie in seinem unvollendeten Leben durch Taten zum großen Teil nicht erfüllt hat.

John F. Kennedy ist seither zum Maßstab für seine Nachfolger geworden, in den USA wie in anderen Demokratien.

Er hat gezeigt, was Politik sein kann, wenn sie Leidenschaft ist und nicht nur Machterhalt. □

Ein LEBEN für die MACHT

Von einem der auszog, das Weiße Haus zu erobern: John F. Kennedy

VON STEFAN SEDLMAIR UND JENS-RAINER BERG

1917

29. Mai. John Fitzgerald Kennedy wird in Brookline, einem Vorort von Boston im US-Bundesstaat Massachusetts, geboren. Er ist das zweite von neun Kindern des katholischen Geschäftsmanns Joseph P. Kennedy und seiner Frau Rose, einer Tochter des einflussreichen Bostoner Politikers John F. Fitzgerald. Alle Urgroßeltern John F. Kennedys sind in Irland geboren worden und im 19. Jahrhundert ausgewandert.

1936

Kennedy beginnt ein Studium in Harvard; 1940 macht er seinen Abschluss im Fach Internationale Beziehungen. Während der Studienzeit bereist er Europa, besucht unter anderem das nationalsozialistische Deutschland und die UdSSR.

Den Ausbruch des Zweiten Weltkriegs erlebt er in London, wo sein Vater – inzwischen Multimillionär und für eine politische Karriere aus dem Geschäftsleben ausgeschieden – seit 1938 als Botschafter dient.

1941

Oktober. JFK meldet sich freiwillig zur US-Marine. Zwei Monate später greifen japanische Fliegerstaffeln den amerikanischen Stützpunkt Pearl Harbor auf Hawaii an. Die USA treten daraufhin in den Zweiten Weltkrieg ein.

1943

Kennedy wird auf seinen ersten Kriegseinsatz außerhalb der USA geschickt: als Kommandant des Schnellbootes „PT-109" im Südpazifik. In der Nacht zum 2. August stößt das Schiff im Einsatz nordöstlich von Australien mit einem japanischen Zerstörer zusammen und sinkt.

Kennedy gelingt es, einen Großteil seiner Mannschaft zu retten: Schwimmend erreichen die Männer eine mehrere Kilometer entfernte Insel, wo sie von Melanesiern gefunden werden. US-Zeitungen feiern Kennedy danach als Kriegshelden.

1944

12. August. Joseph P. Kennedy jr., Navy-Pilot und älterer Bruder von John, kommt bei einer Flugzeugexplosion über der englischen Küste ums Leben.

Vater Joseph sr. hatte seinen ältesten Sohn für eine große politische Laufbahn vorgesehen, nachdem er die eigene Karriere als Diplomat 1940 wegen Auseinandersetzungen mit Präsident Franklin D. Roosevelt aufgeben musste. Nach Joe Juniors Tod fördert er nun systematisch den zweitgeborenen John.

1946

5. November. John F. Kennedy gewinnt als Kandidat der Demokratischen Partei einen Sitz als Abgeordneter im Repräsentantenhaus. Es ist der erste in einer ununterbrochenen Reihe von Wahlsiegen. Wie bei allen weiteren Erfolgen hat der Vater den Sohn massiv mit Geld unterstützt und seine weitreichenden Kontakte genutzt.

In dem neuen Amt interessiert sich JFK kaum für die Belange seines Wahlkreises in Massachusetts, überträgt diesen Teil der Arbeit seinen Büroangestellten. Er selbst befasst sich lieber mit außenpolitischen Themen. In seinen Debattenbeiträgen im Parlament beschwört er vor allem den Kampf gegen den Kommunismus.

1949

29. August. Die Sowjetunion zündet ihre erste Atombombe und bricht damit das Nuklearmonopol der USA. Es beginnt das atomare Wettrüsten. Der Kalte Krieg und die nukleare Bedrohung werden die Außenpolitik der folgenden Jahrzehnte bestimmen.

1952

4. November. JFK wird zum Senator für Massachusetts gewählt. Er hat sich gegen den alteingesessenen Republikaner Henry Cabot Lodge jr. durchgesetzt. Der Senat, die zweite Kammer des US-Kongresses, besitzt in außenpolitischen Fragen größere gesetzgeberische Kompetenzen als das Repräsentantenhaus. Zugleich dient er Politikern wie Kennedy als Bühne, um sich landesweit Prestige zu erarbeiten.

1953

12. September. Kennedy heiratet Jacqueline Bouvier. Die 24-jährige Journalistin entstammt einer katholischen Familie mit französisch-irischen Wurzeln und hat unter anderem in Paris Literatur studiert.

1954

Oktober. Senator Kennedy lässt sich wegen eines schweren Rückenleidens operieren, fällt nach dem Eingriff für kurze Zeit ins Koma und kann erst im Mai des folgenden Jahres wieder seinen Amtsgeschäften nachgehen.

Der Politiker leidet unter zahlreichen chronischen Beschwerden, die zumeist geheim bleiben, etwa unter einer Unterfunktion der Nebennierenrinde, die auch das Immunsystem schwächt. Um seinen Rücken zu stützen, trägt er auch bei öffentlichen Auftritten ein Korsett.

1957

JFK erhält den renommierten Pulitzer-Preis für sein im Vorjahr erschienenes Buch „Zivilcourage". Darin porträtiert er acht US-Senatoren, die durch ihr mutiges, moralisch integres Verhalten zu Vorbildern geworden seien. Der große Erfolg des Bestsellers steigert Kennedys Popularität in den USA und verleiht ihm die Aura eines Intellektuellen – auch wenn vermutlich sein Berater und Redenschreiber Theodore Sorensen intensiv an dem Buch mitgearbeitet hat.

1958

4. November. Bei seiner Wiederwahl als Senator erhält Kennedy 73,6 Prozent der Stimmen – sechs Jahre zuvor hatte er noch mit 51,5 Prozent gewonnen.

1960

2. Januar. Kennedy bewirbt sich als Kandidat der Demokratischen Partei für die Präsidentschaftswahlen im November und geht in den folgenden Monaten in die Vorwahlen gegen parteiinterne Konkurrenten. Am 5. April besiegt er etwa in Wisconsin Hubert Humphrey

Am 12. September 1953 heiratet Senator John F. Kennedy die zwölf Jahre jüngere Jacqueline Bouvier. Wie er stammt sie aus reicher, katholischer Familie und hat irische Wurzeln

Auch Kennedys Brüder gehen in die Politik: Robert (Mitte) als Justizminister, Edward als Senator

mit großem Stimmenvorsprung.

13. Juli. Auf dem Nominierungsparteitag der Demokraten erhält Kennedy deutlich mehr Stimmen als sein größter Rivale, Senator Lyndon B. Johnson aus Texas.

Vielen Delegierten erscheint der Mann aus Massachusetts wegen seines guten Aussehens und seines gewinnenden, medienwirksamen Auftretens als der chancenreichere Kandidat.

JFK profitiert zudem davon, dass er innenpolitisch keine eindeutige Position bezieht. Denn die Partei ist tief gespalten zwischen Liberalen aus dem Norden und konservativen Südstaatlern, als deren Vertreter Johnson antritt.

Doch Kennedy gelingt es, fast alle Delegierten aus dem Norden, Osten und Westen für sich zu gewinnen. Den unterlegenen Texaner Johnson macht er zum Kandidaten für das Amt des Vizepräsidenten, um sich die Zustimmung der Wähler im Süden zu sichern.

8. November. 68,8 Millionen US-Bürger geben ihre Stimme bei den Präsidentschaftswahlen ab. Da der populäre Amtsinhaber Dwight D. Eisenhower nach zwei Amtszeiten nicht erneut kandidieren darf, hat die Republikanische Partei seinen Vizepräsidenten Richard Nixon nominiert.

Kennedy gewinnt die Wahl. Bei den Wahlmännern, die nach einem komplizierten System durch die Stimmen der Bürger ermittelt werden und den Präsidenten küren, erlangt er mit 303 von insgesamt 537 eine deutliche Mehrheit.

Bezogen auf die Gesamtzahl der landesweit abgegebenen Stimmen, erringt er allerdings nur einen äußerst knappen Vorsprung von 0,17 Prozent – nicht einmal 120 000 Stimmen.

1961

20. Januar. John F. Kennedy wird als 35. Präsident der USA vereidigt. Er ist der erste Katholik, der dieses Amt antritt, und mit 43 Jahren auch der jüngste gewählte Präsident. Bei dem Festakt vor dem Kapitol in Washington appelliert er an die Bürger, opferbereit zu sein, sich zu engagieren, um gemeinsam ein besseres Amerika zu schaffen.

Er selbst beruft Minister ungeachtet der Parteizugehörigkeit: Für die Ressorts Verteidigung und Finanzen nominiert er die Republikaner Robert McNamara und Douglas Dillon. Dem Justizministerium steht Kennedys erst 35 Jahre alter Bruder Robert vor.

30. Januar. In seiner ersten Rede zur Lage der Nation vor dem Kongress skizziert JFK die Ausrichtung seiner Präsidentschaft.

Das Land, das er nun regiert, hat – nach dem enormen Wirtschaftswachstum der Nachkriegszeit – zahlreiche Probleme: Der Wohlstand ist zum Teil extrem ungleich verteilt, in den Städten nehmen Armut und Kriminalität zu, das Wirtschaftswachstum lässt nach, die Preise steigen und die Arbeitslosenquote ist hoch.

Seine innenpolitischen Ziele hat Kennedy bereits zuvor unter das Motto „New Frontier" (sinngemäß „Neue Herausforderung") gestellt: Er will unter anderem das Gesundheitssystem reformieren, das öffentliche Schulwesen ausbauen, den Wohnungsbau fördern, die Städte sanieren und den Armen mehr wirtschaftliche Sicherheit geben.

Der Kern von Kennedys Außenpolitik ist der unnachgiebige Kampf gegen den Kommunismus. Unter dem neuen Präsidenten beginnen die USA die größte Aufrüstung ihrer Geschichte in Friedenszeiten. Innerhalb der ersten drei Monate beantragt Kennedy eine Erhöhung des Verteidigungsetats um fast 13 Prozent.

Und er ändert die Strategie: Nicht allein Drohungen mit massiver atomarer Vergeltung – wie sie die Eisenhower-Regierung vorsah – sollen den Kommunismus in Zukunft eindämmen, sondern, sofern nötig, einzelne Atomraketenangriffe und flexible militärische Einsätze von US-Soldaten überall auf der Welt.

Auch für Lateinamerika fordert er bald einen Strategiewechsel: Die USA sollen hier allein durch wirtschaftliche Hilfe Einfluss nehmen, sollen demokratische Reformen fördern, statt wie bislang rechtsgerichtete Militärregimes zu unterstützen.

1. März. Der Präsident gründet das „Peace Corps". Diese staatliche Organisation ermöglicht es US-Bürgern, sich in Entwicklungshilfeprojekten im Ausland zu engagieren. Ein Ziel neben der Völkerverständigung: Entwicklungsländer für die USA einzunehmen – und einen möglichen sowjetischen Einfluss dort zu mindern. Noch im August desselben Jahres reisen die ersten Freiwilligen nach Ghana.

Tausende Aktivisten gehen in den folgenden Jahren nach Afrika, Asien und Lateinamerika, arbeiten als Lehrer, helfen Bauern, die Landwirtschaft umzuorganisieren.

Das „Friedenskorps" gilt (von Kennedy auch bewusst so inszeniert) als große Errungenschaft des jungen Präsidenten. Die tatsächliche Bedeutung der Hilfsprojekte bleibt allerdings begrenzt.

12. April. Der sowjetische Kosmonaut Jurij Gagarin umrundet als erster Mensch die Erde im All. Viele US-Bürger sehen darin einen Prestigeverlust.

Zwar erreicht nur wenige Wochen später auch der erste Amerikaner den Weltraum – doch der Astronaut Alan Shepard kehrt am 5. Mai bereits nach 15 Minuten zur Erde zurück, ohne eine Umlaufbahn erreicht zu haben. Ein mit Gagarins Raumflug vergleichbarer Erfolg wird den USA erst im Jahr darauf gelingen: Am 20. Februar 1962 umrundet John Glenn die Erde dreimal.

17. April. Rund 1300 vom US-Geheimdienst CIA militärisch ausgebildete Exilkubaner landen in der Bahía de Cochinos („Schweinebucht") an der kubanischen Südküste. Sie sollen einen Aufstand gegen das revolutionäre Regime auf der Insel auslösen.

Denn durch den Sturz des Diktators Fulgencio Batista zwei Jahre zuvor haben die USA ihren Einfluss auf die Politik Havannas verloren; die CIA-Chefs fürchten nun, dass sich die Revolutionsregierung der Sowjetunion annähert.

Deshalb hatten bereits unter Präsident Eisenhower Planungen für eine Intervention auf Kuba begonnen, allerdings ohne direkte Beteiligung von US-Soldaten.

Kennedy hat, gedrängt von Beratern, die Invasion gebilligt, obwohl sie seiner erst kurz zuvor angekündigten Lateinamerika-Politik widerspricht – der „Alliance for Progress", einem wirtschaftlichen und sozialen Fortschrittsbündnis zwischen den USA und den mittel- sowie südamerikanischen Staaten.

Als die Exilkubaner am 17. April landen, ist Fidel Castro bereits durch den sowjetischen Geheimdienst gewarnt; Oppositionelle hat er festsetzen lassen, kubanische Soldaten erwarten die Invasoren. Die meisten von ihnen geraten in Gefangenschaft. Kennedy übernimmt die volle Verantwortung für das militärische und politische Desaster.

Seiner Beliebtheit in der Bevölkerung schadet das indes nicht.

5. Mai. Mit einem Gesetz zur Anhebung des gesetzlichen Mindestlohns um 25 Prozent auf 1,25 Dollar erreicht Kennedy das zentrale sozialpolitische Ziel seiner ersten Monate als Präsident.

25. Mai. Bei einer Rede vor dem Kongress kündigt Kennedy an, bis zum Ende des Jahrzehnts

Im Sommer 1962 reist Kennedy nach Mexiko-Stadt. Wie in vielen Ländern wird er triumphal empfangen

einen Menschen zum Mond zu schicken. Den Etat für das schon unter Eisenhower gestartete Apollo-Raumfahrtprogramm lässt er kurz darauf um mehr als acht Milliarden Dollar erhöhen. Acht Jahre später, am 20. Juli 1969, wird tatsächlich ein Apollo-Astronaut als erster Mensch den Mond betreten.

3./4. Juni. Kennedy trifft in Wien zum ersten und einzigen Mal als Präsident mit dem sowjetischen Partei- und Regierungschef Nikita Chruschtschow zusammen – auch, um über das Vorgehen der Großmächte in Deutschland zu debattieren.

Wie Kennedy propagiert Chruschtschow eine harte Linie im Kalten Krieg. Im Januar hat er angekündigt, die UdSSR werde „nationale Befreiungsbewegungen“ von Völkern ehemaliger Kolonien in aller Welt unterstützen.

In Wien erklärt er, einen separaten Friedensvertrag mit der DDR schließen zu wollen, durch den die Besatzungsrechte der Westalliierten in Berlin aufgehoben würden. Kennedy entgegnet, dass die USA unter keinen Umständen ihre Präsenz in Berlin aufgeben werden.

Amerikaner und Sowjets verlassen Wien in dieser Frage ohne Ergebnis und unter gegenseitigen Drohungen.

25. Juli. Nach wochenlangen Beratungen äußert sich der US-Präsident in einer Rede an die Nation zur Lage in Berlin. Kennedy beteuert, die Rechte der USA und die Freiheit der deutschen Metropole kompromisslos zu verteidigen, und kündigt weitere Aufrüstung an.

Allerdings spricht er stets nur von der Westhälfte Berlins. Unausgesprochen gibt er so sein Einverständnis zur Teilung der Stadt.

13. August. Während der Präsident das Wochenende auf dem Familienanwesen in Massachusetts verbringt, beginnen in den frühen Morgenstunden Polizisten und Soldaten der DDR damit, den Ostteil der Stadt abzuriegeln. Eine direkte Reaktion Kennedys bleibt aus. Erst als die Einwohner Westberlins, allen voran Bürgermeister Willy Brandt, ihre Empörung über die Tatenlosigkeit der USA äußern, schickt Kennedy sechs Tage später Vizepräsident Lyndon B. Johnson und den Luftbrückenheld General Lucius D. Clay in die nunmehr geteilte Stadt. Zudem erhöhen die Amerikaner ihre Militärpräsenz.

Die „Berlin-Krise“ wird wenig später beigelegt: Stillschweigend erkennen USA und UdSSR gegenseitig den Status quo an. Ostberlin wird de facto Teil der DDR, die USA kontrollieren weiterhin mit Großbritannien und Frankreich den Westteil der Stadt.

1. September. Die Sowjetunion testet nach einer mehrjährigen Pause erstmals wieder Atomwaffen. Zwei Wochen später folgen die USA. Die Tests verschärfen erneut das Klima im Kalten Krieg.

15. November. Kennedy arbeitet mit seinen Sicherheitsberatern eine neue Strategie für Vietnam aus. Im Norden des seit 1954 geteilten südostasiatischen Landes herrscht mit Hilfe Chinas der kommunistisch dominierte Vietminh, während die USA das autoritäre Regime des Präsidenten Ngo Dinh Diem im Süden stützen. Mit wachsendem Erfolg führt hier die vom Norden geförderte Nationale Befreiungsfront, deren Kämpfer „Vietcong“ genannt werden, einen Guerillakrieg gegen die Regierung. Ihr Ziel: ein vereintes, sozialistisches Vietnam.

Da die US-Strategen befürchten, dass jedes an den Kommunismus „verlorene“ Land eine weitere Ausbreitung revolutionärer Umtriebe in der Region nach sich ziehe, verstärkt Kennedy die Bemühungen im Süden Vietnams. Neben Geld und militärischer Ausrüstung sollen nun auch in weit größerer Zahl als zuvor „Militärberater“ eingesetzt werden, die südvietnamesische Soldaten ausbilden, selbst aber nicht in die Kämpfe eingreifen. Ende 1961 befinden sich 3200 US-Militärs in Südvietnam, ein Jahr später sind es bereits 11 300.

1962

3. Februar. Kennedy verhängt ein nahezu totales Handelsembargo gegen Kuba. (Leicht verändert besteht diese Blockade bis heute.) Daneben sollen Sabotageakte der CIA den Inselstaat destabilisieren und das Castro-Regime zermürben. Gleichzeitig erarbeiten hohe Offiziere im Auftrag des Präsidenten neue Pläne für die Eroberung der Insel.

18. Juli. In Peru putscht das Militär. Die USA brechen daraufhin die diplomatischen Beziehungen ab und setzen Hilfsprogramme aus. Kennedy spricht von einem „ernsthaften Rückschlag“ für die Demokratie in Südamerika und die Alliance for Progress.

30. September. James Meredith will sein vom Obersten Gerichtshof der USA bestätigtes Recht wahrnehmen und sich als erster afroamerikanischer Student an der University of Mississippi einschreiben. Doch Befürworter der Rassentrennung versuchen, ihn daran zu hindern. Die Kennedy-Regierung hat daher 500 Bundesbeamte aufgeboten, damit Meredith das Gelände der Südstaaten-Universität betreten kann. Als Tausende weiße Demonstranten in der Nacht zum 1. Oktober gewalttätig werden, lässt Kennedy die US-Marshals durch reguläre Militäreinheiten verstärken.

Unter dem Schutz von 16 000 Soldaten besucht Meredith schließlich sein erstes Seminar. Bei den Unruhen vor der Universität sterben zwei Menschen, Dutzende werden verletzt.

Als Wahlkämpfer war Kennedy 1960 zwar als Sympathisant der Bürgerrechtsbewegung aufgetreten, die für die rechtliche und faktische Gleichstellung der Afroamerikaner in den USA streitet. Seit seiner Vereidigung aber setzt er in dieser Frage auf einen allmählichen Prozess, um direkte Konfrontationen zu vermeiden. Nur selten hat er – wie nun im Fall Meredith – die Initiative ergriffen, bereits geltende Gesetze in den Südstaaten durchzusetzen, wo Politiker, Behörden und Polizei die Rassentrennung hartnäckig aufrechterhalten. Denn Kennedy ist im Kongress auf die Unterstützung der Abgeordneten und Senatoren aus dem Süden angewiesen.

14. Oktober. Aufnahmen eines US-Spionageflugzeugs beweisen, dass die Sowjetunion auf Kuba Abschussanlagen für atomare Mittelstreckenraketen errichtet. In Washington tritt zwei Tage später der Krisenstab des Präsidenten zusammen. Nach tagelangen Beratungen informiert Kennedy am 22. Oktober die Weltöffentlichkeit per Fernsehansprache über die Stationierung. Er fordert den Abzug der Raketen und kündigt eine strikte „Quarantäne“ an: Die US-Marine werde jedes Schiff mit militärischer Fracht daran hindern, Kuba anzulaufen. Gleichzeitig befiehlt er erhöhte Einsatzbereitschaft für die US-Streitkräfte.

Zwei Tage später nähern sich sowjetische Schiffe der Blockadelinie – und drehen bei. Der Bau der Abschussbasen aber geht weiter. Auch noch, als Amerikaner und Sowjets, zunächst über inoffizielle Kanäle, ihre Bedingungen für eine Verhandlungslösung austauschen.

Der Welt droht ein Atomkrieg – bis Radio Moskau am 28. Oktober eine Erklärung des Kremlchefs sendet: Chruschtschow lässt alle Raketen aus Kuba abziehen; die USA versprechen im Gegenzug, jegliche militärische Intervention auf der Insel zu unterlassen. Die Kubakrise, Kennedys größte politische Herausforderung, ist vorüber.

Geheim bleibt, dass sich die USA auch verpflichtet haben, ihre in der Türkei stationierten Mittelstreckenraketen abzubauen.

1963

14. Januar. Kennedy kündigt umfassende Steuersenkungen an – eine Wende in seiner Wirtschaftspolitik. Zuvor ist er mit Versuchen, durch staatliche Investitionen etwa im Sozialbereich die Konjunktur zu stärken und die Arbeitslosigkeit zu senken, fast immer an Abstimmungen im Kongress gescheitert. Zu viele Abgeordnete seiner eigenen Partei lehnen große Eingriffe des Staates in die Wirtschaft ab. Ein neues Steuergesetz soll die Bürger entlasten und so das Wachstum antreiben.

8. Mai. In Südvietnam lösen Sicherheitskräfte eine buddhistische Demonstration gegen die Regierung auf, neun Menschen sterben. Die Folge sind monatelange Unruhen, bei denen Armee und Polizei immer wieder brutal gegen Buddhisten vorgehen. Das weltweit kritisierte Vorgehen des katholischen Präsidenten Ngo Dinh Diem gegen die buddhistische Bevölkerungsmehrheit lässt das dortige Engagement der USA zusehends fragwürdig erscheinen.

11. Juni. Immer wieder haben in den vergangenen Monaten Polizisten friedliche Protestaktionen von Afroamerikanern in den Südstaaten mit Schlagstöcken brutal beendet. In Alabama stellt sich nun Gouverneur George Wallace an die Spitze einer Menschenmenge, die zwei schwarzen Studenten den Zutritt zu einer Universität versperrt. Damit verletzt Wallace Bundesrecht.

Jetzt reagiert Kennedy und wendet sich noch am selben Abend in einer Fernsehansprache an die Öffentlichkeit. Er verurteilt die Rassentrennung, erklärt die Bürgerrechtsfrage zum nationalen Problem und spricht von einer „moralischen Krise“. Zugleich kündigt er ein umfassendes neues Gesetz an. Der Entwurf, den er am 19. Juni dem Kongress vorstellt, soll die Rassentrennung in den Schulen schneller beenden und in öffentlichen Gebäuden wie Theatern und Restaurants aufheben.

20. Juni. Vertreter der Sowjetunion und der USA vereinbaren eine direkte Telegraphenverbindung zwischen dem Weißen Haus in Washington und dem Kreml in Moskau. Der „heiße Draht“ soll Kommunikationsprobleme, wie sie während der Kubakrise 1962 aufgetreten waren, vermeiden. Zugleich ist er das erste Zeichen einer sich anbahnenden Verständigung der Großmächte.

23. Juni. Kennedy trifft zu einem Staatsbesuch in der Bundesrepublik Deutschland ein. Am 26. Juni verfolgen Hunderttausende in Westberlin begeistert seine Rede. In ihr feiert er das Ideal des freien Bürgers. Sie endet mit den deutschen Worten: „Ich bin ein Berliner!“

28. August. Rund 250 000 Anhänger der Bürgerrechtsbewegung finden sich zum „Marsch auf Washington für Arbeit und Freiheit“ ein – auch, um Kennedys Gesetzesentwurf zu unterstützen. Der Baptistenpastor Martin Luther King jr., einer der wichtigsten Anführer des Civil Rights Movement, hält seine legendäre Rede „I Have a Dream“, in der er öffentlich von der Chancengleichheit aller Menschen träumt.

1. November. In Südvietnam ergreift das Militär die Macht, Präsident Ngo Dinh Diem wird verhaftet und ermordet. Der Putsch geschieht mit Billigung Washingtons, weil das Regime (wegen der Diskriminierung der Buddhisten) für die USA zu einem moralischen und wegen des erfolglosen Kampfes gegen den Vietcong zu einem militärischen Problem geworden ist.

Kennedy zeigt sich schockiert über den Tod des Präsidenten, erkennt die neue Führung in Saigon aber an. In Gesprächen mit seinen persönlichen Beratern schließt er einen Rückzug der USA aus Vietnam nicht mehr aus. Die Zahl der US-Soldaten in Südvietnam ist unterdessen auf mehr als 16 000 gestiegen.

21. November. In Texas besucht Kennedy die Großstädte San Antonio und Houston. Ein Jahr vor der nächsten Präsidentschaftswahl soll die Reise dazu beitragen, seine in den Südstaaten stark gesunkene Popularität aufzubessern. Viele Bürger in den ehemaligen Sklavenhalter-Staaten nehmen ihm sein Engagement für die Bürgerrechtsbewegung übel.

22. November. Rund 200 000 Menschen säumen die Straßen von Dallas, als Kennedy am zweiten Tag seiner Texas-Reise in einer offenen Limousine durch die Stadt fährt. Um 12.30 Uhr fallen an der Dealey Plaza drei Gewehrschüsse, zwei Kugeln treffen den Präsidenten in Hals und Kopf. Eine knappe halbe Stunde später erliegt John Fitzgerald Kennedy im Krankenhaus seinen Verletzungen.

Nach 1036 Tagen im Amt ist der 35. Präsident der Vereinigten Staaten von Amerika tot.

Sein Leichnam wird im Präsidentenflugzeug nach Washington transportiert. An Bord der „Air Force One“ vereidigt eine Bundesrichterin Vizepräsident Lyndon B. Johnson als Kennedys Nachfolger.

Etwa zur gleichen Zeit verhaftet die Polizei in Dallas einen Verdächtigen, doch der 24-jährige Lee Harvey Oswald bestreitet die Tat.

Zwei Tage später wird er von dem Nachtclubbesitzer Jack Ruby erschossen. Obwohl es heute als ziemlich sicher gilt, dass Oswald die tödlichen Schüsse auf Kennedy abgab, glauben immer noch 70 Prozent der Amerikaner an eine von etlichen Verschwörungstheorien.

Präsident Lyndon B. Johnson kann viele von Kennedy angestoßene Vorhaben abschließen, darunter die Steuerreform und die Bürgerrechtsgesetze. Im November 1964 gelingt ihm ein triumphaler Wahlsieg. Johnson übernimmt weitgehend das von Kennedy ernannte Kabinett und setzt in der Innenpolitik die von seinem Vorgänger eingeschlagene Linie fort. Anders als Kennedy kann Johnson dank einer stabilen demokratischen Mehrheit im Kongress eine große Zahl von Gesetzen durchbringen.

Er verfolgt dabei die Vision einer „Great Society“, einer Gesellschaft, die nicht nur die materiellen Bedürfnisse ihrer Mitglieder sichere, sondern auch Chancengleichheit, individuelle Zufriedenheit und Gemeinsinn fördere. So werden Krankenversicherungen für Arme und Alte eingerichtet, Schüler und Studenten aus einkommensschwachen Familien staatlich unterstützt und umfangreiche Stadtsanierungsprogramme beschlossen.

Außenpolitisch verfolgt er hingegen einen anderen Kurs: Die Ziele des Fortschrittsbündnisses mit Lateinamerika werden unter seiner Regierung aufgegeben. In Vietnam befiehlt er 1965 den massiven Einsatz von US-Kampftruppen – und steuert die USA damit in eine schwerwiegende Identitätskrise und in die größte militärische Katastrophe ihrer Geschichte. □

Am 26. Juni 1963 besucht Kennedy Berlin und hält im Beisein von Bürgermeister Willy Brandt (o. r.) eine seiner berühmtesten Reden. Sie gipfelt in dem Satz: »Ich bin ein Berliner!«

Stefan Sedlmair, 42, unterstützt das Verifikationsteam von GEO*EPOCHE*.
Jens-Rainer Berg, 36, ist GEO*EPOCHE*-Redakteur.

INDIEN

Maharadschas, Moguln, Kolonialherren

TAJ MAHAL Als seine Frau 1631 stirbt, lässt der muslimische Herrscher Shah Jahan ein gigantisches Grabmal errichten: einen Bau von vollkommenen Proportionen, mit dem Indiens Kunst und Architektur zu ihrer höchsten Blüte gelangen

MAHATMA GANDHI Mit Boykottkampagnen mobilisiert der frühere Anwalt sein Volk für einen friedlichen Freiheitskampf gegen die Briten

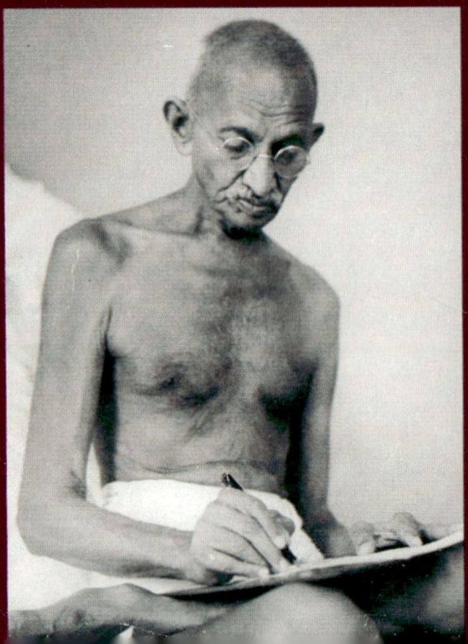

KOLONIALZEIT Ab 1858 regiert London über den Subkontinent – mithilfe Tausender Beamter, die das Verwaltungssystem bis in die tiefste Provinz tragen